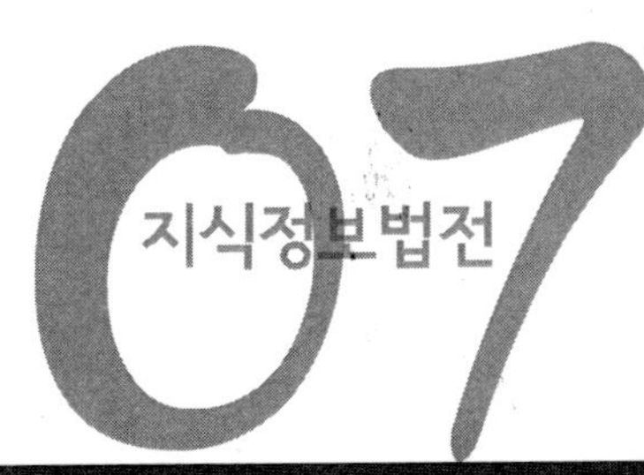

법률·판례·상담사례를 같이보는

민사소송 지식정보법전

편저 : 대한법률편찬연구회

법문 북스

07

지식정보법전

법률·판례·상담사례를 같이보는

민사소송 지식정보법전

편저 : 대한법률편찬연구회

법문북스

머리말

민사소송법은 개인 사이에 일어나는 사법상의 권리 또는 법률관계에 대한 다툼을 법원이 국가의 재판권에 의하여 법률적·강제적으로 해결하기 위해 규정해 놓은 법을 말합니다.

그런데 민사소송은 전문적인 법률지식이 필요한 어렵고 복잡한 절차입니다. 그래서 일반인인 비법률가로서는 좀처럼 손대기가 쉽지 않은 어려운 점이 있습니다. 그럼에도 변호사가 가장 많이 이용하는 법이 민사소송법임을 고려한다면, 법을 공부하는 사람으로서 민사소송법의 중요성은 아무리 강조해도 지나침이 없을 것입니다.

이 책은 이러한 특성을 고려하여, 변호사시험을 준비하고 있는 로스쿨 재학생 및 졸업생, 각종 시험을 준비하고 있는 수험생과 대학생, 민사소송법에 관심이 있는 일반인들이 보다 쉽게 민사소송법을 찾아볼 수 있도록 펴낸 책입니다.

본서는 법전(민사소송법, 민사소송규칙)편과 민사소송 관련 법률용어편으로 구성되어있습니다. 법학의 기본은 법조문이라고 하겠습니다. 그래서 본서에서는 법전편에 민사소송법, 민사소송규칙의 전체 조문을 수록하였습니다. 법을 접하다 보면 익숙하지 않은 법률용어로 인하여 법률의 의미 파악이 어렵습니다. 그래서 본서에서는 법전을 읽어나가는데 도움이 되도록 민사소송 관련 법률용어편에 민사소송법 및 그 관련법률 용어들을 수록하여 독자들이 민사소송법을 읽어나가다가 모르는 용어가 나오면 관련 법률용어편에서 그 의미를 찾아볼 수 있도록 하였습니다.

뿐만 아니라 최신판례와 상담사례들을 실어서 법조문이 실제 적용되는 모습도 파악할 수 있게 하였습니다. 또한 법조문에 대한 폭넓은 이해를 돕기 위해 재판예규를 수록하여 실제 재판에 대한 이해도를 높일 수 있게 하였습니다.

이 책이 법학을 공부하거나 민사소송법에 관심이 있는 일반인들에게 좀 더 민사소송법을 이해할 수 있도록 도움이 되었으면 합니다.

2019年 8月

편저자 드림

민사소송법

제1편 총 칙

제2편 제1심의 소송절차

민사소송법

[시행 2017.10.31]

[법률 제14966호, 2017.10.31, 일부개정]

제1편 총칙

제1조(민사소송의 이상과 신의성실의 원칙)

① 법원은 소송절차가 공정하고 신속하며 경제적으로 진행되도록 노력하여야 한다.

② 당사자와 소송관계인은 신의에 따라 성실하게 소송을 수행하여야 한다.

【판결요지】

법원은 소송절차가 공정·신속하고 경제적으로 진행되도록 노력하여야 하며, 당사자와 소송관계인은 신의에 따라 성실하게 소송을 수행하여야 하므로(민사소송법 제1조), 법원은 변론주의에 반하지 아니한 범위 내에서 소송관계를 명료하게 하기 위하여 당사자에게 사실상과 법률상의 사항에 관하여 질문하거나 입증을 촉구할 수 있는 석명권 등 소송지휘권을 적절히 행사하여 실체적인 진실을 규명하고 분쟁을 효과적으로 종식시킬 수 있도록 충실히 사건을 심리하여야 하고, 당사자들도 자신들의 공격·방어권 행사에 불이익이 초래된다는 등 특별한 사정이 없는 한 이러한 법원의 조치에 대하여 신의에 좇아 성실하게 협력하여야 할 의무가 있다고 할 것이다(대법원 2003.1.24. 선고 2002다61668 판결 참조).

제1장 법원

제1절 관할

제2조(보통재판적)

소(訴)는 피고의 보통재판적(普通裁判籍)이 있는 곳의 법원이 관할한다.

Q. 대여금청구소송을 채권자의 주소지 관할법원에 제기할 수 있는지?

질문

저는 몇 년 전 서울에서 살았는데, 당시 이웃에 사는 甲에게 500만원을 빌려준 일이 있습니다. 그 후 저는 그 돈을 받지 못한 채 부산으로 이사를 왔는데, 지금이라도 소송을 제기하여 그 돈을 받으려고 합니다. 소송은 甲의 주소지인 서울에 있는 법원에 제기해야 하는지요?

답변

사람의 보통재판적에 관하여 「민사소송법」제2조 및 제3조는 "소는 피고의 보통재판적이 있는 곳의 법원이 관할한다. 사람의 보통재판적은 그의 주소에 따라 정한다. 다만, 대한민국에 주소가 없거나 주소를 알 수 없는 경우에는 거소에 따라 정하고, 거소가 일정하지 아니하거나 거소도 알 수 없으면 마지막 주소에 따라 정한다."라고 규정하고 있습니다.
그러므로 소(訴)는 피고의 보통재판적(普通裁判籍)이 있는 곳의 법원이 관할하고, 사람의 보통재판적은 주소에 따라 정하며, 민사소송은 피고의 주소지를 관할하는 법원에 제기하는 것이 원칙이라 하겠습니다.
그런데 「민사소송법」은 위 원칙을 엄격히 관철할 경우 사건의 내용이나 성질상 전혀 관계가 없는 곳이 관할로 되는 경우가 있어 사건의 내용이나 성질에 비추어 합당한 곳을 관할로 인정하는 특별재판적제도를 두고 있습니다.
재산권에 관한 소에 관하여 「민사소송법」제8조는 "재산권에 관한 소를 제기하는 경우에는 거소지 또는 의무이행지의 법원에 제기할 수 있다."라고 규정하여 거소지 또는 의무이행지의 법원에 제기할 수 있다고 규정하고 있습니다.
그리고 채무변제의 장소에 관하여 「민법」제467조는 "①채무의 성질 또는 당사자의 의사표시로 변제장소를 정하지 아니한 때에는 특정물의 인도는 채권성립 당시에 그 물건이 있던 장소에서 하여야 한다. ②전항의 경우에 특정물인도 이외의 채무변제는 채권자의 현주소에서 하여야 한다. 그러나 영업에 관한 채무의 변제는 채권자의 현영업소에서 하여야 한다."라고 규정하고 있습니다.
관련 판례는 "보통재판적에 의하여 생기는 토지관할과 특별재판적에 의하여 생기는 토지관할이 경합되는 경우에는 원고는 그 중 아무 곳이나 임의로 선택하여 제소할 수 있다."라고 하였으며(대법원 1964. 7. 24.자 64마555 결정), "재산권에 관한 소는 의무이행지의 법원에 특별재판적이 인정되고 특정물인도 이외의 채무에 관한 채무이행지는 당사자의 특별한 의사표시가 없는 한 채권자의 현주소라고 할 것이다."라고 하였습니다(민법 제467조, 대법원 1969. 8. 2.자 69마469 결정).
그러므로 위 사안에 있어서 특별히 귀하가 甲의 주소지에 가서 위 대여금을 변제 받기로 약정한 사정이 없는 한, 귀하는 甲의 주소지 관할법원(서울)과 의무이행지 관할법원(부산) 중에서 임의로 선택하여 소송을 제기할 수 있는 것입니다.
따라서 귀하의 현주소지인 부산에서도 소송을 제기할 수 있다고 할 것입니다.

제3조(사람의 보통재판적)
사람의 보통재판적은 그의 주소에 따라 정한다. 다만, 대한민국에 주소가 없거나 주소를 알 수 없는 경우에는 거소에 따라 정하고, 거소가 일정하지 아니하거나 거소도 알 수 없으면 마지막 주소에 따라 정한다.

제4조(대사·공사 등의 보통재판적)
대사(大使)·공사(公使), 그 밖에 외국의 재판권 행사대상에서 제외되는 대한민국 국민이 제3조의 규정에 따른 보통재판적이 없는 경우에는 이들의 보통재판적은 대법원이 있는 곳으로 한다.

▣판례-신용장대금▣

[서울고법 2001.1.30., 선고, 99나68425, 판결 : 확정]

【판시사항】

[1] 외국법인이 대한민국 내에 사무소, 영업소 또는 업무담당자의 주소를 갖고 있는 경우, 외국법인의 대한민국 지점의 영업에 관한 것이 아닌 분쟁에 대하여도 우리 법원의 관할권을 인정할 수 있는지 여부(적극)

[2] 물품이 지정선박에 본선적재 또는 선적되어 있다는 취지의 미리 인쇄된 문언이 있는 선적선하증권상 발행일 이외에 일자가 다른 본선적재일이 기재되어 있는 경우, 신용장 수리를 거절할 수 있는 선하증권의 하자에 해당하는지 여부(소극)

[3] 신용장 부속서류와 신용장 조건의 일치 여부의 판단기준

【판결요지】

[1] 우리 민사소송법 제4조 제1항, 제2항, 제10조의 규정에 의하면, 원래 법인 등의 보통재판적은 주된 사무소 또는 영업소에 의하고, 그 밖의 사무소 또는 영업소는 그 업무에 관한 것에 한하여 그 소재지 법원에 특별재판적이 인정된다 할 것이다. 그러나 외국에 주된 사무소, 영업소 또는 업무담당자를 두고 있는 외국법인이 대한민국에 그 밖의 사무소, 영업소 또는 업무담당자를 두고 있는 경우에는, 그 외국법인은 대한민국에서 지속적이고도 조직적인 영업활동을 영위하는 것이어서 비록 사건이 그 사무소 등의 업무에 관한 것이 아닐지라도 대한민국의 재판권에 복종시키는 것이 합리적이고도 정당하고, 또한 교통과 통신이 비약적으로 발달한 오늘날 고도의 조직과 통제력을 가지고 지점과 영업소를 관리하는 기업에 있어서 지점이나 영업소가 자신과는 무관한 업무에 관한 소송을 수행하더라도 본점의 신속한 지시와 통제를 받을 수 있어서 당사자 간의 공평이나 재판의 적정, 신속을 기한다는 민사소송법의 기본 이념에 반할 우려도 적으므로, 그러한 외국법인은 민사소송법 제4조 제2항에 의하여 대한민국에 보통재판적을 가진다고 할 것이고, 그 외국법인에 대한 소는 대한민국의 법원에 제기할 수 있다.

[2] 제5차 신용장통일규칙 제23조 a. ii. 전단에 정하여진 선적선하증권(물품이 지정선박에의 본선적재 또는 선적되어 있다는 취지의 미리 인쇄된 문언이 있는 경우)의 경우 발행일을 본선적재일 및 선적일로 간주한다는 것은 선하증권상에 따로 본선적재일 및 선적일을 기재하지 않는 것을 전제로 선하증권의 발행일을 해당 물품의 선적일로 간주한다는 취지이고, 나아가 선하증권상에 따로 선적일을 부기하는 것을 금하는 취지라고 볼 것은 아니다. 따라서 선적선하증권의 경우 선하증권상에 해당 증권의 발행일 외에 따로 본선적재일 또는 선적일이 기재되어 있을 경우 이와 같이 부기된 일자를 물품의 선적일로 보아야 할 것이고, 발행일과 본선적재일이 각기 다른 날짜로 기재되어 있다고 하여도 본선적재일이 두 개인 모순이 발생하는 것은 아니라 할 것이다.

[3] 신용장의 부속서류에 대한 은행의 심사와 관련하여 제5차 신용장통일규칙 제13조에서 국제적으로 통용되는 은행의 표준관행에 따라 은행이 상당한 주의를 기울여 서류가 신용장조건과 일치하는지 여부를 조사하여야 한다고 규정하고 있으며, 같은 규칙 제37조에서 상업송장의 상품명세는 신용장상의 명세와 일치하여야 하나, 기타 다른 서류의 경우에는 이러한 제한을 상당히 완화하고 있는 점에 비추어 볼 때, 신용장의 조건과 첨부서류의 기재가 모든 자구에 있어 정확하게 일치하여야 한다는 것이 아니라 자구에 약간의 차이가 있더라도 은행이 조사에 상당한 주의를 기울이면 그 차이가 경미한 것으로서 문언의 의미에 차이를 가져오는 것이 아니고, 신용장조건을 전혀 해하는 것이 아님을 문면상 알 수 있는 경우는 해당 서류가 신용장과 합치하는 것으로 보아야 할 것이다.

제5조(법인 등의 보통재판적)
① 법인, 그 밖의 사단 또는 재단의 보통재판적은 이들의 주된 사무소 또는 영업소가 있는 곳에 따라 정하고, 사무소와 영업소가 없는 경우에는 주된 업무담당자의 주소에 따라 정한다.
② 제1항의 규정을 외국법인, 그 밖의 사단 또는 재단에 적용하는 경우 보통재판적은 대한민국에 있는 이들의 사무소·영업소 또는 업무담당자의 주소에 따라 정한다.

제6조(국가의 보통재판적)
국가의 보통재판적은 그 소송에서 국가를 대표하는 관청 또는 대법원이 있는 곳으로 한다.

제7조(근무지의 특별재판적)
사무소 또는 영업소에 계속하여 근무하는 사람에 대하여 소를 제기하는 경우에는 그 사무소 또는 영업소가 있는 곳을 관할하는 법원에 제기할 수 있다.

제8조(거소지 또는 의무이행지의 특별재판적)
재산권에 관한 소를 제기하는 경우에는 거소지 또는 의무이행지의 법원에 제기할 수 있다.

제9조(어음·수표 지급지의 특별재판적)
어음·수표에 관한 소를 제기하는 경우에는 지급지의 법원에 제기할 수 있다.

제10조(선원·군인·군무원에 대한 특별재판적)
① 선원에 대하여 재산권에 관한 소를 제기하는 경우에는 선적(船籍)이 있는 곳의 법원에 제기할 수 있다.
② 군인·군무원에 대하여 재산권에 관한 소를 제기하는 경우에는 군사용 청사가 있는 곳 또는 군용 선박의 선적이 있는 곳의 법원에 제기할 수 있다.

제11조(재산이 있는 곳의 특별재판적)
대한민국에 주소가 없는 사람 또는 주소를 알 수 없는 사람에 대하여 재산권에 관한 소를 제기하는 경우에는 청구의 목적 또는 담보의 목적이나 압류할 수 있는 피고의 재산이 있는 곳의 법원에 제기할 수 있다.

제12조(사무소·영업소가 있는 곳의 특별재판적)
사무소 또는 영업소가 있는 사람에 대하여 그 사무소 또는 영업소의 업무와 관련이 있는 소를 제기하는 경우에는 그 사무소 또는 영업소가 있는 곳의 법원에 제기할 수 있다.

제13조(선적이 있는 곳의 특별재판적)
선박 또는 항해에 관한 일로 선박소유자, 그 밖의 선박이용자에 대하여 소를 제기하는 경우에는 선적이 있는 곳의 법원에 제기할 수 있다.

제14조(선박이 있는 곳의 특별재판적)
선박채권(船舶債權), 그 밖에 선박을 담보로 한 채권에 관한 소를 제기하는 경우에는 선박이 있는 곳의 법원에 제기할 수 있다.

제15조(사원 등에 대한 특별재판적)
① 회사, 그 밖의 사단이 사원에 대하여 소를 제기하거나 사원이 다른 사원에 대하여 소를 제기하는 경우에는 그 소가 사원의 자격으로 말미암은 것이면 회사, 그 밖의 사단의 보통재판적이 있는 곳의 법원에 소를 제기할 수 있다.
② 사단 또는 재단이 그 임원에 대하여 소를 제기하거나 회사가 그 발기인 또는 검사인에 대하여 소를 제기하는 경우에는 제1항의 규정을 준용한다.

제16조(사원 등에 대한 특별재판적)
회사, 그 밖의 사단의 채권자가 그 사원에 대하여 소를 제기하는 경우에는 그 소가 사원의 자격으로 말미암은 것이면 제15조에 규정된 법원에 제기할 수 있다.

제17조(사원 등에 대한 특별재판적)
회사, 그 밖의 사단, 재단, 사원 또는 사단의 채권자가 그 사원・임원・발기인 또는 검사인이었던 사람에 대하여 소를 제기하는 경우와 사원이었던 사람이 그 사원에 대하여 소를 제기하는 경우에는 제15조 및 제16조의 규정을 준용한다.

제18조(불법행위지의 특별재판적)
① 불법행위에 관한 소를 제기하는 경우에는 행위지의 법원에 제기할 수 있다.
② 선박 또는 항공기의 충돌이나 그 밖의 사고로 말미암은 손해배상에 관한 소를 제기하는 경우에는 사고선박 또는 항공기가 맨 처음 도착한 곳의 법원에 제기할 수 있다.

▣판례-손해배상(기)▣

[울산지법 2014.2.6., 선고, 2012가합3810, 판결 : 항소]

【판시사항】
[1] 甲 주식회사가 乙 중국 법인으로부터 수입한 화물이 운송 중 훼손되었다고 주장하면서 乙 법인과 용선계약을 체결하여 화물을 운송한 丙 러시아국 법인을 상대로 채무불이행 또는 불법행위에 따른 손해배상을 구하는 소를 대한민국 법원에 제기하자, 丙 법인이 국제재판관할 위반이라고 본안전 항변을 한 사안에서, 대한민국 법원에 재판관할권이 있다고 한 사례
[2] 甲 주식회사가 乙 중국 법인으로부터 수입한 화물이 운송 중 훼손되었다고 주장하면서 乙 법인과 용선계약을 체결하여 화물을 운송한 丙 러시아국 법인을 상대로 채무불이행 또는 불법행위에 따른 손해배상을 구한 사안에서, 甲 회사와 丙 법인 사이에 운송인의 채무불이행책임, 불법행위책임 발생 여부에 관하여는 대한민국 법(민법, 상법)이 준거법이 된다고 한 사례

【판결요지】
[1] 甲 주식회사가 乙 중국 법인으로부터 수입한 화물이 운송 중 훼손되었다고 주장하면서 乙 법인과 용선계약을 체결하여 화물을 운송한 丙 러시아국 법인을 상대로 채무불이행 또는 불법행위에 따른 손해배상을 구하는 소를 대한민국 법원에 제기하자, 丙 법인이 국제재판관할 위반이라고 본안전 항변을 한 사안에서, 용선계약에

'영국 법에 따라 홍콩에서 중재에 의하여 분쟁을 해결한다'는 중재조항이 있으나, 선하증권에는 위 중재조항이 선하증권에 편입된다거나 용선계약상 일반 조항이 모두 선하증권에 편입된다는 규정이 없고 선하증권 기재상 용선계약 자체가 특정되어 있지도 않으므로 위 중재조항이 선하증권에 편입된다고 볼 수 없고, 설령 丙 법인이 선하증권 이면약관으로 '선박의 기국 또는 운송인과 상인 간에 합의된 곳'을 관할로 하기로 정하였다 하더라도 위 관할 합의는 법정관할에 부가하여 선적국인 러시아 또는 당사자가 합의한 곳의 관할권을 창설하는 부가적 합의라고 봄이 타당하므로, 대한민국 법원은 재판관할권이 있다고 한 사례.

[2] 甲 주식회사가 乙 중국 법인으로부터 수입한 화물이 운송 중 훼손되었다고 주장하면서 乙 법인과 용선계약을 체결하여 화물을 운송한 丙 러시아국 법인을 상대로 채무불이행 또는 불법행위에 따른 손해배상을 구한 사안에서, 丙 법인은 해상 운송업체로서 전 세계에 걸쳐 영업활동을 하고 있는 기업인데 반해 甲 회사는 대한민국 법인으로서 대한민국에 주소가 있고, 용선계약의 체결 장소는 중국이지만 의무이행지가 대한민국이어서 계약과 가장 밀접한 관련이 있는 국가가 대한민국이라고 할 수 있는 점과 화물이 손상된 장소가 대한민국이고 이로 인해 침해되는 甲 회사의 법익 소재지 역시 대한민국인 점에 비추어 甲 회사와 丙 법인 사이에 운송인의 채무불이행책임, 불법행위의 성립 및 효과, 丙 법인의 손해배상책임 발생 여부에 관하여는 대한민국 법(민법, 상법)이 준거법이 된다고 한 사례.

제19조(해난구조에 관한 특별재판적)
해난구조(海難救助)에 관한 소를 제기하는 경우에는 구제된 곳 또는 구제된 선박이 맨 처음 도착한 곳의 법원에 제기할 수 있다.

제20조(부동산이 있는 곳의 특별재판적)
부동산에 관한 소를 제기하는 경우에는 부동산이 있는 곳의 법원에 제기할 수 있다.

제21조(등기 · 등록에 관한 특별재판적)
등기·등록에 관한 소를 제기하는 경우에는 등기 또는 등록할 공공기관이 있는 곳의 법원에 제기할 수 있다.

제22조(상속 · 유증 등의 특별재판적)
상속(相續)에 관한 소 또는 유증(遺贈), 그 밖에 사망으로 효력이 생기는 행위에 관한 소를 제기하는 경우에는 상속이 시작된 당시 피상속인의 보통재판적이 있는 곳의 법원에 제기할 수 있다.

제23조(상속 · 유증 등의 특별재판적)
상속채권, 그 밖의 상속재산에 대한 부담에 관한 것으로 제22조의 규정에 해당되지 아니하는 소를 제기하는 경우에는 상속재산의 전부 또는 일부가 제22조의 법원관할구역안에 있으면 그 법원에 제기할 수 있다.

제24조(지식재산권 등에 관한 특별재판적)
① 특허권, 실용신안권, 디자인권, 상표권, 품종보호권(이하 "특허권등"이라 한다)을 제외한 지식재산권과 국제거래에 관한 소를 제기하는 경우에는 제2조 내지 제23조의 규정에 따른 관할법원 소재지를 관할하는 고등법원이 있는 곳의

지방법원에 제기할 수 있다. 다만, 서울고등법원이 있는 곳의 지방법원은 서울중앙지방법원으로 한정한다. <개정 2011.5.19., 2015.12.1.>

② 특허권등의 지식재산권에 관한 소를 제기하는 경우에는 제2조부터 제23조까지의 규정에 따른 관할법원 소재지를 관할하는 고등법원이 있는 곳의 지방법원의 전속관할로 한다. 다만, 서울고등법원이 있는 곳의 지방법원은 서울중앙지방법원으로 한정한다. <신설 2015.12.1.>

③ 제2항에도 불구하고 당사자는 서울중앙지방법원에 특허권등의 지식재산권에 관한 소를 제기할 수 있다. <신설 2015.12.1.>

[제목개정 2011.5.19.]

제25조(관련재판적)

① 하나의 소로 여러 개의 청구를 하는 경우에는 제2조 내지 제24조의 규정에 따라 그 여러 개 가운데 하나의 청구에 대한 관할권이 있는 법원에 소를 제기할 수 있다.

② 소송목적이 되는 권리나 의무가 여러 사람에게 공통되거나 사실상 또는 법률상 같은 원인으로 말미암아 그 여러 사람이 공동소송인(共同訴訟人)으로서 당사자가 되는 경우에는 제1항의 규정을 준용한다.

제26조(소송목적의 값의 산정)

① 법원조직법에서 소송목적의 값에 따라 관할을 정하는 경우 그 값은 소로 주장하는 이익을 기준으로 계산하여 정한다.

② 제1항의 값을 계산할 수 없는 경우 그 값은 민사소송등인지법의 규정에 따른다.

제27조(청구를 병합한 경우의 소송목적의 값)

① 하나의 소로 여러 개의 청구를 하는 경우에는 그 여러 청구의 값을 모두 합하여 소송목적의 값을 정한다.

② 과실(果實) · 손해배상 · 위약금(違約金) 또는 비용의 청구가 소송의 부대목적(附帶目的)이 되는 경우에는 그 값은 소송목적의 값에 넣지 아니한다.

제28조(관할의 지정)

① 다음 각호 가운데 어느 하나에 해당하면 관계된 법원과 공통되는 바로 위의 상급법원이 그 관계된 법원 또는 당사자의 신청에 따라 결정으로 관할법원을 정한다.

1. 관할법원이 재판권을 법률상 또는 사실상 행사할 수 없는 때
2. 법원의 관할구역이 분명하지 아니한 때

② 제1항의 결정에 대하여는 불복할 수 없다.

▣판례-이송▣

[대법원 2011.9.29., 자, 2011마62, 결정]

【판시사항】

[1] 민사소송의 일방 당사자가 다른 청구에 관하여 관할만을 발생시킬 목적으로 본래 제소할 의사 없는 청구를 병합한 것이 명백한 경우, 관련재판적에 관한 민사소송법 제25조를 적용할 수 있는지 여부(소극)

[2] 변호사 甲과 乙 사찰이, 소송위임계약으로 인하여 생기는 일체 소송은 전주지방법

원을 관할 법원으로 하기로 합의하였는데, 甲이 乙 사찰을 상대로 소송위임계약에 따른 성공보수금 지급 청구 소송을 제기하면서 乙 사찰의 대표단체인 丙 재단을 공동피고로 추가하여 丙 재단의 주소지를 관할하는 서울중앙지방법원에 소를 제기한 사안에서, 甲의 위와 같은 행위는 관할선택권의 남용으로서 신의칙에 위반하여 허용될 수 없으므로 관련재판적에 관한 민사소송법 제25조는 적용이 배제되어, 서울중앙지방법원에는 甲의 乙 사찰에 대한 청구에 관하여 관할권이 인정되지 않는다고 한 사례

【판결요지】

[1] 민사소송의 당사자와 소송관계인은 신의에 따라 성실하게 소송을 수행하여야 하고(민사소송법 제1조 제1항), 민사소송의 일방 당사자가 다른 청구에 관하여 관할만을 발생시킬 목적으로 본래 제소할 의사 없는 청구를 병합한 것이 명백한 경우에는 관할선택권의 남용으로서 신의칙에 위배되어 허용될 수 없으므로, 그와 같은 경우에는 관련재판적에 관한 민사소송법 제25조의 규정을 적용할 수 없다.

[2] 변호사 甲과 乙 사찰이, 소송위임계약으로 인하여 생기는 일체 소송은 전주지방법원을 관할 법원으로 하기로 합의하였는데, 甲이 乙 사찰을 상대로 소송위임계약에 따른 성공보수금 지급 청구 소송을 제기하면서 乙 사찰의 대표단체인 丙 재단을 공동피고로 추가하여 丙 재단의 주소지를 관할하는 서울중앙지방법원에 소를 제기한 사안에서, 乙 사찰은 종단에 등록을 마친 사찰로서 독자적인 권리능력과 당사자능력을 가지고, 乙 사찰의 甲에 대한 소송위임약정에 따른 성공보수금 채무에 관하여 丙 재단이 당연히 연대채무를 부담하게 되는 것은 아니며, 법률전문가인 甲으로서는 이러한 점을 잘 알고 있었다고 보아야 할 것인데, 甲이 위 소송을 제기하면서 丙 재단을 공동피고로 추가한 것은 실제로는 丙 재단을 상대로 성공보수금을 청구할 의도는 없으면서도 단지 丙 재단의 주소지를 관할하는 서울중앙지방법원에 관할권을 생기게 하기 위함이라고 할 것이고, 따라서 甲의 위와 같은 행위는 관할선택권의 남용으로서 신의칙에 위반하여 허용될 수 없으므로 관련재판적에 관한 민사소송법 제25조는 적용이 배제되어 서울중앙지방법원에는 甲의 乙 사찰에 대한 청구에 관하여 관할권이 인정되지 않는다고 한 사례.

제29조(합의관할)

① 당사자는 합의로 제1심 관할법원을 정할 수 있다.

② 제1항의 합의는 일정한 법률관계로 말미암은 소에 관하여 서면으로 하여야 한다.

Q. 계약서상의 관할합의가 당사자 일방에게 불리한 경우 그 효력?

질문

甲은 서울에 주영업소를 둔 乙주식회사가 지방에서 신축하여 분양하는 아파트를 분양받기 위하여 아파트분양계약을 체결하였는데, 그 계약서상 당해 계약에서 발생하는 분쟁에 관하여는 서울중앙지방법원을 그 관할법원으로 한다는 조항이 있습니다. 그런데 乙주식회사의 재정악화로 입주시기가 지체되어 위 아파트분양계약을 해제하기로 합의하였으나, 乙주식회사는 이미 납부한 분양대금 3,500만원을 반환하지 않고 차일피일 미루기만 하므로 소송을 제기하려고 하는데, 甲은 위 관할합의에 따라 서울중앙지방법원에만 소송을 제기하여야 하는지요?

답변

합의관할에 관하여 「민사소송법」제29조 제1항은 "당사자는 합의로 제1심 관할법원을 정할 수 있다."라고 규정하고 있습니다. 그리고 「약관의 규제에 관한 법률」제14조는 "고객에 대하여 부당하게 불리한 소제기의 금지조항 또는 재판관할의 합의조항이나 상당한 이유 없이 고객에게 입증책임을 부담시키는 약관조항은 이를 무효로 한다."라고 규정하고 있습니다.

그런데 판례는 "대전에 주소를 둔 계약자와 서울에 주영업소를 둔 건설회사 사이에 체결된 아파트공급계약서상의 '본 계약에 관한 소송은 서울민사지방법원을 관할법원으로 한다.'라는 관할합의조항은 약관의규제에관한법률 제2조 소정의 약관으로서 민사소송법상의 관할법원 규정보다 고객에게 불리한 관할법원을 규정한 것이어서, 사업자에게는 유리할지언정 원거리에 사는 경제적 약자인 고객에게는 제소 및 응소에 큰 불편을 초래할 우려가 있으므로 약관의규제에관한법률 제14조 소정의 '고객에 대하여 부당하게 불리한 재판관할의 합의조항'에 해당하여 무효라고 보아야 한다."라고 한 바 있습니다(대법원 1998. 6. 29.자 98마863 결정).

또한, 당사자 중 일방이 지정하는 법원에 관할권을 인정한다는 관할합의 조항의 효력에 관하여 "당사자 중 '일방이 지정하는 법원을 관할법원으로 한다.'는 내용의 관할에 관한 합의는 피소자의 권리를 부당하게 침해하고 공평의 원칙에 어긋나는 결과가 되어 무효이다."라고 하였습니다(대법원 1997. 9. 9. 선고 96다20093 판결, 1977. 11. 9.자 77마284 결정).

따라서 위 사안에 있어서도 甲은 위 판례의 취지에 비추어 보아 그의 주소지가 서울과 원거리에 위치하여 소송수행에 큰 불편을 초래하는 경우라면 甲의 주소지 관할법원(의무이행지 관할법원)에 제소한 후 그에 대하여 乙회사에서 관할위반의 문제를 제기하면 관할합의조항의 무효를 주장해 보아야 할 것으로 보입니다.

제30조(변론관할)

피고가 제1심 법원에서 관할위반이라고 항변(抗辯)하지 아니하고 본안(本案)에 대하여 변론(辯論)하거나 변론준비기일(辯論準備期日)에서 진술하면 그 법원은 관할권을 가진다.

제31조(전속관할에 따른 제외)

전속관할(專屬管轄)이 정하여진 소에는 제2조, 제7조 내지 제25조, 제29조 및 제30조의 규정을 적용하지 아니한다.

제32조(관할에 관한 직권조사)

법원은 관할에 관한 사항을 직권으로 조사할 수 있다.

제33조(관할의 표준이 되는 시기)

법원의 관할은 소를 제기한 때를 표준으로 정한다.

제34조(관할위반 또는 재량에 따른 이송)

① 법원은 소송의 전부 또는 일부에 대하여 관할권이 없다고 인정하는 경우에는 결정으로 이를 관할법원에 이송한다.

② 지방법원 단독판사는 소송에 대하여 관할권이 있는 경우라도 상당하다고 인정하면 직권 또는 당사자의 신청에 따른 결정으로 소송의 전부 또는 일부를

같은 지방법원 합의부에 이송할 수 있다.

③ 지방법원 합의부는 소송에 대하여 관할권이 없는 경우라도 상당하다고 인정하면 직권으로 또는 당사자의 신청에 따라 소송의 전부 또는 일부를 스스로 심리·재판할 수 있다.

④ 전속관할이 정하여진 소에 대하여는 제2항 및 제3항의 규정을 적용하지 아니한다.

Q. 이송신청 및 특별항고 제기 가부?

질문

저는 甲회사와 물품공급계약을 체결하였습니다. 이에 더하여 그 계약에 관하여 분쟁이 발생할 경우 저희 회사가 지정하는 법원을 관할법원으로 한다는 합의를 했습니다. 그런데 甲회사와 저희 회사가 분쟁이 발생하였고, 甲회사가 甲회사의 주소지 관할법원에 소를 제기해버렸습니다. 이렇게 되어버리면 저희가 소송을 하기 너무 곤란해집니다. 이와 관련하여 관할위반임을 이유로 관할 이송신청을 하였는데 기각결정이 나왔습니다. 이에 대하여 항고나 특별항고를 제기할 수 있는지 궁금합니다.

답변

민사소송법 제34조는 "①법원은 소송의 전부 또는 일부에 대하여 관할권이 없다고 인정하는 경우에는 결정으로 이를 관할법원에 이송한다. ②지방법원 단독판사는 소송에 대하여 관할권이 있는 경우라도 상당하다고 인정하면 직권 또는 당사자의 신청에 따른 결정으로 소송의 전부 또는 일부를 같은 지방법원 합의부에 이송할 수 있다. ③지방법원 합의부는 소송에 대하여 관할권이 없는 경우라도 상당하다고 인정하면 직권으로 또는 당사자의 신청에 따라 소송의 전부 또는 일부를 스스로 심리·재판할 수 있다."고 규정하고 있으며, 같은 법 제39조에서는 "이송결정과 이송신청의 기각결정에 대하여는 즉시항고를 할 수 있다."고 규정하고 있습니다.
다만 우리 대법원은 "당사자가 관할위반을 이유로 한 이송신청을 한 경우에도 이는 단지 법원의 직권발동을 촉구하는 의미밖에 없는 것이고, 따라서 법원은 이 이송신청에 대하여는 재판을 할 필요가 없고, 설사 법원이 이 이송신청을 거부하는 재판을 하였다고 하여도 항고가 허용될 수 없으므로 항고심에서는 이를 각하하여야 한다."는 입장을 취하고 있습니다(대법원 1993. 12. 6. 자 93마524 전원합의체 결정).
한편, 민사소송법 제449조 제1항은 "불복할 수 없는 결정이나 명령에 대하여는 재판에 영향을 미친 헌법위반이 있거나, 재판의 전제가 된 명령·규칙·처분의 헌법 또는 법률의 위반여부에 대한 판단이 부당하다는 것을 이유로 하는 때에만 대법원에 특별항고를 할 수 있다."고 규정하고 있습니다.
따라서 관할위반을 이유로 한 이송신청을 기각하는 결정에 대하여 특별항고가 가능한지 문제될 수 있습니다.
이에 대하여 우리 대법원은 "민사소송법 제31조 제1항(현 민사소송법 제34조 제1항)의 관할위반에 기한 이송은 원래 법원의 직권조사사항으로서 같은 법 제31조 제2항, 제32조 소정의 이송의 경우와는 달리 당사자에게 이송신청권이 있는 것이 아니므로, 당사자가 그 이송신청을 한 경우에도 단지 법원의 직권 발동을 촉구하는 의미밖에 없는 것이므로, 그 이송신청에 대한 재판을 할 필요가 없는데도 원심이 그 이송신청을 기각하는 결정을 하였다면, 그 결정은 그 결정에 대한 특별항고인에게 아무런 불이익을 주는 것이 아니며, 그 결정에 대하여 특별항고를 할 어떤 이익도 없는 것이 분명하므로 그 특별항고는 부적법하다."고 판시(대법원 1996. 1. 12.자 95그59 결정)하여 위 사안에서 귀하께서 관할위반을 이유로 한 이송신청에 대한 기각결정에 대하여 특별항고로 불복할 수도 없을 것으로 보입니다.

제35조(손해나 지연을 피하기 위한 이송)
법원은 소송에 대하여 관할권이 있는 경우라도 현저한 손해 또는 지연을 피하기 위하여 필요하면 직권 또는 당사자의 신청에 따른 결정으로 소송의 전부 또는 일부를 다른 관할법원에 이송할 수 있다. 다만, 전속관할이 정하여진 소의 경우에는 그러하지 아니하다.

제36조(지식재산권 등에 관한 소송의 이송)
① 법원은 특허권등을 제외한 지식재산권과 국제거래에 관한 소가 제기된 경우 직권 또는 당사자의 신청에 따른 결정으로 그 소송의 전부 또는 일부를 제24조제1항에 따른 관할법원에 이송할 수 있다. 다만, 이로 인하여 소송절차를 현저하게 지연시키는 경우에는 그러하지 아니하다. <개정 2011.5.19., 2015.12.1.>
② 제1항은 전속관할이 정하여져 있는 소의 경우에는 적용하지 아니한다. <개정 2015.12.1.>
③ 제24조제2항 또는 제3항에 따라 특허권등의 지식재산권에 관한 소를 관할하는 법원은 현저한 손해 또는 지연을 피하기 위하여 필요한 때에는 직권 또는 당사자의 신청에 따른 결정으로 소송의 전부 또는 일부를 제2조부터 제23조까지의 규정에 따른 지방법원으로 이송할 수 있다. <신설 2015.12.1.>
[제목개정 2011.5.19.]

제37조(이송결정이 확정된 뒤의 긴급처분)
법원은 소송의 이송결정이 확정된 뒤라도 급박한 사정이 있는 때에는 직권으로 또는 당사자의 신청에 따라 필요한 처분을 할 수 있다. 다만, 기록을 보낸 뒤에는 그러하지 아니하다.

제38조(이송결정의 효력)
① 소송을 이송받은 법원은 이송결정에 따라야 한다.
② 소송을 이송받은 법원은 사건을 다시 다른 법원에 이송하지 못한다.

제39조(즉시항고)
이송결정과 이송신청의 기각결정(棄却決定)에 대하여는 즉시항고(卽時抗告)를 할 수 있다.

제40조(이송의 효과)
① 이송결정이 확정된 때에는 소송은 처음부터 이송받은 법원에 계속(係屬)된 것으로 본다.
② 제1항의 경우에는 이송결정을 한 법원의 법원서기관 · 법원사무관 · 법원주사 또는 법원주사보(이하 "법원사무관등"이라 한다)는 그 결정의 정본(正本)을 소송기록에 붙여 이송받을 법원에 보내야 한다.

중재법에 따라 법원이 관할하는 사건의 처리에 관한 예규(재민 2017-1)

제정 2017.12.6. [재판예규 제1674호, 시행 2017.12.11.]

제1장 총 칙

제1조 (목적)
이 예규는 중재법에 따라 법원이 관할하는 사건(이하 "중재사건"이라 한다)에 관한 법원의 업무처리에 필요한 사항을 정함을 목적으로 한다.

제2조 (중재전담재판부의 지정)
① 다음 각 호 법원의 법원장은 중재사건 전담재판부를 지정하여야 한다.
1. 서울고등법원
2. 부산고등법원
3. 서울중앙지방법원
4. 대전지방법원
5. 대구지방법원
6. 부산지방법원
7. 광주지방법원

② 중재사건은 단독판사 관할 사건이라 하더라도 「법관등의 사무분담 및 사건배당에 관한 예규(재일 2003-4)」에 정하여진 절차에 따른 재정합의 결정을 거쳐 중재사건 전담재판부에서 심판할 수 있다.

제3조 (신청서)
각급 법원은 다음 각 호의 양식을 민원접수창구에 비치하거나, 그 양식이 대한민국 법원 홈페이지에 등재되어 있음을 안내하여야 한다.
1. 중재인 선정신청서(전산양식 A2580)
2. 임시적 처분 승인 및 집행결정신청서(전산양식 A2581)
3. 증거조사 촉탁(협조요청)서(전산양식 A2582)
4. 중재판정 승인 및 집행결정신청서(전산양식 A2583)

제4조 (대리권)
대리인이 선임된 경우 중재절차와 별도로 재판절차의 대리권이 있음을 증명하는 서류를 제출하였는지 확인하여야 한다.

제5조 (번역문 첨부)
당사자가 외국어로 작성된 서류를 제출하는 경우 한국어 번역문을 첨부하도록 보정을 명할 수 있다.

제2장 중재인 선정 및 기피

제6조 (중재인 선정사건의 접수)
중재인 선정신청서가 제출된 경우 중재인선정사건으로 접수하고, 비송사건부호 및 사건번호를 붙여 기록을 조제한다.

제7조 (중재인 선정의 방법)
법원은 당사자의 신청 내용, 사건의 성질 등 제반사정을 고려하여 적절하다고 판단되는 방법에 따라 중재인을 직접 선정하거나 중재인을 선정할 중재기관을 지정할 수 있다.

제8조 (중재인 선정을 위한 중재기관의 지정)
중재인을 선정할 중재기관을 지정하는 결정을 하는 경우 이를 해당 중재기관과 당사자에게 신속히 통지하고, 해당 중재기관에 그 지정 결정문, 중재인 선정신청서 및 당사자가 제출한 첨부 서류를 송부한다.

제9조 (중재인의 직접 선정)
① 중재인을 직접 선정하는 경우 당사자 또는 중재기관에 대하여 후보자 추천을 요청할 수 있다.
② 제1항의 경우 후보자의 중재인 적합성을 판단할 수 있는 자료의 제출을 요청할 수 있다.

제10조 (중재인에 대한 기피신청)
중재인에 대한 기피 신청이 있는 경우 신청인에게 기간을 정하여 기피하는 이유와 소명방법을 서면으로 제출할 것을 요구할 수 있다.

제3장 임시적 처분의 승인 또는 집행

제11조 (임시적 처분의 승인 또는 집행 신청에 따른 인지액)
임시적 처분의 승인 또는 집행 신청에 관한 인지액은 「민사소송 등 인지법」제9조제5항을 준용하여 산정한다.

제12조 (임시적 처분의 승인 또는 집행 신청사건의 심리)
① 임시적 처분의 승인 또는 집행을 구하는 신청이 접수되면 변론기일 또는 당사자 쌍방이 참여할 수 있는 심문기일을 정하여 당사자에게 통지한다. 다만, 그 기일을 열어 심리하면 승인 또는 집행의 목적을 달성할 수 없는 사정이 있는 때에는 그러하지 아니하다.
② 제1항 본문의 경우 피신청인에게 신청서 부본 및 답변서 제출명령(전산양식 A2584)을 송달한다.
③ 법원은 심문기일을 여는 경우 기일에서 즉시 심리를 종결하거나, 심리를 종결할 기한을 별도로 정하여 당사자에게 고지할 수 있다.

제4장 증거조사 촉탁 또는 협조요청

제13조 (증거조사 촉탁 또는 협조요청 사건의 접수)
증거조사 촉탁서 또는 협조요청서가 제출된 경우 중재촉탁사건 또는 중재협조요청사건으로 접수하고, 사건부호 '러' 및 사건번호를 붙여 기록을 조제한다.

제14조 (출석요구 및 통지)
① 증인신문 촉탁 또는 협조요청의 경우 증인출석요구서(전산양식 A2585, 전산양식 A2586)를 증인에게 송달한다.
② 증인신문기일, 검증기일 등을 지정한 경우 중재판정부에 그 일시와 장소를 통지하여야 한다.

제15조 (증거조사 기일의 진행)
① 증거조사 기일은 공개한다. 다만, 중재판정부가 사유를 명시하여 비공개를 요청하거나, 그 밖에 공개가 적절하지 않은 사정이 있는 경우에는 증거조사 기일을 공개하지 않을 수 있다.
② 법원은 증인신문기일, 감정기일 등에 중재인 또는 중재사건의 당사자가 출석한 경우 그로 하여금 증거조사에 관한 의견을 진술하거나 증인 등을 상대로 질문하도록 허가할 수 있다.

제16조 (증거조사 결과 등의 송부)
① 증거조사 촉탁에 따라 증거조사를 마치면 회신서(전산양식 A2587)에 증인신문조서 등본, 검증조서 등본 등 증거조사에 관한 기록을 첨부하여 중재판정부에 송부한다.
② 증거조사 협조요청에 따른 협조를 마치면 증인 소환 및 송달결과, 문서소지자에 대한 명령 내용 및 송달결과 등 협조사항을 기재한 서면을 중재판정부에 송부한다.

제17조 (촉탁서 또는 협조요청서의 반송)
아래 각 호의 어느 하나에 해당하는 경우 반송서(전산양식 A2588)에 그 사유를 기재하여 촉탁서 또는 협조 요청서를 반송할 수 있다.
1. 중재판정부가 법원의 보정 요구에도 증거조사의 취지, 내용, 촉탁 및 협조의 필요성을 알 수 있는 자료를 제출하지 않는 경우
2. 중재판정부가 법원의 보정 요구에도 불구하고 증거조사를 위하여 지출할 비용을 예납하지 않은 경우
3. 증거조사 촉탁에 따른 증거조사가 불능이거나 증거조사 협조에 따른 송달 등이 불능인 경우

제5장 중재판정의 승인 또는 집행

제18조 (중재판정의 승인 또는 집행 신청사건의 진행)
제11조 및 제12조 제2항, 제3항은 중재판정의 승인 또는 집행을 구하는 신청에 준용한다.

부 칙

제1조(시행일)
이 예규는 2017년 12월 11일부터 시행한다.

제2조(경과조치)
이 예규는 이 예규 시행 당시 법원에 계속 중인 사건에도 적용한다. 다만, 2016년 11월 30일 전에 접수된 사건에 대하여는 이 예규를 적용하지 아니한다.

제2절 법관 등의 제척 · 기피 · 회피

제41조(제척의 이유)

법관은 다음 각호 가운데 어느 하나에 해당하면 직무집행에서 제척(除斥)된다. <개정 2005.3.31.>

1. 법관 또는 그 배우자나 배우자이었던 사람이 사건의 당사자가 되거나, 사건의 당사자와 공동권리자 · 공동의무자 또는 상환의무자의 관계에 있는 때
2. 법관이 당사자와 친족의 관계에 있거나 그러한 관계에 있었을 때
3. 법관이 사건에 관하여 증언이나 감정(鑑定)을 하였을 때
4. 법관이 사건당사자의 대리인이었거나 대리인이 된 때
5. 법관이 불복사건의 이전심급의 재판에 관여하였을 때. 다만, 다른 법원의 촉탁에 따라 그 직무를 수행한 경우에는 그러하지 아니하다.

▣판례-중재판정취소▣

[대법원 2005.4.29., 선고, 2004다47901, 판결]

【판시사항】

[1] 중재인의 고지의무를 규정한 중재법 제13조 제1항의 법적 성격(=강행규정)

[2] 중재인에 대한 기피사유를 어떤 경위로든 알게 되었음에도 중재법 제14조에 정한 기피신청을 하지 아니한 경우, 중재판정이 내려진 이후에 뒤늦게 중재인에게 공정성이나 독립성에 관하여 의심을 야기할 사유가 있었다거나 중재법 제13조 제1항에 정한 중재인의 고지의무 절차위반이 있다는 사유로 중재판정의 취소를 주장할 수 있는지 여부(한정 소극)

[3] 중재판정의 일방 당사자의 소송대리인과 같은 법무법인 소속 변호사가 중재인으로 선정된 경우, 민사소송법 제41조 제4호의 '법관이 사건당사자의 대리인이었거나 대리인이 된 때'와 같이 볼 수 있을 정도로 중재인의 공정성이나 독립성에 관하여 의심을 야기할 중대한 사유로는 볼 수 없다고 한 사례

【판결요지】

[1] 중재법 제13조 제1항에 정해진 '중재인이 되어 달라고 요청받은 자 또는 선정된 중재인의 당사자들에 대한 고지의무'에 관한 규정 자체는 중재법 제5조(이의신청권의 상실)에서의 '이 법의 임의규정'이 아닌 강행규정으로 보아야 한다.

[2] 중재인 등의 사무국에 대한 서면 고지가 없는 상태에서 그 직원들이 그 밖의 다른 경위로 알게 된 중재인 등의 공정성이나 독립성에 관하여 의심을 야기할 사유를 당사자들에게 통지하였다고 하더라도 그와 같이 통지받은 사유에 관하여 소정의 기간 내에 기피신청을 한 바 없다면, 그 중재인 등의 공정성이나 독립성에 관하여 의심을 야기할 사유가 예컨대 민사소송법 제41조(제척의 이유)에 정해진 법관의 제척사유와 같이 볼 수 있을 정도의 중대한 사유에 해당된다는 등의 특별한 사정이 없는 한, 그 중재판정이 내려진 이후에 뒤늦게 그 중재인 등에게 공정성이나 독립성에 관하여 의심을 야기할 사유가 있었다거나 중재법 제13조 제1항에 의한 중재인 등의 고지의무와 관련하여 중재규칙 제25조에 정해진 절차를 위반한 위법이 있다는 사유를 들어 중재법에서 정한 중재판정 취소사유인 '중재판정부의 구성이나 중재절차가 중재법에 따르지 않은 경우' 또는 '중재판정의 승인 또는 집행이 대한민국의 선량한 풍속 기타 사회질서에 위배되는 때'에 해당된다고 주장할 수는 없다.

[3] 중재판정의 일방 당사자의 소송대리인과 같은 법무법인 소속 변호사가 중재인으로 선정된 경우, 민사소송법 제41조 제4호의 '법관이 사건당사자의 대리인이었거나 대리인이 된 때'와 같이 볼 수 있을 정도로 중재인의 공정성이나 독립성에 관하여 의심을 야기할 중대한 사유로는 볼 수 없다고 한 사례.

제42조(제척의 재판)
법원은 제척의 이유가 있는 때에는 직권으로 또는 당사자의 신청에 따라 제척의 재판을 한다.

제43조(당사자의 기피권)
① 당사자는 법관에게 공정한 재판을 기대하기 어려운 사정이 있는 때에는 기피신청을 할 수 있다.
② 당사자가 법관을 기피할 이유가 있다는 것을 알면서도 본안에 관하여 변론하거나 변론준비기일에서 진술을 한 경우에는 기피신청을 하지 못한다.

제44조(제척과 기피신청의 방식)
① 합의부의 법관에 대한 제척 또는 기피는 그 합의부에, 수명법관(受命法官)·수탁판사(受託判事) 또는 단독판사에 대한 제척 또는 기피는 그 법관에게 이유를 밝혀 신청하여야 한다.
② 제척 또는 기피하는 이유와 소명방법은 신청한 날부터 3일 이내에 서면으로 제출하여야 한다.

제45조(제척 또는 기피신청의 각하 등)
① 제척 또는 기피신청이 제44조의 규정에 어긋나거나 소송의 지연을 목적으로 하는 것이 분명한 경우에는 신청을 받은 법원 또는 법관은 결정으로 이를 각하(却下)한다.
② 제척 또는 기피를 당한 법관은 제1항의 경우를 제외하고는 바로 제척 또는 기피신청에 대한 의견서를 제출하여야 한다.

제46조(제척 또는 기피신청에 대한 재판)
① 제척 또는 기피신청에 대한 재판은 그 신청을 받은 법관의 소속 법원 합의부에서 결정으로 하여야 한다.
② 제척 또는 기피신청을 받은 법관은 제1항의 재판에 관여하지 못한다. 다만, 의견을 진술할 수 있다.
③ 제척 또는 기피신청을 받은 법관의 소속 법원이 합의부를 구성하지 못하는 경우에는 바로 위의 상급법원이 결정하여야 한다.

제47조(불복신청)
① 제척 또는 기피신청에 정당한 이유가 있다는 결정에 대하여는 불복할 수 없다.
② 제45조제1항의 각하결정(却下決定) 또는 제척이나 기피신청이 이유 없다는 결정에 대하여는 즉시항고를 할 수 있다.
③ 제45조제1항의 각하결정에 대한 즉시항고는 집행정지의 효력을 가지지 아니한다.

제48조(소송절차의 정지)
법원은 제척 또는 기피신청이 있는 경우에는 그 재판이 확정될 때까지 소송절차를 정지하여야 한다. 다만, 제척 또는 기피신청이 각하된 경우 또는 종국판결(終局判決)을 선고하거나 긴급을 요하는 행위를 하는 경우에는 그러하지 아니하다.

제49조(법관의 회피)
법관은 제41조 또는 제43조의 사유가 있는 경우에는 감독권이 있는 법원의 허가를 받아 회피(回避)할 수 있다.

제50조(법원사무관등에 대한 제척 · 기피 · 회피)
① 법원사무관등에 대하여는 이 절의 규정을 준용한다.
② 제1항의 법원사무관등에 대한 제척 또는 기피의 재판은 그가 속한 법원이 결정으로 하여야 한다.

제2장 당사자

제1절 당사자능력과 소송능력

제51조(당사자능력 · 소송능력 등에 대한 원칙)
당사자능력(當事者能力), 소송능력(訴訟能力), 소송무능력자(訴訟無能力者)의 법정대리와 소송행위에 필요한 권한의 수여는 이 법에 특별한 규정이 없으면 민법, 그 밖의 법률에 따른다.

제52조(법인이 아닌 사단 등의 당사자능력)
법인이 아닌 사단이나 재단은 대표자 또는 관리인이 있는 경우에는 그 사단이나 재단의 이름으로 당사자가 될 수 있다.

▣판례-임시이사선임▣

[대법원 2019.3.25., 자, 2016마5908, 결정]

【판시사항】
[1] 학교가 민사소송에서 당사자능력이 인정되는지 여부(원칙적 소극) 및 이러한 법리는 비송사건에서도 마찬가지인지 여부(적극)
[2] 甲 외국인학교의 이사인 乙이 甲 학교의 임시이사를 선임해달라는 신청을 한 사안에서, 위 신청은 甲 학교의 당사자능력이 인정되지 않아 부적법하므로 각하하여야 하는데도, 이를 간과하고 본안에 대하여 판단한 원심판단에 법리오해의 잘못이 있다고 한 사례

【판결요지】
[1] 학교는 교육시설의 명칭으로서 일반적으로 법인도 아니고 대표자 있는 법인격 없는 사단 또는 재단도 아니기 때문에, 원칙적으로 민사소송에서 당사자능력이 인정되지 않는다. 이러한 법리는 비송사건에서도 마찬가지이다.
[2] 甲 외국인학교의 이사인 乙이 甲 학교의 임시이사를 선임해달라는 신청을 한 사안에서, 甲 학교가 구 초·중등교육법(2012. 3. 21. 법률 제11384호로 개정되기 전의 것) 제4조, 구 각종학교에 관한 규칙(2015. 3. 5. 교육부령 제57호 초·중등교육법 시행규칙 부칙 제2조로 폐지) 제12조에 따라 외국인인 丙 개인이 설립한 학교로 인가를 받았고, 甲 학교가 설립·운영자와 독립하여 독자적인 존재와 활동을 할 수 있는 법인격 없는 사단 또는 재단에 해당한다고 볼 수 없으므로, 위 신청은 甲 학교의 당사자능력이 인정되지 않아 부적법하므로 각하하여야 하는데도, 이를 간과하고 본안에 대하여 판단한 원심판단에 법리오해의 잘못이 있다고 한 사례.

Q. 민법상 조합이 소송 제기 시 당사자능력과 소송수행방법?

질문

저는 조합의 업무집행조합원으로서 조합으로부터 돈을 빌려간 甲을 상대로 대여금청구의 소를 제기하려고 합니다. 민법상 조합이 소송수행을 할 수 있는지요?

답변

법인이 아닌 사단 등의 당사자능력에 관하여 「민사소송법」제52조는 "법인이 아닌 사단이나 재단은 대표자 또는 관리인이 있는 경우에는 그 이름으로 당사자가 될 수 있다."라고 규정하고 있으나, 민법상 조합은 조합원 사이의 계약관계이며, 조합원의 개성을 초월한 독립된 고유의 목적을 가진 단체라고 인정할 수 있는 실질이 없고, 민법이 법인이 아닌 사단에 대하여 그 소유관계를 총유(總有)로 규정하고 민법상 조합의 소유관계를 합유(合有)로 규정하여 양자가 별개임을 전제하고 있으므로 민법상 조합은 당사자능력이 부정됩니다(대법원 1991. 6. 25. 선고 88다카6358 판결).
민법상 조합과 법인이 아닌 사단의 구별기준에 관하여 판례는 "민법상의 조합과 법인격은 없으나 사단성이 인정되는 비법인사단(법인이 아닌 사단)을 구별함에 있어서는 일반적으로 그 단체성의 강약을 기준으로 판단하여야 하는바, 조합은 2인 이상이 상호간에 금전 기타 재산 또는 노무를 출자하여 공동사업을 경영할 것을 약정하는 계약관계에 의하여 성립하므로 어느 정도 단체성에서 오는 제약을 받게 되는 것이지만 구성원의 개인성이 강하게 드러나는 인적 결합체인데 비하여, 비법인사단(법인이 아닌 사단)은 구성원의 개인성과는 별개로 권리·의무의 주체가 될 수 있는 독자적 존재로서의 단체적 조직을 가지는 특성이 있다."라고 하였습니다(대법원 1999. 4. 23. 선고 99다4504 판결).
민법상 조합의 명칭을 가진 단체가 법인이 아닌 사단으로서의 실체를 가지는 경우에 판례는 "민법상 조합의 명칭을 가지고 있는 단체라 하더라도 고유의 목적을 가지고 사단적 성격을 가지는 규약을 만들어 이에 근거하여 의사결정기관 및 집행기관인 대표자를 두는 등의 조직을 갖추고 있고, 구성원의 가입·탈퇴 등으로 인한 변경에 관계없이 단체 그 자체가 존속되며, 그 조직에 의하여 대표의 방법, 총회나 이사회 등의 운영, 재산의 관리 기타 단체로서의 주요사항이 확정되어 있는 경우에는 비법인사단(법인이 아닌 사단)으로서의 실체를 가진다."라고 하였습니다(대법원 1999. 7. 27. 선고 98도4200 판결, 1994. 4. 26. 선고 93다51591 판결).
따라서 법인이 아닌 사단으로서의 실체를 가지지 못한 민법상 조합은 당사자능력이 부정되므로, 그러한 민법상 조합이 소송을 하려면 다음 세 가지 방법으로 하여야 합니다.
첫째, 조합원전원이 당사자가 되어 소송을 수행하는 방법입니다. 이 경우 조합의 업무집행조합원이 「민법」제709조에 의하여 전원의 소송대리인이 될 수 있다 할 것입니다.
둘째, 조합원 전원이 선정당사자(選定當事者)를 선정하여 소송을 수행케 하는 방법이 있습니다. 선정당사자라 함은 공동의 이해관계 있는 다수자가 공동소송인이 되어 소송을 하여야 할 경우에 총원을 위해 소송을 수행할 당사자로 선출된 자를 말합니다. 이는 다수자 중에서 대표자를 뽑아 그에게 소송을 맡겨 다수당사자 소송을 단순화하는 방편입니다.
셋째, 조합의 업무집행조합원으로서 임의적 소송담당에 의한 방법입니다.
판례는 "임의적 소송신탁은 탈법적인 방법에 의한 것이 아닌 한 극히 제한적인 경우에 합리적인 필요가 있다고 인정될 수 있는 것인바, 민법상의 조합에 있어서 조합규약이나 조합결의에 의하여 자기이름으로 조합재산을 관리하고 대외적 업무를 집행할 권한을 수여 받은 업무집행조합원은 조합재산에 관한 소송에 관하여 조합원으로부터 임의적 소송신탁을 받아 자기이름으로 소송을 수행하는 것이 허용된다고 할 것이다."라고 하여(대법원 1984. 2. 14. 선고 83다카1815 판결, 1997. 11. 28. 선고 95다35302 판결) 업무집행조합원은 선정당사자제도에 의하지 않고도 규약에 근거하여 조합재산관리의 한 방법으로 조합원으로부터 소송신탁(訴訟信託)을 받아 조합재산에 관한 소송을 수행할 당사자적격이 있습니다.
따라서 귀하는 위 세 가지 방법 중 귀하에게 편리한 방법을 선택하여 甲에 대하여 대여금의 지급을 청구하는 소송을 제기하실 수 있을 것입니다.

제53조(선정당사자)

① 공동의 이해관계를 가진 여러 사람이 제52조의 규정에 해당되지 아니하는 경우에는, 이들은 그 가운데에서 모두를 위하여 당사자가 될 한 사람 또는 여러 사람을 선정하거나 이를 바꿀 수 있다.

② 소송이 법원에 계속된 뒤 제1항의 규정에 따라 당사자를 바꾼 때에는 그 전의 당사자는 당연히 소송에서 탈퇴한 것으로 본다.

제54조(선정당사자 일부의 자격상실)

제53조의 규정에 따라 선정된 여러 당사자 가운데 죽거나 그 자격을 잃은 사람이 있는 경우에는 다른 당사자가 모두를 위하여 소송행위를 한다.

제55조(제한능력자의 소송능력)

① 미성년자 또는 피성년후견인은 법정대리인에 의해서만 소송행위를 할 수 있다. 다만, 다음 각 호의 경우에는 그러하지 아니하다.
1. 미성년자가 독립하여 법률행위를 할 수 있는 경우
2. 피성년후견인이 「민법」 제10조제2항에 따라 취소할 수 없는 법률행위를 할 수 있는 경우

② 피한정후견인은 한정후견인의 동의가 필요한 행위에 관하여는 대리권 있는 한정후견인에 의해서만 소송행위를 할 수 있다.

[전문개정 2016.2.3.]

Q. 미성년자를 상대로 한 소의 제기방법?

질문

저는 甲에게 고용되어 근무중 6개월분의 임금을 지급받지 못하고 퇴직하여 체불임금의 지급을 구하는 소를 제기하려고 합니다.그런데 최근 甲과 그의 처 乙이 사망하였고, 그 유일한 상속인으로 甲의 아들인 미성년자인 丙이 있습니다. 이런 경우 소송을 통한 권리구제가 가능한지요?

답변

「민사소송법」 제55조 제1항 본문은 "미성년자 또는 피성년후견인은 법정대리인에 의하여서만 소송행위를 할 수 있다."라고 규정하고 있고(2016. 2. 3. 전문개정, 2017. 2. 4. 시행), 미성년자의 법정대리인이 되는 자에 관하여 「민법」 제928조는 "미성년자에게 친권자가 없거나 친권자가 제924조, 제924조의2, 제925조 또는 제927조제1항에 따라 친권의 전부 또는 일부를 행사할 수 없는 경우에는 미성년후견인을 두어야 한다."라고 규정하고 있으며, 같은 법 제932조는 미성년자의 후견인의 선임에 대해 규정하고 있으므로 미성년자 또는 미성년자를 상대로 소를 제기하는 자는 위 규정에 따라 친권자 또는 후견인을 미성년자의 법정대리인으로 하여 소를 제기할 수 있습니다.
참고로 「민법」 제950조 제1항은 "후견인이 피후견인을 대리하여 다음 각 호의 어느

하나에 해당하는 행위를 하거나 미성년자의 다음 각 호의 어느 하나에 해당하는 행위에 동의를 할 때는 후견감독인이 있으면 그의 동의를 받아야 한다."라고 규정하고 있고, 동조 제5호에 "소송행위"를 열거하고 있으므로 미성년자의 후견인의 소송행위는 후견감독인이 있는 경우에는 그의 동의를 얻어야 유효합니다.
한편, 「민사소송법」 제62조 제1항은 "미성년자 · 피한정후견인 또는 피성년후견인이 당사자인 경우, 그 친족, 이해관계인(미성년자 · 피한정후견인 또는 피성년후견인을 상대로 소송행위를 하려는 사람을 포함한다), 대리권 없는 성년후견인, 대리권 없는 한정후견인, 지방자치단체의 장 또는 검사는 다음 각 호의 경우에 소송절차가 지연됨으로써 손해를 볼 염려가 있다는 것을 소명하여 수소법원에 특별대리인을 선임하여 주도록 신청할 수 있다. 1. 법정대리인이 없거나 법정대리인에게 소송에 관한 대리권이 없는 경우, 2. 법정대리인이 사실상 또는 법률상 장애로 대리권을 행사할 수 없는 경우, 3. 법정대리인의 불성실하거나 미숙한 대리권 행사로 소송절차의 진행이 현저하게 방해받는 경우"라고 규정하고 있으므로 수소법원에 특별대리인선임신청을 한 후 특별대리인이 선임되면 특별대리인을 상대로 소를 제기할 수 있습니다(2016. 2. 3. 전문개정, 2017. 2. 4. 시행).
또한 같은 조 제3항 전문은 "특별대리인은 대리권 있는 후견인과 같은 권한이 있다. 특별대리인의 대리권의 범위에서 법정대리인의 권한은 정지된다."라고 규정하고 있습니다.
따라서 귀하의 경우 丙의 후견인이 있다면 후견인을 법정대리인으로 하여 또는 후견인이 될 자가 없는 경우에는 법원에 특별대리인 선임신청을 한 후 특별대리인이 선임되면 丙을 피고로 하여 소를 제기할 수 있을 것으로 보입니다.

제56조(법정대리인의 소송행위에 관한 특별규정)

① 미성년후견인, 대리권 있는 성년후견인 또는 대리권 있는 한정후견인이 상대방의 소 또는 상소 제기에 관하여 소송행위를 하는 경우에는 그 후견감독인으로부터 특별한 권한을 받을 필요가 없다.

② 제1항의 법정대리인이 소의 취하, 화해, 청구의 포기 · 인낙(認諾) 또는 제80조에 따른 탈퇴를 하기 위해서는 후견감독인으로부터 특별한 권한을 받아야 한다. 다만, 후견감독인이 없는 경우에는 가정법원으로부터 특별한 권한을 받아야 한다.

[전문개정 2016.2.3.]

제57조(외국인의 소송능력에 대한 특별규정)

외국인은 그의 본국법에 따르면 소송능력이 없는 경우라도 대한민국의 법률에 따라 소송능력이 있는 경우에는 소송능력이 있는 것으로 본다.

제58조(법정대리권 등의 증명)

① 법정대리권이 있는 사실 또는 소송행위를 위한 권한을 받은 사실은 서면으로 증명하여야 한다. 제53조의 규정에 따라서 당사자를 선정하고 바꾸는 경우에도 또한 같다.

② 제1항의 서면은 소송기록에 붙여야 한다.

제59조(소송능력 등의 흠에 대한 조치)

소송능력 · 법정대리권 또는 소송행위에 필요한 권한의 수여에 흠이 있는 경우에는 법원은 기간을 정하여 이를 보정(補正)하도록 명하여야 하며, 만일 보정하는 것이 지연됨으로써 손해가 생길 염려가 있는 경우에는 법원은 보정하기 전의 당사자 또는 법정대리인으로 하여금 일시적으로 소송행위를 하게 할 수 있다.

제60조(소송능력 등의 흠과 추인)
소송능력, 법정대리권 또는 소송행위에 필요한 권한의 수여에 흠이 있는 사람이 소송행위를 한 뒤에 보정된 당사자나 법정대리인이 이를 추인(追認)한 경우에는, 그 소송행위는 이를 한 때에 소급하여 효력이 생긴다.

▣판례-소유권이전등기절차이행▣
[대법원 2016.7.7., 선고, 2013다76871, 판결]

【판시사항】
[1] 소송당사자인 종중의 실체에 관하여 당사자가 주장하는 사실관계의 기본적 동일성이 유지되고 있는 경우, 당사자변경에 해당하는지 여부(소극) 및 이때 법원이 당사자능력 등 소의 적법 여부를 판단하는 방법
[2] 적법한 대표자 자격이 없는 비법인 사단의 대표자가 한 소송행위를 적법한 대표자가 상고심에서 추인할 수 있는지 여부(적극)

【판결요지】
[1] 소송당사자인 종중의 법적 성격에 관한 당사자의 법적 주장이 무엇이든 실체에 관하여 당사자가 주장하는 사실관계의 기본적 동일성이 유지되고 있다면 법적 주장의 추이를 가지고 당사자변경에 해당한다고 할 것은 아니다. 그 경우에 법원은 직권으로 조사한 사실관계에 기초하여 당사자가 주장하는 단체의 실질이 고유한 의미의 종중인지 혹은 종중 유사의 단체인지, 공동선조는 누구인지 등을 확정한 다음 법적 성격을 달리 평가할 수 있고, 이를 기초로 당사자능력 등 소의 적법 여부를 판단하여야 한다.
[2] 적법한 대표자 자격이 없는 비법인 사단의 대표자가 한 소송행위는 후에 대표자 자격을 적법하게 취득한 대표자가 소송행위를 추인하면 행위 시에 소급하여 효력을 가지게 되고, 이러한 추인은 상고심에서도 할 수 있다

제61조(선정당사자에 대한 준용)
제53조의 규정에 따른 당사자가 소송행위를 하는 경우에는 제59조 및 제60조의 규정을 준용한다.

제62조(제한능력자를 위한 특별대리인)
① 미성년자·피한정후견인 또는 피성년후견인이 당사자인 경우, 그 친족, 이해관계인(미성년자·피한정후견인 또는 피성년후견인을 상대로 소송행위를 하려는 사람을 포함한다), 대리권 없는 성년후견인, 대리권 없는 한정후견인, 지방자치단체의 장 또는 검사는 다음 각 호의 경우에 소송절차가 지연됨으로써 손해를 볼 염려가 있다는 것을 소명하여 수소법원(受訴法院)에 특별대리인을 선임하여 주도록 신청할 수 있다.
1. 법정대리인이 없거나 법정대리인에게 소송에 관한 대리권이 없는 경우
2. 법정대리인이 사실상 또는 법률상 장애로 대리권을 행사할 수 없는 경우
3. 법정대리인의 불성실하거나 미숙한 대리권 행사로 소송절차의 진행이 현저하게 방해받는 경우
② 법원은 소송계속 후 필요하다고 인정하는 경우 직권으로 특별대리인을 선임·개임하거나 해임할 수 있다.
③ 특별대리인은 대리권 있는 후견인과 같은 권한이 있다. 특별대리인의 대리권

의 범위에서 법정대리인의 권한은 정지된다.
④ 특별대리인의 선임·개임 또는 해임은 법원의 결정으로 하며, 그 결정은 특별대리인에게 송달하여야 한다.
⑤ 특별대리인의 보수, 선임 비용 및 소송행위에 관한 비용은 소송비용에 포함된다.
[전문개정 2016.2.3.]

제62조의2(의사무능력자를 위한 특별대리인의 선임 등)
① 의사능력이 없는 사람을 상대로 소송행위를 하려고 하거나 의사능력이 없는 사람이 소송행위를 하는 데 필요한 경우 특별대리인의 선임 등에 관하여는 제62조를 준용한다. 다만, 특정후견인 또는 임의후견인도 특별대리인의 선임을 신청할 수 있다.
② 제1항의 특별대리인이 소의 취하, 화해, 청구의 포기·인낙 또는 제80조에 따른 탈퇴를 하는 경우 법원은 그 행위가 본인의 이익을 명백히 침해한다고 인정할 때에는 그 행위가 있는 날부터 14일 이내에 결정으로 이를 허가하지 아니할 수 있다. 이 결정에 대해서는 불복할 수 없다.
[본조신설 2016.2.3.]

제63조(법정대리권의 소멸통지)
① 소송절차가 진행되는 중에 법정대리권이 소멸한 경우에는 본인 또는 대리인이 상대방에게 소멸된 사실을 통지하지 아니하면 소멸의 효력을 주장하지 못한다. 다만, 법원에 법정대리권의 소멸사실이 알려진 뒤에는 그 법정대리인은 제56조제2항의 소송행위를 하지 못한다.
② 제53조의 규정에 따라 당사자를 바꾸는 경우에는 제1항의 규정을 준용한다.

Q. 법정대리의 소멸통지 불비시 효력?

질문

저는 얼마 전까지 소송을 진행하였고, 승소판결을 받고 상대방의 항소여부를 기다리고 있었습니다. 그렇게 원고 승소판결을 받고 기뻐하던 순간도 잠시, 피고측이 자신의 변호사를 소송종료 전에 해임했는데 판결문이 변호사에게 가서 송달이 무효이므로 항소 할 수 있다고 하며 항소를 진행하겠다고 통지가 오더라구요. 그런데 저는 상대방 변호사 해임한걸 알지도 못했어요. 피고측의 말이 진짜인가요? 항소심을 겪을 생각을 하니 답답하기도 한 마음에 여쭙습니다.

답변

원칙적으로 해임된 변호사는 더 이상 소송대리인이 될 수 없고 따라서 소송무능력자에 해당한다고 할 것입니다. 소송무능력자에 대한 소송행위는 무효로 그 효력이 없으므로 정당하게 해임된 변호사에게 판결문을 송달한 경우, 그 송달은 무효가 될 것이며 항소기간도 경과하지 않을 것입니다.
그러나 민사소송법 제63조는 "소송절차가 진행되는 중에 법정대리권이 소멸한 경우에는 본인 또는 대리인이 상대방에게 소멸된 사실을 통지하지 아니하면 소멸의 효력을 주장하지 못한다."고 규정하고 있습니다. 따라서 피고측은 귀하께 소멸의 효력을 주장 할 수 없다고 할 것입니다.

설령 변호사가 사임서를 법원에 제출했다고 하더라도, 우리 대법원은 "소송대리인이 사임서를 법원에 제출하였다 하더라도 상대방에게 그 사실을 통지하지 않은 이상 소송절차의 안정과 명확을 기하기 위하여 그 대리인의 대리권은 여전히 존속한다고 할 것"이라고 판시(1970. 9. 29. 선고 70다1593 판결)하여 여전히 변호사의 대리권이 존속한다고 보고 있습니다.
따라서 상대방이 변호사의 해임을 입증해내지 않는 이상, 항소기간의 도과로 인하여 본 재판은 확정되었고, 항소는 불가능할 것으로 보입니다.

第64조(법인 등 단체의 대표자의 지위)

법인의 대표자 또는 제52조의 대표자 또는 관리인에게는 이 법 가운데 법정대리와 법정대리인에 관한 규정을 준용한다.

제2절 공동소송

第65조(공동소송의 요건)

소송목적이 되는 권리나 의무가 여러 사람에게 공통되거나 사실상 또는 법률상 같은 원인으로 말미암아 생긴 경우에는 그 여러 사람이 공동소송인으로서 당사자가 될 수 있다. 소송목적이 되는 권리나 의무가 같은 종류의 것이고, 사실상 또는 법률상 같은 종류의 원인으로 말미암은 것인 경우에도 또한 같다.

▣판례-손해배상(의)▣

[대법원 2015.6.11., 선고, 2014다232913, 판결]

【판시사항】

주위적 피고에 대한 주위적·예비적 청구 중 주위적 청구 부분이 받아들여지지 아니할 경우 그와 법률상 양립할 수 없는 관계에 있는 예비적 피고에 대한 청구를 받아들여 달라는 취지로 결합하여 소를 제기할 수 있는지 여부(적극) 및 처음에는 주위적 피고에 대한 주위적·예비적 청구만 하였다가 청구를 결합하기 위하여 예비적 피고를 추가할 수 있는지 여부(적극) / 이 경우 주위적 피고에 대한 예비적 청구와 예비적 피고에 대한 청구를 병합하여 통상의 공동소송으로 보아 심리·판단할 수 있는지 여부(한정 적극) 및 이러한 법리는 주위적 피고에 대하여 실질적으로 선택적 병합 관계에 있는 두 청구를 주위적·예비적으로 순위를 붙여 청구한 경우에도 그대로 적용되는지 여부(적극)

【판결요지】

민사소송법 제70조 제1항 본문이 규정하는 '공동소송인 가운데 일부에 대한 청구'를 반드시 '공동소송인 가운데 일부에 대한 모든 청구'라고 해석할 근거는 없으므로, 주위적 피고에 대한 주위적·예비적 청구 중 주위적 청구 부분이 받아들여지지 아니할 경우 그와 법률상 양립할 수 없는 관계에 있는 예비적 피고에 대한 청구를 받아들여 달라는 취지로 주위적 피고에 대한 주위적·예비적 청구와 예비적 피고에 대한 청구를 결합하여 소를 제기하는 것도 가능하고, 처음에는 주위적 피고에 대한 주위적·예비적 청구만을 하였다가 청구 중 주위적 청구 부분이 받아들여지지 아니할 경우 그와 법률상 양립할 수 없는 관계에 있는 예비적 피고에 대한 청구를 받아들여 달라는 취지로 예비적 피고에 대한 청구를 결합하기 위하여 예비적 피고를 추가하는 것도 민사소송법 제70조 제1항 본문에 의하여 준용되는 민사소송법 제68조 제1항에 의하여 가능하다. 이 경우 주위적 피고에 대한 예비적 청구와 예비적 피고에 대한 청구가 서로 법률상 양립할 수 있는 관계에 있으면 양 청구를 병합하여 통상의 공동소송으로 보아 심리·판단할 수 있다. 그리고 이러한 법리는 원고가 주위적 피고에 대하여 실질적으로 선택적 병합 관계에 있는 두 청구를 주위적·예비적으로 순위를 붙여 청구한 경우에도 그대로 적용된다.

제66조(통상공동소송인의 지위)
공동소송인 가운데 한 사람의 소송행위 또는 이에 대한 상대방의 소송행위와 공동소송인 가운데 한 사람에 관한 사항은 다른 공동소송인에게 영향을 미치지 아니한다.

제67조(필수적 공동소송에 대한 특별규정)
① 소송목적이 공동소송인 모두에게 합일적으로 확정되어야 할 공동소송의 경우에 공동소송인 가운데 한 사람의 소송행위는 모두의 이익을 위하여서만 효력을 가진다.
② 제1항의 공동소송에서 공동소송인 가운데 한 사람에 대한 상대방의 소송행위는 공동소송인 모두에게 효력이 미친다.
③ 제1항의 공동소송에서 공동소송인 가운데 한 사람에게 소송절차를 중단 또는 중지하여야 할 이유가 있는 경우 그 중단 또는 중지는 모두에게 효력이 미친다.

제68조(필수적 공동소송인의 추가)
① 법원은 제67조제1항의 규정에 따른 공동소송인 가운데 일부가 누락된 경우에는 제1심의 변론을 종결할 때까지 원고의 신청에 따라 결정으로 원고 또는 피고를 추가하도록 허가할 수 있다. 다만, 원고의 추가는 추가될 사람의 동의를 받은 경우에만 허가할 수 있다.
② 제1항의 허가결정을 한 때에는 허가결정의 정본을 당사자 모두에게 송달하여야 하며, 추가될 당사자에게는 소장부본도 송달하여야 한다.
③ 제1항의 규정에 따라 공동소송인이 추가된 경우에는 처음의 소가 제기된 때에 추가된 당사자와의 사이에 소가 제기된 것으로 본다.
④ 제1항의 허가결정에 대하여 이해관계인은 추가될 원고의 동의가 없었다는 것을 사유로 하는 경우에만 즉시항고를 할 수 있다.
⑤ 제4항의 즉시항고는 집행정지의 효력을 가지지 아니한다.
⑥ 제1항의 신청을 기각한 결정에 대하여는 즉시항고를 할 수 있다.

제69조(필수적 공동소송에 대한 특별규정)
제67조제1항의 공동소송인 가운데 한 사람이 상소를 제기한 경우에 다른 공동소송인이 그 상소심에서 하는 소송행위에는 제56조제1항의 규정을 준용한다.

제70조(예비적 · 선택적 공동소송에 대한 특별규정)
① 공동소송인 가운데 일부의 청구가 다른 공동소송인의 청구와 법률상 양립할 수 없거나 공동소송인 가운데 일부에 대한 청구가 다른 공동소송인에 대한 청구와 법률상 양립할 수 없는 경우에는 제67조 내지 제69조를 준용한다. 다만, 청구의 포기 · 인낙, 화해 및 소의 취하의 경우에는 그러하지 아니하다.
② 제1항의 소송에서는 모든 공동소송인에 관한 청구에 대하여 판결을 하여야 한다.

제3절 소송참가

제71조(보조참가)
소송결과에 이해관계가 있는 제3자는 한 쪽 당사자를 돕기 위하여 법원에 계속 중인 소송에 참가할 수 있다. 다만, 소송절차를 현저하게 지연시키는 경우에는 그러하지 아니하다.

제72조(참가신청의 방식)
① 참가신청은 참가의 취지와 이유를 밝혀 참가하고자 하는 소송이 계속된 법원에 제기하여야 한다.
② 서면으로 참가를 신청한 경우에는 법원은 그 서면을 양쪽 당사자에게 송달하여야 한다.
③ 참가신청은 참가인으로서 할 수 있는 소송행위와 동시에 할 수 있다.

제73조(참가허가여부에 대한 재판)
① 당사자가 참가에 대하여 이의를 신청한 때에는 참가인은 참가의 이유를 소명하여야 하며, 법원은 참가를 허가할 것인지 아닌지를 결정하여야 한다.
② 법원은 직권으로 참가인에게 참가의 이유를 소명하도록 명할 수 있으며, 참가의 이유가 있다고 인정되지 아니하는 때에는 참가를 허가하지 아니하는 결정을 하여야 한다.
③ 제1항 및 제2항의 결정에 대하여는 즉시항고를 할 수 있다.

제74조(이의신청권의 상실)
당사자가 참가에 대하여 이의를 신청하지 아니한 채 변론하거나 변론준비기일에서 진술을 한 경우에는 이의를 신청할 권리를 잃는다.

제75조(참가인의 소송관여)
① 참가인은 그의 참가에 대한 이의신청이 있는 경우라도 참가를 허가하지 아니하는 결정이 확정될 때까지 소송행위를 할 수 있다.
② 당사자가 참가인의 소송행위를 원용(援用)한 경우에는 참가를 허가하지 아니하는 결정이 확정되어도 그 소송행위는 효력을 가진다.

제76조(참가인의 소송행위)
① 참가인은 소송에 관하여 공격·방어·이의·상소, 그 밖의 모든 소송행위를 할 수 있다. 다만, 참가할 때의 소송의 진행정도에 따라 할 수 없는 소송행위는 그러하지 아니하다.
② 참가인의 소송행위가 피참가인의 소송행위에 어긋나는 경우에는 그 참가인의 소송행위는 효력을 가지지 아니한다.

▣판례-친생자부인▣

[대법원 2018.11.29., 선고, 2018므14210, 판결]

【판시사항】
민사소송법 제76조 제1항 단서가 공동소송적 보조참가인에게도 적용되는지 여부(적극)

및 보조참가인의 재심청구 당시 피참가인인 재심청구인이 이미 사망하여 당사자능력이 없는 경우, 보조참가인의 재심청구가 허용되는지 여부(원칙적 소극)

【판결요지】
통상의 보조참가인은 참가 당시의 소송상태를 전제로 피참가인을 보조하기 위하여 참가하는 것이므로 참가할 때의 소송 진행정도에 따라 피참가인이 할 수 없는 행위는 할 수 없다(민사소송법 제76조 제1항 단서 참조). 공동소송적 보조참가인도 원래 당사자가 아니라 보조참가인이므로 위와 같은 점에서는 통상의 보조참가인과 마찬가지이다.
판결 확정 후 재심사유가 있을 때에는 보조참가인이 피참가인을 보조하기 위하여 보조참가신청과 함께 재심의 소를 제기할 수 있다. 그러나 보조참가인의 재심청구 당시 피참가인인 재심청구인이 이미 사망하여 당사자능력이 없다면, 이를 허용하는 규정 등이 없는 한 보조참가인의 재심청구는 허용되지 않는다. 이는 신분관계에 관한 소송에서 소송의 상대방이 될 자가 존재하지 않는 경우 이해관계인들의 이익을 위하여 공익의 대표자인 검사를 상대방으로 삼아 소송을 할 수 있도록 하는 경우(민법 제849조, 제864조, 제865조, 가사소송법 제24조 제3항, 제4항, 대법원 1992. 5. 26. 선고 90므1135 판결)와는 구별된다.

제77조(참가인에 대한 재판의 효력)
재판은 다음 각호 가운데 어느 하나에 해당하지 아니하면 참가인에게도 그 효력이 미친다.
1. 제76조의 규정에 따라 참가인이 소송행위를 할 수 없거나, 그 소송행위가 효력을 가지지 아니하는 때
2. 피참가인이 참가인의 소송행위를 방해한 때
3. 피참가인이 참가인이 할 수 없는 소송행위를 고의나 과실로 하지 아니한 때

제78조(공동소송적 보조참가)
재판의 효력이 참가인에게도 미치는 경우에는 그 참가인과 피참가인에 대하여 제67조 및 제69조를 준용한다.

제79조(독립당사자참가)
① 소송목적의 전부나 일부가 자기의 권리라고 주장하거나, 소송결과에 따라 권리가 침해된다고 주장하는 제3자는 당사자의 양 쪽 또는 한 쪽을 상대방으로 하여 당사자로서 소송에 참가할 수 있다.
② 제1항의 경우에는 제67조 및 제72조의 규정을 준용한다.

제80조(독립당사자참가소송에서의 탈퇴)
제79조의 규정에 따라 자기의 권리를 주장하기 위하여 소송에 참가한 사람이 있는 경우 그가 참가하기 전의 원고나 피고는 상대방의 승낙을 받아 소송에서 탈퇴할 수 있다. 다만, 판결은 탈퇴한 당사자에 대하여도 그 효력이 미친다.

제81조(승계인의 소송참가)
소송이 법원에 계속되어 있는 동안에 제3자가 소송목적인 권리 또는 의무의 전부나 일부를 승계하였다고 주장하며 제79조의 규정에 따라 소송에 참가한 경우 그 참가는 소송이 법원에 처음 계속된 때에 소급하여 시효의 중단 또는 법률상 기간준수의 효력이 생긴다.

제82조(승계인의 소송인수)

① 소송이 법원에 계속되어 있는 동안에 제3자가 소송목적인 권리 또는 의무의 전부나 일부를 승계한 때에는 법원은 당사자의 신청에 따라 그 제3자로 하여금 소송을 인수하게 할 수 있다.

② 법원은 제1항의 규정에 따른 결정을 할 때에는 당사자와 제3자를 심문(審問)하여야 한다.

③ 제1항의 소송인수의 경우에는 제80조의 규정 가운데 탈퇴 및 판결의 효력에 관한 것과, 제81조의 규정 가운데 참가의 효력에 관한 것을 준용한다.

제83조(공동소송참가)

① 소송목적이 한 쪽 당사자와 제3자에게 합일적으로 확정되어야 할 경우 그 제3자는 공동소송인으로 소송에 참가할 수 있다.

② 제1항의 경우에는 제72조의 규정을 준용한다.

Q. 이사회결의무효확인의 소에 제3자가 공동소송참가를 할 수 있는지?

질문

甲은 乙학교법인의 설립자 겸 임기만료 된 이사로서, 후임이사 丙이 적법하게 선임되지 아니하여 이사로서의 자격이 없다고 하면서 이사들이 제기한 이사회결의무효확인의 소송에 공동소송참가인으로서 공동소송참가를 할 수 있는지요?

답변

「민사소송법」제83조 제1항은 "소송목적이 한 쪽 당사자와 제3자에게 합일적으로 확정되어야 할 경우 그 제3자는 공동소송인으로 소송에 참가할 수 있다."라고 규정하고 있습니다.

그런데 학교법인의 이사회결의무효확인의 소에 제3자가 공동소송참가를 할 수 있는지에 관하여 판례는 "공동소송참가는 타인간의 소송의 목적이 당사자 일방과 제3자에 대하여 합일적으로 확정될 경우 즉, 타인간의 소송의 판결의 효력이 제3자에게도 미치게 되는 경우에 한하여 그 제3자에게 허용되는바, 학교법인의 이사회의 결의에 하자가 있는 경우에 관하여 법률에 별도의 규정이 없으므로 그 결의에 무효사유가 있는 경우에는 이해관계인은 언제든지 또 어떤 방법에 의하든지 그 무효를 주장할 수 있고, 이와 같은 무효주장의 방법으로서 이사회결의무효확인소송이 제기되어 승소확정판결이 난 경우, 그 판결의 효력은 위 소송의 당사자 사이에서만 발생하는 것이지 대세적 효력이 있다고 볼 수는 없으므로, 이사회결의무효확인의 소는 그 소송의 목적이 당사자 일방과 제3자에 대하여 합일적으로 확정될 경우가 아니어서 제3자는 공동소송참가를 할 수 없다."라고 하였습니다(대법원 2001. 7. 13. 선고 2001다13013 판결).

따라서 위 사안의 경우 甲은 위 이사회결의무효확인의 소송에 공동소송참가를 할 수 없을 것으로 보입니다.

제84조(소송고지의 요건)

① 소송이 법원에 계속된 때에는 당사자는 참가할 수 있는 제3자에게 소송고지(訴訟告知)를 할 수 있다.

② 소송고지를 받은 사람은 다시 소송고지를 할 수 있다.

제85조(소송고지의 방식)
① 소송고지를 위하여서는 그 이유와 소송의 진행정도를 적은 서면을 법원에 제출하여야 한다.
② 제1항의 서면은 상대방에게 송달하여야 한다.

제86조(소송고지의 효과)
소송고지를 받은 사람이 참가하지 아니한 경우라도 제77조의 규정을 적용할 때에는 참가할 수 있었을 때에 참가한 것으로 본다.

제4절 소송대리인

제87조(소송대리인의 자격)
법률에 따라 재판상 행위를 할 수 있는 대리인 외에는 변호사가 아니면 소송대리인이 될 수 없다.

Q. 소액사건에 대해 추완항소시 친족이 소송을 대리할 수 있는지 여부?

질문

저는 피고의 친인적입니다. 피고가 현재 국내에 없는 관계로 1심 우편을 못 받아 공시로 판결이 났습니다. 그래서 추완항소를 진행을 하려고 하는데 추완항소 시 소액일 경우에는 본인 또는 변호인이 아닌 친족(4촌이내)이 소송대리 할 수 있는지 궁금합니다.

답변

소액사건은 단독판사가 심리, 재판하는 사건 중 대표적인 것으로 소액사건의 소송대리권에 관하여 민사소송법 제87조는 법률에 따라 재판상 행위를 할 수 있는 대리인 외에는 변호사가 아니면 소송대리인이 될 수 없다고 규정하고 있으며 제88조는 예외로써 단독판사가 심리·재판하는 사건 가운데 그 소송목적의 값이 일정한 금액 이하인 사건에서, 당사자와 밀접한 생활관계를 맺고 있고 일정한 범위안의 친족관계에 있는 사람 또는 당사자와 고용계약 등으로 그 사건에 관한 통상사무를 처리·보조하여 오는 등 일정한 관계에 있는 사람이 법원의 허가를 받은 때에는 제87조를 적용하지 아니한다고 규정하고 있습니다. 즉 원칙상 소송대리는 변호사가 해야 하나 소액사건의 경우 법원의 허가를 조건으로 가족이 소송대리하는 것도 가능합니다(사건 본인의 위임장 등은 당연히 제출되어야 하며 인감이나 법정진술로 위임의 진정성립을 확인할 필요가 있습니다). 그러나 추완항소도 그 명칭과 같이 항소심이며 소액사건에 대한 항소심은 지방법원 합의부가 추완항소를 심리합니다(법원조직법 제32조 제2항 참조). 그렇다면 소액사건에 대한 추후보완항소는 민사소송법 제88조에서 예외로 보는 단독판사가 심리·재판하는 사건이 아니므로 위 예외규정이 적용될 여지가 없고, 따라서 원칙으로 돌아가 소송대리인은 변호사만이 가능하다 하겠습니다.

제88조(소송대리인의 자격의 예외)
① 단독판사가 심리·재판하는 사건 가운데 그 소송목적의 값이 일정한 금액 이하인 사건에서, 당사자와 밀접한 생활관계를 맺고 있고 일정한 범위안의 친족관계에 있는 사람 또는 당사자와 고용계약 등으로 그 사건에 관한 통상사

무를 처리·보조하여 오는 등 일정한 관계에 있는 사람이 법원의 허가를 받은 때에는 제87조를 적용하지 아니한다.
② 제1항의 규정에 따라 법원의 허가를 받을 수 있는 사건의 범위, 대리인의 자격 등에 관한 구체적인 사항은 대법원규칙으로 정한다.
③ 법원은 언제든지 제1항의 허가를 취소할 수 있다.

제89조(소송대리권의 증명)
① 소송대리인의 권한은 서면으로 증명하여야 한다.
② 제1항의 서면이 사문서인 경우에는 법원은 공증인, 그 밖의 공증업무를 보는 사람(이하 "공증사무소"라 한다)의 인증을 받도록 소송대리인에게 명할 수 있다.
③ 당사자가 말로 소송대리인을 선임하고, 법원사무관등이 조서에 그 진술을 적어 놓은 경우에는 제1항 및 제2항의 규정을 적용하지 아니한다.

제90조(소송대리권의 범위)
① 소송대리인은 위임을 받은 사건에 대하여 반소(反訴)·참가·강제집행·가압류·가처분에 관한 소송행위 등 일체의 소송행위와 변제(辨濟)의 영수를 할 수 있다.
② 소송대리인은 다음 각호의 사항에 대하여는 특별한 권한을 따로 받아야 한다.
1. 반소의 제기
2. 소의 취하, 화해, 청구의 포기·인낙 또는 제80조의 규정에 따른 탈퇴
3. 상소의 제기 또는 취하
4. 대리인의 선임

제91조(소송대리권의 제한)
소송대리권은 제한하지 못한다. 다만, 변호사가 아닌 소송대리인에 대하여는 그러하지 아니하다.

제92조(법률에 의한 소송대리인의 권한)
법률에 의하여 재판상 행위를 할 수 있는 대리인의 권한에는 제90조와 제91조의 규정을 적용하지 아니한다.

제93조(개별대리의 원칙)
① 여러 소송대리인이 있는 때에는 각자가 당사자를 대리한다.
② 당사자가 제1항의 규정에 어긋나는 약정을 한 경우 그 약정은 효력을 가지지 못한다.

▣판례-손해배상(기)▣

[대법원 2011.9.29., 자, 2011마1335, 결정]

【판시사항】
[1] 당사자에게 여러 소송대리인이 있는 경우 항소기간 기산점(=소송대리인 중 1인에게 최초로 판결정본이 송달되었을 때)
[2] 추완항소임을 명백히 하지 아니한 경우 법원이 항소각하판결을 하기 전에 반드시 추완사유의 유무를 심리하거나 이를 주장할 수 있는 기회를 주어야 하는지 여부(소극)

【판결요지】
[1] 민사소송의 당사자는 민사소송법 제396조 제1항에 의하여 판결정본이 송달된 날부터 2주 이내에 항소를 제기하여야 한다. 한편 당사자에게 여러 소송대리인이 있는 때에는 민사소송법 제93조에 의하여 각자가 당사자를 대리하게 되므로, 여러 사람이 공동으로 대리권을 행사하는 경우 그 중 한 사람에게 송달을 하도록 한 민사소송법 제180조가 적용될 여지가 없어 법원으로서는 판결정본을 송달함에 있어 여러 소송대리인에게 각각 송달을 하여야 하지만, 그와 같은 경우에도 소송대리인 모두 당사자 본인을 위하여 소송서류를 송달받을 지위에 있으므로 당사자에 대한 판결정본 송달의 효력은 결국 소송대리인 중 1인에게 최초로 판결정본이 송달되었을 때 발생한다. 따라서 당사자에게 여러 소송대리인이 있는 경우 항소기간은 소송대리인 중 1인에게 최초로 판결정본이 송달되었을 때부터 기산된다.
[2] 항소인이 추완항소임을 명백히 하지 아니한 이상 법원이 항소각하판결을 하기 전에 반드시 추완사유의 유무를 심리하거나 이를 주장할 수 있는 기회를 주어야 하는 것은 아니다.

제94조(당사자의 경정권)
소송대리인의 사실상 진술은 당사자가 이를 곧 취소하거나 경정(更正)한 때에는 그 효력을 잃는다.

제95조(소송대리권이 소멸되지 아니하는 경우)
다음 각호 가운데 어느 하나에 해당하더라도 소송대리권은 소멸되지 아니한다.
1. 당사자의 사망 또는 소송능력의 상실
2. 당사자인 법인의 합병에 의한 소멸
3. 당사자인 수탁자(受託者)의 신탁임무의 종료
4. 법정대리인의 사망, 소송능력의 상실 또는 대리권의 소멸·변경

제96조(소송대리권이 소멸되지 아니하는 경우)
① 일정한 자격에 의하여 자기의 이름으로 남을 위하여 소송당사자가 된 사람에게 소송대리인이 있는 경우에 그 소송대리인의 대리권은 당사자가 자격을 잃더라도 소멸되지 아니한다.
② 제53조의 규정에 따라 선정된 당사자가 그 자격을 잃은 경우에는 제1항의 규정을 준용한다.

제97조(법정대리인에 관한 규정의 준용)
소송대리인에게는 제58조제2항·제59조·제60조 및 제63조의 규정을 준용한다.

제3장 소송비용

제1절 소송비용의 부담

제98조(소송비용부담의 원칙)
소송비용은 패소한 당사자가 부담한다.

제99조(원칙에 대한 예외)
법원은 사정에 따라 승소한 당사자로 하여금 그 권리를 늘리거나 지키는 데 필

요하지 아니한 행위로 말미암은 소송비용 또는 상대방의 권리를 늘리거나 지키는 데 필요한 행위로 말미암은 소송비용의 전부나 일부를 부담하게 할 수 있다.

제100조(원칙에 대한 예외)
당사자가 적당한 시기에 공격이나 방어의 방법을 제출하지 아니하였거나, 기일이나 기간의 준수를 게을리 하였거나, 그 밖에 당사자가 책임져야 할 사유로 소송이 지연된 때에는 법원은 지연됨으로 말미암은 소송비용의 전부나 일부를 승소한 당사자에게 부담하게 할 수 있다.

제101조(일부패소의 경우)
일부패소의 경우에 당사자들이 부담할 소송비용은 법원이 정한다. 다만, 사정에 따라 한 쪽 당사자에게 소송비용의 전부를 부담하게 할 수 있다.

제102조(공동소송의 경우)
① 공동소송인은 소송비용을 균등하게 부담한다. 다만, 법원은 사정에 따라 공동소송인에게 소송비용을 연대하여 부담하게 하거나 다른 방법으로 부담하게 할 수 있다.
② 제1항의 규정에 불구하고 법원은 권리를 늘리거나 지키는 데 필요하지 아니한 행위로 생긴 소송비용은 그 행위를 한 당사자에게 부담하게 할 수 있다.

제103조(참가소송의 경우)
참가소송비용에 대한 참가인과 상대방 사이의 부담과, 참가이의신청의 소송비용에 대한 참가인과 이의신청 당사자 사이의 부담에 대하여는 제98조 내지 제102조의 규정을 준용한다.

제104조(각 심급의 소송비용의 재판)
법원은 사건을 완결하는 재판에서 직권으로 그 심급의 소송비용 전부에 대하여 재판하여야 한다. 다만, 사정에 따라 사건의 일부나 중간의 다툼에 관한 재판에서 그 비용에 대한 재판을 할 수 있다.

제105조(소송의 총비용에 대한 재판)
상급법원이 본안의 재판을 바꾸는 경우 또는 사건을 환송받거나 이송받은 법원이 그 사건을 완결하는 재판을 하는 경우에는 소송의 총비용에 대하여 재판하여야 한다.

제106조(화해한 경우의 비용부담)
당사자가 법원에서 화해한 경우(제231조의 경우를 포함한다) 화해비용과 소송비용의 부담에 대하여 특별히 정한 바가 없으면 그 비용은 당사자들이 각자 부담한다.

제107조(제3자의 비용상환)
① 법정대리인·소송대리인·법원사무관등이나 집행관이 고의 또는 중대한 과실로 쓸데없는 비용을 지급하게 한 경우에는 수소법원은 직권으로 또는 당사

자의 신청에 따라 그에게 비용을 갚도록 명할 수 있다.
② 법정대리인 또는 소송대리인으로서 소송행위를 한 사람이 그 대리권 또는 소송행위에 필요한 권한을 받았음을 증명하지 못하거나, 추인을 받지 못한 경우에 그 소송행위로 말미암아 발생한 소송비용에 대하여는 제1항의 규정을 준용한다.
③ 제1항 및 제2항의 결정에 대하여는 즉시항고를 할 수 있다.

▣판례-항소비용▣

[대법원 2016.6.17., 자, 2016마371, 결정]

【판시사항】

[1] 소송대리인에게 대리권이 없다는 이유로 소가 각하되고 소송대리인이 소송비용 부담의 재판을 받은 경우, 소송비용의 재판에 대하여 독립한 상소를 금지하는 민사소송법 제391조, 제425조, 제443조가 적용되는지 여부(소극) 및 이때 소송대리인이 자신에게 비용부담을 명한 재판에 대하여 불복할 수 있는 방법(=즉시항고나 재항고)

[2] 종국판결로써 소를 각하하면서 소송비용을 무권대리인에게 부담하도록 하는 경우, 소송대리인이 판결선고 전에 사임하였더라도 재판결과를 통지하여야 하는지 여부(적극) 및 이는 항소심법원이 항소를 각하하면서 무권대리인에게 항소 이후의 소송비용을 부담하도록 하는 경우에도 마찬가지인지 여부(적극) / 법원이 소송비용을 부담하도록 명한 무권대리인에게 재판결과를 통지하지 아니하여 항고기간을 준수하지 못한 경우, 무권대리인이 자기책임에 돌릴 수 없는 사유로 항고기간을 준수하지 못한 것인지 여부(원칙적 적극)

[3] 소송대리인이 대리권 또는 소송행위에 필요한 권한을 받았음을 증명하지 못하였으나 소송위임에 관하여 중대한 과실이 없는 경우, 소송비용을 소의 제기를 소송대리인에게 위임한 자가 부담하도록 하여야 하는지 여부(적극)

【판결요지】

[1] 소송대리인에게 대리권이 없다는 이유로 소가 각하되고 민사소송법 제108조에 따라 소송대리인이 소송비용 부담의 재판을 받은 경우에는, 일반적인 소송비용 부담의 경우와는 달리 소송비용을 부담하는 자가 본안의 당사자가 아니어서 소송비용의 재판에 대하여 독립한 상소를 금지하는 민사소송법 제391조, 제425조, 제443조가 적용되지 아니하나, 위 소송비용 부담의 재판에 따라 소송대리인이 소송의 당사자가 되는 것은 아니고 법원으로서도 당사자 사이에서 분쟁에 관하여 재판을 한 것이라고 할 수 없으므로 당사자 등을 상대방으로 한 항소나 상고를 제기할 수는 없고, 소송대리인으로서는 자신에게 비용부담을 명한 재판에 대하여 재판의 형식에 관계없이 즉시항고나 재항고에 의하여 불복할 수 있다.

[2] 민사소송법 제108조, 제107조 제2항에 따라 종국판결로써 소를 각하하면서 소송비용을 당사자본인으로 된 사람을 대신하여 소송행위를 한 무권대리인에게 부담하도록 하는 경우에는 비록 소송대리인이 판결선고 전에 이미 사임한 경우이더라도 판결정본을 송달하는 등의 방법으로 재판결과를 통지하여야 하고, 이는 항소심법원이 항소를 각하하면서 무권대리인에게 항소 이후의 소송비용을 부담하도록 하는 경우에도 마찬가지이다. 만일 법원이 소송비용을 부담하도록 명한 무권대리인에게 재판결과를 통지하지 아니하여 그가 소송비용 부담 재판에 대한 항고기간을 준수하지 못하였다면 특단의 사정이 없는 한 무권대리인은 자기책임에 돌릴 수 없는 사유로 항고기간을 준수하지 못한 것이다.

[3] 민사소송법 제108조, 제107조 제2항에 따라 소송대리인이 대리권 또는 소송행위에 필요한 권한을 받았음을 증명하지 못한 경우라도, 소송대리인이 소송위임에 관하여 중대한 과실이 없는 경우에는 소송비용은 소의 제기를 소송대리인에게 위임한 자가 부담하도록 함이 타당하다.

제108조(무권대리인의 비용부담)
제107조제2항의 경우에 소가 각하된 경우에는 소송비용은 그 소송행위를 한 대리인이 부담한다.

제109조(변호사의 보수와 소송비용)
① 소송을 대리한 변호사에게 당사자가 지급하였거나 지급할 보수는 대법원규칙이 정하는 금액의 범위안에서 소송비용으로 인정한다.
② 제1항의 소송비용을 계산할 때에는 여러 변호사가 소송을 대리하였더라도 한 변호사가 대리한 것으로 본다.

제110조(소송비용액의 확정결정)
① 소송비용의 부담을 정하는 재판에서 그 액수가 정하여지지 아니한 경우에 제1심 법원은 그 재판이 확정되거나, 소송비용부담의 재판이 집행력을 갖게된 후에 당사자의 신청을 받아 결정으로 그 소송비용액을 확정한다.
② 제1항의 확정결정을 신청할 때에는 비용계산서, 그 등본과 비용액을 소명하는 데 필요한 서면을 제출하여야 한다.
③ 제1항의 결정에 대하여는 즉시항고를 할 수 있다.

Q. 예납금 이외에 직접 지출한 신체감정비용은 어떻게 받아야 하는지?

질문

저는 교통사고로 인한 손해배상청구절차에서 장해여부를 파악하기 위하여 신체감정을 신청하였습니다. 그러나 정신적 장해에 대한 감정이기 때문에 병원에 직접 지불하여야 하는 비용이 250만원을 초과합니다. 이 경우 그 감정비용은 위 소송에서 적극적 손해액으로 추가하여 청구취지를 확장해야 하는지요?

답변

소송비용액의 확정결정에 관하여 「민사소송법」제110조 제1항은 "소송비용의 부담을 정하는 재판에서 그 액수가 정하여지지 아니한 경우에 제1심 법원은 그 재판이 확정되거나, 소송비용부담의 재판이 집행력을 갖게 된 후에 당사자의 신청을 받아 결정으로 그 소송비용액을 확정한다."라고 규정하고 있고, 「민사소송비용법」제6조는 "감정, 통역, 번역과 측량에 관한 특별요금은 법원이 정한 금액에 의한다."라고 규정하고 있습니다.
그리고 피해자가 법원의 감정명령에 따라 신체감정을 받으면서 지출한 감정비용을 별도로 소송으로 청구할 수 있는지에 관하여 판례는 "피해자가 법원의 감정명령에 따라 신체감정을 받으면서 그 감정을 위한 제반 검사비용으로 지출하였다는 금액은 예납의 절차에 의하지 않고 직접 지출하였다 하더라도 감정비용에 포함되는 것으로서 소송비용에 해당하는 것이고, 소송비용으로 지출한 금액은 소송비용확정의 절차를 거쳐 상환받을 수 있는 것이어서 이를 별도로 소구(訴求)할 이익이 없다."라고 하였습니다(대법원 2000. 5. 12. 선고 99다68577 판결).
또한 "타인의 불법행위로 인하여 상해를 입었음을 내세워 그로 인한 손해의 배상을 구하는 소송에서 법원의 감정명령에 따라 신체감정을 받으면서 법원의 명에 따른 예납금액 외에 그 감정을 위하여 당사자가 직접 지출한 비용이 있다 하더라도 이는 소송비용에 해당하는 감정비용에 포함되는 것이고, 소송비용으로 지출한 금액은 재판확정 후 민사소송비용법의 규정에 따른 소송비용액확정절차를 거쳐 상환 받을 수 있는 것이므로 이를 별도의 적극적 손해라 하여 그 배상을 구할 수는 없다."라고 하였습니다(대법원 1995. 11. 7. 선고 95다35722 판결).
따라서 귀하는 위와 같은 감정비용을 위 소송이 끝난 뒤 다른 소송비용과 함께 소송비용액의 확정결정을 신청하여 그 확정결정문에 기하여 지급받으면 될 것입니다.

제111조(상대방에 대한 최고)
① 법원은 소송비용액을 결정하기 전에 상대방에게 비용계산서의 등본을 교부하고, 이에 대한 진술을 할 것과 일정한 기간 이내에 비용계산서와 비용액을 소명하는 데 필요한 서면을 제출할 것을 최고(催告)하여야 한다.
② 상대방이 제1항의 서면을 기간 이내에 제출하지 아니한 때에는 법원은 신청인의 비용에 대하여서만 결정할 수 있다. 다만, 상대방도 제110조제1항의 확정결정을 신청할 수 있다.

제112조(부담비용의 상계)
법원이 소송비용을 결정하는 경우에 당사자들이 부담할 비용은 대등한 금액에서 상계(相計)된 것으로 본다. 다만, 제111조제2항의 경우에는 그러하지 아니하다.

제113조(화해한 경우의 비용액확정)
① 제106조의 경우에 당사자가 소송비용부담의 원칙만을 정하고 그 액수를 정하지 아니한 때에는 법원은 당사자의 신청에 따라 결정으로 그 액수를 정하여야 한다.
② 제1항의 경우에는 제110조제2항·제3항, 제111조 및 제112조의 규정을 준용한다.

제114조(소송이 재판에 의하지 아니하고 끝난 경우)
① 제113조의 경우 외에 소송이 재판에 의하지 아니하고 끝나거나 참가 또는 이에 대한 이의신청이 취하된 경우에는 법원은 당사자의 신청에 따라 결정으로 소송비용의 액수를 정하고, 이를 부담하도록 명하여야 한다.
② 제1항의 경우에는 제98조 내지 제103조, 제110조제2항·제3항, 제111조 및 제112조의 규정을 준용한다.

제115조(법원사무관등에 의한 계산)
제110조제1항의 신청이 있는 때에는 법원은 법원사무관등에게 소송비용액을 계산하게 하여야 한다.

제116조(비용의 예납)
① 비용을 필요로 하는 소송행위에 대하여 법원은 당사자에게 그 비용을 미리 내게 할 수 있다.
② 비용을 미리 내지 아니하는 때에는 법원은 그 소송행위를 하지 아니할 수 있다.

제2절 소송비용의 담보

제117조(담보제공의무)

① 원고가 대한민국에 주소·사무소와 영업소를 두지 아니한 때 또는 소장·준비서면, 그 밖의 소송기록에 의하여 청구가 이유 없음이 명백한 때 등 소송비용에 대한 담보제공이 필요하다고 판단되는 경우에 피고의 신청이 있으면 법원은 원고에게 소송비용에 대한 담보를 제공하도록 명하여야 한다. 담보가 부족한 경우에도 또한 같다. <개정 2010.7.23.>

② 제1항의 경우에 법원은 직권으로 원고에게 소송비용에 대한 담보를 제공하도록 명할 수 있다. <신설 2010.7.23.>

③ 청구의 일부에 대하여 다툼이 없는 경우에는 그 액수가 담보로 충분하면 제1항의 규정을 적용하지 아니한다. <개정 2010.7.23.>

제118조(소송에 응함으로 말미암은 신청권의 상실)

담보를 제공할 사유가 있다는 것을 알고도 피고가 본안에 관하여 변론하거나 변론준비기일에서 진술한 경우에는 담보제공을 신청하지 못한다.

제119조(피고의 거부권)

담보제공을 신청한 피고는 원고가 담보를 제공할 때까지 소송에 응하지 아니할 수 있다.

제120조(담보제공결정)

① 법원은 담보를 제공하도록 명하는 결정에서 담보액과 담보제공의 기간을 정하여야 한다.

② 담보액은 피고가 각 심급에서 지출할 비용의 총액을 표준으로 하여 정하여야 한다.

제121조(불복신청)

담보제공신청에 관한 결정에 대하여는 즉시항고를 할 수 있다.

제122조(담보제공방식)

담보의 제공은 금전 또는 법원이 인정하는 유가증권을 공탁(供託)하거나, 대법원규칙이 정하는 바에 따라 지급을 보증하겠다는 위탁계약을 맺은 문서를 제출하는 방법으로 한다. 다만, 당사자들 사이에 특별한 약정이 있으면 그에 따른다.

제123조(담보물에 대한 피고의 권리)

피고는 소송비용에 관하여 제122조의 규정에 따른 담보물에 대하여 질권자와 동일한 권리를 가진다.

제124조(담보를 제공하지 아니한 효과)

담보를 제공하여야 할 기간 이내에 원고가 이를 제공하지 아니하는 때에는 법원은 변론없이 판결로 소를 각하할 수 있다. 다만, 판결하기 전에 담보를 제공한 때에는 그러하지 아니하다.

제125조(담보의 취소)

① 담보제공자가 담보하여야 할 사유가 소멸되었음을 증명하면서 취소신청을 하면, 법원은 담보취소결정을 하여야 한다.

② 담보제공자가 담보취소에 대한 담보권리자의 동의를 받았음을 증명한 때에도 제1항과 같다.

③ 소송이 완결된 뒤 담보제공자가 신청하면, 법원은 담보권리자에게 일정한 기간 이내에 그 권리를 행사하도록 최고하고, 담보권리자가 그 행사를 하지 아니하는 때에는 담보취소에 대하여 동의한 것으로 본다.

④ 제1항과 제2항의 규정에 따른 결정에 대하여는 즉시항고를 할 수 있다.

▣판례-권리행사최고및담보취소▣

[대법원 2017.1.13., 자, 2016마1180, 결정]

【판시사항】

[1] 민사소송법 제125조 제3항에 따라 권리행사의 최고를 받은 담보권리자가 소 제기 등 소송의 방법으로 권리행사를 하였으나 권리 주장의 범위가 담보공탁금액 중 일부에 한정된 경우, 법원이 초과 부분에 대한 일부 담보를 취소하여야 하는지 여부(적극)

[2] 강제집행 정지를 위하여 제공된 공탁금의 담보적 효력이 미치는 범위 및 담보권리자가 권리행사를 위하여 제기한 소송에서 주장한 손해배상청구의 내용 중 위 배상청구권의 범주에 속하지 않는 것이 담보취소를 저지하는 권리행사로서 효력이 있는지 여부(소극) / 공탁금의 담보 대상이 되는 손해의 범위에 특별한 사정으로 인한 손해가 포함되는지 여부(한정 적극) 및 담보권리자가 소송에서 주장한 손해가 통상의 손해가 아니라는 이유만으로 담보에 대한 권리행사의 효력이 미치지 않는지 여부(원칙적 소극) / 담보권리자가 주장한 권리 내용에 지연손해금이나 소송비용이 포함되어 있는 등 구체적인 손해액을 확정하기 어려운 경우, 법원이 취하여야 할 조치

【판결요지】

[1] 담보제공자가 담보권리자의 동의 없이 담보취소신청을 한 경우에 담보권리자가 권리행사의 최고를 받고도 권리를 행사하지 아니하면 담보취소에 동의한 것으로 본다(민사소송법 제125조 제3항). 최고를 받은 담보권리자가 소의 제기, 지급명령의 신청 등 소송의 방법으로 권리행사를 한 경우에도 권리 주장의 범위가 담보공탁금액 중 일부에 한정되어 있을 때에는 초과 부분에 대해서는 담보취소에 대한 동의가 있다고 보아야 하므로, 법원은 그 부분 일부 담보를 취소하여야 한다.

[2] 강제집행의 정지를 위하여 법원의 명령으로 제공된 공탁금은 강제집행절차의 정지 때문에 발생한 손해의 배상에 한정하여 담보하는 효력을 가질 뿐이므로, 담보권리자가 권리행사를 위하여 제기한 소송에서 주장한 손해배상청구의 내용 중 위와 같은 배상청구권의 범주에 속하지 않는 것은 담보취소를 저지하는 권리행사로서의 효력이 없다. 다만, 담보의 대상이 되는 손해의 범위는 민법 제393조에 의할 것이므로, 통상의 손해뿐 아니라 특별한 사정으로 인한 손해도 배상의무자가 그 사정을 알았거나 알 수 있었다면 거기에 포함될 수 있다. 따라서 담보권리자의 주장 자체에 의하더라도 강제집행 정지로 인하여 발생할 수 없음이 명백하다는 등의 특별한 사정이 없는 한, 담보권리자가 소송에서 주장한 손해가 통상의 손해가 아니라는 이유만으로 담보에 대한 권리행사의 효력이 미치지 않는다고 단정할 것은 아니다. 그리고 담보권리자가 주장한 권리 내용에 지연손해금이나 소송비용이 포함되어 있는 등으로 구체적인 손해액을 확정하기 어려운 경우에도, 법원으로서는 제출된 자료를 기초로 상당하다고 인정되는 범위에서 권리행사가 있었던 것으로 보고 이를 초과하는 부분에 대한 담보를 취소하여야 한다.

第126조(담보물변경)
법원은 담보제공자의 신청에 따라 결정으로 공탁한 담보물을 바꾸도록 명할 수 있다. 다만, 당사자가 계약에 의하여 공탁한 담보물을 다른 담보로 바꾸겠다고 신청한 때에는 그에 따른다.

第127조(준용규정)
다른 법률에 따른 소제기에 관하여 제공되는 담보에는 제119조, 제120조제1항, 제121조 내지 제126조의 규정을 준용한다.

제3절 소송구조

第128조(구조의 요건)
① 법원은 소송비용을 지출할 자금능력이 부족한 사람의 신청에 따라 또는 직권으로 소송구조(訴訟救助)를 할 수 있다. 다만, 패소할 것이 분명한 경우에는 그러하지 아니하다.
② 제1항의 신청인은 구조의 사유를 소명하여야 한다.
③ 소송구조에 대한 재판은 소송기록을 보관하고 있는 법원이 한다.
④ 제1항에서 정한 소송구조요건의 구체적인 내용과 소송구조절차에 관하여 상세한 사항은 대법원규칙으로 정한다.

第129조(구조의 객관적 범위)
① 소송과 강제집행에 대한 소송구조의 범위는 다음 각호와 같다. 다만, 법원은 상당한 이유가 있는 때에는 다음 각호 가운데 일부에 대한 소송구조를 할 수 있다.
1. 재판비용의 납입유예
2. 변호사 및 집행관의 보수와 체당금(替當金)의 지급유예
3. 소송비용의 담보면제
4. 대법원규칙이 정하는 그 밖의 비용의 유예나 면제
② 제1항제2호의 경우에는 변호사나 집행관이 보수를 받지 못하면 국고에서 상당한 금액을 지급한다.

第130조(구조효력의 주관적 범위)
① 소송구조는 이를 받은 사람에게만 효력이 미친다.
② 법원은 소송승계인에게 미루어 둔 비용의 납입을 명할 수 있다.

第131조(구조의 취소)
소송구조를 받은 사람이 소송비용을 납입할 자금능력이 있다는 것이 판명되거나, 자금능력이 있게 된 때에는 소송기록을 보관하고 있는 법원은 직권으로 또는 이해관계인의 신청에 따라 언제든지 구조를 취소하고, 납입을 미루어 둔 소송비용을 지급하도록 명할 수 있다.

第132조(납입유예비용의 추심)
① 소송구조를 받은 사람에게 납입을 미루어 둔 비용은 그 부담의 재판을 받은

상대방으로부터 직접 지급받을 수 있다.

② 제1항의 경우에 변호사 또는 집행관은 소송구조를 받은 사람의 집행권원으로 보수와 체당금에 관한 비용액의 확정결정신청과 강제집행을 할 수 있다.

③ 변호사 또는 집행관은 보수와 체당금에 대하여 당사자를 대위(代位)하여 제113조 또는 제114조의 결정신청을 할 수 있다.

제133조(불복신청)
이 절에 규정한 재판에 대하여는 즉시항고를 할 수 있다. 다만, 상대방은 제129조제1항제3호의 소송구조결정을 제외하고는 불복할 수 없다.

소송비용 국고대납에 관한 예규(재민 2006-2)

개정 2016.7.13. [재판예규 제1590호, 시행 2016.8.1.]

제1장 총칙

제1조 (목적)
이 예규는 민사소송규칙(다음부터 "규칙"이라고 한다) 제21조와 다른 법령에 의한 소송비용 국고대납의 사무처리에 필요한 사항을 규정함을 목적으로 한다.

제2장 송달료 국고대납절차

제2조 (국고대납절차로 송달료를 처리할 수 있는 사건)
송달료예납의무자가 송달료를 납부하여야 하는데 송달료추가납부통지 등 각종 방법에 의한 송달료납부 촉구를 받고서도 이를 납부하지 않아 소송절차의 진행 또는 종료 후의 사무처리가 현저히 곤란하다고 법원사무관등이 판단한 때에는 예산의 범위 안에서 국고대납절차로 송달료를 처리할 수 있다.

(예시)

1. 원고, 상소인 등이 소장, 상소장 등을 제출하면서 송달료를 예납하지 아니하였거나 현저히 부족하게 예납한 경우로서 각종 방법으로 그 납부를 촉구하였으나 응하지 아니한 때
2. 소송계속중 또는 파기환송(이송)된 사건에서 송달료예납의무자가 송달료추가납부통지(전산양식 A1238)를 받고도 송달료를 납부하지 아니하여 각종 방법으로 그 납부를 촉구하였으나 응하지 아니한 때
3. 패소판결(확정판결과 동일한 효력이 있는 각종 조서, 결정을 포함한다)이 선고된 사건에 관하여 송달료예납의무자가 송달료추가납부통지를 받고도 송달료를 납부하지 아니하여 각종 방법으로 그 납부를 촉구하였으나 응하지 아니한 때
4. 소송계속중 또는 종국판결선고 후에 원고가 소를 취하하여 피고에게 변론조서(변론준비조서를 포함한다)등본 또는 소 취하서 부본을 송달하여야 종국처리할 수 있는 사건에 관하여 원고가 송달료추가납부통지를 받고도 송달료를 납부하지 아니하여 각종 방법으로 그 납부를 촉구하였으나 응하지 아니한 때
5. (2013.05.08.제1436호)
6. 송달료잔액이 우편요금을 출금하기에 부족하여 송달료추가납부통지를 보낼 수 없거나, 송달료예납의무자에게 각종 방법으로 그 납부를 촉구하였으나 우편요금지급 전일까지 송달료를 납부하지 아니한 때

제3조 (요청절차)
① 법원사무관등은 재판사무시스템에서 송달료국고대납요청 내역을 입력하고 관서운영경비출납공무원(다음부터 "출납공무원"이라 한다)에게 전자적으로 송부한다.

② 1회에 요청할 수 있는 송달료는 당사자 1인당(대리인이 있는 경우에는 대리인의 수를 기준) 5회분 이내로 한다.
③ 법원사무관등은 국고대납절차로 송달료를 받은 때에는 다른 송달서류와 함께 송달료예납의무자에게 송달료추가납부통지서(전산양식 A1238)에 의하여 국고대납한 송달료를 납부하도록 통지하여야 한다

제4조 (출납공무원 등의 처리)
① 출납공무원은 재판사무시스템을 통하여 국고대납송달료납부서(전산양식 A1374), 국고대납송달료영수증(전산양식 A1375)을 출력한 후 국고대납송달료납부서와 국고대납송달료영수증을 송달료 수납은행(다음부터 "수납은행"이라 한다)에 교부하고, 송달료국고대납요청서에 기재된 금액을 납부한다. 수납은행은 출납공무원에게 국고대납송달료영수증을 교부하고, 지체없이 법원사무관등과 출납공무원에게 '송달료 국고대납내역'을 전송하여야 한다.
② 제1항의 규정에도 불구하고 출납공무원은 재판사무시스템에서 국고대납송달료 납부 내역을 입력하고 송달료 관리은행(다음부터 "관리은행"이라 한다)에 전자적으로 송부할 수 있다. 이 경우에 관리은행은 지체없이 법원사무관등과 출납공무원에게 '송달료 국고대납내역'을 전송하여야 한다.
③ 법원사무관등은 소송기록 표지의 해당 당사자 표시란 또는 소송기록 적당한 여백에 붉은 글씨로 '송달료 국고대납' 사실을 적어야 한다.
(예시) 송달료(국고대납)

제5조 (국고대납취소요청)
① 송달료가 수납은행에 납부된 후에 국고대납절차를 취소하고자 할 때에는 법원사무관등은 재판사무시스템에서 송달료국고대납취소요청 내역을 입력하고 출납공무원에게 전자적으로 송부한다.
② 출납공무원은 회계관계 법령에 따라 반납결의를 한 후 반납고지서를 수납은행 또는 관리은행에 송부하고, 수납은행 또는 관리은행은 국고예금계좌에 취소요청한 금액을 입금하여야 한다. 다만, 출납공무원의 관리은행에 대한 반납고지는 전자적으로 할 수 있다.
③ 법원사무관등은 제4조제2항에 따라 적은 "송달료(국고대납)" 기재부분을 주말하고, "국고대납취소"라고 적는다.
(예시) 송달료(국고대납) 2005. 6. 1. 국고대납취소

제6조 (추가납부에 의한 국고반납)
① 국고대납을 받은 송달료예납의무자가 송달료를 추가납부하고 그 추가납부한 송달료가 국고대납된 송달료보다 많거나 같은 금액인 때에는, 수납은행은 지체없이 법원사무관등과 출납공무원에게 송달료 '추가납부에 의한 국고대납 반납내역'을 전송하여야 한다.
② 법원사무관등은 재판사무시스템에서 송달료국고반납통지 내역을 입력하고 출납공무원에게 전자적으로 송부한다.
③ 출납공무원은 회계관계 법령에 따라 반납결의를 한 후 결의 내용을 관리은행에 전자적으로 송부하고, 관리은행은 국고예금계좌에 반납금액을 입금하여야 한다.
④ 법원사무관등은 제4조제2항에 따라 적은 "송달료(국고대납)" 기재부분을 주

말하고, "국고반납"이라고 적는다.
(예시) 송달료(국고대납) 2005. 6. 1. 국고반납

제7조 (병합 · 분리 · 이송에 의한 국고반납)
① 국고대납한 사건을 다른 사건에 병합하거나 분리하는 경우, 또는 이송하는 경우 법원사무관등은 재판사무시스템에서 송달료국고반납통지 내역을 입력하고 출납공무원에게 전자적으로 송부한다.
② 출납공무원은 지체없이 회계관계 법령에 따라 반납결의를 한 후 결의 내용을 관리은행에 전자적으로 송부하고, 관리은행은 국고예금계좌에 반납금액을 입금하여야 한다.

제8조 (사건종결에 의한 국고반납)
① 법원사무관등이 사건종결등록을 하면 수납은행은 국고대납에 해당하는 금액에 대해서는 송달료환급절차를 정지하고 송달료 내역을 출납공무원에게 전송하여야 한다.
② 출납공무원은 지체없이 회계관계 법령에 따라 반납결의를 한 후 결의 내용을 관리은행에 전자적으로 송부하고, 관리은행은 국고예금계좌에 반납금액을 입금하여야 한다.

제9조 (국고대납송달료계산서 작성)
① 당해 심급에서 사건이 종결된 때에는 법원사무관등은 재판사무시스템에서 국고대납송달료계산서((전산양식 A1301-1)와 송달료입출명세서(전산양식 A1236)를 출력하고, 국고대납송달료계산서 확인란에 날인한 후 사건기록 표지 다음에 편철한다. 다만, 대법원에서 사건이 종결되어 제1심 법원에 사건기록이 반환되어 온 경우에는 제1심 법원의 법원사무관등이 필요한 송달을 모두 마친 후 상고심 사건에 대한 국고대납송달료계산서와 송달료입출명세서를 출력 · 날인하여 상고심 사건기록 표지 다음에 편철한다.
② 병합 · 분리 · 이송에 의한 국고반납이 이루어진 때에도 법원사무관등은 제1항 본문과 같이 처리한다.

제3장 송달료 이외의 소송비용 국고대납절차

제10조 (요청절차)
① 송달료 이외의 소송비용(다음부터 "소송비용"이라 한다)에 대하여 국고대납을 받고자 할 때에는 법원사무관등은 재판사무시스템에서 소송비용국고대납요청서(전산양식 A1300)를 출력한 후 재판장의 결재를 받아 출납공무원에게 송부한다. 다만, 재판장의 결재와 출납공무원에 대한 송부는 재판사무시스템을 이용한 전자적인 방법으로 할 수 있다.
② 법원사무관등은 소송비용국고대납요청서의 비고란에 소송비용을 지급받을 자의 예금계좌를 기재한다. 다만, 예금계좌를 알 수 없는 경우에는 그러하지 아니하다.

제11조 (출납공무원등의 처리)

① 출납공무원은 소송비용 국고대납금을 예금계좌로 입금한다. 다만, 소송비용국고대납요청서에 예금계좌번호가 기재되지 아니한 경우에는 출납공무원은 법원사무관등에게 소송비용 국고대납금을 지급한다.

② 출납공무원이 예금계좌로 입금한 때에는 지체없이 계좌입금을 확인할 수 있는 서면(입금증)의 사본을 법원사무관등에게 송부하여야 한다.

③ 법원사무관등이 출납공무원으로부터 계좌입금을 완료하였다는 서면의 사본을 송부받거나 소송비용 국고대납금을 지급받은 때에는 사건기록 표지 다음에 국고대납소송비용계산서(전산양식 A1301)를 철하고, 그 지급 또는 지출사유의 발생시마다 그 내용을 구체적으로 적어야 한다.

④ 제3항의 국고대납소송비용계산서에는 다음 각 호의 요령에 따라 예납의무자별로 작성한다.

1. 항목란에는 국고에서 대납 지급된 비용의 항목(증인여비, 감정료, 증거조사여비 등)을 구체적으로 기재하되 대납의 구분을 괄호안에 표시한다.
(예시) 증인여비(국고대납)
2. 금액란에는 국고대납에 의하여 지급된 비용의 금액을 적는다.
3. 지출액란에는 대납 지급된 금액 중에서 실제 지출한 금액을 기재한다. 당일 지출하지 아니하고 법원보관금계좌에 입금한 경우에는 비고란에 "보관금계좌입금"이라고 적는다.
4. 비고란에는 대납 지급된 금액에서 실제 지출한 금액을 공제한 잔액 기타 참고사항을 적는다.
5. 제12조제3항에 의하여 지출하지 아니한 금액을 반납할 때에는 비고란에 이를 적는다.

⑤ 국고대납소송비용계산서는 국고대납송달료계산서 다음에 편철한다.

제12조 (지출하지 아니한 소송비용 국고대납금의 관리)

① 법원사무관등이 제11조제1항 단서의 규정에 의하여 지급받은 소송비용 국고대납금의 전부 또는 일부를 당일 지출하지 아니한 때에는 법원보관금취급규칙 별지 제1호 서식의 법원보관금납부서(보관금 종류 : 기타, 납부당사자 : ○○지방법원, 사업자등록번호 : 법원의 사업자등록번호, 주소 : 법원의 주소, 납부당사자 기명날인란 : 법원사무관등의 기명날인)를 이용하여 보관금 취급점에 이를 납부하여야 한다.

② 제1항에 의하여 납부한 법원보관금의 출급사유가 발생하면 법원사무관등은 법원보관금취급규칙 별지 제7호 서식의 법원보관금 출급명령서에 재판장의 결재를 받아 이를 출급청구권자에게 교부한다.

③ 사건종결등록이 되면 법원사무관등은 법원보관금취급규칙 별지 제7호 서식의 법원보관금 출급명령서에 재판장의 결재를 받아 이를 출납공무원에게 송부하여야 한다.

④ 출납공무원은 국고에 반납되는 보관금(이자 포함)을 조회하여 회계관계 법령에 따라 반납결의를 한 후 법원보관금취급규칙 별지 제8호 서식의 법원보관금 출급지시서를 작성하여 반납고지서와 함께 보관금 취급점에 송부하여야 한다. 다만, 이자는 납입고지서를 발행하여 수입으로 처리하여야 한다.

⑤ 제4항의 규정에 의하여 출급지시서와 반납고지서(제4항 단서의 납입고지서 포함)를 송부받은 보관금 취급점은 국고계좌에 반납금액을 입금하여야 한다.

제4장 환수 등 채권관리

제13조 (환수결정)

① 규칙 제21조 의 규정 또는 다른 법령의 규정에 의하여 지급된 소송비용에 관한 민사소송비용법 제12조제1항의 규정에 의한 환수결정은 제1심 법원이 재판의 확정 후(상소심에서 확정된 때에는 상소기록이 제1심 법원에 반환된 후) 예납의무자나 재판에 의하여 비용을 부담한 당사자에 대하여 한다(전산양식 A1307-1, A1307-2). 다만, 제1심 법원은 상당하다고 인정하는 때에는 제1심 법원에서 지급된 부분에 한하여 지출 후 지체없이 예납의무자에 대하여 환수결정을 할 수 있다.

② 제1심 법원은 예납의무자나 재판에 의하여 비용을 부담한 당사자로부터 환수할 소송비용액이 5만 원을 넘는 경우에는 제1항에 따른 환수결정을 하여야 한다.

③ 법원사무관등은 제1항에 따른 법원의 환수결정에 앞서 예납의무자나 재판에 의하여 비용을 부담한 당사자로부터 환수할 소송비용액을 계산하여야 한다. 이 경우 필요하다고 인정하는 때에는 소속 법원 사법보좌관의 도움을 구할 수 있다.

제14조 (국가채권발생 통지)

① 제13조의 규정에 의한 환수결정이 있는 때에는 법원사무관등은 지체없이 채권발생통지서(전산양식 A1305)에 의하여 「국가채권관리사무의 위임에 관한 내규」(대법원 내규 제262호)에서 위임 및 지정한 소속법원의 채권관리관에게 국가채권관리법 제11조의2의 규정에 의한 통지를 하여야 한다.

② 제1항의 채권발생통지서에는 제13조에 의한 환수결정 정본과 송달증명서(전산양식 A2775)를 붙여야 한다.

제15조 (납부에 관한 재판과 채권발생통지 기재)

환수결정과 제14조의 규정에 의한 국가채권발생통지가 있는 경우 법원사무관등은 국고대납송달료계산서 또는 국고대납소송비용계산서 하단에 다음과 같은 사항을 기재하여야 한다.

1. 납부에 관한 재판란에는 예시와 같이 해당사항을 적는다.

(예시) 구 분 환수결정
일 자 2005. 5. 1.
금 액 금 50,000원
채무자 피고 ○○○
확정일 2005. 5. 9.

2. 채권발생통지란에는 제14조에 의한 통지일자를, 자진납부란에는 제17조제2항에 의하여 송부된 납부영수증서(전산양식 A1302)에 의하여 납부일자와 통지서수령일자를 적는다.

제16조 (채권관리관의 직무)

채권관리관이 제14조제1항의 통지를 받은 때에는 국가채권관리법, 국가채권관리법시행령 및 국가채권관리법시행규칙이 정하는 바에 따라 납입고지, 독촉 등 국가채권의 관리에 관한 직무를 행하여야 한다. 다만, 국가채권관리법 제15조에 규정한 강제이행의 청구는 국가채권관리법 제15조제2호의 규정에 의한 조치에 한한다.

제16조의2 (채권관리부 등의 전자적 작성)
채권관리관은 「국가채권 관리법 시행규칙」제7조의 채권관리부, 같은 규칙 제8조의 채권정리부 및 같은 규칙 제24조의 관리정지 정리부를 디지털예산회계시스템을 이용하여 전자적으로 작성할 수 있다.

제17조 (당사자의 납부)
① 당사자가 환수결정에 의하여 소송비용을 납부하는 때에는 법원사무관등의 확인을 얻어 당해 법원 또는 지원의 수입금출납공무원에게 납부하여야 한다. 다만 당사자는 환수결정 이전에도 납부할 수 있다.
② 제1항의 규정에 의한 납부를 받은 수입금출납공무원은 국고금관리법시행규칙 제23조, 제24조에 규정된 처리를 한 후 납부영수증서 사본을 법원사무관등에게 송부하여야 하고, 법원사무관등은 이를 소송기록에 편철하여야 한다.
③ 수입징수관은 제1항의 규정에 의하여 납부된 소송비용에 관하여 채권관리관에게 채권소멸통지(전산양식 A1306)를 하여야 한다.

제18조 (납입의 고지)
① 채권관리관은 채권의 행사를 위하여 수입징수관에게 채무자에 대한 납입고지할 것을 요청하여야 한다. 다만, 채권관리관이 수입징수관을 겸하는 경우에는 채권관리관이 스스로 채무자에게 납입고지를 하여야 한다.
② 채권관리관이 제1항의 규정에 의하여 납입고지를 요청할 때에는 국가채권관리법시행규칙의 별지 제5호 서식의 납입고지요청서를 작성하고, 환수결정 사본과 송달증명서 사본을 붙여 수입징수관에게 송부하여야 한다.
③ 수입징수관이 제1항의 요청을 받은 때에는 지체없이 채무자에게 납입고지를 하고 그 사실을 채권관리관에게 통지하여야 한다.

제19조 (독촉)
① 채권관리관은 채권의 전부 또는 일부가 제18조의 규정에 의하여 고지된 납입기한을 경과하여도 이행되지 아니한 때에는 수입징수관에게 이행의 독촉을 요청하여야 한다. 이 경우에 독촉장은 납입기간이 경과한 날부터 7일 이내에 발부하고, 독촉에 의한 납입기한은 독촉장 발부일부터 15일 이내로 정하여야 한다.
② 채권관리관이 제1항의 규정에 의하여 독촉을 요청할 때에는 국가채권관리법시행규칙의 별지 제9호 서식의 독촉요청서를 수입징수관에게 송부하여야 한다.
③ 제18조제1항 단서, 제3항의 규정은 제1항의 규정에 의한 독촉에 이를 준용한다.

제20조 (채권관리정지)
① 채권의 이행기한이 경과하여 독촉을 하여도 완전히 이행되지 않는 채권이 있는 경우로서 국가채권관리법 제24조 각 호에 해당하는 경우에는 채권관리관은 채권관리정지 승인요청서(전산양식 A2871)를 작성하고, 국가채권관리법 제24조제1항, 「국가채권관리법시행령」제18조제1항 단서의 규정에 의하여 총

괄채권관리관인 법원행정처장의 승인을 받아 채권의 관리에 관한 사무를 정지할 수 있다.
② 제1항의 규정에 의한 채권관리정지 승인요청은 매년 6월 말과 12월 말에 하여야 한다.
③ 채권관리관이 채권의 관리정지조치를 하는 경우에는 채권관리부에 "관리정지"의 표시를 하여야 한다.

제21조 (채권소멸의 통지)
수입징수관, 법령의 규정에 의하여 변제를 수령하는 자 및 제14조의 규정에 의한 채권발생 통지를 하는 자 등은 그 직무상 채권이 소멸한 것을 안 때에는 채권관리관에게 채권소멸통지를 하여야 한다.

제22조 (강제이행의 청구)
① 채권관리관은 제19조의 규정에 의한 독촉을 한 후 그 독촉기한을 경과하여도 이행되지 아니한 채권이 있는 때에는 환수결정 정본과 송달증명서를 법원행정처장에게 제출하여야 한다.
② 법원행정처장이 국가채권관리법 제15조제2호에 규정에 의하여 강제집행을 요청할 때에는 환수결정 정본과 송달증명서를 법무부장관에게 송부하여야 한다.

제23조 (보고)
① 각 지원의 출납공무원은 매월 소송비용 국고대납지급 상황보고서(전산양식 A1303)를 작성하여 다음 달 5일까지 본원의 재무관에게 보고하여야 하며, 본원의 재무관은 본원 및 관내지원의 매월 소송비용 국고대납지급 상황보고서를 작성하여 다음 달 10일까지 법원행정처장(참조 : 예산담당관)에게 보고하여야 한다.
② 채권관리관은 본원 및 관내지원의 매월 국고대납 소송비용납부 상황보고서(전산양식 A1304)를 작성하여 다음 달 10일까지 법원행정처장(참조 : 예산담당관)에게 보고하여야 한다.

부 칙(2016.07.13 제1590호)

제1조(시행일)
이 예규는 2016년 8월 1일부터 시행한다.

제2조(경과규정)
이 예규는 이 예규 시행 전에 진행 중인 국고대납절차에도 적용한다.

제4장 소송절차

제1절 변론

제134조(변론의 필요성)
① 당사자는 소송에 대하여 법원에서 변론하여야 한다. 다만, 결정으로 완결할 사건에 대하여는 법원이 변론을 열 것인지 아닌지를 정한다.
② 제1항 단서의 규정에 따라 변론을 열지 아니할 경우에, 법원은 당사자와 이해관계인, 그 밖의 참고인을 심문할 수 있다.
③ 이 법에 특별한 규정이 있는 경우에는 제1항과 제2항의 규정을 적용하지 아니한다.

제135조(재판장의 지휘권)
① 변론은 재판장(합의부의 재판장 또는 단독판사를 말한다. 이하 같다)이 지휘한다.
② 재판장은 발언을 허가하거나 그의 명령에 따르지 아니하는 사람의 발언을 금지할 수 있다.

제136조(석명권(釋明權)·구문권(求問權) 등)
① 재판장은 소송관계를 분명하게 하기 위하여 당사자에게 사실상 또는 법률상 사항에 대하여 질문할 수 있고, 증명을 하도록 촉구할 수 있다.
② 합의부원은 재판장에게 알리고 제1항의 행위를 할 수 있다.
③ 당사자는 필요한 경우 재판장에게 상대방에 대하여 설명을 요구하여 줄 것을 요청할 수 있다.
④ 법원은 당사자가 간과하였음이 분명하다고 인정되는 법률상 사항에 관하여 당사자에게 의견을 진술할 기회를 주어야 한다.

▣판례-근저당권설정등기말소▣

[대법원 2018.11.9., 선고, 2015다75308, 판결]

【판시사항】
[1] 민법 제1034조 제1항에 따라 배당변제를 받을 수 있는 '한정승인자가 알고 있는 채권자'에 해당하는지 판단하는 기준 시점(=한정승인자가 배당변제를 하는 시점)
[2] 법원의 석명권 행사의 내용 및 한계

【판결요지】
[1] 한정승인자는 한정승인을 한 날로부터 5일 내에 일반상속채권자와 유증받은 자에 대하여 한정승인의 사실과 일정한 기간(이하 '신고기간'이라고 한다) 내에 그 채권 또는 수증을 신고할 것을 공고하여야 하고, 알고 있는 채권자에게는 각각 그 채권신고를 최고하여야 한다(민법 제1032조 제1항, 제2항, 제89조). 신고기간이 만료된 후 한정승인자는 상속재산으로서 그 기간 내에 신고한 채권자와 '한정승인자가 알고 있는 채권자'에 대하여 각 채권액의 비율로 변제(이하 '배당변제'라고 한다)하여야 한다(민법 제1034조 제1항 본문). 반면 신고기간 내에 신고하지 아니한 상속채권자 및 유증받은 자로서 '한정승인자가 알지 못한 자'는 상속재산의 잔여가 있는 경우에 한하여 변제를 받을 수 있다(민법 제1039조 본문). 여기서 민법 제1034조 제1항에 따라 배당변제를 받을 수 있는 '한정승인자가 알고 있는 채권자'에 해당하는지 여부는 한정승인자가 채권신고의 최고를 하는 시점이 아니라 배당변제를 하

는 시점을 기준으로 판단하여야 한다. 따라서 한정승인자가 채권신고의 최고를 하는 시점에는 알지 못했더라도 그 이후 실제로 배당변제를 하기 전까지 알게 된 채권자가 있다면 그 채권자는 민법 제1034조 제1항에 따라 배당변제를 받을 수 있는 '한정승인자가 알고 있는 채권자'에 해당한다.

[2] 법원의 석명권 행사는 당사자의 주장에 모순된 점이 있거나 불완전·불명료한 점이 있을 때에 이를 지적하여 정정·보충할 수 있는 기회를 주고, 계쟁 사실에 대한 증거의 제출을 촉구하는 것을 그 내용으로 하는 것으로, 당사자가 주장하지도 아니한 법률효과에 관한 요건사실이나 독립된 공격방어방법을 시사하여 그 제출을 권유함과 같은 행위를 하는 것은 변론주의의 원칙에 위배되는 것으로 석명권 행사의 한계를 일탈하는 것이 된다.

제137조(석명준비명령)
재판장은 제136조의 규정에 따라 당사자에게 설명 또는 증명하거나 의견을 진술할 사항을 지적하고 변론기일 이전에 이를 준비하도록 명할 수 있다.

제138조(합의부에 의한 감독)
당사자가 변론의 지휘에 관한 재판장의 명령 또는 제136조 및 제137조의 규정에 따른 재판장이나 합의부원의 조치에 대하여 이의를 신청한 때에는 법원은 결정으로 그 이의신청에 대하여 재판한다.

제139조(수명법관의 지정 및 촉탁)
① 수명법관으로 하여금 그 직무를 수행하게 하고자 할 경우에는 재판장이 그 판사를 지정한다.
② 법원이 하는 촉탁은 특별한 규정이 없으면 재판장이 한다.

제140조(법원의 석명처분)
① 법원은 소송관계를 분명하게 하기 위하여 다음 각호의 처분을 할 수 있다.
1. 당사자 본인 또는 그 법정대리인에게 출석하도록 명하는 일
2. 소송서류 또는 소송에 인용한 문서, 그 밖의 물건으로서 당사자가 가지고 있는 것을 제출하게 하는 일
3. 당사자 또는 제3자가 제출한 문서, 그 밖의 물건을 법원에 유치하는 일
4. 검증을 하고 감정을 명하는 일
5. 필요한 조사를 촉탁하는 일
② 제1항의 검증 • 감정과 조사의 촉탁에는 이 법의 증거조사에 관한 규정을 준용한다.

제141조(변론의 제한 • 분리 • 병합)
법원은 변론의 제한 • 분리 또는 병합을 명하거나, 그 명령을 취소할 수 있다.

제142조(변론의 재개)
법원은 종결된 변론을 다시 열도록 명할 수 있다.

제143조(통역)
① 변론에 참여하는 사람이 우리말을 하지 못하거나, 듣거나 말하는 데 장애가 있으면 통역인에게 통역하게 하여야 한다. 다만, 위와 같은 장애가 있는 사

람에게는 문자로 질문하거나 진술하게 할 수 있다.
② 통역인에게는 이 법의 감정인에 관한 규정을 준용한다.

제143조의2(진술 보조)
① 질병, 장애, 연령, 그 밖의 사유로 인한 정신적·신체적 제약으로 소송관계를 분명하게 하기 위하여 필요한 진술을 하기 어려운 당사자는 법원의 허가를 받아 진술을 도와주는 사람과 함께 출석하여 진술할 수 있다.
② 법원은 언제든지 제1항의 허가를 취소할 수 있다.
③ 제1항 및 제2항에 따른 진술보조인의 자격 및 소송상 지위와 역할, 법원의 허가 요건·절차 등 허가 및 취소에 관한 사항은 대법원규칙으로 정한다.
[본조신설 2016.2.3.]

제144조(변론능력이 없는 사람에 대한 조치)
① 법원은 소송관계를 분명하게 하기 위하여 필요한 진술을 할 수 없는 당사자 또는 대리인의 진술을 금지하고, 변론을 계속할 새 기일을 정할 수 있다.
② 제1항의 규정에 따라 진술을 금지하는 경우에 필요하다고 인정하면 법원은 변호사를 선임하도록 명할 수 있다.
③ 제1항 또는 제2항의 규정에 따라 대리인에게 진술을 금지하거나 변호사를 선임하도록 명하였을 때에는 본인에게 그 취지를 통지하여야 한다.
④ 소 또는 상소를 제기한 사람이 제2항의 규정에 따른 명령을 받고도 제1항의 새 기일까지 변호사를 선임하지 아니한 때에는 법원은 결정으로 소 또는 상소를 각하할 수 있다.
⑤ 제4항의 결정에 대하여는 즉시항고를 할 수 있다.

Q. 변론금지의 재판과 소송무능력자?

질문

저는 현재 대여금 관련해서 소송 진행 중인 원고이며 같은 사건으로 같은 소송을 진행중인 당사자들로부터 선임된 선정당사자입니다. 재판 중 판사님께서 제게 변론을 금지하고 변호사선임명령을 하셨는데요. 제가 변호사를 선임할 여력이 되지 않아 변호사를 선임할 수 없습니다. 판사님의 명령에도 불구하고 변호사를 선임하지 않으면 재판이 불리하게 되는지 궁금합니다.

답변

민사소송법 제144조 제1항은 "법원은 소송관계를 분명하게 하기 위하여 필요한 진술을 할 수 없는 당사자 또는 대리인의 진술을 금지하고, 변론을 계속할 새 기일을 정할 수 있다." 고 규정하여 진술금지의 재판에 대해 규정하고 있습니다. 현재 귀하께서는 법원에 의해 진술금지의 재판을 받은 경우로 보입니다.
진술금지의 재판을 받은 경우 변론능력을 상실하게 되는데, 이는 당해 변론기일 뿐만 아니라 해당심급의 모든 변론에 미치게 됩니다. 변론능력이란 법원에 출석하여 법원에 대한 관계에서 유효하게 소송행위를 하기 위해 요구되는 능력을 말합니다. 변론무능력자의 소송행위는 무효가 되어 출석도 인정되지 않는 등의 불이익을 받게 됩니다.
특히 민사소송법 제144조 제2항에 따라 변호인 선임명령을 받은 당사자가 변호인을 선임하지 않은 경우에는 같은법 같은조 제4항에 의해 결정으로 소가 각하될 수 있습니다.

다만, 우리 대법원은 "선정당사자는 비록 그 소송의 당사자이기는 하지만 선정행위의 본질이 임의적 소송신탁에 불과하여 다른 선정자들과의 내부적 관계에서는 소송수행권을 위임받은 소송대리인과 유사한 측면이 있고, 나아가 선정당사자가 법원의 선임명령에 따라 변호사를 선임하기 위하여는 선정자들의 의견을 고려하지 않을 수 없는 현실적 사정을 감안하면, 선정당사자에게 변론을 금함과 아울러 변호사 선임명령을 한 경우에도 민사소송법 제134조 제3항 의 규정을 유추하여 실질적으로 변호사 선임권한을 가진 선정자들에게 법원이 그 취지를 통지하거나 다른 적당한 방법으로 이를 알려주어야 하고, 그러한 조치 없이는 변호사의 선임이 이루어지지 아니하였다 하여 곧바로 소를 각하할 수는 없다고 봄이 상당하다."고 판시하여 선정당사자인 경우 선정자에게 이를 알리지 않은 경우에는 곧바로 소를 각하할 수는 없다는 취지의 판시(대법원 2000. 10. 18. 자 2000마2999 결정)를 하였습니다.
결론적으로 귀하의 상황에서 법원이 선정자들에게 이 사실을 통지하였는지는 알 수 없으나 만약 통지를 하지 않았다면 변호인을 선임하지 않았다고 하여 바로 소 각하를 하지는 못할 것으로 보입니다.

제145조(화해의 권고)

① 법원은 소송의 정도와 관계없이 화해를 권고하거나, 수명법관 또는 수탁판사로 하여금 권고하게 할 수 있다.
② 제1항의 경우에 법원·수명법관 또는 수탁판사는 당사자 본인이나 그 법정대리인의 출석을 명할 수 있다.

제146조(적시제출주의)

공격 또는 방어의 방법은 소송의 정도에 따라 적절한 시기에 제출하여야 한다.

제147조(제출기간의 제한)

① 재판장은 당사자의 의견을 들어 한 쪽 또는 양 쪽 당사자에 대하여 특정한 사항에 관하여 주장을 제출하거나 증거를 신청할 기간을 정할 수 있다.
② 당사자가 제1항의 기간을 넘긴 때에는 주장을 제출하거나 증거를 신청할 수 없다. 다만, 당사자가 정당한 사유로 그 기간 이내에 제출 또는 신청하지 못하였다는 것을 소명한 경우에는 그러하지 아니하다.

제148조(한 쪽 당사자가 출석하지 아니한 경우)

① 원고 또는 피고가 변론기일에 출석하지 아니하거나, 출석하고서도 본안에 관하여 변론하지 아니한 때에는 그가 제출한 소장·답변서, 그 밖의 준비서면에 적혀 있는 사항을 진술한 것으로 보고 출석한 상대방에게 변론을 명할 수 있다.
② 제1항의 규정에 따라 당사자가 진술한 것으로 보는 답변서, 그 밖의 준비서면에 청구의 포기 또는 인낙의 의사표시가 적혀 있고 공증사무소의 인증을 받은 때에는 그 취지에 따라 청구의 포기 또는 인낙이 성립된 것으로 본다.
③ 제1항의 규정에 따라 당사자가 진술한 것으로 보는 답변서, 그 밖의 준비서면에 화해의 의사표시가 적혀 있고 공증사무소의 인증을 받은 경우에, 상대방 당사자가 변론기일에 출석하여 그 화해의 의사표시를 받아들인 때에는 화해가 성립된 것으로 본다.

제149조(실기한 공격 · 방어방법의 각하)

① 당사자가 제146조의 규정을 어기어 고의 또는 중대한 과실로 공격 또는 방어방법을 뒤늦게 제출함으로써 소송의 완결을 지연시키게 하는 것으로 인정할 때에는 법원은 직권으로 또는 상대방의 신청에 따라 결정으로 이를 각하할 수 있다.

② 당사자가 제출한 공격 또는 방어방법의 취지가 분명하지 아니한 경우에, 당사자가 필요한 설명을 하지 아니하거나 설명할 기일에 출석하지 아니한 때에는 법원은 직권으로 또는 상대방의 신청에 따라 결정으로 이를 각하할 수 있다.

▣판례-특허권침해금지▣

[특허법원 2018. 7. 20., 선고, 2018나12, 판결 : 확정]

【판시사항】

甲 외국회사가 乙 주식회사를 상대로 특허권침해금지 등을 구하는 소를 제기하여 乙 회사의 소송대리인이 최초로 제출한 답변서에서부터 甲 회사의 특허발명에 대하여 진보성이 없다고 계속하여 주장해 왔는데, 그 후 乙 회사가 추가로 선행발명에 관한 제출이나 별다른 주장을 하지 않다가 변론기일 하루 전에 미국과 독일의 각 등록특허공보를 번역문이 첨부되지 않은 상태로 새로운 선행발명이라며 제출한 사안에서, 乙 회사가 새로운 선행발명이라며 제출한 증거들 및 그에 기한 주장은 변론준비기일에 전혀 제출되지 아니한 공격방어방법에 해당하는 것일 뿐만 아니라 乙 회사가 고의 또는 중대한 과실로 시기에 늦게 제출한 것으로서 소송의 완결을 지연시킬 것으로 인정되는 경우에 해당하므로 각하를 면할 수 없다고 한 사례

【판결요지】

甲 외국회사가 乙 주식회사를 상대로 특허권침해금지 등을 구하는 소를 제기하여 乙 회사의 소송대리인이 최초로 제출한 답변서에서부터 甲 회사의 특허발명에 대하여 진보성이 없다고 계속하여 주장해 왔는데, 그 후 乙 회사가 추가로 선행발명에 관한 제출이나 별다른 주장을 하지 않다가 변론기일 하루 전에 미국과 독일의 각 등록특허공보를 번역문이 첨부되지 않은 상태로 새로운 선행발명이라며 제출한 사안이다.

乙 회사가 새로운 선행발명이라며 제출한 증거들은 특허등록 시점과 변론의 경과에 비추어 볼 때 종래의 소송절차에서 충분히 제출될 수 있었던 것인데도 변론종결 직전에 이르기까지 제출되지 않아 乙 회사의 위 증거들 및 그에 기한 주장은 전혀 심리될 수 없었고 甲 회사에 반대 주장을 할 기회도 부여할 수 없었던 점, 더욱이 이는 종래의 증거조사 결과나 변론 전체의 취지로부터 사실의 존부가 인정되는 경우나 종전의 소송자료를 대부분 이용할 수 있는 경우에 해당되지도 아니한 점, 이를 받아들일 경우에도 먼저 민사소송법(이하 '법'이라 한다) 제277조에 따라 번역문을 제출케 하여 증거조사를 거친 다음 상대방 당사자인 甲 회사에 이를 검토하여 반박하거나 반증을 제출할 기회를 부여한 후 진보성 유무에 관한 추가 심리를 하는 것이 불가피하고 이에는 상당한 시간이 소요될 것으로 보이는 점, 乙 회사는 甲 회사의 특허발명의 진보성 부정을 위한 '주' 선행발명을 그대로 유지하면서 새롭게 제출한 발명들을 '부' 선행발명들로 삼고 있는 점에 비추어 볼 때, 乙 회사가 제출한 위 증거들 및 그에 기한 주장은 변론준비기일에 전혀 제출되지 아니한 공격방어방법(법 제285조)에 해당하는 것일 뿐만 아니라 변론의 경과로 보아 乙 회사가 고의 또는 중대한 과실로 시기에 늦게 제출한 것으로서 소송의 완결을 지연시킬 것으로 인정되는 경우(법 제149조)에 해당하므로 각하를 면할 수 없다고 한 사례이다.

제150조(자백간주)
① 당사자가 변론에서 상대방이 주장하는 사실을 명백히 다투지 아니한 때에는 그 사실을 자백한 것으로 본다. 다만, 변론 전체의 취지로 보아 그 사실에 대하여 다툰 것으로 인정되는 경우에는 그러하지 아니하다.
② 상대방이 주장한 사실에 대하여 알지 못한다고 진술한 때에는 그 사실을 다툰 것으로 추정한다.
③ 당사자가 변론기일에 출석하지 아니하는 경우에는 제1항의 규정을 준용한다. 다만, 공시송달의 방법으로 기일통지서를 송달받은 당사자가 출석하지 아니한 경우에는 그러하지 아니하다.

제151조(소송절차에 관한 이의권)
당사자는 소송절차에 관한 규정에 어긋난 것임을 알거나, 알 수 있었을 경우에 바로 이의를 제기하지 아니하면 그 권리를 잃는다. 다만, 그 권리가 포기할 수 없는 것인 때에는 그러하지 아니하다.

제152조(변론조서의 작성)
① 법원사무관등은 변론기일에 참여하여 기일마다 조서를 작성하여야 한다. 다만, 변론을 녹음하거나 속기하는 경우 그 밖에 이에 준하는 특별한 사정이 있는 경우에는 법원사무관등을 참여시키지 아니하고 변론기일을 열 수 있다.
② 재판장은 필요하다고 인정하는 경우 법원사무관등을 참여시키지 아니하고 변론기일 및 변론준비기일 외의 기일을 열 수 있다.
③ 제1항 단서 및 제2항의 경우에는 법원사무관등은 그 기일이 끝난 뒤에 재판장의 설명에 따라 조서를 작성하고, 그 취지를 덧붙여 적어야 한다.

제153조(형식적 기재사항)
조서에는 법원사무관등이 다음 각호의 사항을 적고, 재판장과 법원사무관등이 기명날인 또는 서명한다. 다만, 재판장이 기명날인 또는 서명할 수 없는 사유가 있는 때에는 합의부원이 그 사유를 적은 뒤에 기명날인 또는 서명하며, 법관 모두가 기명날인 또는 서명할 수 없는 사유가 있는 때에는 법원사무관등이 그 사유를 적는다. <개정 2017.10.31.>
1. 사건의 표시
2. 법관과 법원사무관등의 성명
3. 출석한 검사의 성명
4. 출석한 당사자 • 대리인 • 통역인과 출석하지 아니한 당사자의 성명
5. 변론의 날짜와 장소
6. 변론의 공개여부와 공개하지 아니한 경우에는 그 이유

제154조(실질적 기재사항)
조서에는 변론의 요지를 적되, 특히 다음 각호의 사항을 분명히 하여야 한다.
1. 화해, 청구의 포기 • 인낙, 소의 취하와 자백
2. 증인 • 감정인의 선서와 진술
3. 검증의 결과
4. 재판장이 적도록 명한 사항과 당사자의 청구에 따라 적는 것을 허락한 사항

5. 서면으로 작성되지 아니한 재판
6. 재판의 선고

제155조(조서기재의 생략 등)
① 조서에 적을 사항은 대법원규칙이 정하는 바에 따라 생략할 수 있다. 다만, 당사자의 이의가 있으면 그러하지 아니하다.
② 변론방식에 관한 규정의 준수, 화해, 청구의 포기·인낙, 소의 취하와 자백에 대하여는 제1항 본문의 규정을 적용하지 아니한다.

제156조(서면 등의 인용·첨부)
조서에는 서면, 사진, 그 밖에 법원이 적당하다고 인정한 것을 인용하고 소송기록에 붙여 이를 조서의 일부로 삼을 수 있다.

제157조(관계인의 조서낭독 등 청구권)
조서는 관계인이 신청하면 그에게 읽어 주거나 보여주어야 한다.

제158조(조서의 증명력)
변론방식에 관한 규정이 지켜졌다는 것은 조서로만 증명할 수 있다. 다만, 조서가 없어진 때에는 그러하지 아니하다.

제159조(변론의 속기와 녹음)
① 법원은 필요하다고 인정하는 경우에는 변론의 전부 또는 일부를 녹음하거나, 속기자로 하여금 받아 적도록 명할 수 있으며, 당사자가 녹음 또는 속기를 신청하면 특별한 사유가 없는 한 이를 명하여야 한다.
② 제1항의 녹음테이프와 속기록은 조서의 일부로 삼는다.
③ 제1항 및 제2항의 규정에 따라 녹음테이프 또는 속기록으로 조서의 기재를 대신한 경우에, 소송이 완결되기 전까지 당사자가 신청하거나 그 밖에 대법원규칙이 정하는 때에는 녹음테이프나 속기록의 요지를 정리하여 조서를 작성하여야 한다.
④ 제3항의 규정에 따라 조서가 작성된 경우에는 재판이 확정되거나, 양 쪽 당사자의 동의가 있으면 법원은 녹음테이프와 속기록을 폐기할 수 있다. 이 경우 당사자가 녹음테이프와 속기록을 폐기한다는 통지를 받은 날부터 2주 이내에 이의를 제기하지 아니하면 폐기에 대하여 동의한 것으로 본다.

제160조(다른 조서에 준용하는 규정)
법원·수명법관 또는 수탁판사의 신문(訊問) 또는 심문과 증거조사에는 제152조 내지 제159조의 규정을 준용한다.

제161조(신청 또는 진술의 방법)
① 신청, 그 밖의 진술은 특별한 규정이 없는 한 서면 또는 말로 할 수 있다.
② 말로 하는 경우에는 법원사무관등의 앞에서 하여야 한다.
③ 제2항의 경우에 법원사무관등은 신청 또는 진술의 취지에 따라 조서 또는 그 밖의 서면을 작성한 뒤 기명날인 또는 서명하여야 한다. <개정 2017.10.31.>

第162조(소송기록의 열람과 증명서의 교부청구)

① 당사자나 이해관계를 소명한 제3자는 대법원규칙이 정하는 바에 따라, 소송기록의 열람·복사, 재판서·조서의 정본·등본·초본의 교부 또는 소송에 관한 사항의 증명서의 교부를 법원사무관등에게 신청할 수 있다.

② 누구든지 권리구제·학술연구 또는 공익적 목적으로 대법원규칙으로 정하는 바에 따라 법원사무관등에게 재판이 확정된 소송기록의 열람을 신청할 수 있다. 다만, 공개를 금지한 변론에 관련된 소송기록에 대하여는 그러하지 아니하다. <신설 2007.5.17.>

③ 법원은 제2항에 따른 열람 신청시 당해 소송관계인이 동의하지 아니하는 경우에는 열람하게 하여서는 아니 된다. 이 경우 당해 소송관계인의 범위 및 동의 등에 관하여 필요한 사항은 대법원규칙으로 정한다. <신설 2007.5.17.>

④ 소송기록을 열람·복사한 사람은 열람·복사에 의하여 알게 된 사항을 이용하여 공공의 질서 또는 선량한 풍속을 해하거나 관계인의 명예 또는 생활의 평온을 해하는 행위를 하여서는 아니 된다. <신설 2007.5.17.>

⑤ 제1항 및 제2항의 신청에 대하여는 대법원규칙이 정하는 수수료를 내야 한다. <개정 2007.5.17.>

⑥ 재판서·조서의 정본·등본·초본에는 그 취지를 적고 법원사무관등이 기명날인 또는 서명하여야 한다. <개정 2007.5.17., 2017.10.31.>

▣판례-정보공개거부처분취소▣

[대법원 2014.4.10., 선고, 2012두17384, 판결]

【판시사항】

[1] 구 공공기관의 정보공개에 관한 법률 제4조 제1항에서 정한 '정보공개에 관하여 다른 법률에 특별한 규정이 있는 경우'에 해당하여 위 법률의 적용을 배제하기 위한 요건

[2] 甲이 재판기록 일부의 정보공개를 청구한 데 대하여 서울행정법원장이 민사소송법 제162조를 이유로 소송기록의 정보를 비공개한다는 결정을 전자문서로 통지한 사안에서, 비공개결정 당시 정보의 비공개결정은 구 공공기관의 정보공개에 관한 법률 제13조 제4항에 의하여 전자문서로 통지할 수 있다고 본 사례

【판결요지】

[1] 구 공공기관의 정보공개에 관한 법률(2013. 8. 6. 법률 제11991호로 개정되기 전의 것, 이하 '정보공개법'이라 한다) 제4조 제1항은 "정보의 공개에 관하여는 다른 법률에 특별한 규정이 있는 경우를 제외하고는 이 법이 정하는 바에 의한다."라고 규정하고 있다. 여기서 '정보공개에 관하여 다른 법률에 특별한 규정이 있는 경우'에 해당한다고 하여 정보공개법의 적용을 배제하기 위해서는, 특별한 규정이 '법률'이어야 하고, 내용이 정보공개의 대상 및 범위, 정보공개의 절차, 비공개대상정보 등에 관하여 정보공개법과 달리 규정하고 있는 것이어야 한다.

[2] 甲이 재판기록 일부의 정보공개를 청구한 데 대하여 서울행정법원장이 민사소송법 제162조를 이유로 소송기록의 정보를 비공개한다는 결정을 전자문서로 통지한 사안에서, '문서'에 '전자문서'를 포함한다고 규정한 구 공공기관의 정보공개에 관한 법률(2013. 8. 6. 법률 제11991호로 개정되기 전의 것, 이하 '정보공개법'이라 한다) 제2조와 정보의 비공개결정을 '문서'로 통지하도록 정한 정보공개법 제13조 제4항의 규정에 의하면 정보의 비공개결정은 전자문서로 통지할 수 있고, 위 규정들은 행정절차법 제3조 제1항에서 행정절차법의 적용이 제외되는 것으로 정한 '다른 법률'에 특별한 규정이 있는 경우에 해당하므로, 비공개결정 당시 정보의 비공개결정

은 정보공개법 제13조 제4항에 의하여 전자문서로 통지할 수 있다고 본 원심판단에 법리오해 등의 위법이 없다고 한 사례.

제163조(비밀보호를 위한 열람 등의 제한)
① 다음 각호 가운데 어느 하나에 해당한다는 소명이 있는 경우에는 법원은 당사자의 신청에 따라 결정으로 소송기록중 비밀이 적혀 있는 부분의 열람·복사, 재판서·조서중 비밀이 적혀 있는 부분의 정본·등본·초본의 교부(이하 "비밀 기재부분의 열람 등"이라 한다)를 신청할 수 있는 자를 당사자로 한정할 수 있다.
1. 소송기록 중에 당사자의 사생활에 관한 중대한 비밀이 적혀 있고, 제3자에게 비밀 기재부분의 열람 등을 허용하면 당사자의 사회생활에 지장이 클 우려가 있는 때
2. 소송기록중에 당사자가 가지는 영업비밀(부정경쟁방지및영업비밀보호에관한법률 제2조제2호에 규정된 영업비밀을 말한다)이 적혀 있는 때
② 제1항의 신청이 있는 경우에는 그 신청에 관한 재판이 확정될 때까지 제3자는 비밀 기재부분의 열람 등을 신청할 수 없다.
③ 소송기록을 보관하고 있는 법원은 이해관계를 소명한 제3자의 신청에 따라 제1항 각호의 사유가 존재하지 아니하거나 소멸되었음을 이유로 제1항의 결정을 취소할 수 있다.
④ 제1항의 신청을 기각한 결정 또는 제3항의 신청에 관한 결정에 대하여는 즉시항고를 할 수 있다.
⑤ 제3항의 취소결정은 확정되어야 효력을 가진다.

제163조의2(확정 판결서의 열람·복사)
① 제162조에도 불구하고 누구든지 판결이 확정된 사건의 판결서(「소액사건심판법」이 적용되는 사건의 판결서와 「상고심절차에 관한 특례법」 제4조 및 이 법 제429조 본문에 따른 판결서는 제외한다)를 인터넷, 그 밖의 전산정보처리시스템을 통한 전자적 방법 등으로 열람 및 복사할 수 있다. 다만, 변론의 공개를 금지한 사건의 판결서로서 대법원규칙으로 정하는 경우에는 열람 및 복사를 전부 또는 일부 제한할 수 있다.
② 법원사무관등이나 그 밖의 법원공무원은 제1항에 따른 열람 및 복사에 앞서 판결서에 기재된 성명 등 개인정보가 공개되지 아니하도록 대법원규칙으로 정하는 보호조치를 하여야 한다.
③ 제2항에 따라 개인정보 보호조치를 한 법원사무관등이나 그 밖의 법원공무원은 고의 또는 중대한 과실로 인한 것이 아니면 제1항에 따른 열람 및 복사와 관련하여 민사상·형사상 책임을 지지 아니한다.
④ 제1항의 열람 및 복사에는 제162조제4항·제5항 및 제163조를 준용한다.
⑤ 판결서의 열람 및 복사의 방법과 절차, 개인정보 보호조치의 방법과 절차, 그 밖에 필요한 사항은 대법원규칙으로 정한다.
[본조신설 2011.7.18.]

제164조(조서에 대한 이의)
조서에 적힌 사항에 대하여 관계인이 이의를 제기한 때에는 조서에 그 취지를 적어야 한다.

제2절 전문심리위원
<신설 2007.7.13.>

제164조의2(전문심리위원의 참여)
① 법원은 소송관계를 분명하게 하거나 소송절차(증거조사·화해 등을 포함한다. 이하 이 절에서 같다)를 원활하게 진행하기 위하여 직권 또는 당사자의 신청에 따른 결정으로 제164조의4제1항에 따라 전문심리위원을 지정하여 소송절차에 참여하게 할 수 있다.
② 전문심리위원은 전문적인 지식을 필요로 하는 소송절차에서 설명 또는 의견을 기재한 서면을 제출하거나 기일에 출석하여 설명이나 의견을 진술할 수 있다. 다만, 재판의 합의에는 참여할 수 없다.
③ 전문심리위원은 기일에 재판장의 허가를 받아 당사자, 증인 또는 감정인 등 소송관계인에게 직접 질문할 수 있다.
④ 법원은 제2항에 따라 전문심리위원이 제출한 서면이나 전문심리위원의 설명 또는 의견의 진술에 관하여 당사자에게 구술 또는 서면에 의한 의견진술의 기회를 주어야 한다.
[본조신설 2007.7.13.]

제164조의3(전문심리위원 참여결정의 취소)
① 법원은 상당하다고 인정하는 때에는 직권이나 당사자의 신청으로 제164조의2제1항에 따른 결정을 취소할 수 있다.
② 제1항에도 불구하고 당사자가 합의로 제164조의2제1항에 따른 결정을 취소할 것을 신청하는 때에는 법원은 그 결정을 취소하여야 한다.
[본조신설 2007.7.13.]

제164조의4(전문심리위원의 지정 등)
① 법원은 제164조의2제1항에 따라 전문심리위원을 소송절차에 참여시키는 경우 당사자의 의견을 들어 각 사건마다 1인 이상의 전문심리위원을 지정하여야 한다.
② 전문심리위원에게는 대법원규칙으로 정하는 바에 따라 수당을 지급하고, 필요한 경우에는 그 밖의 여비, 일당 및 숙박료를 지급할 수 있다.
③ 전문심리위원의 지정에 관하여 그 밖에 필요한 사항은 대법원규칙으로 정한다.
[본조신설 2007.7.13.]

제164조의5(전문심리위원의 제척 및 기피)
① 전문심리위원에게 제41조부터 제45조까지 및 제47조를 준용한다.
② 제척 또는 기피 신청을 받은 전문심리위원은 그 신청에 관한 결정이 확정될 때까지 그 신청이 있는 사건의 소송절차에 참여할 수 없다. 이 경우 전문심리위원은 당해 제척 또는 기피 신청에 대하여 의견을 진술할 수 있다.
[본조신설 2007.7.13.]

제164조의6(수명법관 등의 권한)
수명법관 또는 수탁판사가 소송절차를 진행하는 경우에는 제164조의2제2항부터 제4항까지의 규정에 따른 법원 및 재판장의 직무는 그 수명법관이나 수탁판사가 행한다. [본조신설 2007.7.13.]

第164조의7(비밀누설죄)
전문심리위원 또는 전문심리위원이었던 자가 그 직무수행 중에 알게 된 다른 사람의 비밀을 누설하는 경우에는 2년 이하의 징역이나 금고 또는 1천만원 이하의 벌금에 처한다. [본조신설 2007.7.13.]

第164조의8(벌칙 적용에서의 공무원 의제)
전문심리위원은 「형법」 제129조부터 제132조까지의 규정에 따른 벌칙의 적용에서는 공무원으로 본다. [본조신설 2007.7.13.]

제3절 기일과 기간
<개정 2007.7.13.>

第165조(기일의 지정과 변경)
① 기일은 직권으로 또는 당사자의 신청에 따라 재판장이 지정한다. 다만, 수명법관 또는 수탁판사가 신문하거나 심문하는 기일은 그 수명법관 또는 수탁판사가 지정한다.
② 첫 변론기일 또는 첫 변론준비기일을 바꾸는 것은 현저한 사유가 없는 경우라도 당사자들이 합의하면 이를 허가한다.

第166조(공휴일의 기일)
기일은 필요한 경우에만 공휴일로도 정할 수 있다.

第167조(기일의 통지)
① 기일은 기일통지서 또는 출석요구서를 송달하여 통지한다. 다만, 그 사건으로 출석한 사람에게는 기일을 직접 고지하면 된다.
② 법원은 대법원규칙이 정하는 간이한 방법에 따라 기일을 통지할 수 있다. 이 경우 기일에 출석하지 아니한 당사자·증인 또는 감정인 등에 대하여 법률상의 제재, 그 밖에 기일을 게을리 함에 따른 불이익을 줄 수 없다.

第168조(출석승낙서의 효력)
소송관계인이 일정한 기일에 출석하겠다고 적은 서면을 제출한 때에는 기일통지서 또는 출석요구서를 송달한 것과 같은 효력을 가진다.

第169조(기일의 시작)
기일은 사건과 당사자의 이름을 부름으로써 시작된다.

第170조(기간의 계산)
기간의 계산은 민법에 따른다.

第171조(기간의 시작)
기간을 정하는 재판에 시작되는 때를 정하지 아니한 경우에 그 기간은 재판의 효력이 생긴 때부터 진행한다.

제172조(기간의 신축, 부가기간)
① 법원은 법정기간 또는 법원이 정한 기간을 늘이거나 줄일 수 있다. 다만, 불변기간은 그러하지 아니하다.
② 법원은 불변기간에 대하여 주소 또는 거소가 멀리 떨어진 곳에 있는 사람을 위하여 부가기간(附加期間)을 정할 수 있다.
③ 재판장·수명법관 또는 수탁판사는 제1항 및 제2항의 규정에 따라 법원이 정한 기간 또는 자신이 정한 기간을 늘이거나 줄일 수 있다.

제173조(소송행위의 추후보완)
① 당사자가 책임질 수 없는 사유로 말미암아 불변기간을 지킬 수 없었던 경우에는 그 사유가 없어진 날부터 2주 이내에 게을리 한 소송행위를 보완할 수 있다. 다만, 그 사유가 없어질 당시 외국에 있던 당사자에 대하여는 이 기간을 30일로 한다.
② 제1항의 기간에 대하여는 제172조의 규정을 적용하지 아니한다.

Q. 항소기간 경과 후에 이루어진 판결경정 내용이 경정 이전에 비하여 불리한 경우 추완항소가 가능한지?

질문

甲과 乙을 사이의 대여금청구소송에서 乙이 승소판결을 받았는데, 그 판결에 계산착오가 있어서 乙이 항소기간 경과 후 판결경정신청을 하여 판결 경정한 경우 甲이 자기에게 불리해졌음을 이유로 추완항소를 할 수 있나요?

답변

민사소송법 제173조 제1항은 "당사자가 책임질 수 없는 사유로 말미암아 불변기간을 지킬 수 없었던 경우에는 그 사유가 없어진 날부터 2주 이내에 게을리 한 소송행위를 보완할 수 있다"라고 규정하고 있는데, 판례는 "상소기간 경과 후에 이루어진 판결경정 내용이 경정 이전에 비하여 불리하다는 사정만으로는 추완상소가 적법한 것으로 볼 수 없다"고 하였습니다(대법원 1997. 1. 24. 선고 95므1413 판결). 따라서 상소기간 경과 후 판결확정 이후에 판결경정이 이루어진 경우 甲은 그 경정으로 인하여 자기에게 불리해졌다는 이유만으로는 민사소송법 제173조 제1항의 '당사자가 책임질 수 없는 사유로 말미암아 불변기간을 지킬 수 없었던 경우'에 해당한다고 볼 수 없어 항소기간이 경과된 후의 추후보완항소는 할 수 없습니다.

제4절 송달
<개정 2007.7.13.>

제174조(직권송달의 원칙)
송달은 이 법에 특별한 규정이 없으면 법원이 직권으로 한다.

제175조(송달사무를 처리하는 사람)

① 송달에 관한 사무는 법원사무관등이 처리한다.
② 법원사무관등은 송달하는 곳의 지방법원에 속한 법원사무관등 또는 집행관에게 제1항의 사무를 촉탁할 수 있다.

제176조(송달기관)

① 송달은 우편 또는 집행관에 의하거나, 그 밖에 대법원규칙이 정하는 방법에 따라서 하여야 한다.
② 우편에 의한 송달은 우편집배원이 한다.
③ 송달기관이 송달하는 데 필요한 때에는 국가경찰공무원에게 원조를 요청할 수 있다. <개정 2006.2.21.>

제177조(법원사무관등에 의한 송달)

① 해당 사건에 출석한 사람에게는 법원사무관등이 직접 송달할 수 있다.
② 법원사무관등이 그 법원안에서 송달받을 사람에게 서류를 교부하고 영수증을 받은 때에는 송달의 효력을 가진다.

제178조(교부송달의 원칙)

① 송달은 특별한 규정이 없으면 송달받을 사람에게 서류의 등본 또는 부본을 교부하여야 한다.
② 송달할 서류의 제출에 갈음하여 조서, 그 밖의 서면을 작성한 때에는 그 등본이나 초본을 교부하여야 한다.

제179조(소송무능력자에게 할 송달)

소송무능력자에게 할 송달은 그의 법정대리인에게 한다.

제180조(공동대리인에게 할 송달)

여러 사람이 공동으로 대리권을 행사하는 경우의 송달은 그 가운데 한 사람에게 하면 된다.

제181조(군관계인에게 할 송달)

군사용의 청사 또는 선박에 속하여 있는 사람에게 할 송달은 그 청사 또는 선박의 장에게 한다.

제182조(구속된 사람 등에게 할 송달)

교도소·구치소 또는 국가경찰관서의 유치장에 체포·구속 또는 유치(留置)된 사람에게 할 송달은 교도소·구치소 또는 국가경찰관서의 장에게 한다. <개정 2006.2.21.>

제183조(송달장소)

① 송달은 받을 사람의 주소·거소·영업소 또는 사무소(이하 "주소등"이라 한다)에서 한다. 다만, 법정대리인에게 할 송달은 본인의 영업소나 사무소에서도 할 수 있다.

② 제1항의 장소를 알지 못하거나 그 장소에서 송달할 수 없는 때에는 송달받을 사람이 고용·위임 그 밖에 법률상 행위로 취업하고 있는 다른 사람의 주소등(이하 "근무장소"라 한다)에서 송달할 수 있다.

③ 송달받을 사람의 주소등 또는 근무장소가 국내에 없거나 알 수 없는 때에는 그를 만나는 장소에서 송달할 수 있다.

④ 주소등 또는 근무장소가 있는 사람의 경우에도 송달받기를 거부하지 아니하면 만나는 장소에서 송달할 수 있다.

▣판례-사기▣

[대법원 2018.11.29., 선고, 2018도13377, 판결]

【판시사항】

[1] 피고인에 대한 공판기일 소환은 형사소송법이 정한 소환장의 송달 또는 이와 동일한 효력이 있는 방법에 의하여야 하는지 여부(적극)

[2] 피고인이 원심 공판기일에 불출석하자, 검사가 피고인과 통화하여 피고인이 변호인으로 선임한 甲 변호사의 사무소로 송달을 원하고 있음을 확인하고 피고인의 주소를 甲 변호사 사무소로 기재한 주소보정서를 원심에 제출하였는데, 그 후 甲 변호사가 사임하고 새로이 乙 변호사가 변호인으로 선임된 사안에서, 원심이 피고인에 대한 공판기일소환장 등을 甲 변호사 사무소로 발송하여 그 사무소 직원이 수령하였더라도 형사소송법이 정한 적법한 방법으로 피고인의 소환이 이루어졌다고 볼 수 없다고 한 사례

【판결요지】

[1] 형사소송법은 피고인을 소환함에 있어서는 법률이 정한 방식에 따라 작성된 소환장을 송달하여야 한다고 정하면서(제73조, 제74조, 제76조 제1항), 다만 피고인이 기일에 출석한다는 서면을 제출하거나 출석한 피고인에 대하여 차회기일을 정하여 출석을 명한 때, 구금된 피고인에 대하여 교도관을 통하여 소환통지를 한 때, 법원의 구내에 있는 피고인에 대하여 공판기일을 통지한 때 등에는 소환장의 송달과 동일한 효력을 인정하고 있다(제76조 제2항 내지 제5항, 제268조). 위와 같은 관련 규정의 문언과 취지, 그리고 피고인과 달리 공판기일 출석의무가 없는 검사·변호인 등의 소송관계인에 대해서는 소환을 하는 대신 공판기일을 통지하도록 하고 있는 점(형사소송법 제267조 제3항) 등을 종합하면, 피고인에 대한 공판기일 소환은 형사소송법이 정한 소환장의 송달 또는 이와 동일한 효력이 있는 방법에 의하여야 하고, 그 밖의 방법에 의한 사실상의 기일의 고지 또는 통지 등은 적법한 피고인 소환이라고 할 수 없다.

[2] 피고인이 원심 공판기일에 불출석하자, 검사가 피고인과 통화하여 피고인이 변호인으로 선임한 甲 변호사의 사무소로 송달을 원하고 있음을 확인하고 피고인의 주소를 甲 변호사 사무소로 기재한 주소보정서를 원심에 제출하였는데, 그 후 甲 변호사가 사임하고 새로이 乙 변호사가 변호인으로 선임된 사안에서, 검사가 피고인의 주소로서 보정한 甲 변호사 사무소는 피고인의 주소, 거소, 영업소 또는 사무소 등의 송달장소가 아니고, 피고인이 형사소송법 제60조에 따라 송달영수인과 연명하여 서면으로 신고한 송달영수인의 주소에도 해당하지 아니하며, 달리 그곳이 피고인에 대한 적법한 송달장소에 해당한다고 볼 자료가 없으므로, 원심이 피고인에 대한 공판기일소환장 등을 甲 변호사 사무소로 발송하여 그 사무소 직원이 수령하였더라도 형사소송법이 정한 적법한 방법으로 피고인의 소환이 이루어졌다고 볼 수 없다는 이유로, 이와 달리 본 원심의 조치에 소송절차에 관한 법령을 위반한 잘못이 있다고 한 사례.

제184조(송달받을 장소의 신고)
당사자 · 법정대리인 또는 소송대리인은 주소등 외의 장소(대한민국안의 장소로 한정한다)를 송달받을 장소로 정하여 법원에 신고할 수 있다. 이 경우에는 송달영수인을 정하여 신고할 수 있다.

제185조(송달장소변경의 신고의무)
① 당사자 · 법정대리인 또는 소송대리인이 송달받을 장소를 바꿀 때에는 바로 그 취지를 법원에 신고하여야 한다.
② 제1항의 신고를 하지 아니한 사람에게 송달할 서류는 달리 송달할 장소를 알 수 없는 경우 종전에 송달받던 장소에 대법원규칙이 정하는 방법으로 발송할 수 있다.

Q. 소송계속 중 상대방 주소변경 시 소송서류의 송달방법?

질문

저는 甲을 상대로 대여금청구소송을 제기하여 처음 두 번은 소장 등의 서류가 송달되었으나, 그 후 세 번째부터는 甲이 이사를 가버려 소장에 적힌 주소지에 거주하지 않는다는 이유로 송달불능이 되었습니다. 어떻게 하면 甲에게 소송서류 등을 송달되게 할 수 있는지요?

답변

「민사소송법」제185조는 "①당사자·법정대리인 또는 소송대리인이 송달 받을 장소를 바꿀 때에는 바로 그 취지를 법원에 신고하여야 한다. ②제1항의 신고를 하지 아니한 사람에게 송달할 서류는 '달리 송달할 장소를 알 수 없는 경우' 종전에 송달 받던 장소에 대법원규칙이 정하는 방법으로 송달할 수 있다."라고 규정하고 있고, 「민사소송규칙」제51조는 「민사소송법」제185조 제2항의 규정에 따른 서류의 송달은 등기우편으로 한다고 규정하고 있습니다.
관련 판례는 "민사소송법 제171조의2(현행 민사소송법 제185조) 제2항에서 말하는 '달리 송달할 장소를 알 수 없는 때에 한하여'라 함은, 기록에 현출되어 있는 자료만으로는 달리 송달할 장소를 알 수 없을 때에 한한다는 의미이지, 상대방에게 주소보정을 명하거나 직권으로 주민등록표 등을 조사하였음에도 변경된 송달장소를 알 수 없을 때에 비로소 등기우편에 의한 발송송달을 할 수 있음을 뜻하는 것은 아니다."라고 하였습니다(대법원 1997. 9. 26. 선고 97다23464 판결, 2001. 8. 24. 선고 2001다31592 판결).
그러므로 당사자·법정대리인 또는 소송대리인이 송달 받을 장소를 바꾸었음에도 불구하고 바로 그 취지를 법원에 신고하지 아니하였고, 달리 송달할 장소를 알 수 없는 경우에는 우편송달(실무상 발송송달이라 칭함)을 할 수 있도록 되어 있습니다.
이것은 법원사무관 등이 하는 것으로서 우편집배원이 하는 우편에 의한 송달과 구별되는데, 소송서류를 송달장소에 등기우편으로 발송하면 그 발송지에 송달된 것으로 보는 송달방법으로 이 경우 등기우편을 발송한 때에 송달이 된 것으로 간주하는 발신주의(發信主義)를 취하고 있습니다(민사소송법 제189조). 실제로 송달서류가 송달되었는가 또 언제 송달되었는가를 불문하므로 송달받을 사람에게 불이익하며 위와 같이 특별한 경우에만 인정되는 송달방법입니다.
이러한 방법은 통상 재판부에서 직권으로 우편송달을 하게 되나 재판부에서 직권으로 하지 아니할 때는 우편송달을 신청할 수 있습니다. 이러한 우편송달은 법원사무관 등이 그 요건의 충족여부를 판단하여 실시하는 것이고 이에 대하여 재판장의 허가를 받을 필요는 없습니다.

참고로 위와 같은 송달영수인의 신고의무 있는 자가 이를 하지 아니한 때(민사소송법 제185조 제2항) 이외에 우편송달을 할 수 있는 경우를 살펴보면, ①보충송달(사무원이나 고용인 또는 동거자에게 송달하는 것)이나 유치송달이 불가능한 때(민사소송법 제187조), ②부동산에 대한 경매절차에 있어서 이해관계인에 대한 경매기일 및 경락기일의 통지(민사집행법 제104조 제2항·제3항, 제268조, 민사집행규칙 제9조), ③담보권실행을 위한 경매절차가 금융기관 등의 신청에 의하여 진행되는 때(금융기관부실자산 등의 효율적 처리 및 한국자산관리공사의 설립에 관한 법률 제45조의2) 등이 있습니다.

제186조(보충송달 · 유치송달)

① 근무장소 외의 송달할 장소에서 송달받을 사람을 만나지 못한 때에는 그 사무원, 피용자(被用者) 또는 동거인으로서 사리를 분별할 지능이 있는 사람에게 서류를 교부할 수 있다.

② 근무장소에서 송달받을 사람을 만나지 못한 때에는 제183조제2항의 다른 사람 또는 그 법정대리인이나 피용자 그 밖의 종업원으로서 사리를 분별할 지능이 있는 사람이 서류의 수령을 거부하지 아니하면 그에게 서류를 교부할 수 있다.

③ 서류를 송달받을 사람 또는 제1항의 규정에 의하여 서류를 넘겨받을 사람이 정당한 사유 없이 송달받기를 거부하는 때에는 송달할 장소에 서류를 놓아둘 수 있다.

Q. 민사소송법 제186조 제1항의 수령대행인으로서의 동거인?

질문

甲은 乙에 대하여 소송을 제기하였는데, 소장 부본을 乙의 주소지에서 동거하던 乙의 前 부인 丙이 송달받았습니다. 그 후 甲이 제1심에서 전부승소 하였는데, 제1심 판결문 또한 丙이 송달받았습니다. 乙은 항소제기기간이 지난 다음 소장 부본이 丙에게 송달되었으므로 자신에게 책임 없는 사유로 항소제기기간을 준수하지 못하였으므로 추완항소를 제기한다고 합니다. 이러한 주장이 법률상 타당한 주장인가요?

답변

민사소송법 제186조 제1항에 의하면 근무장소 외의 송달할 장소에서 송달받을 사람을 만나지 못한 때에는 그 동거인 등으로서 사리를 분별할 지능이 있는 사람에게 서류를 교부하는 방법으로 송달할 수 있고, 여기에서 말하는 동거인이란 송달을 받을 사람과 동일한 세대에 속하여 생활을 같이하는 사람이기만 하면 되고 반드시 법률상 친족관계에 있어야 하는 것은 아니므로, 이혼한 배우자라도 사정에 의하여 사실상 동일 세대에 소속되어 생활을 같이 하고 있다면 여기에서 말하는 수령대행인으로서의 동거인이 될 수 있습니다(대법원 2000. 10. 28.자 2000마5732 결정 등 참조). 따라서 소장부본 등은 乙의 주소지에서 동거하던 前부인 丙에게 적법하게 보충송달되어 乙로서는 이 사건 소송계속 사실을 알고 있었음에도 그 후 이 사건 소송의 진행상황을 제대로 확인하지 아니한 자신의 과실로 제1심판결의 선고를 알지 못하였다고 봄이 상당하므로, 乙이 원래의 항소기간 내에 항소장을 제출하지 못한 것이 당사자가 책임질 수 없는 사유로 말미암아 불변기간을 지킬 수 없었던 경우라고 볼 수는 없습니다(대법원 2013.04.25. 선고 2012다98423). 이 경우 추완항소 불가합니다.

제187조(우편송달)
제186조의 규정에 따라 송달할 수 없는 때에는 법원사무관등은 서류를 등기우편 등 대법원규칙이 정하는 방법으로 발송할 수 있다.

제188조(송달함 송달)
① 제183조 내지 제187조의 규정에 불구하고 법원안에 송달할 서류를 넣을 함(이하 "송달함"이라 한다)을 설치하여 송달할 수 있다.
② 송달함을 이용하는 송달은 법원사무관등이 한다.
③ 송달받을 사람이 송달함에서 서류를 수령하여 가지 아니한 경우에는 송달함에 서류를 넣은 지 3일이 지나면 송달된 것으로 본다.
④ 송달함의 이용절차와 수수료, 송달함을 이용하는 송달방법 및 송달함으로 송달할 서류에 관한 사항은 대법원규칙으로 정한다.

제189조(발신주의)
제185조제2항 또는 제187조의 규정에 따라 서류를 발송한 경우에는 발송한 때에 송달된 것으로 본다.

제190조(공휴일 등의 송달)
① 당사자의 신청이 있는 때에는 공휴일 또는 해뜨기 전이나 해진 뒤에 집행관 또는 대법원규칙이 정하는 사람에 의하여 송달할 수 있다.
② 제1항의 규정에 따라 송달하는 때에는 법원사무관등은 송달할 서류에 그 사유를 덧붙여 적어야 한다.
③ 제1항과 제2항의 규정에 어긋나는 송달은 서류를 교부받을 사람이 이를 영수한 때에만 효력을 가진다.

제191조(외국에서 하는 송달의 방법)
외국에서 하여야 하는 송달은 재판장이 그 나라에 주재하는 대한민국의 대사·공사·영사 또는 그 나라의 관할 공공기관에 촉탁한다.

Q. 외국에 있는 자를 상대로 소를 제기할 경우의 송달문제?

질문

저는 미국 영주권자인 甲을 상대로 사기죄로 고소하였으나 혐의없음(증거불충분)결정을 받았습니다. 이에 저는 민사소송을 제기하려고 하는데 甲이 미국에 거주하고 있는바, 소제기가 가능한지요?

답변

「민사소송법」제191조는 외국에서 하는 송달의 방법으로 "외국에서 하여야 하는 송달은 재판장이 그 나라에 주재하는 대한민국의 대사·공사·영사 또는 그 나라의 관할 공공기관에 촉탁하여야 한다."라고 규정하고 있습니다. 이를 실무상 "영사송달"이라고 합니다. 따라서 귀하의 경우 외국에 있는 상대방을 피고로 소를 제기할 경우 영사송달의 방법에 의하여 소장 송달이 가능하므로 소송을 제기할 수 있을 것으로 보입니다.
한편, 당해 외국과의 사법공조조약이 없어 촉탁송달의 거절이 예견되거나 그 외국에 천재지변 등의 사정으로 촉탁송달이 어려운 것으로 인정되는 경우에는 공시송달을 신청할 수 있는바(민사소송법 제194조 제2항), 외국거주자에 대한 공시송달은 국내 송달과 달리 그 효력의 발생을 위한 공시기간을 2개월로 하고 있습니다(민사소송법 제196조 제2항).
참고로 우리나라는 1991년 3월 8일 「국제민사사법공조법」을 제정하여 외국으로의 사법공조촉탁 절차와 외국으로부터의 사법공조촉탁에 대한 처리 절차를 규정하고 있고 1999년 9월 17일 호주와 사이에 민사사법공조조약을 체결하고, 헤이그국제사법회의에서 채택된 민사 또는 상사의 재판상 및 재판외 문서의 해외 송달에 관한 협약(Convention on the Service Abroad of Judicial and Extrajudicial Documents in Civil or Commercial Matters)에 2000. 1. 13. 가입한 상태로 외국에서의 송달은 일반화 되어 있으나 외국 공무소에 구속력 있는 증거조사를 촉탁하기는 어려운 상태입니다(사법연수원, 민사실무1, p.202).

제192조(전쟁에 나간 군인 또는 외국에 주재하는 군관계인 등에게 할 송달)

① 전쟁에 나간 군대, 외국에 주둔하는 군대에 근무하는 사람 또는 군에 복무하는 선박의 승무원에게 할 송달은 재판장이 그 소속 사령관에게 촉탁한다.
② 제1항의 송달에 대하여는 제181조의 규정을 준용한다.

제193조(송달통지)

송달한 기관은 송달에 관한 사유를 대법원규칙이 정하는 방법으로 법원에 알려야 한다.

제194조(공시송달의 요건)

① 당사자의 주소등 또는 근무장소를 알 수 없는 경우 또는 외국에서 하여야 할 송달에 관하여 제191조의 규정에 따를 수 없거나 이에 따라도 효력이 없을 것으로 인정되는 경우에는 법원사무관등은 직권으로 또는 당사자의 신청에 따라 공시송달을 할 수 있다. <개정 2014.12.30.>
② 제1항의 신청에는 그 사유를 소명하여야 한다.
③ 재판장은 제1항의 경우에 소송의 지연을 피하기 위하여 필요하다고 인정하는 때에는 공시송달을 명할 수 있다. <신설 2014. 12. 30.>
④ 재판장은 직권으로 또는 신청에 따라 법원사무관등의 공시송달처분을 취소할 수 있다. <신설 2014.12.30.>

▣판례-청구이의▣

[대법원 2016.4.15., 선고, 2015다201510, 판결]

【판시사항】

[1] 환경분쟁 조정법에 의한 재정의 경우, 재정문서의 송달을 공시송달의 방법으로 할 수 있는지 여부(소극)
[2] 환경분쟁 조정법에 따라 재정위원회가 재정을 하였으나 재정문서의 정본이 당사자에게 송달되지 않은 경우, 이에 대하여 청구이의의 소를 제기할 수 있는지 여부(소극)

【판결요지】
[1] 환경분쟁 조정법 제40조 제3항, 제42조 제2항, 제64조 및 민사소송법 제231조, 제225조 제2항의 내용과 재정문서의 정본을 송달받고도 당사자가 60일 이내에 재정의 대상인 환경피해를 원인으로 하는 소송을 제기하지 아니하는 등의 경우 재정문서가 재판상 화해와 동일한 효력이 있으므로 재정의 대상인 환경피해를 원인으로 한 분쟁에서 당사자의 재판청구권을 보장할 필요가 있는 점 등을 종합하면, 환경분쟁 조정법에 의한 재정의 경우 재정문서의 송달은 공시송달의 방법으로는 할 수 없다.
[2] 청구이의의 소는 채무자가 확정된 종국판결 등 집행권원에 표시된 청구권에 관하여 실체상 사유를 주장하여 집행력의 배제를 구하는 것이므로 유효한 집행권원을 대상으로 한다. 그런데 환경분쟁 조정법에 의하면 재정위원회가 재정을 한 경우 재정문서의 정본이 당사자에게 송달된 것을 전제로 그날부터 60일 이내에 당사자가 재정의 대상인 환경피해를 원인으로 하는 소송을 제기하지 아니하는 등의 경우에 재정문서는 재판상 화해와 동일한 효력이 있으므로, 재정문서의 정본이 당사자에게 송달조차 되지 않은 경우에는 유효한 집행권원이 될 수 없고, 따라서 이에 대하여 집행력의 배제를 구하는 청구이의의 소를 제기할 수 없다.

제195조(공시송달의 방법)
공시송달은 법원사무관등이 송달할 서류를 보관하고 그 사유를 법원게시판에 게시하거나, 그 밖에 대법원규칙이 정하는 방법에 따라서 하여야 한다.

제196조(공시송달의 효력발생)
① 첫 공시송달은 제195조의 규정에 따라 실시한 날부터 2주가 지나야 효력이 생긴다. 다만, 같은 당사자에게 하는 그 뒤의 공시송달은 실시한 다음 날부터 효력이 생긴다.
② 외국에서 할 송달에 대한 공시송달의 경우에는 제1항 본문의 기간은 2월로 한다.
③ 제1항 및 제2항의 기간은 줄일 수 없다.

제197조(수명법관 등의 송달권한)
수명법관 및 수탁판사와 송달하는 곳의 지방법원판사도 송달에 대한 재판장의 권한을 행사할 수 있다.

제5절 재판
<개정 2007.7.13.>

제198조(종국판결)
법원은 소송의 심리를 마치고 나면 종국판결(終局判決)을 한다.

제199조(종국판결 선고기간)
판결은 소가 제기된 날부터 5월 이내에 선고한다. 다만, 항소심 및 상고심에서는 기록을 받은 날부터 5월 이내에 선고한다.

제200조(일부판결)
① 법원은 소송의 일부에 대한 심리를 마친 경우 그 일부에 대한 종국판결을 할

수 있다.
② 변론을 병합한 여러 개의 소송 가운데 한 개의 심리를 마친 경우와, 본소(本訴)나 반소의 심리를 마친 경우에는 제1항의 규정을 준용한다.

제201조(중간판결)
① 법원은 독립된 공격 또는 방어의 방법, 그 밖의 중간의 다툼에 대하여 필요한 때에는 중간판결(中間判決)을 할 수 있다.
② 청구의 원인과 액수에 대하여 다툼이 있는 경우에 그 원인에 대하여도 중간판결을 할 수 있다.

제202조(자유심증주의)
법원은 변론 전체의 취지와 증거조사의 결과를 참작하여 자유로운 심증으로 사회정의와 형평의 이념에 입각하여 논리와 경험의 법칙에 따라 사실주장이 진실한지 아닌지를 판단한다.

▣판례-손해배상(기)▣

[대법원 2018.10.12., 선고, 2016다243115, 판결]

【판시사항】
위법한 입찰 담합행위로 인한 손해를 산정하는 방식 및 상이한 수 개의 감정 결과 중 어느 감정 결과를 채택할 것인지가 사실심 법원의 전권에 속하는지 여부(원칙적 적극)

【판결요지】
위법한 입찰 담합행위로 인한 손해는 담합행위로 형성된 낙찰가격과 담합행위가 없었을 경우에 형성되었을 가격(이하 '가상 경쟁가격'이라 한다)의 차액을 말한다. 가상 경쟁가격은 담합행위가 발생한 해당 시장의 다른 가격형성 요인을 그대로 유지한 상태에서 담합행위로 인한 가격상승분만을 제외하는 방식으로 산정한다. 이것은 실제로 존재하는 가격이 아닌 가상적인 가격이므로, 담합 전후의 가격(전후비교법의 경우) 또는 표준시장(표준시장비교법의 경우)을 비교하는 방법이나 계량경제학적 방법 등 다양한 경제학적 분석방법 중 해당 사건에서 담합행위의 유형, 시장의 상황, 수집 가능한 자료의 범위 등에 비추어 가장 객관적이고 합리적인 방법을 채택하여 추정할 수밖에 없다.
동일한 사항에 관하여 상이한 여러 개의 감정 결과가 있을 때 감정방법 등이 논리와 경험칙에 반하거나 합리성이 없다는 등의 잘못이 없는 한, 그중 어느 감정 결과를 채택할 것인지는 원칙적으로 사실심 법원의 전권에 속한다.

제202조의2(손해배상 액수의 산정)
손해가 발생한 사실은 인정되나 구체적인 손해의 액수를 증명하는 것이 사안의 성질상 매우 어려운 경우에 법원은 변론 전체의 취지와 증거조사의 결과에 의하여 인정되는 모든 사정을 종합하여 상당하다고 인정되는 금액을 손해배상 액수로 정할 수 있다. [본조신설 2016.3.29.]

제203조(처분권주의)
법원은 당사자가 신청하지 아니한 사항에 대하여는 판결하지 못한다.

▣판례-부동산잔대금등청구의소▣

[대법원 2017.3.22., 선고, 2016다258124, 판결]

【판시사항】

소멸시효 항변은 당사자의 주장이 있어야만 법원의 판단대상이 되는지 여부(적극) 및 이때 어떤 시효기간이 적용되는지에 관한 주장에 변론주의가 적용되는지 여부(소극) / 당사자가 민법에 따른 소멸시효기간을 주장한 경우, 법원이 직권으로 상법에 따른 소멸시효기간을 적용할 수 있는지 여부(적극)

【판결요지】

민사소송절차에서 변론주의 원칙은 권리의 발생·변경·소멸이라는 법률효과 판단의 요건이 되는 주요사실에 관한 주장·증명에 적용된다. 따라서 권리를 소멸시키는 소멸시효 항변은 변론주의 원칙에 따라 당사자의 주장이 있어야만 법원의 판단대상이 된다. 그러나 이 경우 어떤 시효기간이 적용되는지에 관한 주장은 권리의 소멸이라는 법률효과를 발생시키는 요건을 구성하는 사실에 관한 주장이 아니라 단순히 법률의 해석이나 적용에 관한 의견을 표명한 것이다. 이러한 주장에는 변론주의가 적용되지 않으므로 법원이 당사자의 주장에 구속되지 않고 직권으로 판단할 수 있다. 당사자가 민법에 따른 소멸시효기간을 주장한 경우에도 법원은 직권으로 상법에 따른 소멸시효기간을 적용할 수 있다.

제204조(직접주의)

① 판결은 기본이 되는 변론에 관여한 법관이 하여야 한다.

② 법관이 바뀐 경우에 당사자는 종전의 변론결과를 진술하여야 한다.

③ 단독사건의 판사가 바뀐 경우에 종전에 신문한 증인에 대하여 당사자가 다시 신문신청을 한 때에는 법원은 그 신문을 하여야 한다. 합의부 법관의 반수 이상이 바뀐 경우에도 또한 같다.

제205조(판결의 효력발생)

판결은 선고로 효력이 생긴다.

제206조(선고의 방식)

판결은 재판장이 판결원본에 따라 주문을 읽어 선고하며, 필요한 때에는 이유를 간략히 설명할 수 있다.

제207조(선고기일)

① 판결은 변론이 종결된 날부터 2주 이내에 선고하여야 하며, 복잡한 사건이나 그 밖의 특별한 사정이 있는 때에도 변론이 종결된 날부터 4주를 넘겨서는 아니 된다.

② 판결은 당사자가 출석하지 아니하여도 선고할 수 있다.

제208조(판결서의 기재사항 등)

① 판결서에는 다음 각호의 사항을 적고, 판결한 법관이 서명날인하여야 한다.

1. 당사자와 법정대리인
2. 주문
3. 청구의 취지 및 상소의 취지
4. 이유

5. 변론을 종결한 날짜. 다만, 변론 없이 판결하는 경우에는 판결을 선고하는 날짜
6. 법원

② 판결서의 이유에는 주문이 정당하다는 것을 인정할 수 있을 정도로 당사자의 주장, 그 밖의 공격·방어방법에 관한 판단을 표시한다.

③ 제2항의 규정에 불구하고 제1심 판결로서 다음 각호 가운데 어느 하나에 해당하는 경우에는 청구를 특정함에 필요한 사항과 제216조제2항의 판단에 관한 사항만을 간략하게 표시할 수 있다.
1. 제257조의 규정에 의한 무변론 판결
2. 제150조제3항이 적용되는 경우의 판결
3. 피고가 제194조 내지 제196조의 규정에 의한 공시송달로 기일통지를 받고 변론기일에 출석하지 아니한 경우의 판결

④ 법관이 판결서에 서명날인함에 지장이 있는 때에는 다른 법관이 판결에 그 사유를 적고 서명날인하여야 한다.

제209조(법원사무관등에 대한 교부)
판결서는 선고한 뒤에 바로 법원사무관등에게 교부하여야 한다.

제210조(판결서의 송달)
① 법원사무관등은 판결서를 받은 날부터 2주 이내에 당사자에게 송달하여야 한다.
② 판결서는 정본으로 송달한다.

제211조(판결의 경정)
① 판결에 잘못된 계산이나 기재, 그 밖에 이와 비슷한 잘못이 있음이 분명한 때에 법원은 직권으로 또는 당사자의 신청에 따라 경정결정(更正決定)을 할 수 있다.
② 경정결정은 판결의 원본과 정본에 덧붙여 적어야 한다. 다만, 정본에 덧붙여 적을 수 없을 때에는 결정의 정본을 작성하여 당사자에게 송달하여야 한다.
③ 경정결정에 대하여는 즉시항고를 할 수 있다. 다만, 판결에 대하여 적법한 항소가 있는 때에는 그러하지 아니하다.

제212조(재판의 누락)
① 법원이 청구의 일부에 대하여 재판을 누락한 경우에 그 청구부분에 대하여는 그 법원이 계속하여 재판한다.
② 소송비용의 재판을 누락한 경우에는 법원은 직권으로 또는 당사자의 신청에 따라 그 소송비용에 대한 재판을 한다. 이 경우 제114조의 규정을 준용한다.
③ 제2항의 규정에 따른 소송비용의 재판은 본안판결에 대하여 적법한 항소가 있는 때에는 그 효력을 잃는다. 이 경우 항소법원은 소송의 총비용에 대하여 재판을 한다.

제213조(가집행의 선고)
① 재산권의 청구에 관한 판결은 가집행(假執行)의 선고를 붙이지 아니할 상당한 이유가 없는 한 직권으로 담보를 제공하거나, 제공하지 아니하고 가집행

을 할 수 있다는 것을 선고하여야 한다. 다만, 어음금·수표금 청구에 관한 판결에는 담보를 제공하게 하지 아니하고 가집행의 선고를 하여야 한다.
② 법원은 직권으로 또는 당사자의 신청에 따라 채권전액을 담보로 제공하고 가집행을 면제받을 수 있다는 것을 선고할 수 있다.
③ 제1항 및 제2항의 선고는 판결주문에 적어야 한다.

제214조(소송비용담보규정의 준용)
제213조의 담보에는 제122조·제123조·제125조 및 제126조의 규정을 준용한다.

제215조(가집행선고의 실효, 가집행의 원상회복과 손해배상)
① 가집행의 선고는 그 선고 또는 본안판결을 바꾸는 판결의 선고로 바뀌는 한도에서 그 효력을 잃는다.
② 본안판결을 바꾸는 경우에는 법원은 피고의 신청에 따라 그 판결에서 가집행의 선고에 따라 지급한 물건을 돌려 줄 것과, 가집행으로 말미암은 손해 또는 그 면제를 받기 위하여 입은 손해를 배상할 것을 원고에게 명하여야 한다.
③ 가집행의 선고를 바꾼 뒤 본안판결을 바꾸는 경우에는 제2항의 규정을 준용한다.

제216조(기판력의 객관적 범위)
① 확정판결(確定判決)은 주문에 포함된 것에 한하여 기판력(旣判力)을 가진다.
② 상계를 주장한 청구가 성립되는지 아닌지의 판단은 상계하자고 대항한 액수에 한하여 기판력을 가진다.

▣판례-손해배상및매매대금반환▣

[대법원 2019.1.17., 선고, 2018다24349, 판결]

【판시사항】
확정판결에 의한 채권의 소멸시효기간인 10년의 경과가 임박한 경우, 시효중단을 위한 재소(再訴)에 소의 이익이 있는지 여부(적극) / 시효중단을 위한 후소 절차에서 채무자인 피고가 전소의 변론종결 후에 발생한 변제, 상계, 면제 등과 같은 채권소멸사유를 들어 항변할 수 있는지 여부(적극) 및 이는 소멸시효 완성의 경우에도 마찬가지인지 여부(적극) / 후소가 전소 판결이 확정된 후 10년이 지나 제기되었더라도 법원은 채무자인 피고의 항변에 따라 원고의 채권이 소멸시효 완성으로 소멸하였는지에 관한 본안판단을 하여야 하는지 여부(원칙적 적극)

【판결요지】
확정된 승소판결에는 기판력이 있으므로 승소 확정판결을 받은 당사자가 전소의 상대방을 상대로 다시 승소 확정판결의 전소(前訴)와 동일한 청구의 소를 제기하는 경우, 특별한 사정이 없는 한 후소(後訴)는 권리보호의 이익이 없어 부적법하다. 하지만 예외적으로 확정판결에 의한 채권의 소멸시효기간인 10년의 경과가 임박한 경우에는 그 시효중단을 위한 소는 소의 이익이 있다.
이는 승소판결이 확정된 후 그 채권의 소멸시효기간인 10년의 경과가 임박하지 않은 상태에서 굳이 다시 동일한 소를 제기하는 것은 확정판결의 기판력에 비추어 권리보호의 이익을 인정할 수 없으나, 그 기간의 경과가 임박한 경우에는 시효중단을 위한 필요성이 있으므로 후소를 제기할 소의 이익을 인정하는 것이다.
한편 시효중단을 위한 후소의 판결은 전소의 승소 확정판결의 내용에 저촉되어서는 아니 되므로, 후소 법원으로서는 그 확정된 권리를 주장할 수 있는 모든 요건이 구비

되어 있는지에 관하여 다시 심리할 수 없으나, 위 후소 판결의 기판력은 후소의 변론종결 시를 기준으로 발생하므로, 전소의 변론종결 후에 발생한 변제, 상계, 면제 등과 같은 채권소멸사유는 후소의 심리대상이 된다. 따라서 채무자인 피고는 후소 절차에서 위와 같은 사유를 들어 항변할 수 있고 심리 결과 그 주장이 인정되면 법원은 원고의 청구를 기각하여야 한다. 이는 채권의 소멸사유 중 하나인 소멸시효 완성의 경우에도 마찬가지이다.

이처럼 판결이 확정된 채권의 소멸시효기간의 경과가 임박하였는지 여부에 따라 시효중단을 위한 후소의 권리보호이익을 달리 보는 취지와 채권의 소멸시효 완성이 갖는 효과 등을 고려해 보면, 시효중단을 위한 후소를 심리하는 법원으로서는 전소 판결이 확정된 후 소멸시효가 중단된 적이 있어 그 중단사유가 종료한 때로부터 새로이 진행된 소멸시효기간의 경과가 임박하지 않아 시효중단을 위한 재소(再訴)의 이익을 인정할 수 없다는 등의 특별한 사정이 없는 한, 후소가 전소 판결이 확정된 후 10년이 지나 제기되었다 하더라도 곧바로 소의 이익이 없다고 하여 소를 각하해서는 아니 되고, 채무자인 피고의 항변에 따라 원고의 채권이 소멸시효 완성으로 소멸하였는지에 관한 본안판단을 하여야 한다.

제217조(외국재판의 승인)

① 외국법원의 확정판결 또는 이와 동일한 효력이 인정되는 재판(이하 "확정재판등"이라 한다)은 다음 각호의 요건을 모두 갖추어야 승인된다. <개정 2014.5.20.>

1. 대한민국의 법령 또는 조약에 따른 국제재판관할의 원칙상 그 외국법원의 국제재판관할권이 인정될 것
2. 패소한 피고가 소장 또는 이에 준하는 서면 및 기일통지서나 명령을 적법한 방식에 따라 방어에 필요한 시간여유를 두고 송달받았거나(공시송달이나 이와 비슷한 송달에 의한 경우를 제외한다) 송달받지 아니하였더라도 소송에 응하였을 것
3. 그 확정재판등의 내용 및 소송절차에 비추어 그 확정재판등의 승인이 대한민국의 선량한 풍속이나 그 밖의 사회질서에 어긋나지 아니할 것
4. 상호보증이 있거나 대한민국과 그 외국법원이 속하는 국가에 있어 확정재판등의 승인요건이 현저히 균형을 상실하지 아니하고 중요한 점에서 실질적으로 차이가 없을 것

② 법원은 제1항의 요건이 충족되었는지에 관하여 직권으로 조사하여야 한다. <신설 2014.5.20.>

[제목개정 2014.5.20.]

제217조의2(손해배상에 관한 확정재판등의 승인)

① 법원은 손해배상에 관한 확정재판등이 대한민국의 법률 또는 대한민국이 체결한 국제조약의 기본질서에 현저히 반하는 결과를 초래할 경우에는 해당 확정재판등의 전부 또는 일부를 승인할 수 없다.

② 법원은 제1항의 요건을 심리할 때에는 외국법원이 인정한 손해배상의 범위에 변호사보수를 비롯한 소송과 관련된 비용과 경비가 포함되는지와 그 범위를 고려하여야 한다.

[본조신설 2014. 5. 20.]

제218조(기판력의 주관적 범위)
① 확정판결은 당사자, 변론을 종결한 뒤의 승계인(변론 없이 한 판결의 경우에는 판결을 선고한 뒤의 승계인) 또는 그를 위하여 청구의 목적물을 소지한 사람에 대하여 효력이 미친다.
② 제1항의 경우에 당사자가 변론을 종결할 때(변론 없이 한 판결의 경우에는 판결을 선고할 때)까지 승계사실을 진술하지 아니한 때에는 변론을 종결한 뒤(변론 없이 한 판결의 경우에는 판결을 선고한 뒤)에 승계한 것으로 추정한다.
③ 다른 사람을 위하여 원고나 피고가 된 사람에 대한 확정판결은 그 다른 사람에 대하여도 효력이 미친다.
④ 가집행의 선고에는 제1항 내지 제3항의 규정을 준용한다.

제219조(변론 없이 하는 소의 각하)
부적법한 소로서 그 흠을 보정할 수 없는 경우에는 변론 없이 판결로 소를 각하할 수 있다.

제220조(화해, 청구의 포기 · 인낙조서의 효력)
화해, 청구의 포기 · 인낙을 변론조서 · 변론준비기일조서에 적은 때에는 그 조서는 확정판결과 같은 효력을 가진다.

제221조(결정 · 명령의 고지)
① 결정과 명령은 상당한 방법으로 고지하면 효력을 가진다.
② 법원사무관등은 고지의 방법 · 장소와 날짜를 재판의 원본에 덧붙여 적고 날인하여야 한다.

제222조(소송지휘에 관한 재판의 취소)
소송의 지휘에 관한 결정과 명령은 언제든지 취소할 수 있다.

제223조(법원사무관등의 처분에 대한 이의)
법원사무관등의 처분에 관한 이의신청에 대하여는 그 법원사무관등이 속한 법원이 결정으로 재판한다.

제224조(판결규정의 준용)
① 성질에 어긋나지 아니하는 한, 결정과 명령에는 판결에 관한 규정을 준용한다. 다만, 법관의 서명은 기명으로 갈음할 수 있고, 이유를 적는 것을 생략할 수 있다.
② 이 법에 따른 과태료재판에는 비송사건절차법 제248조 및 제250조 가운데 검사에 관한 규정을 적용하지 아니한다.

제6절 화해권고결정
<개정 2007.7.13.>

제225조(결정에 의한 화해권고)
① 법원 · 수명법관 또는 수탁판사는 소송에 계속중인 사건에 대하여 직권으로

당사자의 이익, 그 밖의 모든 사정을 참작하여 청구의 취지에 어긋나지 아니하는 범위안에서 사건의 공평한 해결을 위한 화해권고결정(和解勸告決定)을 할 수 있다.

② 법원사무관등은 제1항의 결정내용을 적은 조서 또는 결정서의 정본을 당사자에게 송달하여야 한다. 다만, 그 송달은 제185조제2항 · 제187조 또는 제194조에 규정한 방법으로는 할 수 없다.

▣판례-손해배상(자)▣

[대법원 2010.10.28., 선고, 2010다53754, 판결]

【판시사항】

[1] 상법 제724조 제2항에 의하여 피해자에게 인정되는 직접청구권의 법적 성질(=손해배상채무의 중첩적 인수) 및 보험자의 손해배상채무와 피보험자의 손해배상채무의 관계(=연대채무)

[2] 화해권고결정에 대하여 이의신청을 하지 아니한 원고들에 대한 부분까지 심리·판단한 원심판결을 파기하고 그 부분에 대한 소송종료선언을 한 사례

【판결요지】

[1] 상법 제724조 제2항에 의하여 피해자에게 인정되는 직접청구권의 법적 성질은 보험자가 피보험자의 피해자에 대한 손해배상채무를 중첩적으로 인수한 결과 피해자가 보험자에 대하여 가지게 된 손해배상청구권이고, 중첩적 채무인수에서 인수인이 채무자의 부탁으로 인수한 경우 채무자와 인수인은 주관적 공동관계가 있는 연대채무관계에 있는바, 보험자의 채무인수는 피보험자의 부탁(보험계약이나 공제계약)에 따라 이루어지는 것이므로 보험자의 손해배상채무와 피보험자의 손해배상채무는 연대채무관계에 있다.

[2] 원심법원의 화해권고결정에 대하여 원고 甲만 적법한 이의신청을 하고 나머지 원고들과 피고들은 이의신청을 하지 아니한 사안에서, 원고 甲과 피고들 사이의 화해권고결정은 적법한 이의신청으로 말미암아 화해권고결정 이전의 상태로 돌아가지만, 나머지 원고들과 피고들 사이의 화해권고결정은 이의신청 제기기한을 도과함으로써 확정되어 그 소송이 종료되었음에도 불구하고, 나머지 원고들에 대한 부분까지 심리·판단한 원심판결을 파기하고 그 부분에 대한 소송종료선언을 한 사례.

제226조(결정에 대한 이의신청)

① 당사자는 제225조의 결정에 대하여 그 조서 또는 결정서의 정본을 송달받은 날부터 2주 이내에 이의를 신청할 수 있다. 다만, 그 정본이 송달되기 전에도 이의를 신청할 수 있다.

② 제1항의 기간은 불변기간으로 한다.

제227조(이의신청의 방식)

① 이의신청은 이의신청서를 화해권고결정을 한 법원에 제출함으로써 한다.

② 이의신청서에는 다음 각호의 사항을 적어야 한다.

1. 당사자와 법정대리인
2. 화해권고결정의 표시와 그에 대한 이의신청의 취지

③ 이의신청서에는 준비서면에 관한 규정을 준용한다.

④ 제226조제1항의 규정에 따라 이의를 신청한 때에는 이의신청의 상대방에게 이의신청서의 부본을 송달하여야 한다.

제228조(이의신청의 취하)
① 이의신청을 한 당사자는 그 심급의 판결이 선고될 때까지 상대방의 동의를 얻어 이의신청을 취하할 수 있다.
② 제1항의 취하에는 제266조제3항 내지 제6항을 준용한다. 이 경우 "소"는 "이의신청"으로 본다.

제229조(이의신청권의 포기)
① 이의신청권은 그 신청전까지 포기할 수 있다.
② 이의신청권의 포기는 서면으로 하여야 한다.
③ 제2항의 서면은 상대방에게 송달하여야 한다.

제230조(이의신청의 각하)
① 법원·수명법관 또는 수탁판사는 이의신청이 법령상의 방식에 어긋나거나 신청권이 소멸된 뒤의 것임이 명백한 경우에는 그 흠을 보정할 수 없으면 결정으로 이를 각하하여야 하며, 수명법관 또는 수탁판사가 각하하지 아니한 때에는 수소법원이 결정으로 각하한다.
② 제1항의 결정에 대하여는 즉시항고를 할 수 있다.

제231조(화해권고결정의 효력)
화해권고결정은 다음 각호 가운데 어느 하나에 해당하면 재판상 화해와 같은 효력을 가진다.
1. 제226조제1항의 기간 이내에 이의신청이 없는 때
2. 이의신청에 대한 각하결정이 확정된 때
3. 당사자가 이의신청을 취하하거나 이의신청권을 포기한 때

제232조(이의신청에 의한 소송복귀 등)
① 이의신청이 적법한 때에는 소송은 화해권고결정 이전의 상태로 돌아간다. 이 경우 그 이전에 행한 소송행위는 그대로 효력을 가진다.
② 화해권고결정은 그 심급에서 판결이 선고된 때에는 그 효력을 잃는다.

제7절 소송절차의 중단과 중지
<개정 2007.7.13.>

제233조(당사자의 사망으로 말미암은 중단)
① 당사자가 죽은 때에 소송절차는 중단된다. 이 경우 상속인·상속재산관리인, 그 밖에 법률에 의하여 소송을 계속하여 수행할 사람이 소송절차를 수계(受繼)하여야 한다.
② 상속인은 상속포기를 할 수 있는 동안 소송절차를 수계하지 못한다.

▣판례-주주총회결의취소의소▣

[대법원 2019.2.14., 선고, 2015다255258, 판결]

【판시사항】

[1] 이사가 주주총회결의의 취소의 소를 제기하였다가 소송 계속 중이나 사실심 변론종

결 후에 사망한 경우, 소송이 중단되지 않고 그대로 종료하는지 여부(적극)
[2] 주주명부상 주주만이 회사에 대한 관계에서 의결권 등 주주권을 행사할 수 있는지 여부(원칙적 적극) 및 회사가 주주명부상 주주의 주주권 행사를 부인하거나 주주명부에 기재를 마치지 아니한 자의 주주권 행사를 인정할 수 있는지 여부(원칙적 소극) / 주주명부에 기재를 마치지 않은 자가 회사에 대한 관계에서 주주권을 행사할 수 있는 경우

【판결요지】
[1] 이사가 그 지위에 기하여 주주총회결의 취소의 소를 제기하였다가 소송 계속 중에 사망하였거나 사실심 변론종결 후에 사망하였다면, 그 소송은 이사의 사망으로 중단되지 않고 그대로 종료된다. 이사는 주식회사의 의사결정기관인 이사회의 구성원이고, 의사결정기관 구성원으로서의 지위는 일신전속적인 것이어서 상속의 대상이 되지 않기 때문이다.
[2] 특별한 사정이 없는 한, 주주명부에 적법하게 주주로 기재되어 있는 자는 회사에 대한 관계에서 그 주식에 관한 의결권 등 주주권을 행사할 수 있고, 회사 역시 주주명부상 주주 외에 실제 주식을 인수하거나 양수하고자 하였던 자가 따로 존재한다는 사실을 알았든 몰랐든 간에 주주명부상 주주의 주주권 행사를 부인할 수 없으며, 주주명부에 기재를 마치지 아니한 자의 주주권 행사를 인정할 수도 없다. 주주명부에 기재를 마치지 않고도 회사에 대한 관계에서 주주권을 행사할 수 있는 경우는 주주명부에의 기재 또는 명의개서청구가 부당하게 지연되거나 거절되었다는 등의 극히 예외적인 사정이 인정되는 경우에 한한다.

제234조(법인의 합병으로 말미암은 중단)
당사자인 법인이 합병에 의하여 소멸된 때에 소송절차는 중단된다. 이 경우 합병에 의하여 설립된 법인 또는 합병한 뒤의 존속법인이 소송절차를 수계하여야 한다.

제235조(소송능력의 상실, 법정대리권의 소멸로 말미암은 중단)
당사자가 소송능력을 잃은 때 또는 법정대리인이 죽거나 대리권을 잃은 때에 소송절차는 중단된다. 이 경우 소송능력을 회복한 당사자 또는 법정대리인이 된 사람이 소송절차를 수계하여야 한다.

제236조(수탁자의 임무가 끝남으로 말미암은 중단)
신탁으로 말미암은 수탁자의 위탁임무가 끝난 때에 소송절차는 중단된다. 이 경우 새로운 수탁자가 소송절차를 수계하여야 한다.

제237조(자격상실로 말미암은 중단)
① 일정한 자격에 의하여 자기 이름으로 남을 위하여 소송당사자가 된 사람이 그 자격을 잃거나 죽은 때에 소송절차는 중단된다. 이 경우 같은 자격을 가진 사람이 소송절차를 수계하여야 한다.
② 제53조의 규정에 따라 당사자가 될 사람을 선정한 소송에서 선정된 당사자 모두가 자격을 잃거나 죽은 때에 소송절차는 중단된다. 이 경우 당사자를 선정한 사람 모두 또는 새로 당사자로 선정된 사람이 소송절차를 수계하여야 한다.

제238조(소송대리인이 있는 경우의 제외)
소송대리인이 있는 경우에는 제233조제1항, 제234조 내지 제237조의 규정을 적용하지 아니한다.

제239조(당사자의 파산으로 말미암은 중단)
당사자가 파산선고를 받은 때에 파산재단에 관한 소송절차는 중단된다. 이 경우 「채무자 회생 및 파산에 관한 법률」에 따른 수계가 이루어지기 전에 파산절차가 해지되면 파산선고를 받은 자가 당연히 소송절차를 수계한다. <개정 2005.3.31.>

제240조(파산절차의 해지로 말미암은 중단)
「채무자 회생 및 파산에 관한 법률」에 따라 파산재단에 관한 소송의 수계가 이루어진 뒤 파산절차가 해지된 때에 소송절차는 중단된다. 이 경우 파산선고를 받은 자가 소송절차를 수계하여야 한다. <개정 2005.3.31.>

제241조(상대방의 수계신청권)
소송절차의 수계신청은 상대방도 할 수 있다.

제242조(수계신청의 통지)
소송절차의 수계신청이 있는 때에는 법원은 상대방에게 이를 통지하여야 한다.

제243조(수계신청에 대한 재판)
① 소송절차의 수계신청은 법원이 직권으로 조사하여 이유가 없다고 인정한 때에는 결정으로 기각하여야 한다.
② 재판이 송달된 뒤에 중단된 소송절차의 수계에 대하여는 그 재판을 한 법원이 결정하여야 한다.

제244조(직권에 의한 속행명령)
법원은 당사자가 소송절차를 수계하지 아니하는 경우에 직권으로 소송절차를 계속하여 진행하도록 명할 수 있다.

제245조(법원의 직무집행 불가능으로 말미암은 중지)
천재지변, 그 밖의 사고로 법원이 직무를 수행할 수 없을 경우에 소송절차는 그 사고가 소멸될 때까지 중지된다.

제246조(당사자의 장애로 말미암은 중지)
① 당사자가 일정하지 아니한 기간동안 소송행위를 할 수 없는 장애사유가 생긴 경우에는 법원은 결정으로 소송절차를 중지하도록 명할 수 있다.
② 법원은 제1항의 결정을 취소할 수 있다.

제247조(소송절차 정지의 효과)
① 판결의 선고는 소송절차가 중단된 중에도 할 수 있다.
② 소송절차의 중단 또는 중지는 기간의 진행을 정지시키며, 소송절차의 수계사실을 통지한 때 또는 소송절차를 다시 진행한 때부터 전체기간이 새로이 진행된다.

제2편 제1심의 소송절차
제1장 소의 제기

제248조(소제기의 방식)
소는 법원에 소장을 제출함으로써 제기한다.

제249조(소장의 기재사항)
① 소장에는 당사자와 법정대리인, 청구의 취지와 원인을 적어야 한다.
② 소장에는 준비서면에 관한 규정을 준용한다.

제250조(증서의 진정여부를 확인하는 소)
확인의 소는 법률관계를 증명하는 서면이 진정한지 아닌지를 확정하기 위하여서도 제기할 수 있다.

제251조(장래의 이행을 청구하는 소)
장래에 이행할 것을 청구하는 소는 미리 청구할 필요가 있어야 제기할 수 있다.

▣판례-건물인도등▣

[대법원 2018.7.26., 선고, 2018다227551, 판결]

【판시사항】

[1] 과실상계 사유에 관한 사실인정이나 비율을 정하는 것이 사실심의 전권사항인지 여부(원칙적 적극)

[2] 채무의 이행기가 장래에 도래할 예정이고 그때까지 채무불이행 사유가 계속 존속할 것이 변론종결 당시에 확정적으로 예정되어 있는 경우, 장래의 이행을 명하는 판결을 할 수 있는지 여부(적극)

[3] 甲이 乙에게서 건물을 임차하였다가 임대차계약상 의무 위반 등을 주장하면서 임차보증금 반환 등을 구하는 소를 제기하여 조정이 성립하였는데, 甲이 조정 성립을 전후하여 건물에서 퇴거하면서 乙이 아닌 丙에게 건물의 열쇠를 건네주어 건물을 점유·사용케 하였고, 이에 乙이 甲을 상대로 조정 성립 다음 날부터 건물 인도 완료일까지 부당이득 또는 손해배상의 지급을 구한 사안에서, 원심 변론종결 다음 날부터 건물 인도 완료일까지 부당이득 또는 손해배상의 지급을 구하는 부분은 장래의 이행을 명하는 판결을 하기 위한 요건을 갖추지 못한 것으로서 부적법하다고 본 원심판단에 법리오해의 잘못이 있다고 한 사례

【판결요지】

[1] 불법행위에서 과실상계는 공평이나 신의칙의 견지에서 피해자의 과실을 고려하여 손해배상액을 정하는 것으로, 이때 고려할 사항에는 가해자와 피해자의 고의·과실의 정도, 위법행위의 발생과 손해의 확대에 관하여 어느 정도의 원인이 되어 있는지 등을 포함한다. 과실상계 사유에 관한 사실인정이나 비율을 정하는 것은 형평의 원칙에 비추어 현저히 불합리하다고 인정되지 않는 한 사실심의 전권사항에 속한다.

[2] 민사소송법 제251조는 "장래에 이행할 것을 청구하는 소는 미리 청구할 필요가 있어야 제기할 수 있다."라고 정하고 있다. 채무자의 태도나 채무의 내용과 성질에 비추어 채무의 이행기가 도래하더라도 채무자의 이행을 기대할 수 없다고 판단되는 경우에는 미리 청구할 필요가 있다고 보아야 한다.

장래에 채무의 이행기가 도래할 예정인 경우에도 채무불이행 사유가 언제까지 존속할 것인지가 불확실하여 변론종결 당시에 확정적으로 채무자가 책임을 지는 기간을 예정할 수 없다면 장래의 이행을 명하는 판결을 할 수 없다. 그러나 채무의 이행기가 장래에 도래할 예정이고 그때까지 채무불이행 사유가 계속 존속할 것이 변론종결 당시에 확정적으로 예정되어 있다면, 장래의 이행을 명하는 판결을 할 수 있다.

[3] 甲이 乙에게서 건물을 임차하였다가 임대차계약상 의무 위반 등을 주장하면서 임차보증금 반환 등을 구하는 소를 제기하여 조정이 성립하였는데, 甲이 조정 성립을 전후하여 건물에서 퇴거하면서 乙이 아닌 丙에게 건물의 열쇠를 건네주어 건물을 점유·사용케 하였고, 이에 乙이 甲을 상대로 조정 성립 다음 날부터 건물 인도 완료일까지 부당이득 또는 손해배상의 지급을 구한 사안에서, 甲이 乙이 아닌 丙에게 건물의 열쇠를 건네주어 점유·사용케 함으로써 乙은 건물을 인도받지 못하여 차임에 해당하는 손해를 입고 있는데, 丙이 甲의 양해를 얻어 건물을 점유한 이래 건물 인도를 거부하고 있고 甲이 여전히 乙에게 건물에 대한 인도의무를 부담하고 있는 이상, 甲의 불법행위로 인한 乙의 손해는 건물을 인도받을 때까지 계속해서 발생할 것이 확정적으로 예정되어 있다고 볼 여지가 있는데도, 丙이 건물을 직접 점유하고 있어 甲의 의사와 관계없이 乙의 손해 발생이 중단될 수도 있으므로 乙의 손해가 계속 발생할 것이 확정적으로 예정되어 있지 않다는 이유로 원심 변론종결 다음 날부터 건물 인도 완료일까지 부당이득 또는 손해배상의 지급을 구하는 부분은 장래의 이행을 명하는 판결을 하기 위한 요건을 갖추지 못한 것으로서 부적법하다고 본 원심판단에 법리오해의 잘못이 있다고 한 사례.

제252조(정기금판결과 변경의 소)

① 정기금(定期金)의 지급을 명한 판결이 확정된 뒤에 그 액수산정의 기초가 된 사정이 현저하게 바뀜으로써 당사자 사이의 형평을 크게 침해할 특별한 사정이 생긴 때에는 그 판결의 당사자는 장차 지급할 정기금 액수를 바꾸어 달라는 소를 제기할 수 있다.

② 제1항의 소는 제1심 판결법원의 전속관할로 한다.

제253조(소의 객관적 병합)

여러 개의 청구는 같은 종류의 소송절차에 따르는 경우에만 하나의 소로 제기할 수 있다.

제254조(재판장등의 소장심사권)

① 소장이 제249조제1항의 규정에 어긋나는 경우와 소장에 법률의 규정에 따른 인지를 붙이지 아니한 경우에는 재판장은 상당한 기간을 정하고, 그 기간 이내에 흠을 보정하도록 명하여야 한다. 재판장은 법원사무관등으로 하여금 위 보정명령을 하게 할 수 있다. <개정 2014.12.30.>

② 원고가 제1항의 기간 이내에 흠을 보정하지 아니한 때에는 재판장은 명령으로 소장을 각하하여야 한다.

③ 제2항의 명령에 대하여는 즉시항고를 할 수 있다.

④ 재판장은 소장을 심사하면서 필요하다고 인정하는 경우에는 원고에게 청구하는 이유에 대응하는 증거방법을 구체적으로 적어 내도록 명할 수 있으며, 원고가 소장에 인용한 서증(書證)의 등본 또는 사본을 붙이지 아니한 경우에는 이를 제출하도록 명할 수 있다.

[제목개정 2014.12.30.]

제255조(소장부본의 송달)
① 법원은 소장의 부본을 피고에게 송달하여야 한다.
② 소장의 부본을 송달할 수 없는 경우에는 제254조제1항 내지 제3항의 규정을 준용한다.

제256조(답변서의 제출의무)
① 피고가 원고의 청구를 다투는 경우에는 소장의 부본을 송달받은 날부터 30일 이내에 답변서를 제출하여야 한다. 다만, 피고가 공시송달의 방법에 따라 소장의 부본을 송달받은 경우에는 그러하지 아니하다.
② 법원은 소장의 부본을 송달할 때에 제1항의 취지를 피고에게 알려야 한다.
③ 법원은 답변서의 부본을 원고에게 송달하여야 한다.
④ 답변서에는 준비서면에 관한 규정을 준용한다.

제257조(변론 없이 하는 판결)
① 법원은 피고가 제256조제1항의 답변서를 제출하지 아니한 때에는 청구의 원인이 된 사실을 자백한 것으로 보고 변론 없이 판결할 수 있다. 다만, 직권으로 조사할 사항이 있거나 판결이 선고되기까지 피고가 원고의 청구를 다투는 취지의 답변서를 제출한 경우에는 그러하지 아니하다.
② 피고가 청구의 원인이 된 사실을 모두 자백하는 취지의 답변서를 제출하고 따로 항변을 하지 아니한 때에는 제1항의 규정을 준용한다.
③ 법원은 피고에게 소장의 부본을 송달할 때에 제1항 및 제2항의 규정에 따라 변론 없이 판결을 선고할 기일을 함께 통지할 수 있다.

제258조(변론기일의 지정)
① 재판장은 제257조제1항 및 제2항에 따라 변론 없이 판결하는 경우 외에는 바로 변론기일을 정하여야 한다. 다만, 사건을 변론준비절차에 부칠 필요가 있는 경우에는 그러하지 아니하다.
② 재판장은 변론준비절차가 끝난 경우에는 바로 변론기일을 정하여야 한다.
[전문개정 2008.12.26.]

제259조(중복된 소제기의 금지)
법원에 계속되어 있는 사건에 대하여 당사자는 다시 소를 제기하지 못한다.

▣판례-추심금▣

[대법원 2013.12.18., 선고, 2013다202120, 전원합의체 판결]

【판시사항】
채무자가 제3채무자를 상대로 제기한 이행의 소가 법원에 계속되어 있는 상태에서 압류채권자가 제3채무자를 상대로 추심의 소를 제기하는 것이 민사소송법 제259조에서 금지하는 중복된 소제기에 해당하는지 여부(소극)

【판결요지】
[다수의견]
(가) 채무자가 제3채무자를 상대로 제기한 이행의 소가 이미 법원에 계속되어 있는 상태에서 압류채권자가 제3채무자를 상대로 제기한 추심의 소의 본안에 관하여 심리·판단한다고 하여, 제3채무자에게 불합리하게 과도한 이중 응소의 부담을 지우

고 본안 심리가 중복되어 당사자와 법원의 소송경제에 반한다거나 판결의 모순·저촉의 위험이 크다고 볼 수 없다.

(나) 압류채권자는 채무자가 제3채무자를 상대로 제기한 이행의 소에 민사소송법 제81조, 제79조에 따라 참가할 수도 있으나, 채무자의 이행의 소가 상고심에 계속 중인 경우에는 승계인의 소송참가가 허용되지 아니하므로 압류채권자의 소송참가가 언제나 가능하지는 않으며, 압류채권자가 채무자가 제기한 이행의 소에 참가할 의무가 있는 것도 아니다.

(다) 채무자가 제3채무자를 상대로 제기한 이행의 소가 법원에 계속되어 있는 경우에도 압류채권자는 제3채무자를 상대로 압류된 채권의 이행을 청구하는 추심의 소를 제기할 수 있고, 제3채무자를 상대로 압류채권자가 제기한 추심의 소는 채무자가 제기한 이행의 소에 대한 관계에서 민사소송법 제259조가 금지하는 중복된 소제기에 해당하지 않는다고 봄이 타당하다.

[대법관 신영철, 대법관 민일영, 대법관 이인복의 반대의견]

(가) 민사소송법 제259조가 규정하는 중복된 소제기의 금지는 소송의 계속으로 인하여 당연히 발생하는 소제기의 효과이다. 그러므로 설령 이미 법원에 계속되어 있는 소(전소)가 소송요건을 갖추지 못한 부적법한 소라고 하더라도 취하·각하 등에 의하여 소송 계속이 소멸하지 않는 한 그 소송 계속 중에 다시 제기된 소(후소)는 중복된 소제기의 금지에 저촉되는 부적법한 소로서 각하를 면할 수 없다.

(나) 채무자가 제3채무자를 상대로 먼저 제기한 이행의 소와 압류채권자가 제3채무자를 상대로 나중에 제기한 추심의 소는 비록 당사자는 다를지라도 실질적으로 동일한 사건으로서 후소는 중복된 소에 해당한다.

(다) 압류채권자에게는 채무자가 제3채무자를 상대로 제기한 이행의 소에 민사소송법 제81조, 제79조에 따라 참가할 수 있는 길이 열려 있으므로, 굳이 민사소송법이 명문으로 규정하고 있는 기본 법리인 중복된 소제기의 금지 원칙을 깨뜨리면서까지 압류채권자에게 채무자가 제기한 이행의 소와 별도로 추심의 소를 제기하는 것을 허용할 것은 아니다. 다만 다수의견이 지적하듯이 채무자가 제3채무자를 상대로 제기한 이행의 소가 상고심에 계속 중 채권에 대한 압류 및 추심명령을 받은 경우에는 압류채권자가 상고심에서 승계인으로서 소송참가를 하는 것이 불가능하나, 이때에도 상고심은 압류 및 추심명령으로 인하여 채무자가 당사자적격을 상실한 사정을 직권으로 조사하여 압류 및 추심명령이 내려진 부분의 소를 파기하여야 하므로, 압류채권자는 파기환송심에서 승계인으로서 소송참가를 하면 된다.

제260조(피고의 경정)

① 원고가 피고를 잘못 지정한 것이 분명한 경우에는 제1심 법원은 변론을 종결할 때까지 원고의 신청에 따라 결정으로 피고를 경정하도록 허가할 수 있다. 다만, 피고가 본안에 관하여 준비서면을 제출하거나, 변론준비기일에서 진술하거나 변론을 한 뒤에는 그의 동의를 받아야 한다.
② 피고의 경정은 서면으로 신청하여야 한다.
③ 제2항의 서면은 상대방에게 송달하여야 한다. 다만, 피고에게 소장의 부본을 송달하지 아니한 경우에는 그러하지 아니하다.
④ 피고가 제3항의 서면을 송달받은 날부터 2주 이내에 이의를 제기하지 아니하면 제1항 단서와 같은 동의를 한 것으로 본다.

제261조(경정신청에 관한 결정의 송달 등)

① 제260조제1항의 신청에 대한 결정은 피고에게 송달하여야 한다. 다만, 피고에게 소장의 부본을 송달하지 아니한 때에는 그러하지 아니하다.

② 신청을 허가하는 결정을 한 때에는 그 결정의 정본과 소장의 부본을 새로운 피고에게 송달하여야 한다.
③ 신청을 허가하는 결정에 대하여는 동의가 없었다는 사유로만 즉시항고를 할 수 있다.
④ 신청을 허가하는 결정을 한 때에는 종전의 피고에 대한 소는 취하된 것으로 본다.

제262조(청구의 변경)
① 원고는 청구의 기초가 바뀌지 아니하는 한도안에서 변론을 종결할 때(변론 없이 한 판결의 경우에는 판결을 선고할 때)까지 청구의 취지 또는 원인을 바꿀 수 있다. 다만, 소송절차를 현저히 지연시키는 경우에는 그러하지 아니하다.
② 청구취지의 변경은 서면으로 신청하여야 한다.
③ 제2항의 서면은 상대방에게 송달하여야 한다.

제263조(청구의 변경의 불허가)
법원이 청구의 취지 또는 원인의 변경이 옳지 아니하다고 인정한 때에는 직권으로 또는 상대방의 신청에 따라 변경을 허가하지 아니하는 결정을 하여야 한다.

제264조(중간확인의 소)
① 재판이 소송의 진행중에 쟁점이 된 법률관계의 성립여부에 매인 때에 당사자는 따로 그 법률관계의 확인을 구하는 소를 제기할 수 있다. 다만, 이는 그 확인청구가 다른 법원의 관할에 전속되지 아니하는 때에 한한다.
② 제1항의 청구는 서면으로 하여야 한다.
③ 제2항의 서면은 상대방에게 송달하여야 한다.

제265조(소제기에 따른 시효중단의 시기)
시효의 중단 또는 법률상 기간을 지킴에 필요한 재판상 청구는 소를 제기한 때 또는 제260조제2항 · 제262조제2항 또는 제264조제2항의 규정에 따라 서면을 법원에 제출한 때에 그 효력이 생긴다.

제266조(소의 취하)
① 소는 판결이 확정될 때까지 그 전부나 일부를 취하할 수 있다.
② 소의 취하는 상대방이 본안에 관하여 준비서면을 제출하거나 변론준비기일에서 진술하거나 변론을 한 뒤에는 상대방의 동의를 받아야 효력을 가진다.
③ 소의 취하는 서면으로 하여야 한다. 다만, 변론 또는 변론준비기일에서 말로 할 수 있다.
④ 소장을 송달한 뒤에는 취하의 서면을 상대방에게 송달하여야 한다.
⑤ 제3항 단서의 경우에 상대방이 변론 또는 변론준비기일에 출석하지 아니한 때에는 그 기일의 조서등본을 송달하여야 한다.
⑥ 소취하의 서면이 송달된 날부터 2주 이내에 상대방이 이의를 제기하지 아니한 경우에는 소취하에 동의한 것으로 본다. 제3항 단서의 경우에 있어서, 상대방이 기일에 출석한 경우에는 소를 취하한 날부터, 상대방이 기일에 출석하지 아니한 경우에는 제5항의 등본이 송달된 날부터 2주 이내에 상대방이 이의를 제기하지 아니하는 때에도 또한 같다.

제267조(소취하의 효과)

① 취하된 부분에 대하여는 소가 처음부터 계속되지 아니한 것으로 본다.

② 본안에 대한 종국판결이 있은 뒤에 소를 취하한 사람은 같은 소를 제기하지 못한다.

제268조(양 쪽 당사자가 출석하지 아니한 경우)

① 양 쪽 당사자가 변론기일에 출석하지 아니하거나 출석하였다 하더라도 변론하지 아니한 때에는 재판장은 다시 변론기일을 정하여 양 쪽 당사자에게 통지하여야 한다.

② 제1항의 새 변론기일 또는 그 뒤에 열린 변론기일에 양 쪽 당사자가 출석하지 아니하거나 출석하였다 하더라도 변론하지 아니한 때에는 1월 이내에 기일지정신청을 하지 아니하면 소를 취하한 것으로 본다.

③ 제2항의 기일지정신청에 따라 정한 변론기일 또는 그 뒤의 변론기일에 양쪽 당사자가 출석하지 아니하거나 출석하였다 하더라도 변론하지 아니한 때에는 소를 취하한 것으로 본다.

④ 상소심의 소송절차에는 제1항 내지 제3항의 규정을 준용한다. 다만, 상소심에서는 상소를 취하한 것으로 본다.

Q. 변론준비기일 불출석의 효과?

질문

저는 甲을 상대로 매매계약을 원인으로 하여 소유권이전등기청구소송을 제기하였습니다. 그런데 甲은 제가 제기한 소송에 답변서만 제출하였을 뿐 전혀 응하지 않고 있는데, 저 역시 개인적인 사정으로 변론준비기일과 제1회 변론기일에 불출석 하고 말았습니다. 제가 듣기로 기일에 2회 불출석하면 법에서 소송을 취하한 것으로 본다고 들었는데 제 경우에도 소송이 취하된 것으로 되는지요?

답변

「민사소송법」제268조는 두 번의 변론기일에 양쪽 당사자가 출석하지 아니하거나 출석하였다 하더라도 변론하지 아니하고, 기일지정신청에 따라 다시 진행되는 이후의 변론기일에서 다시 양쪽 당사자가 불출석한 경우에는 소를 취하한 것으로 본다고 규정하고 있으므로, 변론기일에 양쪽 당사자가 두 번 불출석하고 기일지정신청 후 변론기일에서 다시 불출석한 경우 및 변론준비기일에 양쪽 당사자가 두 번 불출석하고 기일지정신청 후 변론준비기일에서 다시 불출석한 경우 각기 소를 취하한 것으로 보게 됩니다.
그런데 양쪽 당사자가 변론준비기일과 변론기일에 불출석한 횟수가 합쳐서 세 번에 이를 경우 변론준비기일에서의 양쪽 당사자 불출석의 효과가 변론기일에까지 연결되어 승계됨으로써 그 전체과정에서 세 번 불출석의 요건을 충족시키는 것으로 보아 소를 취하한 것으로 볼 것인지 여부에 관하여 민사소송법에는 별도의 규정을 두고 있지 않습니다.
한편, 양쪽 당사자가 변론준비기일에 한 번, 변론기일에 두 번 불출석한 경우와 관련하여 판례는 "변론준비절차는 원칙적으로 변론기일에 앞서 주장과 증거를 정리하기 위하여 진행되는 변론 전 절차에 불과할 뿐이어서 변론준비기일을 변론기일의 일부라고 볼 수 없고 변론준비기일과 그 이후에 진행되는 변론기일이 일체성을 갖는다고 볼 수도 없는 점, 변론준비기일이 수소법원 아닌 재판장 등에 의하여 진행되며 변론기일과 달리 비공개로 진행될 수 있어서 직접주의와 공개주의가 후퇴하는 점, 변론준비기일에 있어서 양쪽 당사자의 불출석이 밝혀진 경우 재판장 등은 양쪽의 불출석으로 처리하여 새로운 변론준비기일을 지정하는 외에도 당사자 불출석을 이유로 변론준비절차를 종결할 수 있는 점, 나아가 양쪽 당사자 불출석으로 인한 취하간주제도는 적극적 당사자에게 불리한 제도로서 적극적 당사자의 소송유지의사 유무와 관계없이 일률적으로 법률적 효과가 발생한다는 점까지 고려할 때 변론준비기일에서 양쪽 당사자 불출석의 효과는 변론기일에 승계되지 않는다."라고 하면서(대법원 2006. 10. 27. 선고 2004다69581 판결), 양쪽 당사자가 변론준비기일에 한 번, 변론기일에 두 번 불출석하였다고 하더라도 변론준비기일에서 불출석의 효과가 변론기일에 승계되지 아니하므로 소를 취하한 것으로 볼 수 없다고 하였습니다.

라서 하의 경우에는 변론준비기일 1회, 변론기일에 1회에 불출석하였을 뿐, 2회의 변론기일 불출석한 것이 아니므로 소취하 간주되는 불이익은 없을 것으로 보 니다.

제269조(반소)

① 피고는 소송절차를 현저히 지연시키지 아니하는 경우에만 변론을 종결할 때까지 본소가 계속된 법원에 반소를 제기할 수 있다. 다만, 소송의 목적이 된 청구가 다른 법원의 관할에 전속되지 아니하고 본소의 청구 또는 방어의 방법과 서로 관련이 있어야 한다.

② 본소가 단독사건인 경우에 피고가 반소로 합의사건에 속하는 청구를 한 때에는 법원은 직권 또는 당사자의 신청에 따른 결정으로 본소와 반소를 합의부에 이송하여야 한다. 다만, 반소에 관하여 제30조의 규정에 따른 관할권이 있는 경우에는 그러하지 아니하다.

제270조(반소의 절차)

반소는 본소에 관한 규정을 따른다.

제271조(반소의 취하)

본소가 취하된 때에는 피고는 원고의 동의 없이 반소를 취하할 수 있다.

제2장 변론과 그 준비

제272조(변론의 집중과 준비)

① 변론은 집중되어야 하며, 당사자는 변론을 서면으로 준비하여야 한다.

② 단독사건의 변론은 서면으로 준비하지 아니할 수 있다. 다만, 상대방이 준비하지 아니하면 진술할 수 없는 사항은 그러하지 아니하다.

▣판례-특허권침해금지▣

[특허법원 2018.7.20., 선고, 2018나12, 판결 : 확정]

【판시사항】

甲 외국회사가 乙 주식회사를 상대로 특허권침해금지 등을 구하는 소를 제기하여 乙 회사의 소송대리인이 최초로 제출한 답변서에서부터 甲 회사의 특허발명에 대하여 진보성이 없다고 계속하여 주장해 왔는데, 그 후 乙 회사가 추가로 선행발명에 관한 제출이나 별다른 주장을 하지 않다가 변론기일 하루 전에 미국과 독일의 각 등록특허공

보를 번역문이 첨부되지 않은 상태로 새로운 선행발명이라며 제출한 사안에서, 乙 회사가 새로운 선행발명이라며 제출한 증거들 및 그에 기한 주장은 변론준비기일에 전혀 제출되지 아니한 공격방어방법에 해당하는 것일 뿐만 아니라 乙 회사가 고의 또는 중대한 과ㅏ 로 시기에 늦게 제출한 것으로서 소송의 완결을 지연시킬 것으로 인정되는 경우에 해당하므로 각하를 면할 수 없다고 한 사례

【판결요지】

甲 외국회사가 乙 주식회사를 상대로 특허권침해금지 등을 구하는 소를 제기하여 乙 회사의 소송대리인이 최초로 제출한 답변서에서부터 甲 회사의 특허발명에 대하여 진보성이 없다고 계속하여 주장해 왔는데, 그 후 乙 회사가 추가로 선행발명에 관한 제출이나 별다른 주장을 하지 않다가 변론기일 하루 전에 미국과 독일의 각 등록특허공보를 번역문이 첨부되지 않은 상태로 새로운 선행발명이라며 제출한 사안이다.

乙 회사가 새로운 선행발명이라며 제출한 증거들은 특허등록 시점과 변론의 경과에 비추어 볼 때 종래의 소송절차에서 충분히 제출될 수 있었던 것인데도 변론종결 직전에 이르기까지 제출되지 않아 乙 회사의 위 증거들 및 그에 기한 주장은 전혀 심리될 수 없었고 甲 회사에 반대 주장을 할 기회도 부여할 수 없었던 점, 더욱이 이는 종래의 증거조사 결과나 변론 전체의 취지로부터 사ㅏ 의 존부가 인정되는 경우나 종전의 소송자료를 대부분 이용할 수 있는 경우에 해당되지도 아니한 점, 이를 받아들일 경우에도 먼저 민사소송법(이하 '법'이라 한다) 제277조에 라 번역문을 제출케 하여 증거조사를 거친 다음 상대방 당사자인 甲 회사에 이를 검토하여 반박하거나 반증을 제출할 기회를 부여한 후 진보성 유무에 관한 추가 심리를 하는 것이 불가피하고 이에는 상당한 시간이 소요될 것으로 보이는 점, 乙 회사는 甲 회사의 특허발명의 진보성 부정을 위한 '주' 선행발명을 그대로 유지하면서 새롭게 제출한 발명들을 '부' 선행발명들로 삼고 있는 점에 비추어 볼 때, 乙 회사가 제출한 위 증거들 및 그에 기한 주장은 변론준비기일에 전혀 제출되지 아니한 공격방어방법(법 제285조)에 해당하는 것일 뿐만 아니라 변론의 경과로 보아 乙 회사가 고의 또는 중대한 과ㅏ 로 시기에 늦게 제출한 것으로서 소송의 완결을 지연시킬 것으로 인정되는 경우(법 제149조)에 해당하므로 각하를 면할 수 없다고 한 사례이다.

제273조(준비서면의 제출 등)

준비서면은 그것에 적힌 사항에 대하여 상대방이 준비하는 데 필요한 기간을 두고 제출하여야 하며, 법원은 상대방에게 그 부본을 송달하여야 한다.

제274조(준비서면의 기재사항)

① 준비서면에는 다음 각호의 사항을 적고, 당사자 또는 대리인이 기명날인 또는 서명한다.

1. 당사자의 성명·명칭 또는 상호와 주소
2. 대리인의 성명과 주소
3. 사건의 표시
4. 공격 또는 방어의 방법
5. 상대방의 청구와 공격 또는 방어의 방법에 대한 진술
6. 덧붙인 서류의 표시
7. 작성한 날짜
8. 법원의 표시

② 제1항제4호 및 제5호의 사항에 대하여는 사실상 주장을 증명하기 위한 증거방법과 상대방의 증거방법에 대한 의견을 함께 적어야 한다.

제275조(준비서면의 첨부서류)
① 당사자가 가지고 있는 문서로서 준비서면에 인용한 것은 그 등본 또는 사본을 붙여야 한다.
② 문서의 일부가 필요한 때에는 그 부분에 대한 초본을 붙이고, 문서가 많을 때에는 그 문서를 표시하면 된다.
③ 제1항 및 제2항의 문서는 상대방이 요구하면 그 원본을 보여주어야 한다.

제276조(준비서면에 적지 아니한 효과)
준비서면에 적지 아니한 사실은 상대방이 출석하지 아니한 때에는 변론에서 주장하지 못한다. 다만, 제272조제2항 본문의 규정에 따라 준비서면을 필요로 하지 아니하는 경우에는 그러하지 아니하다.

제277조(번역문의 첨부)
외국어로 작성된 문서에는 번역문을 붙여야 한다.

제278조(요약준비서면)
재판장은 당사자의 공격방어방법의 요지를 파악하기 어렵다고 인정하는 때에는 변론을 종결하기에 앞서 당사자에게 쟁점과 증거의 정리 결과를 요약한 준비서면을 제출하도록 할 수 있다.

제279조(변론준비절차의 실시)
① 변론준비절차에서는 변론이 효율적이고 집중적으로 실시될 수 있도록 당사자의 주장과 증거를 정리하여야 한다. <개정 2008.12.26.>
② 재판장은 특별한 사정이 있는 때에는 변론기일을 연 뒤에도 사건을 변론준비절차에 부칠 수 있다.

제280조(변론준비절차의 진행)
① 변론준비절차는 기간을 정하여, 당사자로 하여금 준비서면, 그 밖의 서류를 제출하게 하거나 당사자 사이에 이를 교환하게 하고 주장사실을 증명할 증거를 신청하게 하는 방법으로 진행한다.
② 변론준비절차의 진행은 재판장이 담당한다.
③ 합의사건의 경우 재판장은 합의부원을 수명법관으로 지정하여 변론준비절차를 담당하게 할 수 있다.
④ 재판장은 필요하다고 인정하는 때에는 변론준비절차의 진행을 다른 판사에게 촉탁할 수 있다.

제281조(변론준비절차에서의 증거조사)
① 변론준비절차를 진행하는 재판장, 수명법관, 제280조제4항의 판사(이하 "재판장등"이라 한다)는 변론의 준비를 위하여 필요하다고 인정하면 증거결정을 할 수 있다.
② 합의사건의 경우에 제1항의 증거결정에 대한 당사자의 이의신청에 관하여는 제138조의 규정을 준용한다.
③ 재판장등은 제279조제1항의 목적을 달성하기 위하여 필요한 범위안에서 증거

조사를 할 수 있다. 다만, 증인신문 및 당사자신문은 제313조에 해당되는 경우에만 할 수 있다.
④ 제1항 및 제3항의 경우에는 재판장등이 이 법에서 정한 법원과 재판장의 직무를 행한다.

제282조(변론준비기일)
① 재판장등은 변론준비절차를 진행하는 동안에 주장 및 증거를 정리하기 위하여 필요하다고 인정하는 때에는 변론준비기일을 열어 당사자를 출석하게 할 수 있다.
② 사건이 변론준비절차에 부쳐진 뒤 변론준비기일이 지정됨이 없이 4월이 지난 때에는 재판장등은 즉시 변론준비기일을 지정하거나 변론준비절차를 끝내야 한다.
③ 당사자는 재판장등의 허가를 얻어 변론준비기일에 제3자와 함께 출석할 수 있다.
④ 당사자는 변론준비기일이 끝날 때까지 변론의 준비에 필요한 주장과 증거를 정리하여 제출하여야 한다.
⑤ 재판장등은 변론준비기일이 끝날 때까지 변론의 준비를 위한 모든 처분을 할 수 있다.

제283조(변론준비기일의 조서)
① 변론준비기일의 조서에는 당사자의 진술에 따라 제274조제1항제4호와 제5호에 규정한 사항을 적어야 한다. 이 경우 특히 증거에 관한 진술은 명확히 하여야 한다.
② 변론준비기일의 조서에는 제152조 내지 제159조의 규정을 준용한다.

제284조(변론준비절차의 종결)
① 재판장등은 다음 각호 가운데 어느 하나에 해당하면 변론준비절차를 종결하여야 한다. 다만, 변론의 준비를 계속하여야 할 상당한 이유가 있는 때에는 그러하지 아니하다.
1. 사건을 변론준비절차에 부친 뒤 6월이 지난 때
2. 당사자가 제280조제1항의 규정에 따라 정한 기간 이내에 준비서면 등을 제출하지 아니하거나 증거의 신청을 하지 아니한 때
3. 당사자가 변론준비기일에 출석하지 아니한 때
② 변론준비절차를 종결하는 경우에 재판장등은 변론기일을 미리 지정할 수 있다.

제285조(변론준비기일을 종결한 효과)
① 변론준비기일에 제출하지 아니한 공격방어방법은 다음 각호 가운데 어느 하나에 해당하여야만 변론에서 제출할 수 있다.
1. 그 제출로 인하여 소송을 현저히 지연시키지 아니하는 때
2. 중대한 과실 없이 변론준비절차에서 제출하지 못하였다는 것을 소명한 때
3. 법원이 직권으로 조사할 사항인 때
② 제1항의 규정은 변론에 관하여 제276조의 규정을 적용하는 데에 영향을 미치지 아니한다.

③ 소장 또는 변론준비절차전에 제출한 준비서면에 적힌 사항은 제1항의 규정에 불구하고 변론에서 주장할 수 있다. 다만, 변론준비절차에서 철회되거나 변경된 때에는 그러하지 아니하다.

第286조(준용규정)
변론준비절차에는 제135조 내지 제138조, 제140조, 제142조 내지 제151조, 제225조 내지 제232조, 제268조 및 제278조의 규정을 준용한다.

第287조(변론준비절차를 마친 뒤의 변론)
① 법원은 변론준비절차를 마친 경우에는 첫 변론기일을 거친 뒤 바로 변론을 종결할 수 있도록 하여야 하며, 당사자는 이에 협력하여야 한다.
② 당사자는 변론준비기일을 마친 뒤의 변론기일에서 변론준비기일의 결과를 진술하여야 한다.
③ 법원은 변론기일에 변론준비절차에서 정리된 결과에 따라서 바로 증거조사를 하여야 한다.

제3장 증거

제1절 총칙

第288조(불요증사실)
법원에서 당사자가 자백한 사실과 현저한 사실은 증명을 필요로 하지 아니한다. 다만, 진실에 어긋나는 자백은 그것이 착오로 말미암은 것임을 증명한 때에는 취소할 수 있다.

▣판례-손해배상(의)▣

[대법원 2018.12.13., 선고, 2018다10562, 판결]

【판시사항】
[1] 의료진이 일반인의 수인한도를 넘어서 현저하게 불성실한 진료를 행한 경우, 위자료 배상책임을 부담하는지 여부(적극) 및 그 증명책임의 소재(=피해자)
[2] 甲이 乙 의료재단이 운영하는 丙 병원 응급실에 내원하여 치료를 받은 후 증세가 호전되어 귀가하였다가 약 7시간 후 같은 증상을 호소하며 2차로 내원하였는데, 丙 병원 의료진이 甲에게 투약 등의 조치를 시행하였고, 그 후 증세가 악화되자 집중 관찰을 실시하였으며, 2차 내원 후 약 3시간이 지나 응급실 당직의사가 甲의 혼수상태를 보고받고 조치를 취하였으나 甲이 사망에 이르게 된 사안에서, 제반 사정에 비추어 丙 병원 의료진이 일반인의 수인한도를 현저하게 넘어설 만큼 불성실한 진료를 행한 잘못이 있었다고 보기는 어려운데도, 이와 달리 보아 乙 의료재단의 위자료 배상책임을 인정한 원심판단에 법리오해의 잘못이 있다고 한 사례

【판결요지】
[1] 의료진은 의료행위의 속성상 환자의 구체적인 증상이나 상황에 따라 발생하는 위험을 방지하기 위하여 최선의 조치를 취하여야 할 주의의무를 부담한다. 의료진이 환자의 기대에 반하여 환자의 치료에 전력을 다하지 않은 경우에는 업무상 주의의무를 위반한 것이라고 보아야 한다. 그러나 그러한 주의의무 위반과 환자에게 발생한 악결과(惡結果) 사이에 상당인과관계가 인정되지 않는 경우에는 그에 관한

손해배상을 구할 수 없다.
다만 주의의무 위반 정도가 일반인의 처지에서 보아 수인한도를 넘어설 만큼 현저하게 불성실한 진료를 행한 것이라고 평가될 정도에 이른 경우라면 그 자체로서 불법행위를 구성하여 그로 말미암아 환자나 그 가족이 은 정신적 고통에 대한 위자료 배상을 명할 수 있다. 이때 수인한도를 넘어서는 정도로 현저하게 불성실한 진료를 하였다는 점은 불법행위의 성립을 주장하는 피해자가 증명하여야 한다.

[2] 甲이 乙 의료재단이 운영하는 丙 병원 응급실에 내원하여 치료를 받은 후 증세가 호전되어 귀가하였다가 약 7시간 후 같은 증상을 호소하며 2차로 내원하였는데, 丙 병원 의료진이 甲에게 투약 등의 조치를 시행하였고, 그 후 증세가 악화되자 집중 관찰을 실시하였으며, 2차 내원 후 약 3시간이 지나 응급실 당직의사가 甲의 혼수상태를 보고받고 조치를 취하였으나 甲이 사망에 이르게 된 사안에서, 甲이 2차 내원한 이후 혼수상태에 이를 때까지 적절한 치료와 검사를 지체하였다고 하더라도, 일반인의 수인한도를 넘어설 만큼 현저하게 불성실한 진료를 행한 것으로 평가될 정도에 이르지 않는 한 乙 의료재단의 위자료 배상책임을 인정할 수 없는데, 진료기록감정촉탁 결과 등 제반 사정에 비추어 丙 병원 의료진이 일반인의 수인한도를 현저하게 넘어설 만큼 불성실한 진료를 행한 잘못이 있었다고 보기는 어려운데도, 이와 달리 보아 乙 의료재단의 위자료 배상책임을 인정한 원심판단에 법리오해의 잘못이 있다고 한 사례.

제289조(증거의 신청과 조사)
① 증거를 신청할 때에는 증명할 사실을 표시하여야 한다.
② 증거의 신청과 조사는 변론기일전에도 할 수 있다.

제290조(증거신청의 채택여부)
법원은 당사자가 신청한 증거를 필요하지 아니하다고 인정한 때에는 조사하지 아니할 수 있다. 다만, 그것이 당사자가 주장하는 사실에 대한 유일한 증거인 때에는 그러하지 아니하다.

제291조(증거조사의 장애)
법원은 증거조사를 할 수 있을지, 언제 할 수 있을지 알 수 없는 경우에는 그 증거를 조사하지 아니할 수 있다.

제292조(직권에 의한 증거조사)
법원은 당사자가 신청한 증거에 의하여 심증을 얻을 수 없거나, 그 밖에 필요하다고 인정한 때에는 직권으로 증거조사를 할 수 있다.

제293조(증거조사의 집중)
증인신문과 당사자신문은 당사자의 주장과 증거를 정리한 뒤 집중적으로 하여야 한다.

제294조(조사의 촉탁)
법원은 공공기관·학교, 그 밖의 단체·개인 또는 외국의 공공기관에게 그 업무에 속하는 사항에 관하여 필요한 조사 또는 보관중인 문서의 등본·사본의 송부를 촉탁할 수 있다.

제295조(당사자가 출석하지 아니한 경우의 증거조사)
증거조사는 당사자가 기일에 출석하지 아니한 때에도 할 수 있다.

제296조(외국에서 시행하는 증거조사)
① 외국에서 시행할 증거조사는 그 나라에 주재하는 대한민국 대사·공사·영사 또는 그 나라의 관할 공공기관에 촉탁한다.
② 외국에서 시행한 증거조사는 그 나라의 법률에 어긋나더라도 이 법에 어긋나지 아니하면 효력을 가진다.

제297조(법원밖에서의 증거조사)
① 법원은 필요하다고 인정할 때에는 법원밖에서 증거조사를 할 수 있다. 이 경우 합의부원에게 명하거나 다른 지방법원 판사에게 촉탁할 수 있다.
② 수탁판사는 필요하다고 인정할 때에는 다른 지방법원 판사에게 증거조사를 다시 촉탁할 수 있다. 이 경우 그 사유를 수소법원과 당사자에게 통지하여야 한다.

제298조(수탁판사의 기록송부)
수탁판사는 증거조사에 관한 기록을 바로 수소법원에 보내야 한다.

제299조(소명의 방법)
① 소명은 즉시 조사할 수 있는 증거에 의하여야 한다.
② 법원은 당사자 또는 법정대리인으로 하여금 보증금을 공탁하게 하거나, 그 주장이 진실하다는 것을 선서하게 하여 소명에 갈음할 수 있다.
③ 제2항의 선서에는 제320조, 제321조제1항·제3항·제4항 및 제322조의 규정을 준용한다.

제300조(보증금의 몰취)
제299조제2항의 규정에 따라 보증금을 공탁한 당사자 또는 법정대리인이 거짓 진술을 한 때에 법원은 결정으로 보증금을 몰취(沒取)한다.

제301조(거짓 진술에 대한 제재)
제299조제2항의 규정에 따라 선서한 당사자 또는 법정대리인이 거짓 진술을 한 때에 법원은 결정으로 200만원 이하의 과태료에 처한다.

제302조(불복신청)
제300조 및 제301조의 결정에 대하여는 즉시항고를 할 수 있다.

제2절 증인신문

제303조(증인의 의무)
법원은 특별한 규정이 없으면 누구든지 증인으로 신문할 수 있다.

Q. 증인으로 소환장을 받았는데 반드시 출석하여야 하는지?

질문

甲과 乙은 모두 저와 친분 있는 사람들인데, 그들은 현재 거래관계로 소송을 하고 있습니다. 저는 그들 간의 거래를 소개하였기 때문에 거래내용을 잘 알고 있어 저를 증인으로 소환한다는 소환장을 법원으로부터 받았습니다. 저는 양쪽에게 모두 입장이 난처하여 될 수 있으면 증언을 회피하고 싶은데 꼭 증인으로 출석하여야 할 의무가 있는지, 만일 출석하지 아니하면 어떠한 불이익을 받게 되는지요?

답변

공정한 재판은 공공의 이익과 결코 무관한 것이 아니기 때문에 모든 국민은 적정한 재판권의 실현을 위하여 재판에 협조할 의무가 있습니다.
「민사소송법」제303조는 법원은 특별한 규정이 없으면 누구든지 증인으로 신문할 수 있다고 규정하고 있는바, 대통령·국회의장·대법원장 및 헌법재판소장 또는 그 직책에 있던 자와 같은 국가주요기관의 장, 변호사·공증인·의사 등의 직무에 관한 비밀사항 등과 같은 일정한 경우가 아닌 한 모든 국민은 법원에 출석하여 선서한 후 증언할 의무가 있다고 하겠습니다.
증인이 출석하지 아니한 경우 과태료 등에 관하여 「민사소송법」제311조 제1항 및 제2항은 "①증인이 정당한 사유 없이 출석하지 아니한 때에 법원은 결정으로 증인에게 이로 말미암은 소송비용을 부담하도록 명하고 500만원 이하의 과태료에 처한다. ②법원은 증인이 제1항의 규정에 따른 과태료의 재판을 받고도 정당한 사유 없이 다시 출석하지 아니한 때에는 결정으로 증인을 7일 이내의 감치(監置)에 처한다."라고 규정하고 있습니다.
또한, 증인이 출석하지 아니한 경우 구인에 관하여 같은 법 제312조 제1항에 의하면 "법원은 정당한 사유 없이 출석하지 아니한 증인을 구인(拘引)하도록 명할 수 있다."라고 규정하고 있습니다.
그러므로 귀하는 법원에 출석하여 사실대로 증언하는 것이 좋을 것으로 생각됩니다.

제304조(대통령 · 국회의장 · 대법원장 · 헌법재판소장의 신문)
대통령 · 국회의장 · 대법원장 및 헌법재판소장 또는 그 직책에 있었던 사람을 증인으로 하여 직무상 비밀에 관한 사항을 신문할 경우에 법원은 그의 동의를 받아야 한다.

제305조(국회의원 · 국무총리 · 국무위원의 신문)
① 국회의원 또는 그 직책에 있었던 사람을 증인으로 하여 직무상 비밀에 관한 사항을 신문할 경우에 법원은 국회의 동의를 받아야 한다.
② 국무총리 · 국무위원 또는 그 직책에 있었던 사람을 증인으로 하여 직무상 비밀에 관한 사항을 신문할 경우에 법원은 국무회의의 동의를 받아야 한다.

제306조(공무원의 신문)
제304조와 제305조에 규정한 사람 외의 공무원 또는 공무원이었던 사람을 증인으로 하여 직무상 비밀에 관한 사항을 신문할 경우에 법원은 그 소속 관청 또는 감독 관청의 동의를 받아야 한다.

제307조(거부권의 제한)
제305조와 제306조의 경우에 국회・국무회의 또는 제306조의 관청은 국가의 중대한 이익을 해치는 경우를 제외하고는 동의를 거부하지 못한다.

제308조(증인신문의 신청)
당사자가 증인신문을 신청하고자 하는 때에는 증인을 지정하여 신청하여야 한다.

제309조(출석요구서의 기재사항)
인에 대한 출석요구서에는 다음 각호의 사항을 적어야 한다.
1. 당사자의 표시
2. 신문 사항의 요지
3. 출석하지 아니하는 경우의 법률상 제재

제310조(증언에 갈음하는 서면의 제출)
① 법원은 증인과 증명할 사항의 내용 등을 고려하여 상당하다고 인정하는 때에는 출석・증언에 갈음하여 증언할 사항을 적은 서면을 제출하게 할 수 있다.
② 법원은 상대방의 이의가 있거나 필요하다고 인정하는 때에는 제1항의 증인으로 하여금 출석・증언하게 할 수 있다.

Q. 민사소송에서 증인이 출석하지 않고 서면에 의하여 진술할 수 있는지?

질문

저는 충남 OO군 소재 제 소유의 산 9,917평방미터를 서울에 사는 甲에게 매도하였습니다. 그런데 양도소득세가 14,889,430원이나 부과되어 세무서를 상대로 행정소송을 제기하게 되었습니다. 저는 위 매수인 甲을 증인으로 신청하였는데, 甲은 자신과 상의도 없이 증인으로 신청하였다고 하여 증인출두요청을 거절하고 있습니다. 이 경우 甲을 법원에 강제로 출두시키지 않고 서면에 의하여 진술하게 할 수 있는 방법이 있는지요?

답변

증인으로서 법원으로부터 출석요구서를 받은 증인이 정당한 사유 없이 출석하지 아니하면 그로 말미암은 소송비용의 부담과 500만원 이하의 과태료에 처해지고, 과태료의 재판을 받고도 정당한 사유 없이 다시 출석하지 아니한 때에는 7일 이내의 감치(監置)에 처해지게 되며(민사소송법 제311조 제1항, 제2항), 법원은 정당한 사유 없이 출석하지 아니한 증인을 구인(拘引)하도록 명할 수 있고, 구인의 집행은 형사사건의 구속영장의 집행과 같이 사법경찰이 구인집행을 하게 됩니다(민사소송법 제312조, 형사소송법 제71조, 제152조, 제153조, 제166조).
분쟁사건과 직접적인 이해관계가 없는 증인이 과태료처분을 받고, 감치에 처해지고, 구인을 당하는 것은 일응 가혹하다고 할 수도 있겠으나, 우리나라의 재판권에 복종하는 사람은 일반적으로 증인이 될 공법상의 의무를 부담하고, 증인으로 채택되면 증인으로서 출석의무, 선서의무, 진술의무가 있으므로 이와 같은 의무를 불이행하면 국가의 강제력을 동원하여 재판권을 실현하는 것은 당연한 귀결이기 때문에 국민으로서는 재판절차에 스스로 협력하여야 할 것입니다.
그런데 증인으로 채택된 사람이 법정에 출석하지 않고 서면의 제출로 출석·증언에 갈음할 수 있는지 관하여 살펴보면, 증언에 갈음하는 서면의 제출에 관하여 「민사소송법」제310조는 "①법원은 증인과 증명할 사항의 내용 등을 고려하여 상당하다고 인정하는 때에는 출석·증언에 갈음하여 증언할 사항을 적은 서면을 제출하게 할 수 있다. ②법원은 상대방의 이의가 있거나 필요하다고 인정하는 때에는 제1항의 증인으로 하여금 출석·증언하게 할 수 있다."라고 규정하고 있습니다.
그러므로 증인이 서면에 의하여 진술하려면 재판장의 허가를 받아야만 가능하고, 서면에 의한 진술허가를 할 것인지는 재판장의 재량으로 정하게 되며, 설령 당사자가 증인신청과 동시에 서면진술을 희망한다는 의견을 제시한다고 하여도 이것은 어디까지나 직권발동을 촉구하는 의미를 가질 뿐입니다.
따라서 귀하의 경우에 있어서도 증인의 서면진술신청을 해볼 수 있을 것입니다.

제311조(증인이 출석하지 아니한 경우의 과태료 등)
① 증인이 정당한 사유 없이 출석하지 아니한 때에 법원은 결정으로 증인에게 이로 말미암은 소송비용을 부담하도록 명하고 500만원 이하의 과태료에 처한다.
② 법원은 증인이 제1항의 규정에 따른 과태료의 재판을 받고도 정당한 사유 없이 다시 출석하지 아니한 때에는 결정으로 증인을 7일 이내의 감치(監置)에 처한다.
③ 법원은 감치재판기일에 증인을 소환하여 제2항의 정당한 사유가 있는지 여부를 심리하여야 한다.
④ 감치에 처하는 재판은 그 재판을 한 법원의 재판장의 명령에 따라 법원공무원 또는 국가경찰공무원이 경찰서유치장 · 교도소 또는 구치소에 유치함으로써 집행한다. <개정 2006. 2. 21.>
⑤ 감치의 재판을 받은 증인이 제4항에 규정된 감치시설에 유치된 때에는 당해 감치시설의 장은 즉시 그 사실을 법원에 통보하여야 한다.
⑥ 법원은 제5항의 통보를 받은 때에는 바로 증인신문기일을 열어야 한다.
⑦ 감치의 재판을 받은 증인이 감치의 집행중에 증언을 한 때에는 법원은 바로 감치결정을 취소하고 그 증인을 석방하도록 명하여야 한다.
⑧ 제1항과 제2항의 결정에 대하여는 즉시항고를 할 수 있다. 다만, 제447조의 규정은 적용하지 아니한다.
⑨ 제2항 내지 제8항의 규정에 따른 재판절차 및 그 집행 그 밖에 필요한 사항은 대법원규칙으로 정한다.

제312조(출석하지 아니한 증인의 구인)
① 법원은 정당한 사유 없이 출석하지 아니한 증인을 구인(拘引)하도록 명할 수 있다.
②제1항의 구인에는 형사소송법의 구인에 관한 규정을 준용한다.

제313조(수명법관 · 수탁판사에 의한 증인신문)
법원은 다음 각호 가운데 어느 하나에 해당하면 수명법관 또는 수탁판사로 하여금 증인을 신문하게 할 수 있다.
1. 증인이 정당한 사유로 수소법원에 출석하지 못하는 때
2. 증인이 수소법원에 출석하려면 지나치게 많은 비용 또는 시간을 필요로 하는 때
3. 그 밖의 상당한 이유가 있는 경우로서 당사자가 이의를 제기하지 아니하는 때

Q. 민사소송에서 증인이 원격지에 위치한 법정에 출석하여 증언할 수 있는지?

질문

저는 20여년 전 A주식회사에 입사하여 甲회장님의 비서로 근무하면서 회장님을 보필해 오다가 8개월 전 임신한 것을 알게 되어 육아휴직을 하고 고향인 제주에 내려와 남편과 함께 태교에 전념하고 있습니다. 회장님은 서울 시내에서도 마당발로 불리면서 정?재계 인사들과 교류를 많이 하였는데 3년 전 서울 용산구 일대에 'B시티(BCT)'라는 대규모 주상복합아파트를 건축하겠다면서 토지를 매수하였습니다. 당시 위 지구는 고도제한이 설정된 곳이어서 원 사업계획과 같은 규모의 건축물이 들어설 수 없는 곳이었으나, 어쩐 일인지 갑자기 서울시 조례가 개정되고, 개발행위허가가 나면서 사업이 급물살을 타게 되었고, SPC 설립을 통한 자금유치도 수월하게 이루어지면서 A주식회사의 주가도 150%가량 급등하게 되었습니다. 그런데 사실 B시티 개발사업은 애시당초 사업시행이 불가능한 것이었는데, 회장님이 서울시 관계 공무원들과 금융권 인사들에게 거액의 뇌물을 공여하고, 모처에서 호화접대를 하는 등 각종 향응을 제공한 결과 사업이 가능하게 된 것이었고, 회장님은 십수년간 분식회계를 함으로써 회사 자본금의 160%에 달하는 약 640억원의 비자금을 조성해 관계인들에게 금품?향응을 제공하였으며, A주식회사의 외부감사법인인 C 역시 위와 같은 사실을 알면서도 이를 묵인 하였습니다. 위와 같은 회장님의 부정행위는 회장님을 시기한 경쟁업체의 익명투서로 인하여 발각되었는데, A주식회사가 분식회계를 한 사실이 드러나자 A주식회사의 주가는 연일 하한가를 치게 되었습니다. 이에 분노한 A주식회사의 주주들은 A주식회사, 회장님 및 외부감사법인을 상대로 서울중앙지방법원에 손해배상청구소송을 제기하였는데, 위 손해배상사건에서 최근 제가 원고들 신청 증인으로 채택되어 3주 뒤에 증인신문기일이 지정되어 있는 상황입니다. 그런데 제 출산예정일이 증인신문기일 바로 다음날로 잡혀 있습니다. 저는 나이 40에 수차례의 인공수정을 통해 간신히 아이를 가졌고, 향후에 다시 아이를 가질 수 있을지도 알 수 없는 처지라 비행기를 타고 서울중앙지방법원까지 출석하기가 곤란한 상태이며, 향후에도 산후조리를 하는데 많은 시간이 소요될 것으로 예상이 되고 있습니다. 저는 회장님이 비자금을 조성한 것을 모두 알고 있기는 하지만 그간 회장님이 저를 물심양면으로 도와 준 것이 너무 고마워 가급적 회장님에게 유리한 진술을 하고 싶습니다. 혹시 제가 살고 있는 제주도에서 증인신문을 하는 방법이 없을까요?

답변

증인이 정당한 사유로 수소법원에 출석하지 못하는 때나, 증인이 수소법원에 출석하려면 지나치게 많은 비용 또는 시간을 필요로 하는 경우, 그 밖에 상당한 이유가 있는 경우로서 당사자가 이의를 제기하지 아니하는 경우에는 수명법관 또는 수탁판사로 하여금 증인을 신문하게 할 수 있고(민사소송법 제313조), 이 사건의 경우 출산이 임박하여 출석이 곤란하다는 사정은 질병에 준하여 정당한 사유를 구성할 여지가 크므로, 직권발동을 촉구하는 취지로 수명법관 내지 수탁판사를 통하여 제주지방법원에서 증인신문을 행하여 줄 것을 신청할 수 있습니다.

한편 2016. 9. 30. 민사소송법이 개정되면서 증인이 멀리 떨어진 곳 또는 교통이 불편한 곳에 살고 있거나 그 밖의 사정으로 말미암아 법정에 직접 출석하기 어려운 경우(민사소송법 제327조의2 제1항 제1호), 증인의 나이, 심신상태, 당사자나 법정대리인과의 관계, 신문사항의 내용, 그 밖의 사정으로 말미암아 법정에서 당사자 등과 대면하여 진술하면 심리적인 부담으로 정신의 평온을 현저하게 잃을 우려가 있는 경우(제2호)에는 당사자의 의견을 들어 비디오 등 중계장치에 의한 중계시설을 통하여 증인신문을 할 수 있게 되었습니다. 따라서 의뢰인이 서울중앙지방법원에 출석이 곤란한 사정을 소명하여 중계시설을 통한 증인신문을 하여 줄 것을 신청하고, 재판부가 이를 받아들이는 경우 제주지방법원 영상신문실에 출석하여 증인신문을 받을 수 있습니다. 다만 제도 시행 초기인 관계로 설비 미비로 인하여 당분간은 중계시설을 통한 증인신문이 곤란할 수는 있습니다.

제314조(증언거부권)
증인은 그 증언이 자기나 다음 각호 가운데 어느 하나에 해당하는 사람이 공소제기되거나 유죄판결을 받을 염려가 있는 사항 또는 자기나 그들에게 치욕이 될 사항에 관한 것인 때에는 이를 거부할 수 있다. <개정 2005.3.31.>

1. 증인의 친족 또는 이러한 관계에 있었던 사람
2. 증인의 후견인 또는 증인의 후견을 받는 사람

제315조(증언거부권)
① 증인은 다음 각호 가운데 어느 하나에 해당하면 증언을 거부할 수 있다.

1. 변호사·변리사·공증인·공인회계사·세무사·의료인·약사, 그 밖에 법령에 따라 비밀을 지킬 의무가 있는 직책 또는 종교의 직책에 있거나 이러한 직책에 있었던 사람이 직무상 비밀에 속하는 사항에 대하여 신문을 받을 때
2. 기술 또는 직업의 비밀에 속하는 사항에 대하여 신문을 받을 때

② 증인이 비밀을 지킬 의무가 면제된 경우에는 제1항의 규정을 적용하지 아니한다.

▣판례-손해배상(기)▣

[대법원 2015.12.21., 자, 2015마4174, 결정]

【판시사항】

[1] 문서의 제출을 거부할 수 있는 예외사유로서 민사소송법 제344조 제2항 제1호, 제1항 제3호 (다)목, 제315조 제1항 제2호에서 정한 '직업의 비밀'의 의미 / 문서 소지자가 문서의 제출을 거부할 수 있으려면 직업의 비밀에 해당하는 정보가 보호가치 있는 비밀이어야 하는지 여부(적극) 및 보호가치 있는 비밀인지 판단하는 방법

[2] 어느 문서가 문서를 가진 사람이 이용할 목적으로 작성되고 외부자에게 개시하는 것이 예정되어 있지 않으며 개시할 경우 문서를 가진 사람에게 간과하기 어려운 불이익이 생길 염려가 있는 경우, 민사소송법 제344조 제2항 제2호의 자기이용문서에 해당하는지 여부(원칙적 적극)

【판결요지】

[1] 민사소송법 제344조 제2항 제1호, 제1항 제3호 (다)목, 제315조 제1항 제2호는 문서를 가지고 있는 사람은 제344조 제1항에 해당하지 아니하는 경우에도 원칙적으로 문서의 제출을 거부하지 못한다고 규정하면서 예외사유로서 기술 또는 직업의 비밀에 속하는 사항이 적혀 있고 비밀을 지킬 의무가 면제되지 아니한 문서를 들고 있다. 여기에서 '직업의 비밀'은 그 사항이 공개되면 직업에 심각한 영향을 미치고 이후 직업의 수행이 어려운 경우를 가리키는데, 어느 정보가 직업의 비밀에 해당하는 경우에도 문서 소지자는 비밀이 보호가치 있는 비밀일 경우에만 문서의 제출을 거부할 수 있다. 나아가 어느 정보가 보호가치 있는 비밀인지를 판단할 때에는 정보의 내용과 성격, 정보가 공개됨으로써 문서 소지자에게 미치는 불이익의 내용과 정도, 민사사건의 내용과 성격, 민사사건의 증거로 문서를 필요로 하는 정도 또는 대체할 수 있는 증거의 존부 등 제반 사정을 종합하여 비밀의 공개로 발생하는 불이익과 달성되는 실체적 진실 발견 및 재판의 공정을 비교형량하여야 한다.

[2] 어느 문서가 문서의 작성 목적, 기재 내용, 문서의 소지 경위나 그 밖의 사정 등을 종합적으로 고려할 때 오로지 문서를 가진 사람이 이용할 목적으로 작성되고 외부자에게 개시하는 것이 예정되어 있지 않으며 개시할 경우 문서를 가진 사람에게 간과하기 어려운 불이익이 생길 염려가 있다면, 이러한 문서는 특별한 사정이 없는 한 민사소송법 제344조 제2항 제2호의 자기이용문서에 해당한다.

제316조(거부이유의 소명)
증언을 거부하는 이유는 소명하여야 한다.

제317조(증언거부에 대한 재판)
① 수소법원은 당사자를 심문하여 증언거부가 옳은 지를 재판한다.
② 당사자 또는 증인은 제1항의 재판에 대하여 즉시항고를 할 수 있다.

제318조(증언거부에 대한 제재)
증언의 거부에 정당한 이유가 없다고 한 재판이 확정된 뒤에 증인이 증언을 거부한 때에는 제311조제1항, 제8항 및 제9항의 규정을 준용한다.

제319조(선서의 의무)
재판장은 증인에게 신문에 앞서 선서를 하게 하여야 한다. 다만, 특별한 사유가 있는 때에는 신문한 뒤에 선서를 하게 할 수 있다.

제320조(위증에 대한 벌의 경고)
재판장은 선서에 앞서 증인에게 선서의 취지를 밝히고, 위증의 벌에 대하여 경고하여야 한다.

제321조(선서의 방식)
① 선서는 선서서에 따라서 하여야 한다.
② 선서서에는 "양심에 따라 숨기거나 보태지 아니하고 사실 그대로 말하며, 만일 거짓말을 하면 위증의 벌을 받기로 맹세합니다."라고 적어야 한다.
③ 재판장은 증인으로 하여금 선서서를 소리내어 읽고 기명날인 또는 서명하게 하며, 증인이 선서서를 읽지 못하거나 기명날인 또는 서명하지 못하는 경우에는 참여한 법원사무관등이나 그 밖의 법원공무원으로 하여금 이를 대신하게 한다.
④ 증인은 일어서서 엄숙하게 선서하여야 한다.

제322조(선서무능력)
다음 각호 가운데 어느 하나에 해당하는 사람을 증인으로 신문할 때에는 선서를 시키지 못한다.
1. 16세 미만인 사람
2. 선서의 취지를 이해하지 못하는 사람

제323조(선서의 면제)
제314조에 해당하는 증인으로서 증언을 거부하지 아니한 사람을 신문할 때에는 선서를 시키지 아니할 수 있다.

제324조(선서거부권)
증인이 자기 또는 제314조 각호에 규정된 어느 한 사람과 현저한 이해관계가 있는 사항에 관하여 신문을 받을 때에는 선서를 거부할 수 있다.

제325조(조서에의 기재)
선서를 시키지 아니하고 증인을 신문한 때에는 그 사유를 조서에 적어야 한다.

제326조(선서거부에 대한 제재)
증인이 선서를 거부하는 경우에는 제316조 내지 제318조의 규정을 준용한다.

제327조(증인신문의 방식)
① 증인신문은 증인을 신청한 당사자가 먼저 하고, 다음에 다른 당사자가 한다.
② 재판장은 제1항의 신문이 끝난 뒤에 신문할 수 있다.
③ 재판장은 제1항과 제2항의 규정에 불구하고 언제든지 신문할 수 있다.
④ 재판장이 알맞다고 인정하는 때에는 당사자의 의견을 들어 제1항과 제2항의 규정에 따른 신문의 순서를 바꿀 수 있다.
⑤ 당사자의 신문이 중복되거나 쟁점과 관계가 없는 때, 그 밖에 필요한 사정이 있는 때에 재판장은 당사자의 신문을 제한할 수 있다.
⑥ 합의부원은 재판장에게 알리고 신문할 수 있다.

제327조의2(비디오 등 중계장치에 의한 증인신문)
① 법원은 다음 각 호의 어느 하나에 해당하는 사람을 증인으로 신문하는 경우 상당하다고 인정하는 때에는 당사자의 의견을 들어 비디오 등 중계장치에 의한 중계시설을 통하여 신문할 수 있다.
1. 증인이 멀리 떨어진 곳 또는 교통이 불편한 곳에 살고 있거나 그 밖의 사정으로 말미암아 법정에 직접 출석하기 어려운 경우
2. 증인이 나이, 심신상태, 당사자나 법정대리인과의 관계, 신문사항의 내용, 그 밖의 사정으로 말미암아 법정에서 당사자 등과 대면하여 진술하면 심리적인 부담으로 정신의 평온을 현저하게 잃을 우려가 있는 경우
② 제1항에 따른 증인신문은 증인이 법정에 출석하여 이루어진 증인신문으로 본다.
③ 제1항에 따른 증인신문의 절차와 방법, 그 밖에 필요한 사항은 대법원규칙으로 정한다.
[본조신설 2016.3.29.]

제328조(격리신문과 그 예외)
① 증인은 따로따로 신문하여야 한다.
② 신문하지 아니한 증인이 법정(法廷)안에 있을 때에는 법정에서 나가도록 명하여야 한다. 다만, 필요하다고 인정한 때에는 신문할 증인을 법정안에 머무르게 할 수 있다.

제329조(대질신문)
재판장은 필요하다고 인정한 때에는 증인 서로의 대질을 명할 수 있다.

제330조(증인의 행위의무)
재판장은 필요하다고 인정한 때에는 증인에게 문자를 손수 쓰게 하거나 그 밖의 필요한 행위를 하게 할 수 있다.

제331조(증인의 진술원칙)
증인은 서류에 의하여 진술하지 못한다. 다만, 재판장이 허가하면 그러하지 아니하다.

제332조(수명법관 · 수탁판사의 권한)
수명법관 또는 수탁판사가 증인을 신문하는 경우에는 법원과 재판장의 직무를 행한다.

제3절 감정

제333조(증인신문규정의 준용)
감정에는 제2절의 규정을 준용한다. 다만, 제311조제2항 내지 제7항, 제312조, 제321조제2항, 제327조 및 제327조의2는 그러하지 아니하다. <개정 2016.3.29.>

제334조(감정의무)
① 감정에 필요한 학식과 경험이 있는 사람은 감정할 의무를 진다.
② 제314조 또는 제324조의 규정에 따라 증언 또는 선서를 거부할 수 있는 사람과 제322조에 규정된 사람은 감정인이 되지 못한다.

제335조(감정인의 지정)
감정인은 수소법원 · 수명법관 또는 수탁판사가 지정한다.

제335조의2(감정인의 의무)
① 감정인은 감정사항이 자신의 전문분야에 속하지 아니하는 경우 또는 그에 속하더라도 다른 감정인과 함께 감정을 하여야 하는 경우에는 곧바로 법원에 감정인의 지정 취소 또는 추가 지정을 요구하여야 한다.
② 감정인은 감정을 다른 사람에게 위임하여서는 아니 된다.
[본조신설 2016. 3. 29.]

제336조(감정인의 기피)
감정인이 성실하게 감정할 수 없는 사정이 있는 때에 당사자는 그를 기피할 수 있다. 다만, 당사자는 감정인이 감정사항에 관한 진술을 하기 전부터 기피할 이유가 있다는 것을 알고 있었던 때에는 감정사항에 관한 진술이 이루어진 뒤에 그를 기피하지 못한다.

제337조(기피의 절차)
① 기피신청은 수소법원 · 수명법관 또는 수탁판사에게 하여야 한다.
② 기피하는 사유는 소명하여야 한다.
③ 기피하는 데 정당한 이유가 있다고 한 결정에 대하여는 불복할 수 없고, 이유가 없다고 한 결정에 대하여는 즉시항고를 할 수 있다.

제338조(선서의 방식)
선서서에는 "양심에 따라 성실히 감정하고, 만일 거짓이 있으면 거짓감정의 벌을 받기로 맹세합니다."라고 적어야 한다.

제339조(감정진술의 방식)

① 재판장은 감정인으로 하여금 서면이나 말로써 의견을 진술하게 할 수 있다.

② 재판장은 여러 감정인에게 감정을 명하는 경우에는 다 함께 또는 따로따로 의견을 진술하게 할 수 있다.

③ 법원은 제1항 및 제2항에 따른 감정진술에 관하여 당사자에게 서면이나 말로써 의견을 진술할 기회를 주어야 한다. <신설 2016.3.29.>

▣판례-물품대금▣

[대법원 2019.3.14., 선고, 2018다255648, 판결]

【판시사항】

[1] 매도인이나 수급인의 담보책임을 기초로 한 손해배상채권의 제척기간이 지났으나, 제척기간이 지나기 전 상대방의 채권과 상계할 수 있었던 경우, 매수인이나 도급인이 민법 제495조를 유추적용해서 위 손해배상채권을 자동채권으로 해서 상대방의 채권과 상계할 수 있는지 여부(적극)

[2] 감정인의 감정 결과의 증명력

【판결요지】

[1] 민법 제495조는 "소멸시효가 완성된 채권이 그 완성 전에 상계할 수 있었던 것이면 그 채권자는 상계할 수 있다."라고 정하고 있다. 이는 당사자 쌍방의 채권이 상계적상에 있었던 경우에 당사자들은 채권·채무관계가 이미 정산되어 소멸하였거나 추후에 정산될 것이라고 생각하는 것이 일반적이라는 점을 고려하여 당사자들의 신뢰를 보호하기 위한 것이다.

매도인이나 수급인의 담보책임을 기초로 한 매수인이나 도급인의 손해배상채권의 제척기간이 지난 경우에도 민법 제495조를 유추적용해서 매수인이나 도급인이 상대방의 채권과 상계할 수 있는지 문제 된다.

매도인의 담보책임을 기초로 한 매수인의 손해배상채권 또는 수급인의 담보책임을 기초로 한 도급인의 손해배상채권이 각각 상대방의 채권과 상계적상에 있는 경우에 당사자들은 채권·채무관계가 이미 정산되었거나 정산될 것으로 기대하는 것이 일반적이므로, 그 신뢰를 보호할 필요가 있다. 이러한 손해배상채권의 제척기간이 지난 경우에도 그 기간이 지나기 전에 상대방에 대한 채권·채무관계의 정산 소멸에 대한 신뢰를 보호할 필요성이 있다는 점은 소멸시효가 완성된 채권의 경우와 아무런 차이가 없다.

따라서 매도인이나 수급인의 담보책임을 기초로 한 손해배상채권의 제척기간이 지난 경우에도 제척기간이 지나기 전 상대방의 채권과 상계할 수 있었던 경우에는 매수인이나 도급인은 민법 제495조를 유추적용해서 위 손해배상채권을 자동채권으로 해서 상대방의 채권과 상계할 수 있다고 봄이 타당하다.

[2] 감정인의 감정 결과는 그 감정 방법 등이 경험칙에 반하거나 합리성이 없는 등 현저한 잘못이 없는 한 이를 존중하여야 한다.

제339조의2(감정인신문의 방식)

① 감정인은 재판장이 신문한다.

② 합의부원은 재판장에게 알리고 신문할 수 있다.

③ 당사자는 재판장에게 알리고 신문할 수 있다. 다만, 당사자의 신문이 중복되거나 쟁점과 관계가 없는 때, 그 밖에 필요한 사정이 있는 때에는 재판장은 당사자의 신문을 제한할 수 있다.

[본조신설 2016.3.29.]

제339조의3(비디오 등 중계장치 등에 의한 감정인신문)
① 법원은 다음 각 호의 어느 하나에 해당하는 사람을 감정인으로 신문하는 경우 상당하다고 인정하는 때에는 당사자의 의견을 들어 비디오 등 중계장치에 의한 중계시설을 통하여 신문하거나 인터넷 화상장치를 이용하여 신문할 수 있다.
1. 감정인이 법정에 직접 출석하기 어려운 특별한 사정이 있는 경우
2. 감정인이 외국에 거주하는 경우
② 제1항에 따른 감정인신문에 관하여는 제327조의2제2항 및 제3항을 준용한다.
[본조신설 2016. 3. 29.]

제340조(감정증인)
특별한 학식과 경험에 의하여 알게 된 사실에 관한 신문은 증인신문에 관한 규정을 따른다. 다만, 비디오 등 중계장치 등에 의한 감정증인신문에 관하여는 제339조의3을 준용한다. <개정 2016.3.29.>

제341조(감정의 촉탁)
① 법원이 필요하다고 인정하는 경우에는 공공기관·학교, 그 밖에 상당한 설비가 있는 단체 또는 외국의 공공기관에 감정을 촉탁할 수 있다. 이 경우에는 선서에 관한 규정을 적용하지 아니한다.
② 제1항의 경우에 법원은 필요하다고 인정하면 공공기관·학교, 그 밖의 단체 또는 외국 공공기관이 지정한 사람으로 하여금 감정서를 설명하게 할 수 있다.
③ 제2항의 경우에는 제339조의3을 준용한다. <신설 2016.3.29.>

제342조(감정에 필요한 처분)
① 감정인은 감정을 위하여 필요한 경우에는 법원의 허가를 받아 남의 토지, 주거, 관리중인 가옥, 건조물, 항공기, 선박, 차량, 그 밖의 시설물안에 들어갈 수 있다.
② 제1항의 경우 저항을 받을 때에는 감정인은 국가경찰공무원에게 원조를 요청할 수 있다. <개정 2006.2.21.>

제4절 서증

제343조(서증신청의 방식)
당사자가 서증(書證)을 신청하고자 하는 때에는 문서를 제출하는 방식 또는 문서를 가진 사람에게 그것을 제출하도록 명할 것을 신청하는 방식으로 한다.

제344조(문서의 제출의무)
① 다음 각호의 경우에 문서를 가지고 있는 사람은 그 제출을 거부하지 못한다.
1. 당사자가 소송에서 인용한 문서를 가지고 있는 때
2. 신청자가 문서를 가지고 있는 사람에게 그것을 넘겨 달라고 하거나 보겠다고 요구할 수 있는 사법상의 권리를 가지고 있는 때
3. 문서가 신청자의 이익을 위하여 작성되었거나, 신청자와 문서를 가지고 있는 사람 사이의 법률관계에 관하여 작성된 것인 때. 다만, 다음 각목의

사유 가운데 어느 하나에 해당하는 경우에는 그러하지 아니하다.
가. 제304조 내지 제306조에 규정된 사항이 적혀있는 문서로서 같은 조문들에 규정된 동의를 받지 아니한 문서
나. 문서를 가진 사람 또는 그와 제314조 각호 가운데 어느 하나의 관계에 있는 사람에 관하여 같은 조에서 규정된 사항이 적혀 있는 문서
다. 제315조제1항 각호에 규정된 사항중 어느 하나에 규정된 사항이 적혀 있고 비밀을 지킬 의무가 면제되지 아니한 문서

② 제1항의 경우 외에도 문서(공무원 또는 공무원이었던 사람이 그 직무와 관련하여 보관하거나 가지고 있는 문서를 제외한다)가 다음 각호의 어느 하나에도 해당하지 아니하는 경우에는 문서를 가지고 있는 사람은 그 제출을 거부하지 못한다.
1. 제1항제3호나목 및 다목에 규정된 문서
2. 오로지 문서를 가진 사람이 이용하기 위한 문서

▣판례-문서제출명령에대한재항고▣

[대법원 2017.12.28., 자, 2015무423, 결정]

【판시사항】
[1] 민사소송법 제344조 제1항 제1호에서 정하고 있는 인용문서의 범위 및 이에 해당하면 같은 조 제2항에서 정하고 있는 '공무원이 그 직무와 관련하여 보관하거나 가지고 있는 문서'라도 문서 제출의무를 부담하는지 여부(원칙적 적극)
[2] 민사소송법 제344조 제1항 제1호에서 정하고 있는 인용문서가 공무원이 직무와 관련하여 보관하거나 가지고 있는 문서로서 공공기관의 정보공개에 관한 법률 제9조에서 정하고 있는 비공개대상정보에 해당하는 경우, 문서 제출의무를 부담하는지 여부(원칙적 적극)
[3] 문서제출명령 신청에 대하여 법원이 그 대상이 된 문서가 서증으로 필요한지를 판단하여 신청의 채택 여부를 결정할 수 있는지 여부(적극)

【판결요지】
[1] 민사소송법 제344조는 '문서의 제출의무'에 관하여 정하고 있는데, 제1항 제1호는 당사자가 소송에서 인용한 문서(이하 '인용문서'라 한다)를 가지고 있는 때에는 문서를 가지고 있는 사람은 그 제출을 거부하지 못한다고 정하고 있다. 제2항은 제1항의 경우 외에도 문서의 제출의무가 인정되는 사유를 정하면서 '공무원 또는 공무원이었던 사람이 그 직무와 관련하여 보관하거나 가지고 있는 문서'에 대해서는 제2항에 따른 문서 제출의무의 대상에서 제외하고 있다.
민사소송법 제344조 제1항 제1호에서 정하고 있는 인용문서는 당사자가 소송에서 문서 그 자체를 증거로서 인용한 경우뿐만 아니라 자기주장을 명백히 하기 위하여 적극적으로 문서의 존재와 내용을 언급하여 자기주장의 근거나 보조 자료로 삼은 문서도 포함한다. 또한 위 조항의 인용문서에 해당하면, 그것이 같은 조 제2항에서 정하고 있는 '공무원이 그 직무와 관련하여 보관하거나 가지고 있는 문서'라도 특별한 사정이 없는 한 문서 제출의무를 면할 수 없다.
[2] 민사소송법 제344조 제1항 제1호의 문언, 내용, 체계와 입법 목적 등에 비추어 볼 때, 인용문서가 공무원이 직무와 관련하여 보관하거나 가지고 있는 문서로서 공공기관의 정보공개에 관한 법률 제9조에서 정하고 있는 비공개대상정보에 해당한다고 하더라도, 특별한 사정이 없는 한 그에 관한 문서 제출의무를 면할 수 없다.
[3] 문서를 가진 사람에게 그것을 제출하도록 명할 것을 신청하는 것은 서증을 신청하는 방식 중의 하나이다(민사소송법 제343조). 법원은 제출명령신청의 대상이 된 문서가 서증으로 필요한지를 판단하여 민사소송법 제290조 본문에 따라 그 신청의 채택 여부를 결정할 수 있다.

제345조(문서제출신청의 방식)
문서제출신청에는 다음 각호의 사항을 밝혀야 한다.
1. 문서의 표시
2. 문서의 취지
3. 문서를 가진 사람
4. 증명할 사실
5. 문서를 제출하여야 하는 의무의 원인

제346조(문서목록의 제출)
제345조의 신청을 위하여 필요하다고 인정하는 경우에는, 법원은 신청대상이 되는 문서의 취지나 그 문서로 증명할 사실을 개괄적으로 표시한 당사자의 신청에 따라, 상대방 당사자에게 신청내용과 관련하여 가지고 있는 문서 또는 신청내용과 관련하여 서증으로 제출할 문서에 관하여 그 표시와 취지 등을 적어 내도록 명할 수 있다.

제347조(제출신청의 허가여부에 대한 재판)
① 법원은 문서제출신청에 정당한 이유가 있다고 인정한 때에는 결정으로 문서를 가진 사람에게 그 제출을 명할 수 있다.
② 문서제출의 신청이 문서의 일부에 대하여만 이유 있다고 인정한 때에는 그 부분만의 제출을 명하여야 한다.
③ 제3자에 대하여 문서의 제출을 명하는 경우에는 제3자 또는 그가 지정하는 자를 심문하여야 한다.
④ 법원은 문서가 제344조에 해당하는지를 판단하기 위하여 필요하다고 인정하는 때에는 문서를 가지고 있는 사람에게 그 문서를 제시하도록 명할 수 있다. 이 경우 법원은 그 문서를 다른 사람이 보도록 하여서는 안된다.

제348조(불복신청)
문서제출의 신청에 관한 결정에 대하여는 즉시항고를 할 수 있다.

제349조(당사자가 문서를 제출하지 아니한 때의 효과)
당사자가 제347조제1항·제2항 및 제4항의 규정에 의한 명령에 따르지 아니한 때에는 법원은 문서의 기재에 대한 상대방의 주장을 진실한 것으로 인정할 수 있다.

제350조(당사자가 사용을 방해한 때의 효과)
당사자가 상대방의 사용을 방해할 목적으로 제출의무가 있는 문서를 훼손하여 버리거나 이를 사용할 수 없게 한 때에는, 법원은 그 문서의 기재에 대한 상대방의 주장을 진실한 것으로 인정할 수 있다.

제351조(제3자가 문서를 제출하지 아니한 때의 제재)
제3자가 제347조제1항·제2항 및 제4항의 규정에 의한 명령에 따르지 아니한 때에는 제318조의 규정을 준용한다.

제352조(문서송부의 촉탁)
서증의 신청은 제343조의 규정에 불구하고 문서를 가지고 있는 사람에게 그 문서를 보내도록 촉탁할 것을 신청함으로써도 할 수 있다. 다만, 당사자가 법령에 의하여 문서의 정본 또는 등본을 청구할 수 있는 경우에는 그러하지 아니하다.

제352조의2(협력의무)
① 제352조에 따라 법원으로부터 문서의 송부를 촉탁받은 사람 또는 제297조에 따른 증거조사의 대상인 문서를 가지고 있는 사람은 정당한 사유가 없는 한 이에 협력하여야 한다.
② 문서의 송부를 촉탁받은 사람이 그 문서를 보관하고 있지 아니하거나 그 밖에 송부촉탁에 따를 수 없는 사정이 있는 때에는 법원에 그 사유를 통지하여야 한다.
[본조신설 2007.5.17.]

제353조(제출문서의 보관)
법원은 필요하다고 인정하는 때에는 제출되거나 보내 온 문서를 맡아 둘 수 있다.

제354조(수명법관·수탁판사에 의한 조사)
① 법원은 제297조의 규정에 따라 수명법관 또는 수탁판사에게 문서에 대한 증거조사를 하게 하는 경우에 그 조서에 적을 사항을 정할 수 있다.
② 제1항의 조서에는 문서의 등본 또는 초본을 붙여야 한다.

제355조(문서제출의 방법 등)
① 법원에 문서를 제출하거나 보낼 때에는 원본, 정본 또는 인증이 있는 등본으로 하여야 한다.
② 법원은 필요하다고 인정하는 때에는 원본을 제출하도록 명하거나 이를 보내도록 촉탁할 수 있다.
③ 법원은 당사자로 하여금 그 인용한 문서의 등본 또는 초본을 제출하게 할 수 있다.
④ 문서가 증거로 채택되지 아니한 때에는 법원은 당사자의 의견을 들어 제출된 문서의 원본·정본·등본·초본 등을 돌려주거나 폐기할 수 있다.

제356조(공문서의 진정의 추정)
① 문서의 작성방식과 취지에 의하여 공무원이 직무상 작성한 것으로 인정한 때에는 이를 진정한 공문서로 추정한다.
② 공문서가 진정한지 의심스러운 때에는 법원은 직권으로 해당 공공기관에 조회할 수 있다.
③ 외국의 공공기관이 작성한 것으로 인정한 문서에는 제1항 및 제2항의 규정을 준용한다.

제357조(사문서의 진정의 증명)
사문서는 그것이 진정한 것임을 증명하여야 한다.

제358조(사문서의 진정의 추정)
사문서는 본인 또는 대리인의 서명이나 날인 또는 무인(拇印)이 있는 때에는 진정한 것으로 추정한다.

▣판례-소유권확인▣

[대법원 2018.4.12., 선고, 2017다292244, 판결]

【판시사항】

[1] 부동산 매도증서에 의용 부동산등기법 제35조 제1항, 제60조 제1항에 따른 등기번호, 등기순위, 등기제 등의 기재와 등기소인이 날인되어 있는 경우, 매도증서에 기재된 부동산에 관하여 기재된 등기번호와 순위번호에 따른 등기가 마쳐졌다고 인정하여야 하는지 여부(원칙적 적극)

[2] 민사소송법 제356조 제1항에서 정한 공문서의 진정성립 추정이 번복되는 경우

[3] 매도증서 등에 등기소의 등기제 기재가 첨가됨으로써 사문서와 공문서로 구성된 문서의 경우, 공문서 부분의 성립이 인정되면 사문서 부분인 매도증서 자체의 진정성립이 추정되거나 인정되는지 여부(소극)

【판결요지】

[1] 의용 부동산등기법 제35조 제1항, 제60조 제1항은 등기를 신청함에는 등기원인을 증명하는 서면을 제출하여야 하고, 등기관리가 등기를 완료한 때에는 등기원인을 증명하는 서면 또는 신청서 부본에 등기번호, 신청서 수부(受附) 연월일, 수부번호(受附番號), 순위번호 및 등기제(登記濟)의 뜻을 기재하고, 등기소의 인을 압날하여 이를 등기권리자에게 환부하여야 한다고 규정하고 있다. 그러므로 매도증서에 위 규정에 따른 등기번호, 등기순위, 등기제 등의 기재와 등기소인이 날인되어 있는 사실이 인정된다면, 이는 등기 신청 시 등기원인을 증명하는 서면으로 제출되었다가 등기관리가 등기를 완료하고 등기권리자에게 되돌려준 것으로 보지 않을 수 없다. 따라서 특별한 사정이 없는 한 그 서면에 기재된 부동산에 관하여 그 기재의 등기번호와 순위번호에 따른 등기가 마쳐졌다고 인정하여야 한다.

[2] 민사소송법 제356조 제1항은 문서의 작성방식과 취지에 의하여 공무원이 직무상 작성한 것으로 인정한 때에는 이를 진정한 공문서로 추정한다고 규정하고 있으나, 위조 또는 변조 등 특별한 사정이 있다고 볼 만한 반증이 있는 경우에는 위와 같은 추정은 깨어진다.

[3] 매도증서 등에 등기소의 등기제(登記濟)의 기재가 첨가됨으로써 사문서와 공문서로 구성된 문서는 공증에 관한 문서와는 달라 공문서 부분 성립이 인정된다고 하여 바로 사문서 부분인 매도증서 자체의 진정성립이 추정되거나 인정될 수는 없다.

제359조(필적 또는 인영의 대조)
문서가 진정하게 성립된 것인지 어떤지는 필적 또는 인영(印影)을 대조하여 증명할 수 있다.

제360조(대조용문서의 제출절차)

① 대조에 필요한 필적이나 인영이 있는 문서, 그 밖의 물건을 법원에 제출하거나 보내는 경우에는 제343조, 제347조 내지 제350조, 제352조 내지 제354조의 규정을 준용한다.

② 제3자가 정당한 사유 없이 제1항의 규정에 의한 제출명령에 따르지 아니한 때에 법원은 결정으로 200만원 이하의 과태료에 처한다.

③ 제2항의 결정에 대하여는 즉시항고를 할 수 있다.

제361조(상대방이 손수 써야 하는 의무)
① 대조하는 데에 적당한 필적이 없는 때에는 법원은 상대방에게 그 문자를 손수 쓰도록 명할 수 있다.
② 상대방이 정당한 이유 없이 제1항의 명령에 따르지 아니한 때에는 법원은 문서의 진정여부에 관한 확인신청자의 주장을 진실한 것으로 인정할 수 있다. 필치(筆致)를 바꾸어 손수 쓴 때에도 또한 같다.

제362조(대조용문서의 첨부)
대조하는 데에 제공된 서류는 그 원본·등본 또는 초본을 조서에 붙여야 한다.

제363조(문서성립의 부인에 대한 제재)
① 당사자 또는 그 대리인이 고의나 중대한 과실로 진실에 어긋나게 문서의 진정을 다툰 때에는 법원은 결정으로 200만원 이하의 과태료에 처한다.
② 제1항의 결정에 대하여는 즉시항고를 할 수 있다.
③ 제1항의 경우에 문서의 진정에 대하여 다툰 당사자 또는 대리인이 소송이 법원에 계속된 중에 그 진정을 인정하는 때에는 법원은 제1항의 결정을 취소할 수 있다.

제5절 검증

제364조(검증의 신청)
당사자가 검증을 신청하고자 하는 때에는 검증의 목적을 표시하여 신청하여야 한다.

제365조(검증할 때의 감정 등)
수명법관 또는 수탁판사는 검증에 필요하다고 인정할 때에는 감정을 명하거나 증인을 신문할 수 있다.

제366조(검증의 절차 등)
① 검증할 목적물을 제출하거나 보내는 데에는 제343조, 제347조 내지 제350조, 제352조 내지 제354조의 규정을 준용한다.
② 제3자가 정당한 사유 없이 제1항의 규정에 의한 제출명령에 따르지 아니한 때에는 법원은 결정으로 200만원 이하의 과태료에 처한다. 이 결정에 대하여는 즉시항고를 할 수 있다.
③ 법원은 검증을 위하여 필요한 경우에는 제342조제1항에 규정된 처분을 할 수 있다. 이 경우 저항을 받은 때에는 국가경찰공무원에게 원조를 요청할 수 있다. <개정 2006.2.21.>

제6절 당사자신문

제367조(당사자신문)
법원은 직권으로 또는 당사자의 신청에 따라 당사자 본인을 신문할 수 있다. 이 경우 당사자에게 선서를 하게 하여야 한다.

제368조(대질)
재판장은 필요하다고 인정한 때에 당사자 서로의 대질 또는 당사자와 증인의 대질을 명할 수 있다.

제369조(출석 · 선서 · 진술의 의무)
당사자가 정당한 사유 없이 출석하지 아니하거나 선서 또는 진술을 거부한 때에는 법원은 신문사항에 관한 상대방의 주장을 진실한 것으로 인정할 수 있다.

제370조(거짓 진술에 대한 제재)
① 선서한 당사자가 거짓 진술을 한 때에는 법원은 결정으로 500만원 이하의 과태료에 처한다.
② 제1항의 결정에 대하여는 즉시항고를 할 수 있다.
③ 제1항의 결정에는 제363조제3항의 규정을 준용한다.

제371조(신문조서)
당사자를 신문한 때에는 선서의 유무와 진술 내용을 조서에 적어야 한다.

제372조(법정대리인의 신문)
소송에서 당사자를 대표하는 법정대리인에 대하여는 제367조 내지 제371조의 규정을 준용한다. 다만, 당사자 본인도 신문할 수 있다.

제373조(증인신문 규정의 준용)
이 절의 신문에는 제309조, 제313조, 제319조 내지 제322조, 제327조와 제330조 내지 제332조의 규정을 준용한다.

제7절 그 밖의 증거

제374조(그 밖의 증거) 도면 · 사진 · 녹음테이프 · 비디오테이프 · 컴퓨터용 자기디스크, 그 밖에 정보를 담기 위하여 만들어진 물건으로서 문서가 아닌 증거의 조사에 관한 사항은 제3절 내지 제5절의 규정에 준하여 대법원규칙으로 정한다.

제8절 증거보전

제375조(증거보전의 요건)
법원은 미리 증거조사를 하지 아니하면 그 증거를 사용하기 곤란할 사정이 있다고 인정한 때에는 당사자의 신청에 따라 이 장의 규정에 따라 증거조사를 할 수 있다.

제376조(증거보전의 관할)
① 증거보전의 신청은 소를 제기한 뒤에는 그 증거를 사용할 심급의 법원에 하여야 한다. 소를 제기하기 전에는 신문을 받을 사람이나 문서를 가진 사람의 거소 또는 검증하고자 하는 목적물이 있는 곳을 관할하는 지방법원에 하여야 한다.

② 급박한 경우에는 소를 제기한 뒤에도 제1항 후단에 규정된 지방법원에 증거보전의 신청을 할 수 있다.

제377조(신청의 방식)
① 증거보전의 신청에는 다음 각호의 사항을 밝혀야 한다.
1. 상대방의 표시
2. 증명할 사실
3. 보전하고자 하는 증거
4. 증거보전의 사유

② 증거보전의 사유는 소명하여야 한다.

제378조(상대방을 지정할 수 없는 경우)
증거보전의 신청은 상대방을 지정할 수 없는 경우에도 할 수 있다. 이 경우 법원은 상대방이 될 사람을 위하여 특별대리인을 선임할 수 있다.

제379조(직권에 의한 증거보전)
법원은 필요하다고 인정한 때에는 소송이 계속된 중에 직권으로 증거보전을 결정할 수 있다.

제380조(불복금지)
증거보전의 결정에 대하여는 불복할 수 없다.

제381조(당사자의 참여)
증거조사의 기일은 신청인과 상대방에게 통지하여야 한다. 다만, 긴급한 경우에는 그러하지 아니하다.

제382조(증거보전의 기록)
증거보전에 관한 기록은 본안소송의 기록이 있는 법원에 보내야 한다.

제383조(증거보전의 비용)
증거보전에 관한 비용은 소송비용의 일부로 한다.

제384조(변론에서의 재신문)
증거보전절차에서 신문한 증인을 당사자가 변론에서 다시 신문하고자 신청한 때에는 법원은 그 증인을 신문하여야 한다.

법원밖에서의 서증조사에 관한 업무처리요령(재민 2004-5)

개정 2004.12.29. [재판예규 제998-2호, 시행 2005.2.21.]

제1조 (목적)

이 예규는 법원이 문서제출명령이나 문서송부촉탁에 의한 서증조사가 어려운 경우에 민사소송규칙 제112조의 규정에 따라 그 문서가 있는 장소에서 실시하는 서증조사에 관하여 필요한 사항을 정함을 목적으로 한다.

제2조 (법원밖 서증조사의 준비)

법원서기관·법원사무관·법원주사 또는 법원주사보(이하 "법원사무관등"이라 한다)는 법원밖 서증조사가 채택된 경우에는 지체없이 다음 각호의 업무를 수행하여야 한다.

1. 문서가 있는 장소의 문서관리책임자와 소관부서를 정확히 확인한 다음 서증조사협조의뢰(전산양식 A1705)를 발송
2. 양쪽 당사자에게 서증조사기일을 통지
3. 신청인에게 제3조의 규정에 따른 문서의 지정행위를 위하여 반드시 기일에 출석하여야 함을 고지
4. 신청인에게 법관 및 법원사무관등의 여비·숙박료(민사소송비용규칙 제4조에 정한 금액)에 해당하는 비용을 예납하도록 안내

제3조 (법원밖 서증조사의 실시)

① 신청인은 서증조사기일이 열리면 서증조사절차에 참여하여 보관중인 문서 중 서증으로 신청할 문서를 개별적으로 지정하고 서증부호와 번호를 붙여야 한다.

② 재판장(또는 수명법관·수탁판사)은 서증조사기일에 신청인이 제1항의 규정에 따라 신청할 서증 부분을 지정하면 문서보관장소의 담당 직원에게 그 부분을 복사하게 하고, 서증 사본 1통씩을 직접 재판장에게 제출할 것을 요청하여야 하며, 그 밖에 당사자 소지용 또는 상대방 교부용의 복사청구에는 응하지 아니하도록 한다.

③ 신청인은 제2항의 규정에 따라 복사한 서증 사본에 직접 제1항의 규정에 따라 붙인 서증부호와 번호를 기재하여야 한다. 이 경우에 서증 사본에 원본과 틀림이 없다는 취지의 기재 및 기명날인(또는 서명)은 생략하고, 신청인에게는 따로 서증 사본의 제출을 요구하지 아니한다.

④ 서증의 인부를 위하여 필요한 경우에는 상대방에게 당해 서증(서증조사 장소에서는 원본, 법정에서는 기록에 편철된 사본)을 열람하게 한다.

⑤ 신청인은 문서보관장소에서 제2항의 규정에 따른 문서복사를 위하여 요구되는 절차(복사신청서의 작성 등)를 이행하여야 하고, 복사수수료도 신청인이 부담한다.

제4조 (수명법관·수탁판사에 의한 법원밖 서증조사의 특칙)

① 수명법관 또는 수탁판사가 민사소송법 제354조의 규정에 따라 법원밖 서증조사를 실시하는 때에는 제3조 제2항의 규정에 따라 제출되는 서증 사본에 법

원사무관등이 수명법관 또는 수탁판사의 지시를 받아 원본과 틀림이 없다는 취지를 기재하고 기명날인(또는 서명)하여 조서에 붙여야 한다.

② 신청인에게는 제1항의 규정에 따라 조서에 붙이는 문서의 등본·초본에 바로 서증부호와 번호를 붙이게 하고, 따로 서증 사본의 제출을 요구하지 아니한다.

제5조 (조서의 작성)

① 법원밖 서증조사가 실시된 경우에는 기일조서를 따로 작성하지 아니하고, 서증조사조서(전산양식 A1665)를 작성하여야 한다. 이 경우 서증조사조서는 색지조서(재일 2003-10 참조)를 사용하여 작성하고, 서증조사조서와 제출된 서증 사본 사이에는 간인을 하지 아니한다.

② 수명법관 또는 수탁판사가 서증조사를 실시하는 경우에 법원사무관등은 그 문서의 증거가치를 판단하는 데 필요한 사항(예컨대, 인부의 요지, 종이·필기구의 종류, 필적, 삽입·삭제·정정 부분의 유무 등)으로서 사본에 의하여 현출이 곤란한 사항을 빠짐없이 조서에 기재하여야 한다.

부 칙(2004.12.29 제998호)

제1조(시행일) 이 예규는 2005. 2. 21.부터 시행한다.

제2조 생략

제3조 생략

제4조(관련 예규의 개정)

① 생략

② "법원밖에서의 서증조사에 관한 업무처리요령(재민 2004-5)" 중 제5조 제1항, 제3항을 삭제하고, 제2항을 제1항으로, 제4항을 제2항으로 한다.

제4장 제소전화해(提訴前和解)의 절차

제385조(화해신청의 방식)
① 민사상 다툼에 관하여 당사자는 청구의 취지·원인과 다투는 사정을 밝혀 상대방의 보통재판적이 있는 곳의 지방법원에 화해를 신청할 수 있다.
② 당사자는 제1항의 화해를 위하여 대리인을 선임하는 권리를 상대방에게 위임할 수 없다.
③ 법원은 필요한 경우 대리권의 유무를 조사하기 위하여 당사자본인 또는 법정대리인의 출석을 명할 수 있다.
④ 화해신청에는 그 성질에 어긋나지 아니하면 소에 관한 규정을 준용한다.

제386조(화해가 성립된 경우)
화해가 성립된 때에는 법원사무관등은 조서에 당사자, 법정대리인, 청구의 취지와 원인, 화해조항, 날짜와 법원을 표시하고 판사와 법원사무관등이 기명날인 또는 서명한다. <개정 2017.10.31.>

제387조(화해가 성립되지 아니한 경우)
① 화해가 성립되지 아니한 때에는 법원사무관등은 그 사유를 조서에 적어야 한다.
② 신청인 또는 상대방이 기일에 출석하지 아니한 때에는 법원은 이들의 화해가 성립되지 아니한 것으로 볼 수 있다.
③ 법원사무관등은 제1항의 조서등본을 당사자에게 송달하여야 한다.

제388조(소제기신청)
① 제387조의 경우에 당사자는 소제기신청을 할 수 있다.
② 적법한 소제기신청이 있으면 화해신청을 한 때에 소가 제기된 것으로 본다. 이 경우 법원사무관등은 바로 소송기록을 관할법원에 보내야 한다.
③ 제1항의 신청은 제387조제3항의 조서등본이 송달된 날부터 2주 이내에 하여야 한다. 다만, 조서등본이 송달되기 전에도 신청할 수 있다.
④ 제3항의 기간은 불변기간으로 한다.

제389조(화해비용)
화해비용은 화해가 성립된 경우에는 특별한 합의가 없으면 당사자들이 각자 부담하고, 화해가 성립되지 아니한 경우에는 신청인이 부담한다. 다만, 소제기신청이 있는 경우에는 화해비용을 소송비용의 일부로 한다.

제3편 상소
제1장 항소

제390조(항소의 대상)
① 항소(抗訴)는 제1심 법원이 선고한 종국판결에 대하여 할 수 있다. 다만, 종국판결 뒤에 양 쪽 당사자가 상고(上告)할 권리를 유보하고 항소를 하지 아

니하기로 합의한 때에는 그러하지 아니하다.
② 제1항 단서의 합의에는 제29조제2항의 규정을 준용한다.

제391조(독립한 항소가 금지되는 재판)
소송비용 및 가집행에 관한 재판에 대하여는 독립하여 항소를 하지 못한다.

제392조(항소심의 판단을 받는 재판)
종국판결 이전의 재판은 항소법원의 판단을 받는다. 다만, 불복할 수 없는 재판과 항고(抗告)로 불복할 수 있는 재판은 그러하지 아니하다.

제393조(항소의 취하)
① 항소는 항소심의 종국판결이 있기 전에 취하할 수 있다.
② 항소의 취하에는 제266조제3항 내지 제5항 및 제267조제1항의 규정을 준용한다.

▣판례-정산금등▣

[대법원 2018.5.30., 선고, 2017다21411, 판결]

【판시사항】

[1] 당사자 사이에 항소취하의 합의가 있는데도 항소취하서가 제출되지 않는 경우, 상대방이 이를 항변으로 주장할 수 있는지 여부(적극) 및 이때 법원이 취하여야 할 조치 / 항소심에서 청구의 교환적 변경을 할 수 있는지 여부(적극) / 항소심에서 청구의 교환적 변경 신청이 있었으나, 그 시점에 항소취하서가 법원에 제출되지 않은 경우, 법원이 취하여야 할 조치 / 항소심에서 청구의 교환적 변경이 적법하게 이루어진 경우, 항소심의 심판대상 및 이때 항소심이 제1심판결이 있음을 전제로 항소각하 판결을 할 수 있는지 여부(소극)
[2] 분쟁의 대상인 법률관계 자체에 관한 착오를 이유로 화해계약을 취소할 수 있는지 여부(소극)

【판결요지】

[1] 당사자 사이에 항소취하의 합의가 있는데도 항소취하서가 제출되지 않는 경우 상대방은 이를 항변으로 주장할 수 있고, 이 경우 항소심법원은 항소의 이익이 없다고 보아 그 항소를 각하함이 원칙이다.
청구의 교환적 변경은 기존 청구의 소송계속을 소멸시키고 새로운 청구에 대하여 법원의 판단을 받고자 하는 소송법상 행위이다. 항소심의 소송절차에는 특별한 규정이 없으면 제1심의 소송절차에 관한 규정이 준용되므로(민사소송법 제408조), 항소심에서도 청구의 교환적 변경을 할 수 있다.
청구의 변경 신청이나 항소취하는 법원에 대한 소송행위로서, 청구취지의 변경은 서면으로 신청하여야 하고(민사소송법 제262조 제2항), 항소취하는 서면으로 하는 것이 원칙이나 변론 또는 변론준비기일에서 말로 할 수도 있다(민사소송법 제393조 제2항, 제266조 제3항).
항소심에서 청구의 교환적 변경 신청이 있는 경우 그 시점에 항소취하서가 법원에 제출되지 않은 이상 법원은 특별한 사정이 없는 한 민사소송법 제262조에서 정한 청구변경의 요건을 갖추었는지에 따라 허가 여부를 결정하면 된다.
항소심에서 청구의 교환적 변경이 적법하게 이루어지면, 청구의 교환적 변경에 따라 항소심의 심판대상이었던 제1심판결이 실효되고 항소심의 심판대상은 새로운 청구로 바뀐다. 이러한 경우 항소심은 제1심판결이 있음을 전제로 한 항소각하 판결을 할 수 없고, 사실상 제1심으로서 새로운 청구의 당부를 판단하여야 한다.

[2] 화해계약이 성립하면 특별한 사정이 없는 한 그 창설적 효력에 따라 종전의 법률관계를 바탕으로 한 권리의무관계는 소멸하고, 계약 당사자 사이에 종전의 법률관계가 어떠하였는지를 묻지 않고 화해계약에 따라 새로운 법률관계가 생긴다. 따라서 화해계약의 의사표시에 착오가 있더라도 이것이 당사자의 자격이나 화해계약의 대상인 분쟁 이외의 사항에 관한 것이 아니고 분쟁의 대상인 법률관계 자체에 관한 것일 때에는 이를 취소할 수 없다.

제394조(항소권의 포기)
항소권은 포기할 수 있다.

제395조(항소권의 포기방식)
① 항소권의 포기는 항소를 하기 이전에는 제1심 법원에, 항소를 한 뒤에는 소송기록이 있는 법원에 서면으로 하여야 한다.
② 항소권의 포기에 관한 서면은 상대방에게 송달하여야 한다.
③ 항소를 한 뒤의 항소권의 포기는 항소취하의 효력도 가진다.

제396조(항소기간)
① 항소는 판결서가 송달된 날부터 2주 이내에 하여야 한다. 다만, 판결서 송달 전에도 할 수 있다.
② 제1항의 기간은 불변기간으로 한다.

Q. 사위(詐僞)판결에 대한 항소없이 곧바로 이전등기말소청구 가능한지?

질문

乙은 甲을 상대로 부동산소유권이전등기청구의 소송을 제기하면서 甲의 주소를 허위로 기재하여 甲이 아닌 다른 사람에게 그 소송서류가 송달되도록 하여 의제자백으로 승소판결을 받은 후 그 판결에 기하여 甲의 부동산에 대한 소유권이전등기를 경료하였는바, 이러한 경우 甲으로서는 사위판결(詐僞判決)임을 이유로 항소하는 방법 이외에 乙을 상대로 위 부동산소유권이전등기의 말소청구의 소를 곧바로 제기하여 구제 받을 수는 없는지요?

답변

「민사소송법」제396조는 "①항소는 판결서가 송달된 날로부터 2주 이내에 하여야 한다. 다만, 판결서 송달 전에도 할 수 있다. ②제1항의 기간은 불변기간으로 한다."라고 규정하고 있습니다.
그런데 상대방의 주소를 허위로 기재하여 얻은 판결, 이른바 사위(詐僞)판결이 기판력이 있는지에 관하여 판례는 "종국판결의 기판력은 판결의 형식적 확정을 전제로 하여 발생하는 것이므로, 공시송달의 방법에 의하여 송달된 것이 아니고 허위로 표시한 주소로 송달하여 상대방 아닌 다른 사람이 그 소송서류를 받아 의제자백의 형식으로 판결이 선고되고 다른 사람이 판결정본을 수령하였을 때에는 상대방은 아직도 판결정본을 받지 않은 상태에 있는 것으로서 위 사위판결은 확정판결이 아니어서 기판력이 없다."라고 하였습니다(대법원 1978. 5. 9. 선고 75다634 판결).
또한, 위 사안에서와 같이 사위(詐僞)판결로 인하여 부동산소유권이 이전된 경우 그 사위(詐僞)판결에 대하여 항소하지 않고 곧바로 그 소유권이전등기의 말소를 구할 수 있는지에 관하여 판례는 "제소자가 상대방의 주소를 허위로 기재함으로써 그 허위주소로 소송서류가 송달되어 그로 인하여 상대방 아닌 다른 사람이 그 서류를 받아 의제자백의 형식으로 제소자 승소의 판결이 선고되고 그 판결정본 역시 허위의 주소로 보내어져 송달된 것으로 처리된 경우에는 상대방에 대한 판결의 송달은 부적법하여 무효라 할 것이므로, 상대방은 아직도 판결정본의 송달을 받지 않은 상태에 있어 이에 대하여 상소를 제기할 수 있을 뿐만 아니라, 만약 위 판결에 기하여 부동산에 관한 소유권이전등기나 말소등기가 경료된 경우에는 별소(別訴)로서 위 등기의 말소를 구할 수도 있다(대법원 1981. 3. 24. 선고 80다2220 판결, 1992. 4. 24. 선고 91다38631 판결). 그 중 별소를 통하여 원상회복을 시도하는 경우 그 제소할 수 있는 기간을 상대방이 사위판결의 선고사실을 숙지하게 된 때로부터 2주일 이내로 한정할 것은 아니라 할 것이며, 그 이유는 이 경우 상대방이 사위(詐僞)판결의 선고사실을 송달 이외의 방법으로 숙지하게 되었다 하더라도 아직 위 사위(詐僞)판결에 의한 소유권이전등기 또는 말소등기의 집행이 이루어지지 아니한 상태라면 별소로서 다툴 대상조차 존재하지 아니하고 또한 원인무효인 등기에 대하여 말소를 구할 수 있는 기간을 제한하는 법률상의 근거도 찾아볼 수 없기 때문이다."라고 하였습니다(대법원 1995. 5. 9. 선고 94다41010 판결).
따라서 위 사안에서도 甲은 乙이 甲의 주소를 허위로 기재하여 얻은 판결, 이른바 사위(詐僞)판결은 기판력이 인정되지 않으므로 사위(詐僞)판결에 대한 항소를 하지 않고 곧바로 위 부동산소유권이전등기의 말소청구소송을 제기할 수 있을 것으로 보입니다.

제397조(항소의 방식, 항소장의 기재사항)

① 항소는 항소장을 제1심 법원에 제출함으로써 한다.
② 항소장에는 다음 각호의 사항을 적어야 한다.
  1. 당사자와 법정대리인
  2. 제1심 판결의 표시와 그 판결에 대한 항소의 취지

제398조(준비서면규정의 준용)

항소장에는 준비서면에 관한 규정을 준용한다.

제399조(원심재판장등의 항소장심사권)

① 항소장이 제397조제2항의 규정에 어긋난 경우와 항소장에 법률의 규정에 따른 인지를 붙이지 아니한 경우에는 원심재판장은 항소인에게 상당한 기간을 정하여 그 기간 이내에 흠을 보정하도록 명하여야 한다. 원심재판장은 법원사무관등으로 하여금 위 보정명령을 하게 할 수 있다. <개정 2014. 12. 30.>
② 항소인이 제1항의 기간 이내에 흠을 보정하지 아니한 때와, 항소기간을 넘긴 것이 분명한 때에는 원심재판장은 명령으로 항소장을 각하하여야 한다.
③ 제2항의 명령에 대하여는 즉시항고를 할 수 있다.
[제목개정 2014.12.30.]

제400조(항소기록의 송부)

① 항소장이 각하되지 아니한 때에 원심법원의 법원사무관등은 항소장이 제출된 날부터 2주 이내에 항소기록에 항소장을 붙여 항소법원으로 보내야 한다.
② 제399조제1항의 규정에 의하여 원심재판장등이 흠을 보정하도록 명한 때에는 그 흠이 보정된 날부터 1주 이내에 항소기록을 보내야 한다. <개정 2014.12.30.>

제401조(항소장부본의 송달)
항소장의 부본은 피항소인에게 송달하여야 한다.

제402조(항소심재판장등의 항소장심사권)
① 항소장이 제397조제2항의 규정에 어긋나거나 항소장에 법률의 규정에 따른 인지를 붙이지 아니하였음에도 원심재판장등이 제399조제1항의 규정에 의한 명령을 하지 아니한 경우, 또는 항소장의 부본을 송달할 수 없는 경우에는 항소심재판장은 항소인에게 상당한 기간을 정하여 그 기간 이내에 흠을 보정하도록 명하여야 한다. 항소심재판장은 법원사무관등으로 하여금 위 보정명령을 하게 할 수 있다. <개정 2014.12.30.>
② 항소인이 제1항의 기간 이내에 흠을 보정하지 아니한 때, 또는 제399조제2항의 규정에 따라 원심재판장이 항소장을 각하하지 아니한 때에는 항소심재판장은 명령으로 항소장을 각하하여야 한다.
③ 제2항의 명령에 대하여는 즉시항고를 할 수 있다.
[제목개정 2014.12.30.]

▣판례-인신보호▣

[창원지법 2015.6.22., 자, 2015인라4, 결정 : 확정]

【판시사항】
인신보호사건의 항고심에서 서면심리 방식으로 심리를 진행하는 것이 가능한지 여부(적극) / 항고인에게 항고이유서 제출의무가 있는지 여부(소극) 및 법원이 항고이유서에 기재된 항고이유에 국한하여 조사해야 하는지 여부(소극)

【판결요지】
인신보호사건의 항고심의 심리방식은 특별한 규정이 없는 한 민사소송법상 항고심의 심리방식에 의한다(인신보호법 제15조, 제17조, 인신보호규칙 제18조). 항고사건은 결정으로 완결할 사건이므로 필수적 변론을 거칠 필요가 없고, 항고법원은 항고사건을 심리함에 있어 필요하다고 인정하는 때에는 항고인·이해관계인 기타 참고인을 심문할 수 있다(민사소송법 제134조 제2항). 따라서 항고심은 반드시 제1심의 심리방식(인신보호법 제10조 제1항, 제12조 제1항 본문에 따라 필수적으로 심문기일을 지정하여 구제청구자와 피수용자를 소환한 다음 원칙적으로 공개법정에서 심문을 진행하는 방식)에 의할 필요는 없으므로, 항고심에서 당사자, 보호관찰소, 전문의료기관 등이 제출한 서면 및 제1심 소송기록에 대한 서면심리의 방식으로 심리를 진행하는 것도 가능하다. 또한 항고법원의 소송절차에는 성질에 위배되지 아니하면 항소에 관한 규정이 준용된다(민사소송법 제443조 제1항). 즉시항고가 기간을 넘긴 것인데도 원심재판장이 즉시항고장을 각하하지 아니한 경우에는 항고심의 재판장이 명령으로 즉시항고장을 각하하여야 한다(민사소송법 제443조 제1항, 제402조 제2항). 위 항고장 각하명령에 대하여 즉시항고할 수 있다(민사소송법 제443조 제1항, 제402조 제3항). 항고에 대한 재판이 있을 때까지 항고인이 항고이유서를 제출하는 경우가 있으나, 인신보호규칙 제16조의2에서 재항고이유서 제출의무를 부과하고 있는 것과는 달리, 항고이유서 제출의무는 강제적인 것이 아니고, 법원이 항고이유서에 기재된 항고이유에 국한하여 조사해야 하는 것도 아니다.

제403조(부대항소)
피항소인은 항소권이 소멸된 뒤에도 변론이 종결될 때까지 부대항소(附帶抗訴)를 할 수 있다.

제404조(부대항소의 종속성)
부대항소는 항소가 취하되거나 부적법하여 각하된 때에는 그 효력을 잃는다. 다만, 항소기간 이내에 한 부대항소는 독립된 항소로 본다.

제405조(부대항소의 방식)
부대항소에는 항소에 관한 규정을 적용한다.

제406조(가집행의 선고)
① 항소법원은 제1심 판결중에 불복신청이 없는 부분에 대하여는 당사자의 신청에 따라 결정으로 가집행의 선고를 할 수 있다.
② 제1항의 신청을 기각한 결정에 대하여는 즉시항고를 할 수 있다.

제407조(변론의 범위)
① 변론은 당사자가 제1심 판결의 변경을 청구하는 한도안에서 한다.
② 당사자는 제1심 변론의 결과를 진술하여야 한다.

제408조(제1심 소송절차의 준용)
항소심의 소송절차에는 특별한 규정이 없으면 제2편제1장 내지 제3장의 규정을 준용한다.

제409조(제1심 소송행위의 효력)
제1심의 소송행위는 항소심에서도 그 효력을 가진다.

제410조(제1심의 변론준비절차의 효력)
제1심의 변론준비절차는 항소심에서도 그 효력을 가진다.

▣판례-채무부존재확인등·부당이득금▣

[대법원 2006.3.10., 선고, 2005다46363, 판결]

【판시사항】
항소심에 이르러 동일한 쟁점에 관한 대법원판결이 선고되자 그 판결의 취지를 토대로 한 새로운 주장을 제출한 것이 실기한 공격·방어방법에 해당하지 아니한다고 한 사례

【판결요지】
미성년자의 신용카드이용계약 취소에 따른 부당이득반환청구사건에서 항소심에 이르러, 동일한 쟁점에 관한 대법원의 첫 판결이 선고되자 그 판결의 취지를 토대로 신용카드 가맹점과의 개별계약 취소의 주장을 새로이 제출한 경우, 대법원판결이 선고되기 전까지는 미성년자의 신용카드이용계약이 취소되더라도 신용카드회원과 해당 가맹점 사이에 체결된 개별적인 매매계약이 유효하게 존속한다는 점을 알지 못한 데에 중대한 과실이 있었다고 단정할만한 자료가 없는 점, 취소권 행사를 전제로 하는 공격·방어방법의 경우에는 취소권 행사에 신중을 기할 수밖에 없어 조기 제출에 어려움이 있다는 점 등에 비추어 위 주장이 당사자의 고의 또는 중대한 과실로 시기에 늦게 제출되었거나 제1심의 변론준비기일에 제출되지 아니한 데 중대한 과실이 있었다고 보기 어렵다고 한 사례.

제411조(관할위반 주장의 금지)
당사자는 항소심에서 제1심 법원의 관할위반을 주장하지 못한다. 다만, 전속관할에 대하여는 그러하지 아니하다.

제412조(반소의 제기)
① 반소는 상대방의 심급의 이익을 해할 우려가 없는 경우 또는 상대방의 동의를 받은 경우에 제기할 수 있다.
② 상대방이 이의를 제기하지 아니하고 반소의 본안에 관하여 변론을 한 때에는 반소제기에 동의한 것으로 본다.

제413조(변론 없이 하는 항소각하)
부적법한 항소로서 흠을 보정할 수 없으면 변론 없이 판결로 항소를 각하할 수 있다.

제414조(항소기각)
① 항소법원은 제1심 판결을 정당하다고 인정한 때에는 항소를 기각하여야 한 다.
② 제1심 판결의 이유가 정당하지 아니한 경우에도 다른 이유에 따라 그 판결이 정당하다고 인정되는 때에는 항소를 기각하여야 한다.

제415조(항소를 받아들이는 범위)
제1심 판결은 그 불복의 한도안에서 바꿀 수 있다. 다만, 상계에 관한 주장을 인정한 때에는 그러하지 아니하다.

Q. 피고제기 항소심에서 인용되었던 상계항변 배척 시 불이익변경인지?

질문

乙은 甲을 피고로 공사대금청구소송을 제기하였으므로 甲은 乙에 대한 가불금채권에 대한 상계항변을 하여 제1심에서는 甲의 항변이 받아들여졌습니다. 그런데도 甲만이 항소를 하였음에도 항소심에서 제1심에서 인용된 甲의 상계주장의 일부에 대하여 상계항변을 배척하였습니다. 이 경우 민사소송법상의 불이익변경금지의 원칙에 위배되는 것이 아닌지요?

답변

항소를 받아들이는 범위에 관하여 「민사소송법」제415조는 "제1심 판결은 그 불복의 한도안에서 바꿀 수 있다. 다만, 상계에 관한 주장을 인정한 때에는 그러하지 아니하다."라고 규정하고 있습니다.
그러므로 위 사안에서 甲만이 항소한 경우임에도 불구하고 제1심에서 인정한 甲의 상계항변을 배척한 것이 위 규정에 위배되는 것이 아닌지 문제됩니다.
그런데 피고의 상계항변을 인정한 제1심 판결에 대하여 피고만이 항소한 경우, 항소심에서 그 상계항변을 배척하는 것이 불이익변경금지에 위배되는지에 관하여 판례는 "피고의 상계항변을 인용한 제1심 판결에 대하여 피고만이 항소하고 원고는 항소를 제기하지 아니하였는데, 항소심이 피고의 상계항변을 판단함에 있어 제1심이 자동채권으로 인정하였던 부분을 인정하지 아니하고 그 부분에 관하여 피고의 상계항변을 배척하였다면, 그와 같이 항소심이 제1심과는 다르게 그 자동채권에 관하여 피고의 상계항변을 배척한 것은 항소인인 피고에게 불이익하게 제1심 판결을 변경한 것에 해당한다."라고 하였습니다(대법원 1995. 9. 29. 선고 94다18911 판결).
따라서 위 사안의 甲은 항소심법원이 「민사소송법」제415조의 해석적용을 잘못한 위법이 있고, 그것은 판결결과에 영향을 미친 것임을 이유로 상고해볼 수 있을 것으로 보입니다.

제416조(제1심 판결의 취소)
항소법원은 제1심 판결을 정당하지 아니하다고 인정한 때에는 취소하여야 한다.

제417조(판결절차의 위법으로 말미암은 취소)
제1심 판결의 절차가 법률에 어긋날 때에 항소법원은 제1심 판결을 취소하여야 한다.

제418조(필수적 환송)
소가 부적법하다고 각하한 제1심 판결을 취소하는 경우에는 항소법원은 사건을 제1심 법원에 환송(還送)하여야 한다. 다만, 제1심에서 본안판결을 할 수 있을 정도로 심리가 된 경우, 또는 당사자의 동의가 있는 경우에는 항소법원은 스스로 본안판결을 할 수 있다.

제419조(관할위반으로 말미암은 이송)
관할위반을 이유로 제1심 판결을 취소한 때에는 항소법원은 판결로 사건을 관할법원에 이송하여야 한다.

제420조(판결서를 적는 방법)
판결이유를 적을 때에는 제1심 판결을 인용할 수 있다. 다만, 제1심 판결이 제208조제3항에 따라 작성된 경우에는 그러하지 아니하다.

제421조(소송기록의 반송)
소송이 완결된 뒤 상고가 제기되지 아니하고 상고기간이 끝난 때에는 법원사무관등은 판결서 또는 제402조의 규정에 따른 명령의 정본을 소송기록에 붙여 제1심 법원에 보내야 한다.

제2장 상고

제422조(상고의 대상)
① 상고는 고등법원이 선고한 종국판결과 지방법원 합의부가 제2심으로서 선고한 종국판결에 대하여 할 수 있다.
② 제390조제1항 단서의 경우에는 제1심의 종국판결에 대하여 상고할 수 있다.

제423조(상고이유)
상고는 판결에 영향을 미친 헌법·법률·명령 또는 규칙의 위반이 있다는 것을 이유로 드는 때에만 할 수 있다.

Q. 과실상계사유를 상고이유로 삼을 수 있는지의 여부?

질문

저는 교통사고를 이유로 사고운전자를 상대로 손해배상청구소송을 진행 중에 있습니다. 그런데 항소심에서 저에게 지나치게 높은 비율로 과실상계비율을 정하여 배상액이 많이 부족하다고 생각되므로 상고하고자 합니다. 이때 과실상계에 관한 내용도 상고이유로 삼을 수 있는지요?

답변

민사소송법 제423조는 '상고는 판결에 영향을 미친 헌법, 법률, 명령 또는 규칙의 위반이 있다는 것을 이유로 드는 때에만 할 수 있다'고 하고 있습니다. 또한 대법원 90다13383 판결에 의하면, '불법행위로 인한 손해배상사건에서 피해자에게 손해의 발생이나 확대에 관하여 과실이 있는 경우에는 배상책임의 범위를 정함에 있어서 당연히 이를 참작하여야 할 것이나 책임감경사유 또는 과실상계사유에 관한 사실인정이나 그 비율을 정하는 것은 그것이 형평의 원칙에 비추어 현저히 불합리하다고 인정되지 아니하는 한 사실심의 전권사항에 속한다.'고 하였습니다. 귀하의 경우 과실상계의 기초가 되는 과실상계사유에 관한 사실인정이나 그 비율을 정하는 것은 상고이유에 포함되지 않으며 사실심의 전권사항에 속하는 부분이므로, 원칙적으로 이를 이유로 한 상고는 인용되기 어렵다고 할 것입니다.

제424조(절대적 상고이유)

① 판결에 다음 각호 가운데 어느 하나의 사유가 있는 때에는 상고에 정당한 이유가 있는 것으로 한다.

1. 법률에 따라 판결법원을 구성하지 아니한 때
2. 법률에 따라 판결에 관여할 수 없는 판사가 판결에 관여한 때
3. 전속관할에 관한 규정에 어긋난 때
4. 법정대리권·소송대리권 또는 대리인의 소송행위에 대한 특별한 권한의 수여에 흠이 있는 때
5. 변론을 공개하는 규정에 어긋난 때
6. 판결의 이유를 밝히지 아니하거나 이유에 모순이 있는 때

② 제60조 또는 제97조의 규정에 따라 추인한 때에는 제1항제4호의 규정을 적용하지 아니한다.

제425조(항소심절차의 준용)

상고와 상고심의 소송절차에는 특별한 규정이 없으면 제1장의 규정을 준용한다.

제426조(소송기록 접수의 통지)

상고법원의 법원사무관등은 원심법원의 법원사무관등으로부터 소송기록을 받은 때에는 바로 그 사유를 당사자에게 통지하여야 한다.

제427조(상고이유서 제출)

상고장에 상고이유를 적지 아니한 때에 상고인은 제426조의 통지를 받은 날부터 20일 이내에 상고이유서를 제출하여야 한다.

제428조(상고이유서, 답변서의 송달 등)

① 상고이유서를 제출받은 상고법원은 바로 그 부본이나 등본을 상대방에게 송달하여야 한다.

② 상대방은 제1항의 서면을 송달받은 날부터 10일 이내에 답변서를 제출할 수 있다.

③ 상고법원은 제2항의 답변서의 부본이나 등본을 상고인에게 송달하여야 한다.

제429조(상고이유서를 제출하지 아니함으로 말미암은 상고기각)

상고인이 제427조의 규정을 어기어 상고이유서를 제출하지 아니한 때에는 상고법원은 변론 없이 판결로 상고를 기각하여야 한다. 다만, 직권으로 조사하여야 할 사유가 있는 때에는 그러하지 아니하다.

제430조(상고심의 심리절차)

① 상고법원은 상고장 · 상고이유서 · 답변서, 그 밖의 소송기록에 의하여 변론없이 판결할 수 있다.

② 상고법원은 소송관계를 분명하게 하기 위하여 필요한 경우에는 특정한 사항에 관하여 변론을 열어 참고인의 진술을 들을 수 있다.

제431조(심리의 범위)

상고법원은 상고이유에 따라 불복신청의 한도 안에서 심리한다.

제432조(사실심의 전권)

원심판결이 적법하게 확정한 사실은 상고법원을 기속한다.

제433조(비약적 상고의 특별규정)

상고법원은 제422조제2항의 규정에 따른 상고에 대하여는 원심판결의 사실확정이 법률에 어긋난다는 것을 이유로 그 판결을 파기하지 못한다.

제434조(직권조사사항에 대한 예외)

법원이 직권으로 조사하여야 할 사항에 대하여는 제431조 내지 제433조의 규정을 적용하지 아니한다.

제435조(가집행의 선고)

상고법원은 원심판결중 불복신청이 없는 부분에 대하여는 당사자의 신청에 따라 결정으로 가집행의 선고를 할 수 있다.

제436조(파기환송, 이송)

① 상고법원은 상고에 정당한 이유가 있다고 인정할 때에는 원심판결을 파기하고 사건을 원심법원에 환송하거나, 동등한 다른 법원에 이송하여야 한다.

② 사건을 환송받거나 이송받은 법원은 다시 변론을 거쳐 재판하여야 한다. 이 경우에는 상고법원이 파기의 이유로 삼은 사실상 및 법률상 판단에 기속된다.

③ 원심판결에 관여한 판사는 제2항의 재판에 관여하지 못한다.

제437조(파기자판)
다음 각호 가운데 어느 하나에 해당하면 상고법원은 사건에 대하여 종국판결을 하여야 한다.
1. 확정된 사실에 대하여 법령적용이 어긋난다 하여 판결을 파기하는 경우에 사건이 그 사실을 바탕으로 재판하기 충분한 때
2. 사건이 법원의 권한에 속하지 아니한다 하여 판결을 파기하는 때

제438조(소송기록의 송부)
사건을 환송하거나 이송하는 판결이 내려졌을 때에는 법원사무관등은 2주 이내에 그 판결의 정본을 소송기록에 붙여 사건을 환송받거나 이송받을 법원에 보내야 한다.

제3장 항고

제439조(항고의 대상)
소송절차에 관한 신청을 기각한 결정이나 명령에 대하여 불복하면 항고할 수 있다.

제440조(형식에 어긋나는 결정 · 명령에 대한 항고)
결정이나 명령으로 재판할 수 없는 사항에 대하여 결정 또는 명령을 한 때에는 항고할 수 있다.

제441조(준항고)
① 수명법관이나 수탁판사의 재판에 대하여 불복하는 당사자는 수소법원에 이의를 신청할 수 있다. 다만, 그 재판이 수소법원의 재판인 경우로서 항고할 수 있는 것인 때에 한한다.
② 제1항의 이의신청에 대한 재판에 대하여는 항고할 수 있다.
③ 상고심이나 제2심에 계속된 사건에 대한 수명법관이나 수탁판사의 재판에는 제1항의 규정을 준용한다.

제442조(재항고)
항고법원 · 고등법원 또는 항소법원의 결정 및 명령에 대하여는 재판에 영향을 미친 헌법 · 법률 · 명령 또는 규칙의 위반을 이유로 드는 때에만 재항고(再抗告)할 수 있다.

제443조(항소 및 상고의 절차규정준용)
① 항고법원의 소송절차에는 제1장의 규정을 준용한다.
② 재항고와 이에 관한 소송절차에는 제2장의 규정을 준용한다.

제444조(즉시항고)
① 즉시항고는 재판이 고지된 날부터 1주 이내에 하여야 한다.
② 제1항의 기간은 불변기간으로 한다.

제445조(항고제기의 방식)
항고는 항고장을 원심법원에 제출함으로써 한다.

제446조(항고의 처리)
원심법원이 항고에 정당한 이유가 있다고 인정하는 때에는 그 재판을 경정하여야 한다.

제447조(즉시항고의 효력)
즉시항고는 집행을 정지시키는 효력을 가진다.

제448조(원심재판의 집행정지)
항고법원 또는 원심법원이나 판사는 항고에 대한 결정이 있을 때까지 원심재판의 집행을 정지하거나 그 밖에 필요한 처분을 명할 수 있다.

제449조(특별항고)
① 불복할 수 없는 결정이나 명령에 대하여는 재판에 영향을 미친 헌법위반이 있거나, 재판의 전제가 된 명령·규칙·처분의 헌법 또는 법률의 위반여부에 대한 판단이 부당하다는 것을 이유로 하는 때에만 대법원에 특별항고(特別抗告)를 할 수 있다.
② 제1항의 항고는 재판이 고지된 날부터 1주 이내에 하여야 한다.
③ 제2항의 기간은 불변기간으로 한다.

▣판례-판결경정▣

[대법원 2018.11.21., 자, 2018그636, 결정]

【판시사항】
[1] 당사자의 신청에 따라 판결의 경정을 하는 경우, 신청 당사자가 판결에 잘못된 계산이나 기재, 그 밖에 이와 비슷한 잘못이 있음이 분명하다는 점을 소명하여야 하는지 여부(적극)
[2] 甲 등이 乙 등을 상대로 제기한 소유권이전등기청구의 소에서 확정판결의 원고들과 甲 등이 동일인임을 전제로 당사자표시 중 원고들 이름 옆에 주민등록번호가 누락되어 판결의 집행을 할 수 없다고 주장하면서 주민등록번호를 추가 기재하는 것으로 판결경정을 신청하였으나, 원심이 이를 기각한 사안에서, 판결경정의 신청인과 확정판결의 원고가 동일인이라는 점에 관한 소명이 없으므로, 신청을 기각한 원심의 조치에 민사소송법에서 정한 특별항고이유에 해당하는 잘못이 없다고 한 사례

【판결요지】
[1] 판결의 경정은 판결에 잘못된 계산이나 기재, 그 밖에 이와 비슷한 잘못이 있음이 분명한 때에 법원이 직권으로 또는 당사자의 신청에 따라 결정하는 것이다(민사소송법 제211조 제1항). 당사자의 신청에 따라 판결의 경정을 하는 경우에는 우선 신청 당사자가 판결에 위와 같은 잘못이 있음이 분명하다는 점을 소명하여야 한다.
[2] 甲 등이 乙 등을 상대로 제기한 소유권이전등기청구의 소에서 확정판결의 원고들과 甲 등이 동일인임을 전제로 당사자표시 중 원고들 이름 옆에 주민등록번호가 누락되어 판결의 집행을 할 수 없다고 주장하면서 주민등록번호를 추가 기재하는 것으로 판결경정을 신청하였으나, 원심이 이를 기각한 사안에서, 甲 등이 특별항고를 하면서 본안의 소 제기 당시 원고들 주민등록번호를 전산 입력하는 방법으로 제출하였는데도 법원이 판결문에 주민등록번호의 기재를 누락하였다고 주장하나 본안 사

건의 원고들이 소 제기 당시 주민등록번호를 전산 입력하는 방법으로 법원에 제출하였다고 인정할 자료가 없고, 특히 판결경정의 신청인과 확정판결의 원고가 동일인이라는 점에 관한 소명이 없으므로, 신청을 기각한 원심의 조치에 민사소송법에서 정한 특별항고이유에 해당하는 잘못이 없다고 한 사례.

제450조(준용규정)
특별항고와 그 소송절차에는 제448조와 상고에 관한 규정을 준용한다.

제4편 재심

제451조(재심사유)
① 다음 각호 가운데 어느 하나에 해당하면 확정된 종국판결에 대하여 재심의 소를 제기할 수 있다. 다만, 당사자가 상소에 의하여 그 사유를 주장하였거나, 이를 알고도 주장하지 아니한 때에는 그러하지 아니하다.

1. 법률에 따라 판결법원을 구성하지 아니한 때
2. 법률상 그 재판에 관여할 수 없는 법관이 관여한 때
3. 법정대리권·소송대리권 또는 대리인이 소송행위를 하는 데에 필요한 권한의 수여에 흠이 있는 때. 다만, 제60조 또는 제97조의 규정에 따라 추인한 때에는 그러하지 아니하다.
4. 재판에 관여한 법관이 그 사건에 관하여 직무에 관한 죄를 범한 때
5. 형사상 처벌을 받을 다른 사람의 행위로 말미암아 자백을 하였거나 판결에 영향을 미칠 공격 또는 방어방법의 제출에 방해를 받은 때
6. 판결의 증거가 된 문서, 그 밖의 물건이 위조되거나 변조된 것인 때
7. 증인·감정인·통역인의 거짓 진술 또는 당사자신문에 따른 당사자나 법정대리인의 거짓 진술이 판결의 증거가 된 때
8. 판결의 기초가 된 민사나 형사의 판결, 그 밖의 재판 또는 행정처분이 다른 재판이나 행정처분에 따라 바뀐 때
9. 판결에 영향을 미칠 중요한 사항에 관하여 판단을 누락한 때
10. 재심을 제기할 판결이 전에 선고한 확정판결에 어긋나는 때
11. 당사자가 상대방의 주소 또는 거소를 알고 있었음에도 있는 곳을 잘 모른다고 하거나 주소나 거소를 거짓으로 하여 소를 제기한 때

② 제1항제4호 내지 제7호의 경우에는 처벌받을 행위에 대하여 유죄의 판결이나 과태료부과의 재판이 확정된 때 또는 증거부족 외의 이유로 유죄의 확정판결이나 과태료부과의 확정재판을 할 수 없을 때에만 재심의 소를 제기할 수 있다.
③ 항소심에서 사건에 대하여 본안판결을 하였을 때에는 제1심 판결에 대하여 재심의 소를 제기하지 못한다.

Q. 주소를 알고도 공시송달로 승소판결이 확정된 경우에 다시 재판하여 다툴 방법이 있는지?

질문

甲은 乙에게 채무가 없는 자인데, 乙이 甲의 주소를 알고 있음에도 소재불명을 이유로 한 공시송달방법을 이용하여 승소판결을 받아 그 판결이 확정된 경우 다시 재판하여 구제받을 수 있나요?

답변

민사소송법 제451조 제1항 제11호는 " 당사자가 상대방의 주소 또는 거소를 알고 있었음에도 있는 곳을 잘 모른다고 하거나 주소나 거소를 거짓으로 하여 소를 제기한 때에 해당하면 확정된 종국판결에 대하여 재심의 소를 제기할 수 있다. 다만, 당사자가 상소에 의하여 그 사유를 주장하였거나, 이를 알고도 주장하지 아니한 때에는 그러하지 아니하다"고 규정하고 있고, 같은 법 제173조 제1항은 "당사자가 책임질 수 없는 사유로 말미암아 불변기간을 지킬 수 없었던 경우에는 그 사유가 없어진 날부터 2주 이내에 게을리 한 소송행위를 보완할 수 있다"라고 규정하고 있는데, 이와 관련하여 판례는 "상대방의 주소나 거소를 알고 있음에도 불구하고 소재불명 또는 허위의 주소나 거소로 하여 소를 제기한 탓으로 공시송달의 방법에 의하여 판결이나 심판등 정본이 송달되어 불변기간인 상소기간이 도과된 경우에는 특단의 사정이 없는 한 상소 기간을 준수치 못한 것은 그 상대방이 책임질 수 없는 때에 해당된다"라고 하였습니다(대법원 1985. 10. 18. 선고 85므40 판결). 따라서 甲은 재심청구를 하거나 추후보완항소를 할 수 있고, 이로써 재판을 통해 다툴 방법이 있습니다.

제452조(기본이 되는 재판의 재심사유)

판결의 기본이 되는 재판에 제451조에 정한 사유가 있을 때에는 그 재판에 대하여 독립된 불복방법이 있는 경우라도 그 사유를 재심의 이유로 삼을 수 있다.

제453조(재심관할법원)

① 재심은 재심을 제기할 판결을 한 법원의 전속관할로 한다.
② 심급을 달리하는 법원이 같은 사건에 대하여 내린 판결에 대한 재심의 소는 상급법원이 관할한다. 다만, 항소심판결과 상고심판결에 각각 독립된 재심사유가 있는 때에는 그러하지 아니하다.

제454조(재심사유에 관한 중간판결)

① 법원은 재심의 소가 적법한지 여부와 재심사유가 있는지 여부에 관한 심리 및 재판을 본안에 관한 심리 및 재판과 분리하여 먼저 시행할 수 있다.
② 제1항의 경우에 법원은 재심사유가 있다고 인정한 때에는 그 취지의 중간판결을 한 뒤 본안에 관하여 심리·재판한다.

제455조(재심의 소송절차)

재심의 소송절차에는 각 심급의 소송절차에 관한 규정을 준용한다.

第456조(재심제기의 기간)

① 재심의 소는 당사자가 판결이 확정된 뒤 재심의 사유를 안 날부터 30일 이내에 제기하여야 한다.
② 제1항의 기간은 불변기간으로 한다.
③ 판결이 확정된 뒤 5년이 지난 때에는 재심의 소를 제기하지 못한다.
④ 재심의 사유가 판결이 확정된 뒤에 생긴 때에는 제3항의 기간은 그 사유가 발생한 날부터 계산한다.

Q. 심리불속행 판결로 기각된 사건의 재심청구기간?

질문

대법원에 상고를 제기하였는데 2017. 4. 9. 심리불속행 판결로 기각되었고 2017. 4. 15. 저에게 위 판결이 송달되었습니다. 재심제기 기간은 심리불속행 판결일과 판결 송달일 중 어느 때를 기준으로 계산하여야 하나요?

답변

민사소송법 제456조 제1항은 "재심의 소는 당사자가 판결이 확정된 뒤 재심의 사유를 안 날부터 30일 이내에 제기하여야 한다."라고 정하고 있습니다. 상소심 판결의 경우 더 이상 불복절차가 없으므로 일반적인 경우 대법원의 판결 선고일에 판결이 확정될 것이나, 심리불속행 판결의 경우 상고심절차에 관한 특례법 제5조 제2항에 따라 상고인에게 송달됨으로써 그 효력이 생기게 됩니다.
따라서 귀하가 재심을 청구하려고 하는 재심대상판결은 2017. 4. 15. 심리불속행 판결의 효력이 발생함으로써 비로소 확정되었다고 할 것이고, 귀하께서는 위 확정일(송달일)부터 30일 이내에 재심의 소를 제기하여야 합니다(대법원 2010. 4. 29. 선고 2010다1517 판결 참조).

第457조(재심제기의 기간)

대리권의 흠 또는 제451조제1항제10호에 규정한 사항을 이유로 들어 제기하는 재심의 소에는 제456조의 규정을 적용하지 아니한다.

第458조(재심소장의 필수적 기재사항)

재심소장에는 다음 각호의 사항을 적어야 한다.
1. 당사자와 법정대리인
2. 재심할 판결의 표시와 그 판결에 대하여 재심을 청구하는 취지
3. 재심의 이유

第459조(변론과 재판의 범위)

① 본안의 변론과 재판은 재심청구이유의 범위안에서 하여야 한다.
② 재심의 이유는 바꿀 수 있다.

第460조(결과가 정당한 경우의 재심기각)

재심의 사유가 있는 경우라도 판결이 정당하다고 인정한 때에는 법원은 재심의 청구를 기각하여야 한다.

제461조(준재심)
제220조의 조서 또는 즉시항고로 불복할 수 있는 결정이나 명령이 확정된 경우에 제451조제1항에 규정된 사유가 있는 때에는 확정판결에 대한 제451조 내지 제460조의 규정에 준하여 재심을 제기할 수 있다.

제5편 독촉절차

제462조(적용의 요건)
금전, 그 밖에 대체물(代替物)이나 유가증권의 일정한 수량의 지급을 목적으로 하는 청구에 대하여 법원은 채권자의 신청에 따라 지급명령을 할 수 있다. 다만, 대한민국에서 공시송달 외의 방법으로 송달할 수 있는 경우에 한한다.

▣판례-전부금▣

[대법원 2017.5.17., 선고, 2016다274188, 판결]

【판시사항】
사망자를 피고로 하는 소 제기 상태에서 선고된 제1심판결의 효력(당연무효) 및 피고가 소 제기 후 소장부본이 송달되기 전에 사망한 경우에도 마찬가지인지 여부(적극) / 사망자를 채무자로 하여 지급명령을 신청하거나 지급명령 신청 후 정본이 송달되기 전에 채무자가 사망한 경우, 지급명령의 효력(무효) 및 관리인을 채무자로 한 지급명령의 발령 후 정본의 송달 전에 회생절차폐지결정이 확정된 경우, 채무자가 사망한 경우와 마찬가지로 보아야 하는지 여부(적극)

【판결요지】
사망자를 피고로 하는 소 제기는 원고와 피고의 대립당사자 구조를 요구하는 민사소송법의 기본원칙에 반하는 것으로서 실질적 소송관계가 성립할 수 없어 부적법하므로, 그러한 상태에서 제1심판결이 선고되었다 할지라도 판결은 당연무효이다. 피고가 소 제기 당시에는 생존하였으나 그 후 소장부본이 송달되기 전에 사망한 경우에도 마찬가지이다.
이러한 법리는 사망자를 채무자로 한 지급명령에 대해서도 적용된다. 사망자를 채무자로 하여 지급명령을 신청하거나 지급명령 신청 후 정본이 송달되기 전에 채무자가 사망한 경우에는 지급명령은 효력이 없다. 설령 지급명령이 상속인에게 송달되는 등으로 형식적으로 확정된 것 같은 외형이 생겼다고 하더라도 사망자를 상대로 한 지급명령이 상속인에 대하여 유효하게 된다고 할 수는 없다. 그리고 회생절차폐지결정이 확정되어 효력이 발생하면 관리인의 권한은 소멸하므로, 관리인을 채무자로 한 지급명령의 발령 후 정본의 송달 전에 회생절차폐지결정이 확정된 경우에도 채무자가 사망한 경우와 마찬가지로 보아야 한다.

제463조(관할법원)
독촉절차는 채무자의 보통재판적이 있는 곳의 지방법원이나 제7조 내지 제9조, 제12조 또는 제18조의 규정에 의한 관할법원의 전속관할로 한다.

제464조(지급명령의 신청)
지급명령의 신청에는 그 성질에 어긋나지 아니하면 소에 관한 규정을 준용한다.

제465조(신청의 각하)

① 지급명령의 신청이 제462조 본문 또는 제463조의 규정에 어긋나거나, 신청의 취지로 보아 청구에 정당한 이유가 없는 것이 명백한 때에는 그 신청을 각하하여야 한다. 청구의 일부에 대하여 지급명령을 할 수 없는 때에 그 일부에 대하여도 또한 같다.

② 신청을 각하하는 결정에 대하여는 불복할 수 없다.

제466조(지급명령을 하지 아니하는 경우)

① 채권자는 법원으로부터 채무자의 주소를 보정하라는 명령을 받은 경우에 소제기신청을 할 수 있다.

② 지급명령을 공시송달에 의하지 아니하고는 송달할 수 없거나 외국으로 송달하여야 할 때에는 법원은 직권에 의한 결정으로 사건을 소송절차에 부칠 수 있다.

③ 제2항의 결정에 대하여는 불복할 수 없다.

제467조(일방적 심문)

지급명령은 채무자를 심문하지 아니하고 한다.

제468조(지급명령의 기재사항)

지급명령에는 당사자, 법정대리인, 청구의 취지와 원인을 적고, 채무자가 지급명령이 송달된 날부터 2주 이내에 이의신청을 할 수 있다는 것을 덧붙여 적어야 한다.

제469조(지급명령의 송달)

① 지급명령은 당사자에게 송달하여야 한다.

② 채무자는 지급명령에 대하여 이의신청을 할 수 있다.

제470조(이의신청의 효력)

① 채무자가 지급명령을 송달받은 날부터 2주 이내에 이의신청을 한 때에는 지급명령은 그 범위안에서 효력을 잃는다.

② 제1항의 기간은 불변기간으로 한다.

제471조(이의신청의 각하)

① 법원은 이의신청이 부적법하다고 인정한 때에는 결정으로 이를 각하하여야 한다.

② 제1항의 결정에 대하여는 즉시항고를 할 수 있다.

제472조(소송으로의 이행)

① 채권자가 제466조제1항의 규정에 따라 소제기신청을 한 경우, 또는 법원이 제466조제2항의 규정에 따라 지급명령신청사건을 소송절차에 부치는 결정을 한 경우에는 지급명령을 신청한 때에 소가 제기된 것으로 본다.

② 채무자가 지급명령에 대하여 적법한 이의신청을 한 경우에는 지급명령을 신청한 때에 이의신청된 청구목적의 값에 관하여 소가 제기된 것으로 본다.

제473조(소송으로의 이행에 따른 처리)

① 제472조의 규정에 따라 소가 제기된 것으로 보는 경우, 지급명령을 발령한 법원은 채권자에게 상당한 기간을 정하여, 소를 제기하는 경우 소장에 붙여야 할 인지액에서 소제기신청 또는 지급명령신청시에 붙인 인지액을 뺀 액수의 인지를 보정하도록 명하여야 한다.

② 채권자가 제1항의 기간 이내에 인지를 보정하지 아니한 때에는 위 법원은 결정으로 지급명령신청서를 각하하여야 한다. 이 결정에 대하여는 즉시항고를 할 수 있다.

③ 제1항에 규정된 인지가 보정되면 법원사무관 등은 바로 소송기록을 관할법원에 보내야 한다. 이 경우 사건이 합의부의 관할에 해당되면 법원사무관등은 바로 소송기록을 관할법원 합의부에 보내야 한다.

④ 제472조의 경우 독촉절차의 비용은 소송비용의 일부로 한다.

제474조(지급명령의 효력)

지급명령에 대하여 이의신청이 없거나, 이의신청을 취하하거나, 각하결정이 확정된 때에는 지급명령은 확정판결과 같은 효력이 있다.

제6편 공시최고절차

제475조(공시최고의 적용범위)

공시최고(公示催告)는 권리 또는 청구의 신고를 하지 아니하면 그 권리를 잃게 될 것을 법률로 정한 경우에만 할 수 있다.

제476조(공시최고절차를 관할하는 법원)

① 공시최고는 법률에 다른 규정이 있는 경우를 제외하고는 권리자의 보통재판적이 있는 곳의 지방법원이 관할한다. 다만, 등기 또는 등록을 말소하기 위한 공시최고는 그 등기 또는 등록을 한 공공기관이 있는 곳의 지방법원에 신청할 수 있다.

② 제492조의 경우에는 증권이나 증서에 표시된 이행지의 지방법원이 관할한다. 다만, 증권이나 증서에 이행지의 표시가 없는 때에는 발행인의 보통재판적이 있는 곳의 지방법원이, 그 법원이 없는 때에는 발행 당시에 발행인의 보통재판적이 있었던 곳의 지방법원이 각각 관할한다.

③ 제1항 및 제2항의 관할은 전속관할로 한다.

제477조(공시최고의 신청)

① 공시최고의 신청에는 그 신청의 이유와 제권판결(除權判決)을 청구하는 취지를 밝혀야 한다.

② 제1항의 신청은 서면으로 하여야 한다.

③ 법원은 여러 개의 공시최고를 병합하도록 명할 수 있다.

제478조(공시최고의 허가여부)

① 공시최고의 허가여부에 대한 재판은 결정으로 한다. 허가하지 아니하는 결정에 대하여는 즉시항고를 할 수 있다.

② 제1항의 경우에는 신청인을 심문할 수 있다.

제479조(공시최고의 기재사항)
① 공시최고의 신청을 허가한 때에는 법원은 공시최고를 하여야 한다.
② 공시최고에는 다음 각호의 사항을 적어야 한다.
1. 신청인의 표시
2. 공시최고기일까지 권리 또는 청구의 신고를 하여야 한다는 최고
3. 신고를 하지 아니하면 권리를 잃게 될 사항
4. 공시최고기일

제480조(공고방법)
공시최고는 대법원규칙이 정하는 바에 따라 공고하여야 한다.

제481조(공시최고기간)
공시최고의 기간은 공고가 끝난 날부터 3월 뒤로 정하여야 한다.

제482조(제권판결전의 신고)
공시최고기일이 끝난 뒤에도 제권판결에 앞서 권리 또는 청구의 신고가 있는 때에는 그 권리를 잃지 아니한다.

제483조(신청인의 불출석과 새 기일의 지정)
① 신청인이 공시최고기일에 출석하지 아니하거나, 기일변경신청을 하는 때에는 법원은 1회에 한하여 새 기일을 정하여 주어야 한다.
② 제1항의 새 기일은 공시최고기일부터 2월을 넘기지 아니하여야 하며, 공고는 필요로 하지 아니한다.

제484조(취하간주)
신청인이 제483조의 새 기일에 출석하지 아니한 때에는 공시최고신청을 취하한 것으로 본다.

제485조(신고가 있는 경우)
신청이유로 내세운 권리 또는 청구를 다투는 신고가 있는 때에는 법원은 그 권리에 대한 재판이 확정될 때까지 공시최고절차를 중지하거나, 신고한 권리를 유보하고 제권판결을 하여야 한다.

제486조(신청인의 진술의무)
공시최고의 신청인은 공시최고기일에 출석하여 그 신청을 하게 된 이유와 제권판결을 청구하는 취지를 진술하여야 한다.

제487조(제권판결)
① 법원은 신청인이 진술을 한 뒤에 제권판결신청에 정당한 이유가 없다고 인정할 때에는 결정으로 신청을 각하하여야 하며, 이유가 있다고 인정할 때에는 제권판결을 선고하여야 한다.
② 법원은 제1항의 재판에 앞서 직권으로 사실을 탐지할 수 있다.

제488조(불복신청)
제권판결의 신청을 각하한 결정이나, 제권판결에 덧붙인 제한 또는 유보에 대하여는 즉시항고를 할 수 있다.

제489조(제권판결의 공고)
법원은 제권판결의 요지를 대법원규칙이 정하는 바에 따라 공고할 수 있다.

제490조(제권판결에 대한 불복소송)
① 제권판결에 대하여는 상소를 하지 못한다.
② 제권판결에 대하여는 다음 각호 가운데 어느 하나에 해당하면 신청인에 대한 소로써 최고법원에 불복할 수 있다.
1. 법률상 공시최고절차를 허가하지 아니할 경우일 때
2. 공시최고의 공고를 하지 아니하였거나, 법령이 정한 방법으로 공고를 하지 아니한 때
3. 공시최고기간을 지키지 아니한 때
4. 판결을 한 판사가 법률에 따라 직무집행에서 제척된 때
5. 전속관할에 관한 규정에 어긋난 때
6. 권리 또는 청구의 신고가 있음에도 법률에 어긋나는 판결을 한 때
7. 거짓 또는 부정한 방법으로 제권판결을 받은 때
8. 제451조제1항제4호 내지 제8호의 재심사유가 있는 때

제491조(소제기기간)
① 제490조제2항의 소는 1월 이내에 제기하여야 한다.
② 제1항의 기간은 불변기간으로 한다.
③ 제1항의 기간은 원고가 제권판결이 있다는 것을 안 날부터 계산한다. 다만, 제490조제2항제4호·제7호 및 제8호의 사유를 들어 소를 제기하는 경우에는 원고가 이러한 사유가 있음을 안 날부터 계산한다.
④ 이 소는 제권판결이 선고된 날부터 3년이 지나면 제기하지 못한다.

제492조(증권의 무효선고를 위한 공시최고)
① 도난·분실되거나 없어진 증권, 그 밖에 상법에서 무효로 할 수 있다고 규정한 증서의 무효선고를 청구하는 공시최고절차에는 제493조 내지 제497조의 규정을 적용한다.
② 법률상 공시최고를 할 수 있는 그 밖의 증서에 관하여 그 법률에 특별한 규정이 없으면 제1항의 규정을 적용한다.

제493조(증서에 관한 공시최고신청권자)
무기명증권 또는 배서(背書)로 이전할 수 있거나 약식배서(略式背書)가 있는 증권 또는 증서에 관하여는 최종소지인이 공시최고절차를 신청할 수 있으며, 그 밖의 증서에 관하여는 그 증서에 따라서 권리를 주장할 수 있는 사람이 공시최고절차를 신청할 수 있다.

제494조(신청사유의 소명)
① 신청인은 증서의 등본을 제출하거나 또는 증서의 존재 및 그 중요한 취지를 충분히 알리기에 필요한 사항을 제시하여야 한다.
② 신청인은 증서가 도난·분실되거나 없어진 사실과, 그 밖에 공시최고절차를 신청할 수 있는 이유가 되는 사실 등을 소명하여야 한다.

제495조(신고최고, 실권경고)
공시최고에는 공시최고기일까지 권리 또는 청구의 신고를 하고 그 증서를 제출하도록 최고하고, 이를 게을리 하면 권리를 잃게 되어 증서의 무효가 선고된다는 것을 경고하여야 한다.

제496조(제권판결의 선고)
제권판결에서는 증권 또는 증서의 무효를 선고하여야 한다.

제497조(제권판결의 효력)
제권판결이 내려진 때에는 신청인은 증권 또는 증서에 따라 의무를 지는 사람에게 증권 또는 증서에 따른 권리를 주장할 수 있다.

제7편 판결의 확정 및 집행정지

제498조(판결의 확정시기)
판결은 상소를 제기할 수 있는 기간 또는 그 기간 이내에 적법한 상소제기가 있을 때에는 확정되지 아니한다.

▣판례-청구이의▣

[대법원 2017.9.21., 선고, 2017다233931, 판결]

【판시사항】
[1] 항소기간 경과 후에 항소취하가 있는 경우, 제1심판결이 확정되는 시기(=항소기간 만료 시)
[2] 공유물분할청구의 소가 고유필수적 공동소송인지 여부(적극) 및 고유필수적 공동소송에서 공동소송인 중 일부가 상소를 제기한 경우, 공동소송인 전원에 대한 관계에서 판결의 확정이 차단되는지 여부(적극) / 공유물분할청구의 소에서 상소기간 만료로 판결이 확정되는 시기(=공유자 전원에 대하여 상소기간이 만료된 때)

【판결요지】
[1] 항소취하가 있으면 소송은 처음부터 항소심에 계속되지 아니한 것으로 보게 되나(민사소송법 제393조 제2항, 제267조 제1항), 항소취하는 소의 취하나 항소권 포기와 달리 제1심 종국판결이 유효하게 존재하므로, 항소기간 경과 후에 항소취하가 있는 경우에는 항소기간 만료 시로 소급하여 제1심판결이 확정된다.
[2] 공유물분할청구의 소는 분할을 청구하는 공유자가 원고가 되어 다른 공유자 전부를 공동피고로 하여야 하는 고유필수적 공동소송이고, 공동소송인과 상대방 사이에 판결의 합일확정을 필요로 하는 고유필수적 공동소송에서는 공동소송인 중 일부가 제기한 상소는 다른 공동소송인에게도 효력이 미치므로 공동소송인 전원에 대한 관계에서 판결의 확정이 차단되고 소송은 전체로서 상소심에 이심된다. 따라서 공유물분할 판결은 공유자 전원에 대하여 상소기간이 만료되기 전에는 확정되

지 않고, 일부 공유자에 대하여 상소기간이 만료되었다고 하더라도 그 공유자에 대한 판결 부분이 분리·확정되는 것은 아니다.

제499조(판결확정증명서의 부여자)
① 원고 또는 피고가 판결확정증명서를 신청한 때에는 제1심 법원의 법원사무관등이 기록에 따라 내어 준다.
② 소송기록이 상급심에 있는 때에는 상급법원의 법원사무관등이 그 확정부분에 대하여만 증명서를 내어 준다.

제500조(재심 또는 상소의 추후보완신청으로 말미암은 집행정지)
① 재심 또는 제173조에 따른 상소의 추후보완신청이 있는 경우에 불복하는 이유로 내세운 사유가 법률상 정당한 이유가 있다고 인정되고, 사실에 대한 소명이 있는 때에는 법원은 당사자의 신청에 따라 담보를 제공하게 하거나 담보를 제공하지 아니하게 하고 강제집행을 일시정지하도록 명할 수 있으며, 담보를 제공하게 하고 강제집행을 실시하도록 명하거나 실시한 강제처분을 취소하도록 명할 수 있다.
② 담보없이 하는 강제집행의 정지는 그 집행으로 말미암아 보상할 수 없는 손해가 생기는 것을 소명한 때에만 한다.
③ 제1항 및 제2항의 재판은 변론없이 할 수 있으며, 이 재판에 대하여는 불복할 수 없다.
④ 상소의 추후보완신청의 경우에 소송기록이 원심법원에 있으면 그 법원이 제1항 및 제2항의 재판을 한다.

제501조(상소제기 또는 변경의 소제기로 말미암은 집행정지)
가집행의 선고가 붙은 판결에 대하여 상소를 한 경우 또는 정기금의 지급을 명한 확정판결에 대하여 제252조제1항의 규정에 따른 소를 제기한 경우에는 제500조의 규정을 준용한다.

제502조(담보를 공탁할 법원)
① 이 편의 규정에 의한 담보의 제공이나 공탁은 원고나 피고의 보통재판적이 있는 곳의 지방법원 또는 집행법원에 할 수 있다.
② 담보를 제공하거나 공탁을 한 때에는 법원은 당사자의 신청에 따라서 증명서를 주어야 한다.
③ 이 편에 규정된 담보에는 달리 규정이 있는 경우를 제외하고는 제122조·제123조·제125조 및 제126조의 규정을 준용한다.

부칙

<제14966호, 2017.10.31.>

제1조(시행일)
이 법은 공포한 날부터 시행한다.

제2조(적용례)
이 법의 개정규정은 이 법 시행 후 최초로 조서 또는 그 밖의 서면을 작성하거나 재판서·조서의 정본·등본·초본을 교부하는 경우부터 적용한다.

국제민사사법공조 등에 관한 예규(재일 2014-1)

개정 2018.2.27. [재판예규 제1689호, 시행 2018.2.27.]

제1장 총론

제1조 (목적)

제1조(목적) 이 예규는「국제민사사법공조법」(이하 "법" 이라 한다),「국제민사사법공조규칙」(이하 "규칙" 이라 한다),「민사 또는 상사의 재판상 또는 재판 외 문서의 해외송달에 관한 협약」(이하 "헤이그송달협약"이라 한다),「민사 또는 상사의 해외증거조사에 관한 협약」(이하 "헤이그증거조사협약" 이라 한다),「대한민국과 호주간의 민사 및 상사사법공조조약」(이하 "한호조약" 이라 한다),「대한민국과 중화인민공화국간의 민사 및 상사사법공조조약」(이하 "한중조약" 이라 한다),「대한민국과 몽골간의 민사 및 상사사법공조조약」(이하 "한몽조약" 이라 한다),「대한민국과 우즈베키스탄공화국간의 민사 및 상사사법공조조약」(이하 "한우즈벡조약" 이라 한다),「대한민국과 태국간의 민사 및 상사사법공조조약」(이하 "한태조약"이라 한다)에 의한 사법공조업무의 처리에 필요한 문서양식 그 밖에 관련 사항을 정함을 목적으로 한다.

제2조 (적용범위)

법, 규칙 및 이 예규는 민사사건 외에 가사사건 그 밖에 그 절차에 관하여 「민사소송법」이 준용되는 사건에도 준용한다.

제2장 외국에 대한 송달촉탁

제3조 (송달촉탁의 방법)

① 외국에 대한 송달촉탁은 다음과 같은 네 가지 방법으로 실시한다.
  1. 헤이그송달협약에 따른 송달촉탁
  2. 양자조약에 따른 송달촉탁
  3. 법 제5조제1항의 규정에 따른 송달촉탁(이하 "외국 관할법원 송달촉탁" 이라 한다)
  4. 법 제5조제2항제1호의 규정에 따른 송달촉탁(이하 "영사 송달촉탁" 이라 한다)

② 송달받을 사람의 국적이 대한민국일 경우에는 제1항이 정하는 네 가지 촉탁 모두 가능하나, 당사자의 의사에 반하지 않는 한 영사 송달촉탁을 한다.

③ 송달받을 사람의 국적이 외국일 경우에는 다음 각 호에 따라서 송달촉탁을 한다.
  1. 피촉탁국이 양자조약 상대국(호주, 중국, 몽골, 우즈베키스탄, 태국)일 경우에는 양자조약에 따른 송달촉탁(다만, 홍콩, 마카오에 대하여는 헤이그송달협약에 따른 송달촉탁을 실시한다)
  2. 피촉탁국이 헤이그송달협약에 가입한 경우(가입국 현황표 [전산양식 A2639]

참조, 다만, 제1호에 해당하는 경우는 제외한다)에는 헤이그송달협약에 따른 송달촉탁(단 미국의 경우는 번역문을 첨부하여 영사송달을 촉탁할 수 있다)

3. 제1호 · 제2호에 해당하지 않는 경우에는 외국 관할법원 송달촉탁

④ 제1항이 정하는 송달을 촉탁할 경우, 수소법원 재판장(이하 "재판장" 이라 한다)은 제5조부터 제8조까지의 규정에 따라 촉탁서 또는 촉탁요청서를 작성한다.

⑤ 제4항의 촉탁서 등은 해당사건 목록[전산양식 A2605]을 첨부하여 전자결재 방식으로 법원행정처[(담당 : 국제심의관)(이하 "법원행정처" 라 한다)]에 외국으로 송부를 요청한다. 위 촉탁서 등 및 목록과 송달될 문서(소장 부본, 변론기일소환장 등) 실물은 위 전자결재 시행문을 출력 첨부하여 법원행정처에 우편으로 송부한다.

제4조 (송달촉탁의 경로)

① 헤이그송달협약 및 양자조약에 따른 송달촉탁은 [(1) 수소법원 → (2) 법원장 → (3) 우리나라 중앙당국(법원행정처) → (4) 피촉탁국의 중앙당국(법무부, 외교부, 대법원 등 나라에 따라 다양함) → (5) 피촉탁국의 해당 법원]의 경로를 거치게 된다.

② 외국 관할법원 송달촉탁은 [(1) 수소법원 → (2) 법원장 → (3) 법원행정처 → (4) 우리나라 외교부 → (5) 피촉탁국 주재 한국 대사관 → (6) 피촉탁국의 외교부 → (7) 피촉탁국의 해당 법원]의 경로를 거치게 된다.

③ 영사 송달촉탁은 [(1) 수소법원 → (2) 법원장 → (3) 법원행정처 → (4) 우리나라 외교부 → (5) 피촉탁국 주재 한국 대사관]의 경로를 거치게 된다.

제5조 (헤이그송달협약에 따른 송달촉탁)

① 헤이그 송달촉탁 시 협약에 부속된 양식을 사용하여야 하며, 양식은 촉탁서(Request, [전산양식 A2630]), 증명서(Certificate, [전산양식 A2631]), 문서의 요지(Summary of the Document, [전산양식 A2632])로 구성된다.

② 재판장은 이 중 촉탁서 및 문서의 요지에 해당 내용을 영어, 불어 또는 피촉탁국의 공용어로 기입하고, 증명서는 피촉탁국의 법원에서 결과를 기입할 수 있도록 공란으로 한다.

③ 촉탁서에는 (1) 피촉탁국의 자국법이 정하는 방식(이하 "a 방식" 이라 한다), (2) 신청인이 요청한 특정의 방식(이하 "b 방식" 이라 한다), (3) 송달받을 사람이 임의로 수령하는 방식(이하 "c 방식" 이라 한다) 중의 하나 또는 다수를 선택하여 해당란에 "√" 표시를 하고 그 외의 란은 삭선을 그어 송달방식을 표기한다. 구체적인 촉탁서와 문서의 요지 기재 요령은 [전산양식 A2640], [전산양식 A2641]을 참조한다.

④ 송달될 문서는 촉탁서의 부속서류가 되며, 이에는 피촉탁국의 공용어로 번역된 번역문을 첨부하여야 한다.

⑤ 촉탁서 및 부속서류는 2부씩 작성하여야 한다.

⑥ 재판장은 촉탁서의 작성일자, 재판장의 직위, 성명, 서명 또는 날인 등이 누락되지 않도록 주의한다.

⑦ 재판장은 기일을 지정함에 있어 송달에 소요되는 기간(통상 3~4개월)을 고려하여야 한다.

⑧ 법원행정처에 촉탁서와 부속서류를 송부함에 있어 국제우편료로 8,000원의

우표를 동봉하고, 그 밖에 다음과 같이 송달수수료를 동봉한다.
1. 캐나다 : 수취인 및 납부방식은 별표 1의 캐나다 헤이그 송달요청 지불방법에 관한 정보를 참조하여 액면 100캐나다달러를 지불
2. 미국 : 수취인을 P.F.I로 표시한 액면 95미국달러의 송금수표
3. 그리스 : 그리스의 중앙당국인 Hellenic Ministry of Justice, Transparency & Human Rights를 수취인으로 하여 Bank of Greece Bank, Account Number: 23/2341147896, IBAN: GR9101000230000002341147896, Swift Code: BNGRGRAA로 50유로를 계좌이체

제6조 (양자조약에 따른 송달촉탁의 경우 처리 절차)
① 재판장은 촉탁요청서와 서류의 요지 등을 작성하여 송달될 문서(번역문 포함)와 함께 법원행정처에 송부한다.
② 법원행정처는 촉탁서를 작성하여 첨부서류와 함께 수탁국 중앙당국에 송부한다.

제6조의2 (한호조약에 따른 송달촉탁)
① 재판장은 다음과 같이 한국어로 촉탁요청서[전산양식 A2658]를, 한국어와 영어로 서류의 요지[전산양식 A2659],[전산양식 A2660]를 작성한다.
1. 호주의 법에 규정된 방식이 아닌 특별한 방식에 의한 송달을 원하는 경우에는 촉탁요청서의 송달방식 란의 "호주의 법에 규정된 방식" 을 삭제하고 원하는 방식을 기재한다.
2. 송달될 문서의 영어 번역문을 첨부한다. 단, 그 번역은 우리나라의 법과 관행에 따라 정확하다고 확인되어야 한다.
3. 위 각 서류는 3부씩 작성한다.
4. 국제우편료로 5,000원 상당의 우표를 동봉한다.
② 법원행정처는 촉탁서[전산양식 A2661]를 작성하여 첨부서류와 함께 호주 중앙당국에 송부한다.
③ 재판장은 송달실시 후 후불로 청구되는 송달증명서상 금액을 송달증명서에 명시된 수취인 앞으로 송금수표를 발행하여 호주에 직접 송부한다.

제6조의3 (한중조약에 따른 송달촉탁)
① 재판장은 다음과 같이 한국어로 촉탁요청서[전산양식 A2653]를, 한국어와 영어(또는 중국어)로 서류의 요지[전산양식 A2654],[전산양식 A2655]를 작성한다.
1. 중국의 법에 규정된 방식이 아닌 특별한 방식에 의한 송달을 원하는 경우에는 촉탁요청서의 송달방식 란의 “중국의 법에 규정된 방식”을 삭제하고 원하는 방식을 기재한다.
2. 송달될 문서의 중국어 번역문을 첨부한다.
3. 위 각 서류는 1부씩 작성한다.
4. 국제우편료로 5,000원 상당의 우표를 동봉한다.
② 법원행정처는 촉탁서[전산양식 A2662]를 작성하여 첨부서류와 함께 중국 중앙당국에 송부한다.

제6조의4 (한몽조약에 따른 송달촉탁)
① 재판장은 다음과 같이 한국어로 촉탁요청서[전산양식 A2663]를, 한국어와 영어

(또는 몽골어)로 서류의 요지[전산양식 A2664],[전산양식 A2665]를 작성한다.

1. 몽골의 법에 규정된 방식이 아닌 특별한 방식에 의한 송달을 원하는 경우에는 촉탁요청서의 송달방식 란의 "몽골의 법에 규정된 방식" 을 삭제하고 원하는 방식을 기재한다.
2. 송달될 문서는 몽골어 번역문을 첨부한다. 다만, 불가피한 경우에는 영어 번역문을 첨부한다. 이러한 번역은 우리나라의 법과 관행에 따라 정확하다고 확인되어야 한다.
3. 위 각 서류는 1부씩 작성한다.
4. 국제우편료로 5,000원 상당의 우표를 동봉한다.

② 법원행정처는 촉탁서[전산양식 A2666]를 작성하여 첨부서류와 함께 몽골 중앙당국에 송부한다.

제6조의5 (한우즈벡조약에 따른 송달촉탁)

① 재판장은 다음과 같이 한국어로 촉탁요청서[전산양식 A2667]를, 한국어와 영어(또는 우즈베키스탄어)로 서류의 요지[전산양식 A2668],[전산양식 A2669]를 작성한다.

1. 우즈베키스탄의 법에 규정된 방식이 아닌 특별한 방식에 의한 송달을 원하는 경우에는 촉탁요청서의 송달방식 란의 "우즈베키스탄의 법에 규정된 방식" 을 삭제하고 원하는 방식을 기재한다.
2. 송달될 문서는 우즈베키스탄어 번역문을 첨부한다. 다만, 불가피한 경우에는 영어 번역문을 첨부한다. 이러한 번역은 우리나라의 법과 관행에 따라 정확하다고 확인되어야 한다.
3. 위 각 서류는 1부씩 작성한다.
4. 국제우편료로 5,000원 상당의 우표를 동봉한다.

② 법원행정처는 촉탁서[전산양식 A2670]를 작성하여 첨부서류와 함께 우즈베키스탄 중앙당국에 송부한다.

제6조의6 (한태조약에 따른 송달촉탁)

① 재판장은 다음과 같이 한국어로 촉탁요청서[전산양식 A2667-1]를, 한국어와 영어(또는 태국어)로 서류의 요지[전산양식 A2668-1],[전산양식 A2669-1]를 작성한다.

1. 태국의 법에 규정된 방식이 아닌 특별한 방식에 의한 송달을 원하는 경우에는 촉탁요청서의 송달방식 란의 "태국의 법에 규정된 방식"을 삭제하고 원하는 방식을 기재한다.
2. 송달될 문서는 태국어 번역문을 첨부한다. 다만, 불가피한 경우에는 영어 번역문을 첨부한다. 이러한 번역은 우리나라의 법과 관행에 따라 정확하다고 확인되어야 한다.
3. 위 각 서류는 1부씩 작성한다.
4. 국제우편료로 5,000원 상당의 우표를 동봉한다.

② 법원행정처는 촉탁서[전산양식 A2670-1]를 작성하여 첨부서류와 함께 태국 중앙당국에 송부한다.

제7조 (외국 관할법원 송달촉탁)

① 재판장은 다음과 같이 촉탁서[전산양식 A2600]와 부속서류를 작성한다.

1. 촉탁서와 송달될 문서인 부속서류에는 피촉탁국의 공용어로 번역된 번역문을 첨부한다. 다만, 법 제7조제1항에 따라 공용어를 알 수 없는 경우에는 영어 번역문을 첨부할 수 있다.
2. 촉탁서 및 부속서류는 1부씩 작성한다. 단, 싱가포르의 경우 각 서류는 2부씩 작성한다.

② 재판장은 기일을 지정함에 있어 송달에 소요되는 기간(통상 6개월)을 고려하여야 한다.

③ 삭제 (2018.02.27 제1689호)

제8조 (영사 송달촉탁)

① 재판장은 다음의 방식에 따라 촉탁서[전산양식 A2602]를 작성한다. 다만, 미국 국적자에게 대한 송달의 경우에는 송달될 부속서류에 대한 번역문을 첨부하여야 한다.

1. 송달받을 사람의 국적을 기재한다.
2. 송달받을 사람의 성명과 주소를 해당 국가의 공용어 또는 불가피한 경우 영어로 병기한다. 특히 미국에서의 송달을 촉탁하는 경우에는 우편번호를 기재하여야 한다.
3. 영사 등이 송달결과를 기재하여 회신할 수 있도록 송달보고서 양식[전산양식 A2603]을 부속서류로 첨부한다.
4. 촉탁서 및 부속서류는 1부씩 작성한다.

② 재판장은 기일을 지정함에 있어 송달에 소요되는 기간(통상 2~3개월)을 고려하여야 한다.

③ 송달수수료는 후불로 송달증명서에 기재된 금액을, 송달증명서에 금액의 기재가 없는 경우에는 6미국달러 상당 금액을 보관금에서 출급하여 국고에 귀속시킨다.

제9조 (여러 사람에 대한 송달)

2인 이상에 대한 송달을 촉탁하는 경우 거주 국가 및 송달장소, 사건 등의 동일성 여부에 관계없이 송달받을 사람 별로 촉탁서 및 부속서류 등을 작성하여야 한다.

제10조 (수회의 기일을 동시 지정하는 경우)

기일소환을 함에 있어 다음 기일 및 그 다음 기일 등 수회의 기일을 함께 지정하는 경우, 각 기일 간의 관계를 분명하게 알 수 있도록 「외국에서 할 송달에 있어서의 변론기일 등 지정방법」(재일 89-2)의 예시문[전산양식 A1604]과 같이 기재하여야 한다.

제11조 (첨부서류의 확인)

소장 부본, 준비서면 부본 등에 법인등기사항증명서, 증거서류 등이 첨부서류로 기재되어 있으나 이를 함께 송달촉탁하지 아니할 경우에는 "첨부서류" 부분의 기재를 삭제하여야 한다.

제12조 (출석요구서 등 양식)
출석요구서의 양식에 "만일 정당한 사유 없이 출석하지 아니하는 때에는 결정으로 000원 이하의 과태료에 처하거나 구인하거나 ○일 이내의 감치에 처할 수 있습니다."라는 취지의 문구가 있으면 이를 삭제하고, "출석할 때에는 주민등록증을 가져오시기 바랍니다."는 취지의 문구가 있으면 "출석할 때는 신분증과 이 출석요구서를 가져오시기 바랍니다."로 정정하여 사용한다.

제13조 (집행절차에서 외국송달의 특례)
집행절차에서 외국으로 송달이나 통지를 하는 경우에는 「민사집행법」제13조에 따라 대한민국 안에서 송달 이나 통지를 받을 장소와 영수인을 정하여 일정한 기간 안에 신고하도록 하는 명령서[전산양식 A3300]를 함께 송달한다.

제3장 외국으로부터의 송달촉탁

제14조 (송달촉탁을 받은 사건의 접수 등)
① 헤이그송달협약, 양자조약 및 법 제13조제1항에 따른 송달 촉탁을 받은 경우 법원행정처는 송달을 할 장소를 관할하는 제1심 법원(이하 이 장에서 "관할법원" 이라 한다)에 촉탁서 등 관련 서류들을 송부한다.
② 관할법원은 이를 사법공조사건으로 접수하고, 사건부호 '러' 및 사건번호를 붙여 기록을 조제한다.

제15조 (헤이그송달협약에 따른 송달촉탁을 받은 경우 처리절차)
① 촉탁서상 a 방식에 따른 송달을 요청받은 경우에는 관할법원은 우편집배원에 의한 송달을 실시함을 원칙으로 한다.
② 촉탁서상 구체적 방법을 기재한 b 방식에 따른 송달을 요청받은 경우에는, 관할법원은 해당 방식이 민사소송법의 규정에 저촉되지 아니함을 조건으로 외국이 요청한 방식대로의 송달을 실시하고, 만일 저촉되는 경우라면 법원행정처에 그 취지를 통지하고 반송한다(예컨대, 요청의 내용이 송달받을 자 본인에게 직접 전달하여 달라는 취지일 경우에는 민사소송법에 저촉되지 아니하므로 그 요청을 받아들여 집행관송달을 실시한다. 이 경우에는 촉탁을 요청하는 국가(특히 미국)의 법규정에 따라 송달받을 사람 본인이 직접 교부받아야 송달로서의 효력이 있게 되고 유치송달이나 보충송달은 허용되지 않을 수 있으므로, 집행관에 의하여 송달받을 사람 본인이 직접 교부받을 수 있도록 송달하여야 하고 본인이 직접 교부받을 수 없는 경우에는 송달불능으로 처리하여야 한다).
③ 촉탁서상 c 방식에 따른 송달을 요청받은 경우에는 관할법원은 다음과 같은 절차에 따른다.
   1. 관할법원은 일단 송달받을 사람에게 2주 내에 문서를 임의로 수령하거나 수령 여부 의사를 통보해 달라는 취지의 최고서[전산양식 A2635]를 발송하고, 이때 송달받을 사람 본인이나 대리인이 직접 법원에 나와서 문서를 수령하는 경우에는 영수증을 교부받아 증명서에 첨부하며, 문서의 송부를 요청하는 의사를 표명한 경우에는 우편집배원에 의한 송달 방법 등을 통해 문서를 송부한다.

2. 관할법원은 위 제1호와 관련하여 문서 수령 여부를 최고하였으나 최고를 받은 사람이 수령 거절의사를 밝히거나, 2주 이내에 아무런 의사도 밝히지 않은 경우 또는 최고서가 송달불능이 된 경우에는 모두 송달 불능으로 처리한다.

④ 촉탁서에 a 방식 또는 b 방식에 따른 송달을 요청하면서 소장 부본 등 송달될 문서에 국문 번역문을 첨부하지 아니한 경우, 관할법원은 법원행정처에 이를 반송한다.

⑤ 촉탁서에 송달방식에 관한 아무런 표시가 없을 경우에는 관할법원은 국문 번역문이 첨부되어 있을 것을 조건으로 a 방식에 따른 송달을 실시하고, 국문 번역문이 첨부되어 있지 않다면 c 방식에 따른 송달을 실시한다.

⑥관할법원의 사법공조 담당자는 헤이그송달협약에 따른 증명서(Certificate)에 [전산양식 A2643]부터 [전산양식 A2651]까지의 예에 따라 송달결과를 기재하고 우편송달통지서 등 송달결과를 증명할 수 있는 서면을 첨부하여야 한다. 이때 그 기재는 국문으로 하되 전형적인 문구는 영문을 병기하도록 하며, 송달불능 사유 등이 복잡한 경우에는 국문으로만 기재한다.

⑦ 제6항에 따라 작성된 증명서는 전자결재 방식으로 법원행정처에 외국으로 회신을 요청한다. 동시에 여러 건을 요청하는 경우 [전산양식 A2605]에 따른 목록을 작성하여 1건의 전자결재로 한다. 증명서와 우편송달통지서, 송달불능조서 등 송달결과를 증명할 수 있는 서면 및 송달불능이 된 해당문서 실물은 위 전자결재 시행문(목록 포함)을 출력 첨부하여 법원행정처에 우편으로 송부한다.

⑧ 법원행정처는 증명서 등을 외국의 송달촉탁당국에 송부한다.

제16조 (양자조약에 따른 송달촉탁을 받은 경우 처리절차)

① 관할법원은 우편집배원에 의한 송달 등을 실시하되, 촉탁서에 특정한 방식이 요청된 경우에는 민사소송법에 저촉되지 아니하는 한 그 방식에 따라 송달을 실시한다. 촉탁서에 기재된 특정한 방식이 민사소송법에 저촉되는 경우에는 법원행정처에 그 취지를 통지하고 반송한다.

② 송달이 실시된 후 관할법원은 우편송달통지서 등 송달결과를 증명할 수 있는 서면을 첨부한 증명서와 회신서[전산양식 A2612],[전산양식 A2613] 및 회신요청서[전산양식 A2616]를 작성한다.

③ 제2항에 따라 작성된 증명서 등은 전자결재 방식으로 법원행정처에 외국으로 송부를 요청한다. 동시에 여러 건을 요청하는 경우 [전산양식 A2605]에 따른 목록을 작성하여 1건의 전자결재로 한다. 해당문서 실물은 위 전자결재 시행문(목록 포함)을 출력 첨부하여 법원행정처에 우편으로 송부한다.

④ 법원행정처는 증명서 등을 촉탁국의 중앙당국에 송부한다.

제16조의2 (한호조약에 따른 송달촉탁을 받은 경우 유의사항)

① 법원행정처는 송달될 문서의 국문 번역문이 첨부되어 있지 아니한 경우에는 그 취지를 명시하여 반송한다.

② 관할법원의 사법공조 담당자는 증명서를 국문[전산양식 A2671]으로 작성하되, 영어 번역문[전산양식 A2672]을 첨부할 수 있다.

제16조의3 (한중조약에 따른 송달촉탁을 받은 경우 유의사항)
① 법원행정처는 송달될 문서의 국문 번역문이 첨부되어 있지 아니한 경우에는 그 취지를 명시하여 반송한다.
② 관할법원의 사법공조 담당자는 증명서를 국문[전산양식 A2673]으로 작성하되, 중국어 또는 영어 번역문[전산양식 A2674]을 첨부할 수 있다.

제16조의4 (한몽조약에 따른 송달촉탁을 받은 경우 유의사항)
① 법원행정처는 송달될 문서의 국문 번역문 또는 영문 번역문이 첨부되어 있지 아니한 경우에는 그 취지를 명시하여 반송한다.
② 관할법원의 사법공조 담당자는 증명서를 국문[전산양식 A2675]으로 작성하되, 몽골어 또는 영어 번역문[전산양식 A2676]을 첨부한다.

제16조의5 (한우즈벡조약에 따른 송달촉탁을 받은 경우 유의사항)
① 법원행정처는 송달될 문서의 국문 번역문 또는 영문 번역문이 첨부되어 있지 아니한 경우에는 그 취지를 명시하여 반송한다.
② 관할법원의 사법공조 담당자는 증명서를 국문[전산양식 A2677]으로 작성하되, 우즈베키스탄어 또는 영어 번역문[전산양식 A2678]을 첨부한다.

제16조의6 (한태조약에 따른 송달촉탁을 받은 경우 유의사항)
① 법원행정처는 송달될 문서의 국문 번역문 또는 영문 번역문이 첨부되어 있지 아니한 경우에는 그 취지를 명시하여 반송한다.
② 관할법원의 사법공조 담당자는 증명서를 영문[전산양식 A2678-1]으로 작성하되, 그 부속서류는 태국어 또는 영어로 번역할 필요는 없다.

제17조 (법 제13조제1항에 따른 외국으로부터의 송달촉탁을 받은 경우 처리 절차)
① 관할법원은 우편집배원에 의한 송달 등을 실시하되, 촉탁서에 특정한 방식이 기재된 경우에는 민사소송법에 저촉되지 아니하는 한 그 방식에 따라 송달을 실시한다. 촉탁서에 기재된 특정한 방식이 민사소송법에 저촉되거나 촉탁서 및 첨부서류에 국문 번역문이 첨부되어 있지 아니한 경우에는 법원행정처에 그 취지를 통지하고 반송한다.
② 관할법원의 사법공조 담당자는 증명서[전산양식 A2620]에 송달결과를 기재한다. 이때 그 기재는 국문으로 하되 전형적인 문구는 영문을 병기하도록 하며, 송달불능 사유 등이 복잡한 경우에는 국문으로만 기재한다.
③ 관할법원은 제2항에 따라 작성된 증명서와 회신서[전산양식 A2612], [전산양식 A2613] 및 회신요청서[전산양식 A2616]를 작성하되, 송달이 이루어진 경우에는 우편송달통지서 등의 문서를, 송달불능의 경우에는 우편송달통지서 또는 송달불능조서 및 송달불능이 된 문서를 함께 첨부한다.
④ 제3항에 따라 작성된 증명서 등은 전자결재 방식으로 법원행정처에 외국으로 송부를 요청한다. 동시에 여러 건을 요청하는 경우 [전산양식 A2605]에 따른 목록을 작성하여 1건의 전자결재로 한다. 해당문서 실물은 위 전자결재 시행문(목록 포함)을 출력 첨부하여 법원행정처에 우편으로 송부한다.
⑤ 법원행정처는 증명서 등을 외교부에 송부한다.

제4장 외국에 대한 증거조사 촉탁

제18조 (증거조사촉탁의 방법)

① 외국에 대한 증거조사촉탁은 다음과 같은 네 가지 방법으로 실시한다.
1. 헤이그증거조사협약에 따른 증거조사촉탁
2. 양자조약에 따른 증거조사촉탁
3. 법 제5조제1항의 규정에 따른 증거조사 촉탁(이하 "외국 관할법원 증거조사촉탁" 이라 한다)
4. 법 제5조제2항제1호의 규정에 따른 증인신문촉탁(이하 "영사 증인신문촉탁" 이라 한다)

② 피촉탁국이 양자조약 상대국(호주, 중국, 몽골, 우즈베키스탄, 태국)일 경우에는 양자조약에 따른 증거조사촉탁을 실시한다.

③ 헤이그증거조사협약에 가입한 경우(가입국 현황표 [전산양식 A2639] 참조, 다만, 제2항에 해당하는 경우는 제외한다)에는 헤이그증거조사협약에 따른 증거조사촉탁을 실시한다.

④ 제2항, 제3항에 해당하지 않는 경우에는 외국 관할법원 증거조사촉탁을 실시한다.

⑤ 국적이 대한민국인 증인에 대한 증인신문의 촉탁은 당사자의 의사에 반하지 않는 한 영사 증인신문촉탁을 할 수 있다.

⑥ 제1항이 정하는 증거조사를 촉탁할 경우, 수소법원 재판장(이하 "재판장" 이라 한다)은 제19조부터 제22조까지의 규정에 따라 촉탁서 또는 촉탁요청서를 작성한다.

⑦ 제6항의 촉탁서 등은 해당사건 목록[전산양식 A2605]을 첨부하여 전자결재 방식으로 법원행정처에 외국으로 송부를 요청한다. 위 촉탁서 등 및 목록과 송부 될 문서 실물은 위 전자결재 시행문을 출력 첨부하여 법원행정처에 우편으로 송부한다.

제19조 (헤이그증거조사협약에 따른 증거조사 촉탁)

① 재판장은 촉탁서[전산양식 A2679]를 작성하고, 헤이그증거조사협약 유보 및 선언 현황표[전산양식 A2680]를 참조하여 영어나 불어를 유보하지 아니한 나라의 경우에는 위 촉탁서의 영어 번역문 또는 불어 번역문을, 영어와 불어를 유보한 나라의 경우에는 피촉탁국의 공용어 번역문을 첨부한다. 단, 그 번역문은 외교관이나 영사관원, 선서한 번역자 또는 우리나라에서 그러한 권한이 부여된 자에 의하여 정확하다고 확인되어야 한다.

② 국제우편료로 8,000원 상당의 우표를 동봉한다.

③ 각 서류는 2부씩 작성한다.

제20조 (양자조약에 따른 증거조사촉탁)

① 재판장은 촉탁요청서 등을 작성하여 부속서류(번역문 포함)와 함께 법원행정처에 송부한다.

② 법원행정처는 촉탁서를 작성하여 첨부서류와 함께 수탁국 중앙당국에 송부한다.

제20조의2 (한호조약 증거조사촉탁)

① 재판장은 증거조사의 내용에 따라 다음과 같이 증거조사 촉탁요청서[전산양식 A2681], [전산양식 A2681-1], [전산양식 A2681-2]를 작성한다.

1. 촉탁요청서에 부속서류(증인신문사항 등)의 영어 번역문을 첨부한다. 단, 그 번역은 우리나라의 법과 관행에 따라 정확하다고 확인되어야 한다.
2. 위 각 서류는 3부씩 작성한다.
3. 국제우편료로 5,000원 상당의 우표를 동봉한다.

② 촉탁요청서를 수령한 법원행정처는 영문 촉탁서[전산양식 A2682], [전산양식 A2682-1], [전산양식 A2682-2] 1부를 작성하여 첨부서류와 함께 호주의 중앙당국에 송부한다.

③ 증거조사비용은 증거조사 회보서 상의 금액과 지불방법에 따라 지불한다.

제20조의3 (한중조약 증거조사촉탁)

① 재판장은 증거조사의 내용에 따라 다음과 같이 증거조사 촉탁요청서[전산양식 A2683], [전산양식 A2683-1], [전산양식 A2683-2]를 작성한다.
1. 촉탁요청서에 부속서류(증인신문사항 등)의 중국어 번역문을 첨부한다.
2. 위 각 서류는 1부씩 작성한다.
3. 국제우편료로 5,000원 상당의 우표를 동봉한다.

② 촉탁요청서를 수령한 법원행정처는 영문 촉탁서[전산양식 A2684], [전산양식 A2684-1], [전산양식 A2684-2] 1부를 작성하여 첨부서류와 함께 중국의 중앙당국에 송부한다.

③ 증거조사비용은 증거조사 회보서 상의 금액과 지불방법에 따라 지불한다.

제20조의4 (한몽조약 증거조사촉탁)

① 재판장은 증거조사의 내용에 따라 다음과 같이 증거조사 촉탁요청서[전산양식 A2685], [전산양식 A2685-1], [전산양식 A2685-2]를 작성한다.
1. 촉탁요청서에 부속서류(증인신문사항 등)의 몽골어 번역문을 첨부한다. 다만, 불가피한 경우에는 영어 번역문을 첨부한다. 이러한 번역은 우리나라의 법과 관행에 따라 정확하다고 확인되어야 한다.
2. 위 각 서류는 1부씩 작성한다.
3. 국제우편료로 5,000원 상당의 우표를 동봉한다.

② 촉탁요청서를 수령한 법원행정처는 영문 촉탁서[전산양식 A2686], [전산양식 A2686-1], [전산양식 A2686-2] 1부를 작성하여 첨부서류와 함께 몽골의 중앙당국에 송부한다.

③ 증거조사비용은 증거조사 회보서 상의 금액과 지불방법에 따라 지불한다.

제20조의5 (한우즈벡조약 증거조사촉탁)

① 재판장은 증거조사의 내용에 따라 다음과 같이 증거조사 촉탁요청서[전산양식 A2687], [전산양식 A2687-1], [전산양식 A2687-2]를 작성한다.
1. 촉탁요청서에 부속서류(증인신문사항 등)의 우즈베키스탄어 번역문을 첨부한다. 다만, 불가피한 경우에는 영어 번역문을 첨부한다. 이러한 번역은 우리나라의 법과 관행에 따라 정확하다고 확인되어야 한다.
2. 위 각 서류는 1부씩 작성한다.
3. 국제우편료로 5,000원 상당의 우표를 동봉한다.

② 촉탁요청서를 수령한 법원행정처는 영문 촉탁서[전산양식 A2688], [전산양식 A2688-1], [전산양식 A2688-2] 1부를 작성하여 첨부서류와 함께 우즈베키스탄의 중앙당국에 송부한다.

③ 증거조사비용은 증거조사 회보서 상의 금액과 지불방법에 따라 지불한다.

제20조의6 (한태조약 증거조사촉탁)

① 재판장은 증거조사의 내용에 따라 다음과 같이 증거조사 촉탁요청서 [전산양식 A2687-3], [전산양식 A2687-4], [전산양식 A2687-5]를 작성한다.

1. 촉탁요청서에 부속서류(증인신문사항 등)의 태국어 번역문을 첨부한다. 다만, 불가피한 경우에는 영어 번역문을 첨부한다. 이러한 번역은 우리나라의 법과 관행에 따라 정확하다고 확인되어야 한다.
2. 위 각 서류는 1부씩 작성한다.
3. 국제우편료로 5,000원 상당의 우표를 동봉한다.

② 촉탁요청서를 수령한 법원행정처는 영문 촉탁서[전산양식 A2688-3], [전산양식 A2688-4], [전산양식 A2688-5] 1부를 작성하여 첨부서류와 함께 태국의 중앙당국에 송부한다.

③ 증거조사비용은 증거조사 회보서 상의 금액과 지불방법에 따라 지불한다.

제21조 (외국 관할법원 증거조사촉탁)

① 재판장은 증거조사의 내용에 따라 촉탁서(Request, [전산양식 A2689], [전산양식 A2689-1], [전산양식 A2689-2])를 작성하여 법원행정처에 송부한다.

② 제1항의 촉탁서와 부속서류에는 피촉탁국의 공용어로 번역된 번역문을 첨부한다. 다만, 제7조제1항에 따라 공용어를 알 수 없는 경우에는 촉탁서 및 부속서류에 대하여 영어 번역문을 첨부할 수 있다.

③ 촉탁서 및 부속서류는 1부씩 작성한다.

제22조 (영사 증인신문촉탁)

① 재판장은 촉탁서[전산양식 A2690]를 작성하고, 증인신문조서[전산양식 A2691] 및 증인선서서[전산양식 A2692]를 부속서류로 첨부하여 법원행정처에 송부한다.

② 촉탁서에는 증인신문 대상자의 국적을 기재하고, 증인신문 대상자의 성명, 주소를 해당 국가의 공용어 또는 불가피한 경우 영어로 병기한다.

③ 각 서류는 1부씩 작성한다.

제5장 외국으로부터의 증거조사 촉탁

제23조 (외국으로부터의 증거조사 촉탁을 받은 경우 처리절차)

① 헤이그증거조사협약, 양자조약 및 법 제13조제1항에 따른 증거조사 촉탁을 받은 경우 법원행정처는 증거조사를 할 장소를 관할하는 제1심 법원(이하 이 장에서 "관할법원" 이라 한다)에 촉탁서 등 관련 서류들을 송부한다.

② 관할법원은 이를 사법공조사건으로 접수하고, 사건부호 '러' 및 사건번호를 붙여 기록을 조제하며, 증거조사를 실시할 재판부를 지정하여 사건을 배당한다.

③ 관할법원은 해당 재판장이 증거조사를 실시한 경우에는 증인신문조서 기타 증거조사의 결과를 기재한 조서를 첨부한 회신서[전산양식 A2614]를, 증거조사를 실시하지 못한 경우에는 증거조사가 불능하게 된 사유를 기재한 회신서[전산양식 A2615]를 작성하여 이를 지체 없이 법원행정처장에게 송부하여야 한다. 다만, 이에 대하여는 촉탁국의 공용어로 된 번역문을 첨부할 필요는 없다(만일 외국으로부터 회신서 및 첨부서류를 특정 언어로 번역해 달라는 요청이 있을 경우 증거조사 관할법원은 외국의 비용 납입을 조건으로 그 요청에 응한다).

第24条 (헤이그증거조사협약에 따른 증거조사촉탁을 받은 경우 유의사항)

① 촉탁 당국이 요청하는 경우에는 아래와 같은 방식으로 촉탁 당국 또는 촉탁국의 당사자 및 대리인에게 증거조사의 실행 시간과 장소를 통지한다.

1. 관할법원의 재판장은 증거조사의 실행 시간과 장소를 기재한 촉탁서, 집행통지서(촉탁 당국에 통지하는 경우에는 [전산양식 A2693], 촉탁국 당사자나 대리인에게 통지하는 경우에는 [전산양식 A2694])를 작성하여 전자결재 방식으로 법원행정처에 외국으로 송부를 요청한다. 위 통지서 실물은 위 전자결재 시행문을 출력, 첨부하여 법원행정처에 우편으로 송부한다.
2. 법원행정처는 촉탁 당국에 대한 통지서는 촉탁 당국에 송부하고, 촉탁국 당사자 또는 대리인에 대한 통지서는 위 당사자 또는 대리인에게 직접 송부한다.

② 촉탁서가 영미법상 개시절차(discovery)에서 행하여지는 자료의 수집을 목적으로 작성된 것으로 인정되는 경우 법원행정처는 이유를 명시하여 위 촉탁서 및 부속서류를 촉탁 당국에 반송한다.

③ 법원행정처는 한국어 또는 영어로 된 촉탁서만을 접수하고, 그 이외의언어로 된 촉탁서는 외국의 관련 당국에 반송한다.

第6장 기타

第25条(촉탁의 철회)

송달촉탁 또는 증거조사촉탁을 요청한 재판장이 소의 취하, 국내 대리인의 선임 등의 사유로 인하여 촉탁을 철회하는 경우에는 위와 같은 내용이 담긴 철회서[전산양식 A2621]를 작성하여 법원행정처에 송부하여야 하고, 법원행정처에서는 이미 촉탁서를 외국 법원 등에 발송한 경우에는 위 철회의 취지를 외국 법원 등에 통보하며, 아직 촉탁서가 발송되지 않은 경우에는 촉탁서나 촉탁요청서를 해당 재판부에 반송하도록 한다.

第26条 (외국 등에 응소의사 타진)

① 외국 및 국제법상 국가에 준하는 대우를 받는 국제기구(이하 "외국 등" 이라 한다)를 상대로 소가 제기된 경우에 당해 외국 등이 응소할 의사가 있는지의 여부를 확인하고자 하는 경우에는 수소법원의 장이 요청서[전산양식 A2618]를 작성하여 법원행정처장에게 외교부장관에 대하여 이를 확인하여 줄 것을 요청하여야 한다.

② 법원행정처장은 위 요청서에 따라 외교부장관에게 외국 등이 응소할 의사가 있는지의 여부를 확인하여 줄 것을 의뢰하여야 한다.

부 칙(2018.02.27 第1689호)

이 예규는 즉시 시행한다.

민사소송규칙

[시행 2018.1.31]

[대법원규칙 제2771호, 2018.1.31, 일부개정]

제1편 총칙

제1장 통칙

제1조(목적)

이 규칙은 민사소송법(다음부터 "법"이라 한다)이 대법원규칙에 위임한 사항, 그 밖에 민사소송절차에 관하여 필요한 사항을 규정함을 목적으로 한다.

제2조(법원에 제출하는 서면의 기재사항)

① 당사자 또는 대리인이 법원에 제출하는 서면에는 특별한 규정이 없으면 다음 각호의 사항을 적고 당사자 또는 대리인이 기명날인 또는 서명하여야 한다.

1. 사건의 표시
2. 서면을 제출하는 당사자와 대리인의 이름·주소와 연락처(전화번호·팩시밀리번호 또는 전자우편주소 등을 말한다. 다음부터 같다)
3. 덧붙인 서류의 표시
4. 작성한 날짜
5. 법원의 표시

② 당사자 또는 대리인이 제출한 서면에 적은 주소 또는 연락처에 변동사항이 없는 때에는 그 이후에 제출하는 서면에는 주소 또는 연락처를 적지 아니하여도 된다.

제3조(최고·통지)

① 민사소송절차에서 최고와 통지는 특별한 규정이 없으면 상당하다고 인정되는 방법으로 할 수 있다.

② 제1항의 최고나 통지를 한 때에는 법원서기관·법원사무관·법원주사 또는 법원주사보(다음부터 이 모두를 "법원사무관등"이라 한다)는 그 취지와 최고 또는 통지의 방법을 소송기록에 표시하여야 한다.

③ 이 규칙에 규정된 통지(다만, 법에 규정된 통지를 제외한다)를 받을 사람이 외국에 있거나 있는 곳이 분명하지 아니한 때에는 통지를 하지 아니하여도 된다. 이 경우 법원사무관등은 그 사유를 소송기록에 표시하여야 한다.

④ 당사자, 그 밖의 소송관계인에 대한 통지는 법원사무관등으로 하여금 그 이름으로 하게 할 수 있다.

제4조(소송서류의 작성방법 등)

① 소송서류는 간결한 문장으로 분명하게 작성하여야 한다.

② 소송서류는 특별한 사정이 없으면 다음 양식에 따라 세워서 적어야 한다. <개정 2016.8.1.>

1. 용지는 A4(가로 210㎜×세로 297㎜) 크기로 하고, 위로부터 45㎜,왼쪽 및 오른쪽으로부터 각각 20㎜, 아래로부터 30㎜(장수 표시 제외)의 여백을 둔다.
2. 글자크기는 12포인트(가로 4.2㎜×세로 4.2㎜) 이상으로 하고, 줄간격은 200% 또는 1.5줄 이상으로 한다.

③ 법원은 제출자의 의견을 들어 변론기일 또는 변론준비기일에서 진술되지 아니하거나 불필요한 소송서류를 돌려주거나 폐기할 수 있다. <신설 2016.8.1.>

제5조(소송서류의 접수와 보정권고)
① 당사자, 그 밖의 소송관계인이 제출하는 소송서류는 정당한 이유 없이 접수를 거부하여서는 아니 된다.
② 소송서류를 접수한 공무원은 소송서류를 제출한 사람이 요청한 때에는 바로 접수증을 교부하여야 한다.
③ 법원사무관등은 접수된 소송서류의 보완을 위하여 필요한 사항을 지적하고 보정을 권고할 수 있다.

제2장 법원

제6조(보통재판적)
법 제3조 내지 법 제6조의 규정에 따라 보통재판적을 정할 수 없는 때에는 대법원이 있는 곳을 보통재판적으로 한다.

제7조(관할지정의 신청 등)
① 법 제28조제1항의 규정에 따라 관계된 법원 또는 당사자가 관할지정을 신청하는 때에는 그 사유를 적은 신청서를 바로 위의 상급법원에 제출하여야 한 다.
② 소 제기 후의 사건에 관하여 제1항의 신청을 한 경우, 신청인이 관계된 법원인 때에는 그 법원이 당사자 모두에게, 신청인이 당사자인 때에는 신청을 받은 법원이 소송이 계속된 법원과 상대방에게 그 취지를 통지하여야 한다.

제8조(관할지정신청에 대한 처리)
① 법 제28조제1항의 규정에 따른 신청을 받은 법원은 그 신청에 정당한 이유가 있다고 인정하는 때에는 관할법원을 지정하는 결정을, 이유가 없다고 인정하는 때에는 신청을 기각하는 결정을 하여야 한다.
② 소 제기 전의 사건에 관하여 제1항의 결정을 한 경우에는 신청인에게, 소 제기 후의 사건에 관하여 제1항의 결정을 한 경우에는 소송이 계속된 법원과 당사자 모두에게 그 결정정본을 송달하여야 한다.
③ 소송이 계속된 법원이 바로 위의 상급법원으로부터 다른 법원을 관할 법원으로 지정하는 결정정본을 송달받은 때에는, 그 법원의 법원사무관등은 바로 그 결정정본과 소송기록을 지정된 법원에 보내야 한다.

제9조(소송절차의 정지)
소 제기 후의 사건에 관하여 법 제28조제1항의 규정에 따른 관할지정신청이 있는 때에는 그 신청에 대한 결정이 있을 때까지 소송절차를 정지하여야 한다. 다만, 긴급한 필요가 있는 행위를 하는 경우에는 그러하지 아니하다.

제10조(이송신청의 방식)
① 소송의 이송신청을 하는 때에는 신청의 이유를 밝혀야 한다.
② 이송신청은 기일에 출석하여 하는 경우가 아니면 서면으로 하여야 한다.

제11조(이송결정에 관한 의견진술)
① 법 제34조제2항·제3항, 법 제35조 또는 법 제36조제1항의 규정에 따른 신청이 있는 때에는 법원은 결정에 앞서 상대방에게 의견을 진술할 기회를 주어야 한다.
② 법원이 직권으로 법 제34조제2항, 법 제35조 또는 법 제36조의 규정에 따른 이송결정을 하는 때에는 당사자의 의견을 들을 수 있다.

제3장 당사자

제12조(법인이 아닌 사단 등의 당사자능력을 판단하는 자료의 제출)
법원은 법인이 아닌 사단 또는 재단이 당사자가 되어 있는 때에는 정관·규약, 그 밖에 그 당사자의 당사자능력을 판단하기 위하여 필요한 자료를 제출하게 할 수 있다.

제13조(법정대리권 소멸 및 선정당사자 선정취소·변경 통지의 신고)
① 법 제63조제1항의 규정에 따라 법정대리권 소멸통지를 한 사람은 그 취지를 법원에 서면으로 신고하여야 한다.
② 법 제63조제2항의 규정에 따라 선정당사자 선정취소와 변경의 통지를 한 사람에게는 제1항의 규정을 준용한다.

제14조(필수적 공동소송인의 추가신청)
법 제68조제1항의 규정에 따른 필수적 공동소송인의 추가신청은 추가될 당사자의 이름·주소와 추가신청의 이유를 적은 서면으로 하여야 한다.

제15조(단독사건에서 소송대리의 허가)
① 단독판사가 심리·재판하는 사건으로서 다음 각 호의 어느 하나에 해당하는 사건에서는 변호사가 아닌 사람도 법원의 허가를 받아 소송대리인이 될 수 있다. <개정 2016.9.6.>
  1. 「민사 및 가사소송의 사물관할에 관한 규칙」 제2조 단서 각 호의 어느 하나에 해당하는 사건
  2. 제1호 사건 외의 사건으로서 다음 각 목의 어느 하나에 해당하지 아니하는 사건
    가. 소송목적의 값이 소제기 당시 또는 청구취지 확장(변론의 병합 포함) 당시 1억원을 넘는 소송사건
    나. 가목의 사건을 본안으로 하는 신청사건 및 이에 부수하는 신청사건(다만, 가압류·다툼의 대상에 관한 가처분 신청사건 및 이에 부수하는 신청사건은 제외한다)
② 제1항과 법 제88조제1항의 규정에 따라 법원의 허가를 받을 수 있는 사람은

다음 각호 가운데 어느 하나에 해당하여야 한다.
1. 당사자의 배우자 또는 4촌 안의 친족으로서 당사자와의 생활관계에 비추어 상당하다고 인정되는 경우
2. 당사자와 고용, 그 밖에 이에 준하는 계약관계를 맺고 그 사건에 관한 통상사무를 처리·보조하는 사람으로서 그 사람이 담당하는 사무와 사건의 내용 등에 비추어 상당하다고 인정되는 경우

③ 제1항과 법 제88조제1항에 규정된 허가신청은 서면으로 하여야 한다.
④ 제1항과 법 제88조제1항의 규정에 따른 허가를 한 후 사건이 제1항제2호 각 목의 어느 하나에 해당하는 사건(다만, 제1항제1호에 해당하는 사건은 제외한다) 또는 민사소송등인지법 제2조제4항에 해당하게 된 때에는 법원은 허가를 취소하고 당사자 본인에게 그 취지를 통지하여야 한다. <개정 2010.12.13., 2015.1.28., 2016.9.6.>

제16조(법률상 소송대리인의 자격심사 등)
① 법원은 지배인·선장 등 법률상 소송대리인의 자격 또는 권한을 심사할 수 있고 그 심사에 필요한 때에는 그 소송대리인·당사자 본인 또는 참고인을 심문하거나 관련 자료를 제출하게 할 수 있다.
② 법원은 법률상 소송대리인이 그 자격 또는 권한이 없다고 인정하는 때에는 재판상 행위를 금지하고 당사자 본인에게 그 취지를 통지하여야 한다.

제17조(소송대리권 소멸통지의 신고)
법 제97조에서 준용하는 법 제63조제1항의 규정에 따라 소송대리인 권한의 소멸통지를 한 사람에게는 제13조제1항의 규정을 준용한다.

제17조의2(기일 외 진술 등의 금지)
① 당사자나 대리인은 기일 외에서 구술, 전화, 휴대전화 문자전송, 그 밖에 이와 유사한 방법으로 사실상 또는 법률상 사항에 대하여 진술하는 등 법령이나 재판장의 지휘에 어긋나는 절차와 방식으로 소송행위를 하여서는 아니 된다.
② 재판장은 제1항을 어긴 당사자나 대리인에게 주의를 촉구하고 기일에서 그 위반사실을 알릴 수 있다.
[본조신설 2016.9.6.]

제4장 소송비용

제1절 소송비용의 부담

제18조(소송비용액의 확정을 구하는 신청의 방식)
법 제110조제1항, 법 제113조제1항 또는 법 제114조제1항의 규정에 따른 신청은 서면으로 하여야 한다.

제19조(소송비용의 예납의무자)
① 법 제116조제1항의 규정에 따라 법원이 소송비용을 미리 내게 할 수 있는 당사자는 그 소송행위로 이익을 받을 당사자로 하되, 다음 각호의 기준을 따라야 한다.

1. 송달료는 원고(상소심에서는 상소인을 말한다. 다음부터 이 조문 안에서 같다)
2. 변론의 속기 또는 녹음에 드는 비용은 신청인. 다만, 직권에 의한 속기 또는 녹음의 경우에 그 속기 또는 녹음으로 이익을 받을 당사자가 분명하지 아니한 때에는 원고
3. 증거조사를 위한 증인·감정인·통역인 등에 대한 여비·일당·숙박료 및 감정인·통역인 등에 대한 보수와 법원 외에서의 증거조사를 위한 법관, 그 밖의 법원공무원의 여비·숙박료는 그 증거조사를 신청한 당사자. 다만, 직권에 의한 증거조사의 경우에 그 증거조사로 이익을 받을 당사자가 분명하지 아니한 때에는 원고
4. 상소법원에 소송기록을 보내는 비용은 상소인

② 제1항제2호의 속기 또는 녹음, 제1항제3호의 증거조사를 양쪽 당사자가 신청한 경우와 제1항제4호의 상소인이 양쪽 당사자인 경우에는 필요한 비용을 균등하게 나누어 미리 내게 하여야 한다. 다만, 사정에 따라 미리 낼 금액의 비율을 다르게 할 수 있다.

제20조(소송비용 예납 불이행시의 국고대납)

법원은 소송비용을 미리 내야 할 사람이 내지 아니하여(부족액을 추가로 내지 아니하는 경우를 포함한다) 소송절차의 진행 또는 종료 후의 사무처리가 현저히 곤란한 때에는 그 소송비용을 국고에서 대납받아 지출할 수 있다.

제21조(소송비용의 대납지급 요청)

① 소송비용의 대납지급 요청은 재판장이 법원의 경비출납공무원에게 서면이나 재판사무시스템을 이용한 전자적인 방법으로 하여야 한다. 다만, 서류 송달료의 대납지급 요청은 법원사무관등이 한다. <개정 2009.12.3.>

② 제1항의 요청은 소송비용을 지출할 사유가 발생할 때마다 하여야 한다. 다만, 서류의 송달료에 관하여는 필요한 범위 안에서 여러 번 실시할 비용의 일괄지급을 요청할 수 있다.

제2절 소송비용의 담보

제22조(지급보증위탁계약)

① 법 제122조의 규정에 따라 지급보증위탁계약을 맺은 문서를 제출하는 방법으로 담보를 제공하려면 미리 법원의 허가를 받아야 한다.

② 제1항의 규정에 따른 지급보증위탁계약은 담보제공명령을 받은 사람이 은행법의 규정에 따른 금융기관이나 보험회사(다음부터 이 모두를 "은행등"이라 한다)와 맺은 것으로서 다음 각호의 요건을 갖춘 것이어야 한다.

1. 은행등이 담보제공명령을 받은 사람을 위하여, 법원이 정한 금액 범위 안에서, 담보에 관계된 소송비용상환청구권에 관한 집행권원 또는 그 소송비용상환청구권의 존재를 확인하는 것으로서 확정판결과 같은 효력이 있는 것에 표시된 금액을 담보권리자에게 지급한다는 것
2. 담보취소의 결정이 확정될 때까지 계약의 효력이 존속된다는 것
3. 계약을 변경 또는 해제할 수 없다는 것
4. 담보권리자가 신청한 때에는 은행등은 지급보증위탁계약을 맺은 사실을

증명하는 서면을 담보권리자에게 교부한다는 것

③ 법 제122조의 규정이 준용되는 다른 절차에는 제1항과 제2항의 규정을 준용한다.

제23조(담보취소와 담보물변경 신청사건의 관할법원)

① 법 제125조의 규정에 따른 담보취소신청사건과 법 제126조의 규정에 따른 담보물변경신청사건은 담보제공결정을 한 법원 또는 그 기록을 보관하고 있는 법원이 관할한다.

② 법 제125조 또는 법 제126조의 규정이 준용되는 다른 절차에는 제1항의 규정을 준용한다.

제3절 소송구조

제24조(구조신청의 방식)

① 법 제128조제1항의 규정에 따른 소송구조신청은 서면으로 하여야 한다.

② 제1항의 신청서에는 신청인 및 그와 같이 사는 가족의 자금능력을 적은 서면을 붙여야 한다.

제25조(소송비용의 지급 요청)

① 법 제128조제1항의 규정에 따라 구조결정을 한 사건에 관하여 증거조사나 서류의 송달을 위한 비용, 그 밖에 당사자가 미리 내야 할 소송비용을 지출할 사유가 발생한 때에는 법원사무관등은 서면이나 재판사무시스템을 이용한 전자적인 방법으로 경비출납공무원에게 그 소송비용의 대납지급을 요청하여야 한다. <개정 2009.12.3.>

② 제1항의 경우에는 제21조제2항의 규정을 준용한다.

제26조(변호사보수 등의 지급)

① 법 제129조제2항의 규정에 따른 변호사나 집행관의 보수는 구조결정을 한 법원이 보수를 받을 사람의 신청에 따라 그 심급의 소송절차가 완결된 때 또는 강제집행절차가 종료된 때에 지급한다.

② 제1항과 법 제129조제2항의 규정에 따라 지급할 변호사나 집행관의 보수액은 변호사보수의소송비용산입에관한규칙 또는 집행관수수료규칙을 참조하여 재판장의 감독 하에 법원사무관등이 정한다. <개정 2015.1.28.>

③ 제1항의 규정에 따른 신청에는 법 제110조제2항(다만, 등본에 관한 부분을 제외한다)을 준용한다. <개정 2015.1.28.>

제27조(구조의 취소 등)

① 법 제131조의 규정에 따른 재판은 구조결정을 한 대상사건의 절차가 판결의 확정, 그 밖의 사유로 종료된 뒤 5년이 지난 때에는 할 수 없다.

② 소송구조를 받은 사람이 자금능력이 있게 된 때에는 구조결정을 한 법원에 그 사실을 신고하여야 한다. 다만, 제1항의 기간이 지난 때에는 그러하지 아니하다.

제5장 소송절차

제1절 변론

제28조(변론의 방법)

① 변론은 당사자가 말로 중요한 사실상 또는 법률상 사항에 대하여 진술하거나, 법원이 당사자에게 말로 해당사항을 확인하는 방식으로 한다.

② 법원은 변론에서 당사자에게 중요한 사실상 또는 법률상 쟁점에 관하여 의견을 진술할 기회를 주어야 한다.

[본조신설 2007.11.28.]

[종전 제28조는 제28조의2로 이동 <2007.11.28.>]

제28조의2(재판장의 명령 등에 관한 이의신청)

① 법 제138조의 규정에 따른 이의신청은 그 명령 또는 조치가 있은 후 바로 하여야 한다. 다만, 법 제151조 단서에 해당하는 사유가 있는 때에는 그러하지 아니하다.

② 제1항의 이의신청을 하는 때에는 그 이유를 구체적으로 밝혀야 한다.

[제28조에서 이동 <2007.11.28.>]

제28조의3(당사자 본인의 최종진술)

① 당사자 본인은 변론이 종결되기 전에 재판장의 허가를 받아 최종의견을 진술할 수 있다. 다만 변론에서 이미 충분한 의견진술 기회를 가졌거나 그 밖의 특별한 사정이 있는 경우에는 그러하지 아니하다.

② 재판장은 당사자 본인의 수가 너무 많은 경우에는 당사자 본인 중 일부에 대하여 최종의견 진술기회를 제한할 수 있다.

③ 재판장은 필요하다고 인정할 때에는 제1항에 따른 최종의견 진술시간을 제한할 수 있다.

[본조신설 2015.6.29.]

제29조(법원의 석명처분)

법 제140조제1항의 규정에 따른 검증·감정과 조사의 촉탁에는 이 규칙의 증거조사에 관한 규정을 준용한다.

제29조의2(당사자 본인 등에 대한 출석명령)

① 법원은 필요한 때에는 당사자 본인 또는 그 법정대리인에게 출석하도록 명할 수 있다.

② 법원은 필요한 때에는 소송대리인에게 당사자 본인 또는 그 법정대리인의 출석을 요청할 수 있다.

[본조신설 2007.11.28.]

제30조(석명권의 행사 등에 따른 법원사무관등의 조치)

법 제136조 또는 법 제137조의 규정에 따른 조치나 법 제140조제1항의 규정에 따른 처분이 있는 경우에 재판장 또는 법원은 법원사무관등으로 하여금 그 조치나 처분의 이행여부를 확인하고 그 이행을 촉구하게 할 수 있다.

제30조의2(진술 보조)
① 법 제143조의2에 따라 법원의 허가를 받아 진술보조인이 될 수 있는 사람은 다음 각 호 중 어느 하나에 해당하고, 듣거나 말하는 데 장애가 없어야 한다.
  1. 당사자의 배우자, 직계친족, 형제자매, 가족, 그 밖에 동거인으로서 당사자와의 생활관계에 비추어 상당하다고 인정되는 경우
  2. 당사자와 고용, 그 밖에 이에 준하는 계약관계 또는 신뢰관계를 맺고 있는 사람으로서 그 사람이 담당하는 사무의 내용 등에 비추어 상당하다고 인정되는 경우
② 제1항과 법 제143조의2제1항에 따른 허가신청은 심급마다 서면으로 하여야 한다.
③ 제1항과 법 제143조의2제1항에 따른 법원의 허가를 받은 진술보조인은 변론기일에 당사자 본인과 동석하여 다음 각 호의 행위를 할 수 있다. 이 때 당사자 본인은 진술보조인의 행위를 즉시 취소하거나 경정할 수 있다.
  1. 당사자 본인의 진술을 법원과 상대방, 그 밖의 소송관계인이 이해할 수 있도록 중개하거나 설명하는 행위
  2. 법원과 상대방, 그 밖의 소송관계인의 진술을 당사자 본인이 이해할 수 있도록 중개하거나 설명하는 행위
④ 법원은 제3항에 따라 진술보조인이 한 중개 또는 설명행위의 정확성을 확인하기 위하여 직접 진술보조인에게 질문할 수 있다.
⑤ 진술보조인이 변론에 출석한 때에는 조서에 그 성명을 기재하고, 제3항에 따라 중개 또는 설명행위를 한 때에는 그 취지를 기재하여야 한다.
⑥ 법원은 법 제143조의2제2항에 따라 허가를 취소한 경우 당사자 본인에게 그 취지를 통지하여야 한다.
[본조신설 2017.2.2.]

제31조(화해 등 조서의 작성방식)
화해 또는 청구의 포기·인낙이 있는 경우에 그 기일의 조서에는 화해 또는 청구의 포기·인낙이 있다는 취지만을 적고, 별도의 용지에 법 제153조에 규정된 사항과 화해조항 또는 청구의 포기·인낙의 취지 및 청구의 취지와 원인을 적은 화해 또는 청구의 포기·인낙의 조서를 따로 작성하여야 한다. 다만, 소액사건심판법 제2조제1항의 소액사건에서는 특히 필요하다고 인정하는 경우 외에는 청구의 원인을 적지 아니한다.

제32조(조서기재의 생략 등)
① 소송이 판결에 의하지 아니하고 완결된 때에는 재판장의 허가를 받아 증인·당사자 본인 및 감정인의 진술과 검증결과의 기재를 생략할 수 있다.
② 법원사무관등은 제1항의 재판장의 허가가 있는 때에는 바로 그 취지를 당사자에게 통지하여야 한다.
③ 당사자가 제2항의 통지를 받은 날부터 1주 안에 이의를 한 때에는 법원사무관등은 바로 그 증인·당사자 본인 및 감정인의 진술과 검증결과를 적은 조서를 작성하여야 한다.
④ 제1심에서 피고에게 법 제194조 내지 제196조에 따라 송달을 한 사건의 경우, 법원사무관등은 재판장의 허가를 받아 서증 목록에 적을 사항을 생략할

수 있다. 다만, 공시송달 명령 또는 처분이 취소되거나 상소가 제기된 때에는 서증 목록을 작성하여야 한다. <신설 2007.11.28., 2015.6.29.>

第33조(변론의 속기와 녹음)
① 법 제159조제1항의 규정에 따른 변론의 속기 또는 녹음의 신청은 변론기일을 열기 전까지 하여야 하며, 비용이 필요한 때에는 법원이 정하는 금액을 미리 내야 한다. <개정 2014.12.30.>
② 당사자의 신청이 있음에도 불구하고 속기 또는 녹음을 하지 아니하는 때에는 재판장은 변론기일에 그 취지를 고지하여야 한다.

第34조(녹음테이프·속기록의 보관 등)
① 법 제159조제1항·제2항의 녹음테이프와 속기록은 소송기록과 함께 보관하여야 한다.
② 당사자나 이해관계를 소명한 제3자는 법원사무관등에게 제1항의 녹음테이프를 재생하여 들려줄 것을 신청할 수 있다.
③ 법 제159조제4항의 규정에 따라 녹음테이프 또는 속기록을 폐기한 때에는 법원사무관등은 그 취지와 사유를 소송기록에 표시하여야 한다.

第35조(녹취서의 작성)
① 재판장은 필요하다고 인정하는 때에는 법원사무관등 또는 속기자에게 녹음테이프에 녹음된 내용에 대하여 녹취서를 작성할 것을 명할 수 있다.
② 제1항의 규정에 따라 작성된 녹취서에 관하여는 제34조제1항·제3항과 법 제159조제4항의 규정을 준용한다.

第36조(조서의 작성 등)
① 법원사무관등이 법 제152조제3항에 따라 조서를 작성하는 때에는 재판장의 허가를 받아 녹음테이프 또는 속기록을 조서의 일부로 삼을 수 있다. 이 경우 녹음테이프와 속기록의 보관 등에 관하여는 제34조제1항·제2항을 준용한다.
② 제1항 전문 및 법 제159조제1항·제2항에 따라 녹음테이프 또는 속기록을 조서의 일부로 삼은 경우라도 재판장은 법원사무관등으로 하여금 당사자, 증인, 그 밖의 소송관계인의 진술 중 중요한 사항을 요약하여 조서의 일부로 기재하게 할 수 있다. <개정 2014.12.30.>
③ 제1항 전문 및 법 제159조제1항·제2항에 따라 녹음테이프를 조서의 일부로 삼은 경우 다음 각호 가운데 어느 하나에 해당하면 녹음테이프의 요지를 정리하여 조서를 작성하여야 한다. 다만, 제2항의 조서 기재가 있거나 속기록 또는 제35조에 따른 녹취서가 작성된 경우에는 그러하지 아니하다. <개정 2014.12.30.>
1. 상소가 제기된 때
2. 법관이 바뀐 때
④ 제3항 및 법 제159조제3항에 따라 조서를 작성하는 때에는, 재판장의 허가를 받아, 속기록 또는 제35조에 따른 녹취서 가운데 필요한 부분을 그 조서에 인용할 수 있다. <개정 2014.12.30.>
⑤ 제3항 및 법 제159조제3항에 따른 조서는 변론 당시의 법원사무관등이 조서

를 작성할 수 없는 특별한 사정이 있는 때에는 당해 사건에 관여한 다른 법원사무관등이 작성할 수 있다. <개정 2014.12.30.>
[전문개정 2007.11.28.]

제37조(준용규정)
① 녹화테이프, 컴퓨터용 자기디스크·광디스크, 그 밖에 이와 비슷한 방법으로 음성이나 영상을 녹음 또는 녹화하여 재생할 수 있는 매체를 이용하여 변론의 전부나 일부를 녹음 또는 녹화하는 때에는 제33조 내지 제36조 및 법 제159조의 규정을 준용한다.
② 법원·수명법관 또는 수탁판사의 신문 또는 심문과 증거조사에는 제31조 내지 제36조 및 제1항의 규정을 준용한다.

제37조의2(소송기록의 열람과 증명서의 교부청구)
① 법 제162조제1항에 따라 소송기록의 열람·복사, 재판서·조서의 정본·등본·초본의 교부 또는 소송에 관한 증명서의 교부를 신청할 때에는 신청인의 자격을 적은 서면으로 하여야 한다.
② 법 제162조제2항에 따라 확정된 소송기록의 열람을 신청할 때에는 열람을 신청하는 이유와 열람을 신청하는 범위를 적은 서면으로 하여야 한다.
[본조신설 2007.11.28.]

제37조의3(당해 소송관계인의 범위와 동의)
① 법 제162조제3항에 따른 당해 소송관계인은 소송기록의 열람과 이해관계가 있는 다음 각호의 사람이다.
1. 당사자 또는 법정대리인
2. 참가인
3. 증인
② 법원은 법 제162조제2항에 따른 신청이 있는 때에는 당해 소송관계인에게 그 사실을 통지하여야 한다.
③ 제2항에 따른 통지는 소송기록에 표시된 당해 소송관계인의 최후 주소지에 등기우편으로 발송하는 방법으로 할 수 있다.
④ 제3항에 따라 발송한 때에는 발송한 때에 송달된 것으로 본다.
⑤ 제2항에 따른 통지를 받은 당해 소송관계인은 통지를 받은 날부터 2주 이내에 소송기록의 열람에 관한 동의 여부를 서면으로 밝혀야 한다. 다만, 당해 소송관계인이 위 기간 이내에 동의 여부에 관한 서면을 제출하지 아니한 때에는 소송기록의 열람에 관하여 동의한 것으로 본다.
[본조신설 2007.11.28.]

제38조(열람 등 제한의 신청방식 등)
① 법 제163조제1항의 규정에 따른 결정을 구하는 신청은 소송기록 가운데 비밀이 적혀 있는 부분을 특정하여 서면으로 하여야 한다.
② 법 제163조제1항의 규정에 따른 결정은 소송기록 가운데 비밀이 적혀 있는 부분을 특정하여 하여야 한다.

제2절 전문심리위원
<신설 2007.7.31.>

제38조의2(전문심리위원의 지정)
법원은 별도의 대법원규칙에 따라 정해진 전문심리위원후보자 중에서 전문심리위원을 지정하여야 한다.
[본조신설 2007.7.31.]

제38조의3(기일 외의 전문심리위원에 대한 설명 등의 요구와 조치)
재판장이 기일 외에서 전문심리위원에 대하여 설명 또는 의견을 요구한 사항이 소송관계를 분명하게 하는 데 중요한 사항일 때에는 법원사무관등은 양쪽 당사자에게 그 사항을 통지하여야 한다.
[본조신설 2007.7.31.]

제38조의4(서면의 사본 송부)
전문심리위원이 설명이나 의견을 기재 한 서면을 제출한 경우에는 법원사무관등은 양 쪽 당사자에게 그 사본을 보내야 한다.
[본조신설 2007.7.31.]

제38조의5(전문심리위원에 대한 준비지시)
① 재판장은 전문심리위원을 소송절차에 참여시키기 위하여 필요하다고 인정한 때에는 전문심리위원에게 소송목적물의 확인 등 적절한 준비를 지시할 수 있다.
② 재판장이 제1항의 준비를 지시한 때에는 법원사무관등은 양쪽 당사자에게 그 취지를 통지하여야 한다.
[본조신설 2007.7.31.]

제38조의6(증인신문기일에서의 재판장의 조치)
재판장은 전문심리위원의 말이 증인의 증언에 영향을 미치지 않게 하기 위하여 필요하다고 인정할 때에는 직권 또는 당사자의 신청에 따라 증인의 퇴정 등 적절한 조치를 취할 수 있다.
[본조신설 2007.7.31.]

제38조의7(조서의 기재)
① 전문심리위원이 소송절차의 기일에 참여한 때에는 조서에 그 성명을 기재하여야 한다.
② 전문심리위원이 재판장, 수명법관 또는 수탁판사의 허가를 받아 소송관계인에게 질문을 한 때에는 조서에 그 취지를 기재하여야 한다.
[본조신설 2007.7.31.]

제38조의8(전문심리위원 참여결정의 취소 신청방식 등)
① 법 제164조의2제1항의 규정에 따른 결정의 취소 신청은 기일에서 하는 경우를 제외하고는 서면으로 하여야 한다.
② 제1항의 신청을 할 때에는 신청 이유를 밝혀야 한다. 다만, 양쪽 당사자가 동

시에 신청할 때에는 그러하지 아니하다.
[본조신설 2007.7.31.]

제38조의9(수명법관 등의 권한)
수명법관 또는 수탁판사가 소송절차를 진행하는 경우에는 제38조의5 내지 제38조의7의 규정에 따른 재판장의 직무는 그 수명법관이나 수탁판사가 행한다.
[본조신설 2007.7.31.]

제3절 기일과 기간 <개정 2007.7.31.>

제39조(변론 개정시간의 지정)
재판장은 사건의 변론 개정시간을 구분하여 지정하여야 한다.

제40조(기일변경신청)
기일변경신청을 하는 때에는 기일변경이 필요한 사유를 밝히고, 그 사유를 소명하는 자료를 붙여야 한다.

제41조(기일변경의 제한)
재판장등은 법 제165조제2항에 따른 경우 외에는 특별한 사정이 없으면 기일변경을 허가하여서는 아니 된다.
[전문개정 2007.11.28.]

제42조(다음 기일의 지정)
① 기일을 변경하거나 변론을 연기 또는 속행하는 때에는 소송절차의 중단 또는 중지, 그 밖에 다른 특별한 사정이 없으면 다음 기일을 바로 지정하여야 한다. 다만, 법 제279조제2항에 따라 변론기일을 연 뒤에 바로 사건을 변론준비절차에 부치는 경우에는 그러하지 아니하다.
② 기일을 변경하는 때에는 바로 당사자에게 그 사실을 알려야 한다.
[전문개정 2007.11.28.]

제43조(변론재개결정과 변론기일지정)
법 제142조에 따라 변론재개결정을 하는 때에는 재판장은 특별한 사정이 없으면 그 결정과 동시에 변론기일을 지정하고 당사자에게 변론을 재개하는 사유를 알려야 한다.
[전문개정 2007.11.28.]

제44조(증인 등에 대한 기일변경통지)
① 증인·감정인 등 당사자 외의 사람에 대하여 출석요구를 한 후에 그 기일이 변경된 때에는 바로 그 취지를 출석요구를 받은 사람에게 통지하여야 한다. 다만, 통지할 시간적 여유가 없는 때에는 그러하지 아니하다.
② 증인·감정인 등 당사자 외의 사람에 대하여 출석요구를 한 후에 소의 취하, 그 밖의 사정으로 그 기일을 실시하지 아니하게 된 경우에는 제1항의 규정을 준용한다.

제45조(기일의 간이통지)
① 법 제167조제2항의 규정에 따른 기일의 간이통지는 전화·팩시밀리·보통우편 또는 전자우편으로 하거나, 그 밖에 상당하다고 인정되는 방법으로 할 수 있다.
② 제1항의 규정에 따라 기일을 통지한 때에는 법원사무관등은 그 방법과 날짜를 소송기록에 표시하여야 한다.

제4절 송달
<개정 2007.7.31.>

제46조(전화 등을 이용한 송달방법)
① 변호사인 소송대리인에 대한 송달은 법원사무관등이 전화·팩시밀리·전자우편 또는 휴대전화 문자전송을 이용하여 할 수 있다. <개정 2007.11.28.>
② 제1항의 규정에 따른 송달을 한 경우 법원사무관등은 송달받은 변호사로부터 송달을 확인하는 서면을 받아 소송기록에 붙여야 한다.
③ 법원사무관등은 변호사인 소송대리인에 대한 송달을 하는 때에는 제1항에 따른 송달을 우선적으로 고려하여야 한다. <신설 2007.11.28.>

제47조(변호사 사이의 송달)
① 양쪽 당사자가 변호사를 소송대리인으로 선임한 경우 한쪽 당사자의 소송대리인인 변호사가 상대방 소송대리인인 변호사에게 송달될 소송서류의 부본을 교부하거나 팩시밀리 또는 전자우편으로 보내고 그 사실을 법원에 증명한 때에는 송달의 효력이 있다. 다만, 그 소송서류가 당사자 본인에게 교부되어야 할 경우에는 그러하지 아니하다.
② 제1항의 규정에 따른 송달의 증명은 소송서류의 부본을 교부받거나 팩시밀리 또는 전자우편으로 받은 취지와 그 날짜를 적고 송달받은 변호사가 기명날인 또는 서명한 영수증을 제출함으로써 할 수 있다. 다만, 소송서류 원본의 표면 여백에 송달받았다는 취지와 그 날짜를 적고 송달받은 변호사의 날인 또는 서명을 받아 제출하는 때에는 따로 영수증을 제출할 필요가 없다.
③ 제1항의 규정에 따라 소송서류를 송달받은 변호사는 제2항의 규정에 따른 송달의 증명절차에 협력하여야 하며, 제1항에 규정된 방법으로 소송서류를 송달한 변호사는 송달한 서류의 원본을 법원에 바로 제출하여야 한다.

제48조(부본제출의무 등)
① 송달을 하여야 하는 소송서류를 제출하는 때에는 특별한 규정이 없으면 송달에 필요한 수의 부본을 함께 제출하여야 한다.
② 법원은 필요하다고 인정하는 때에는 소송서류를 제출한 사람에게 그 문서의 전자파일을 전자우편이나 그 밖에 적당한 방법으로 법원에 보내도록 요청할 수 있다.

제49조(공동대리인에게 할 송달)
법 제180조의 규정에 따라 송달을 하는 경우에 그 공동대리인들이 송달을 받을 대리인 한 사람을 지정하여 신고한 때에는 지정된 대리인에게 송달하여야 한다.

제50조(송달서류의 교부의무 등)
① 법 제181조와 법 제182조의 규정에 따라 송달을 받은 청사·선박·교도소·구치소 또는 경찰관서(다음부터 이 조문 안에서 이 모두를 "청사등"이라 한다)의 장은 송달을 받을 본인에게 송달된 서류를 바로 교부하여야 한다.
② 제1항의 청사등의 장은 부득이한 사유가 없는 한 송달을 받은 본인이 소송수행에 지장을 받지 아니하도록 조치하여야 한다.
③ 제1항의 청사등의 장은 제2항에 규정된 조치를 취하지 못할 사유가 있는 때에는 그 사유를 적은 서면을 법원에 미리 제출하여야 한다.

제51조(발송의 방법)
법 제185조제2항과 법 제187조의 규정에 따른 서류의 발송은 등기우편으로 한다.

제52조(송달함을 이용한 송달절차)
① 송달함의 이용신청은 법원장 또는 지원장에게 서면으로 하여야 한다.
② 송달함을 이용하는 사람은 그 수수료를 미리 내야 한다.
③ 송달함을 이용하는 사람은 송달함에서 서류를 대신 수령할 사람을 서면으로 지정할 수 있다.
④ 송달함을 설치한 법원 또는 지원은 송달함의 관리에 관한 장부를 작성·비치하여야 한다.
⑤ 법원장 또는 지원장은 법원의 시설, 송달업무의 부담 등을 고려하여 송달함을 이용할 사람·이용방법, 그 밖에 필요한 사항을 정할 수 있다.

제53조(송달통지)
송달한 기관은 송달에 관한 사유를 서면으로 법원에 통지하여야 한다. 다만, 법원이 상당하다고 인정하는 때에는 전자통신매체를 이용한 통지로 서면통지에 갈음할 수 있다.

제54조(공시송달의 방법)
① 법 제194조제1항, 제3항에 따른 공시송달은 법원사무관등이 송달할 서류를 보관하고, 다음 각 호 가운데 어느 하나의 방법으로 그 사유를 공시함으로써 행한다. <개정 2015.6.29.>
1. 법원게시판 게시
2. 관보·공보 또는 신문 게재
3. 전자통신매체를 이용한 공시
② 법원사무관등은 제1항에 규정된 방법으로 송달한 때에는 그 날짜와 방법을 기록에 표시하여야 한다.

제5절 재판
<개정 2007.7.31.>

제55조(종전 변론결과의 진술)
법 제204조제2항에 따른 종전 변론결과의 진술은 당사자가 사실상 또는 법률상 주장, 정리된 쟁점 및 증거조사 결과의 요지 등을 진술하거나, 법원이 당사자에

게 해당사항을 확인하는 방식으로 할 수 있다.
[본조신설 2007.11.28.]
[종전 제55조는 제55조의2로 이동 <2007.11.28.>]

제55조의2(상소에 대한 고지)
판결서의 정본을 송달하는 때에는 법원사무관등은 당사자에게 상소기간과 상소장을 제출할 법원을 고지하여야 한다.
[제55조에서 이동 <2007.11.28.>]

제56조(화해 등 조서정본의 송달)
법원사무관등은 화해 또는 청구의 포기·인낙이 있는 날부터 1주 안에 그 조서의 정본을 당사자에게 송달하여야 한다.

제6절 화해권고결정 <개정 2007.7.31.>

제57조(화해권고결정서의 기재사항 등)
① 화해권고결정서에는 청구의 취지와 원인을 적어야 한다. 다만, 소액사건심판법 제2조제1항의 소액사건에서는 특히 필요하다고 인정하는 경우 외에는 청구의 원인을 적지 아니한다.
② 법 제225조제1항의 결정 내용을 적은 조서의 작성방식에 관하여는 제31조의 규정을 준용한다.

제58조(당사자에 대한 고지사항)
법 제225조제2항의 규정에 따라 화해권고결정 내용을 적은 조서 또는 결정서의 정본을 송달하는 때에는, 그 조서 또는 결정서의 정본을 송달받은 날부터 2주 안에 이의를 신청하지 아니하면 화해권고결정이 재판상 화해와 같은 효력을 가지게 된다는 취지를 당사자에게 고지하여야 한다.

제59조(송달불능에 따른 소송복귀 등)
① 법 제185조제2항, 법 제187조 또는 법 제194조 내지 법 제196조의 규정에 따른 송달 외의 방법으로 양쪽 또는 한쪽 당사자에게 법 제225조제2항의 조서 또는 결정서의 정본을 송달할 수 없는 때에는 법원은 직권 또는 당사자의 신청에 따라 화해권고결정을 취소하여야 한다.
② 제1항의 규정에 따라 화해권고결정이 취소된 경우에 관하여는 법 제232조제1항의 규정을 준용한다.

제7절 소송절차의 중단과 중지 <개정 2007.7.31.>

제60조(소송절차 수계신청의 방식)
① 소송절차의 수계신청은 서면으로 하여야 한다.

② 제1항의 신청서에는 소송절차의 중단사유와 수계할 사람의 자격을 소명하는 자료를 붙여야 한다.

제61조(소송대리인에 의한 중단사유의 신고)
소송절차의 중단사유가 생긴 때에는 소송대리인은 그 사실을 법원에 서면으로 신고하여야 한다.

제2편 제1심의 소송절차

제1장 소의 제기

제62조(소장의 기재사항)
소장의 청구원인에는 다음 각호의 사항을 적어야 한다.
1. 청구를 뒷받침하는 구체적 사실
2. 피고가 주장할 것이 명백한 방어방법에 대한 구체적인 진술
3. 입증이 필요한 사실에 대한 증거방법

[본조신설 2007.11.28.]
[종전 제62조는 제62조의2로 이동 <2007.11.28.>]

제62조의2(증거보전이 이루어진 경우의 소장 기재사항)
소 제기 전에 증거보전을 위한 증거조사가 이루어진 때에는 소장에 증거조사를 한 법원과 증거보전사건의 사건번호·사건명을 적어야 한다.
[제62조에서 이동 <2007.11.28.>]

제63조(소장의 첨부서류)
① 피고가 소송능력 없는 사람인 때에는 법정대리인, 법인인 때에는 대표자, 법인이 아닌 사단이나 재단인 때에는 대표자 또는 관리인의 자격을 증명하는 서면을 소장에 붙여야 한다.
② 부동산에 관한 사건은 그 부동산의 등기사항증명서, 친족·상속관계 사건은 가족관계기록사항에 관한 증명서, 어음 또는 수표사건은 그 어음 또는 수표의 사본을 소장에 붙여야 한다. 그 외에도 소장에는 증거로 될 문서 가운데 중요한 것의 사본을 붙여야 한다. <개정 2009.1.9., 2011.9.28.>
③ 법 제252조제1항에 규정된 소의 소장에는 변경을 구하는 확정판결의 사본을 붙여야 한다.

제64조(소장부본의 송달시기)
① 소장의 부본은 특별한 사정이 없으면 바로 피고에게 송달하여야 한다.
② 반소와 중간확인의 소의 소장, 필수적 공동소송인의 추가·참가·피고의 경정·청구의 변경신청서 등 소장에 준하는 서면이 제출된 때에도 제1항의 규정을 준용한다.

제65조(답변서의 기재사항 등)
① 답변서에는 법 제256조제4항에서 준용하는 법 제274조제1항의 각호 및 제2

항에 규정된 사항과 청구의 취지에 대한 답변 외에 다음 각호의 사항을 적어야 한다.
1. 소장에 기재된 개개의 사실에 대한 인정 여부
2. 항변과 이를 뒷받침하는 구체적 사실
3. 제1호 및 제2호에 관한 증거방법

② 답변서에는 제1항제3호에 따른 증거방법 중 입증이 필요한 사실에 관한 중요한 서증의 사본을 첨부하여야 한다.
③ 제1항 및 제2항의 규정에 어긋나는 답변서가 제출된 때에는 재판장은 법원사무관등으로 하여금 방식에 맞는 답변서의 제출을 촉구하게 할 수 있다.
[전문개정 2007.11.28.]

제66조(피고경정신청서의 기재사항)
법 제260조제2항의 규정에 따른 피고의 경정신청서에는 새로 피고가 될 사람의 이름·주소와 경정신청의 이유를 적어야 한다.

제67조(소취하의 효력을 다투는 절차)
① 소의 취하가 부존재 또는 무효라는 것을 주장하는 당사자는 기일지정신청을 할 수 있다.
② 제1항의 신청이 있는 때에는 법원은 변론을 열어 신청사유에 관하여 심리하여야 한다.
③ 법원이 제2항의 규정에 따라 심리한 결과 신청이 이유 없다고 인정하는 경우에는 판결로 소송의 종료를 선언하여야 하고, 신청이 이유 있다고 인정하는 경우에는 취하 당시의 소송정도에 따라 필요한 절차를 계속하여 진행하고 중간판결 또는 종국판결에 그 판단을 표시하여야 한다.
④ 종국판결이 선고된 후 상소기록을 보내기 전에 이루어진 소의 취하에 관하여 제1항의 신청이 있는 때에는 다음 각호의 절차를 따른다.
1. 상소의 이익 있는 당사자 모두가 상소를 한 경우(당사자 일부가 상소하고 나머지 당사자의 상소권이 소멸된 경우를 포함한다)에는 판결법원의 법원사무관등은 소송기록을 상소법원으로 보내야 하고, 상소법원은 제2항과 제3항에 규정된 절차를 취하여야 한다.
2. 제1호의 경우가 아니면 판결법원은 제2항에 규정된 절차를 취한 후 신청이 이유 없다고 인정하는 때에는 판결로 소송의 종료를, 신청이 이유 있다고 인정하는 때에는 판결로 소의 취하가 무효임을 각 선언하여야 한다.

⑤ 제4항제2호 후단의 소취하무효선언판결이 확정된 때에는 판결법원은 종국판결 후에 하였어야 할 절차를 계속하여 진행하여야 하고, 당사자는 종국판결 후에 할 수 있었던 소송행위를 할 수 있다. 이 경우 상소기간은 소취하무효선언판결이 확정된 다음날부터 전체기간이 새로이 진행된다.

제68조(준용규정)
법 제268조(법 제286조의 규정에 따라 준용되는 경우를 포함한다)의 규정에 따른 취하간주의 효력을 다투는 경우에는 제67조제1항 내지 제3항의 규정을 준용한다.

제2장 변론과 그 준비

제69조(변론기일의 지정 등)

① 재판장은 답변서가 제출되면 바로 사건을 검토하여 가능한 최단기간 안의 날로 제1회 변론기일을 지정하여야 한다.

② 법원은 변론이 집중되도록 함으로써 변론이 가능한 한 속행되지 않도록 하여야 하고, 당사자는 이에 협력하여야 한다.

③ 법 제258조제1항 단서에 해당하는 경우, 재판장은 사건의 신속한 진행을 위하여 필요한 때에는 사건을 변론준비절차에 부침과 동시에 변론준비기일을 정하고 기간을 정하여 당사자로 하여금 준비서면, 그 밖의 서류를 제출하게 하거나 당사자 사이에 이를 교환하게 하고 주장 사실을 증명할 증거를 신청하게 할 수 있다.

[전문개정 2009.1.9.]

제69조의2(당사자의 조사의무)

당사자는 주장과 입증을 충실히 할 수 있도록 사전에 사실관계와 증거를 상세히 조사하여야 한다.

[제69조에서 이동 <2007.11.28.>]

제69조의3(준비서면의 제출기간)

새로운 공격방어방법을 포함한 준비서면은 변론기일 또는 변론준비기일의 7일 전까지 상대방에게 송달될 수 있도록 적당한 시기에 제출하여야 한다.

[본조신설 2007.11.28.]

제69조의4(준비서면의 분량 등)

① 준비서면의 분량은 30쪽을 넘어서는 아니 된다. 다만, 제70조제4항에 따라 그에 관한 합의가 이루어진 경우에는 그러하지 아니하다.

② 재판장, 수명법관 또는 법 제280조제4항의 판사(이하 "재판장등"이라 한다)는 제1항 본문을 어긴 당사자에게 해당 준비서면을 30쪽 이내로 줄여 제출하도록 명할 수 있다.

③ 준비서면에는 소장, 답변서 또는 앞서 제출한 준비서면과 중복·유사한 내용을 불필요하게 반복 기재하여서는 아니 된다.

[본조신설 2016.8.1.]

제69조의5(요약준비서면 작성방법)

법 제278조에 따른 요약준비서면을 작성할 때에는 특정 부분을 참조하는 뜻을 적는 방법으로 소장, 답변서 또는 앞서 제출한 준비서면의 전부 또는 일부를 인용하여서는 아니 된다.

[본조신설 2016.8.1.]

제70조(변론준비절차의 시행방법)

① 재판장등은 변론준비절차에서 쟁점과 증거의 정리, 그 밖에 효율적이고 신속한 변론진행을 위한 준비가 완료되도록 노력하여야 하며, 당사자는 이에 협

력하여야 한다. <개정 2016.8.1.>

② 당사자는 제1항에 규정된 사항에 관하여 상대방과 협의를 할 수 있다. 재판장등은 당사자에게 변론진행의 준비를 위하여 필요한 협의를 하도록 권고할 수 있다.

③ 재판장등은 변론준비절차에서 효율적이고 신속한 변론진행을 위하여 당사자와 변론의 준비와 진행 및 변론에 필요한 시간에 관한 협의를 할 수 있다. <신설 2007.11.28.>

④ 재판장등은 당사자와 준비서면의 제출횟수, 분량, 제출기간 및 양식에 관한 협의를 할 수 있고, 이에 관한 합의가 이루어진 경우 당사자는 그 합의에 따라 준비서면을 제출하여야 한다. <신설 2007. 11. 28.>

⑤ 재판장등은 기일을 열거나 당사자의 의견을 들어 양 쪽 당사자와 음성의 송수신에 의하여 동시에 통화를 할 수 있는 방법으로 제3항 및 제4항에 따른 협의를 할 수 있다. <신설 2007.11.28.>

제70조의2(변론준비기일에서의 주장과 증거의 정리방법)
변론준비기일에서는 당사자가 말로 변론의 준비에 필요한 주장과 증거를 정리하여 진술하거나, 법원이 당사자에게 말로 해당사항을 확인하여 정리하여야 한다.
[본조신설 2007.11.28.]

제70조의3(절차이행의 촉구)
① 법 제280조에 따른 변론준비절차를 진행하는 경우 재판장등은 법원사무관등으로 하여금 그 이름으로 준비서면, 증거신청서 및 그 밖의 서류의 제출을 촉구하게 할 수 있다.

② 법원이나 재판장등의 결정, 명령, 촉탁 등에 대한 회신 등 절차이행이 지연되는 경우 재판장등은 법원사무관등으로 하여금 그 이름으로 해당 절차이행을 촉구하게 할 수 있다.

[본조신설 2015.1.28.]

제71조(변론준비기일의 조서)
① 변론준비기일의 조서에는 법 제283조제1항에 규정된 사항 외에 제70조의 규정에 따른 변론준비절차의 시행결과를 적어야 한다.

② 변론준비기일의 조서에는 제31조 내지 제37조제1항의 규정을 준용한다.

제72조(변론준비절차를 거친 사건의 변론기일지정 등)
① 변론준비절차를 거친 사건의 경우 그 심리에 2일 이상이 소요되는 때에는 가능한 한 종결에 이르기까지 매일 변론을 진행하여야 한다. 다만, 특별한 사정이 있는 경우에도 가능한 최단기간 안의 날로 다음 변론기일을 지정하여야 한다.

② 변론준비기일을 거친 사건의 경우 변론기일을 지정하는 때에는 당사자의 의견을 들어야 한다.

③ 제1항의 규정에 따라 지정된 변론기일은 사실과 증거에 관한 조사가 충분하지 아니하다는 이유로 변경할 수 없다.

제72조의2(변론준비기일 결과의 진술)
변론준비기일 결과의 진술은 당사자가 정리된 쟁점 및 증거조사 결과의 요지 등을 진술하거나, 법원이 당사자에게 해당사항을 확인하는 방식으로 할 수 있다.
[본조신설 2007.11.28.]

제73조(준용규정)
변론준비절차에는 제28조의2 내지 제30조의 규정을 준용한다.<개정 2007.11.28.>

제3장 증거

제1절 총칙

제74조(증거신청)
증거를 신청하는 때에는 증거와 증명할 사실의 관계를 구체적으로 밝혀야 한다.

제75조(증인신문과 당사자신문의 신청)
① 증인신문은 부득이한 사정이 없는 한 일괄하여 신청하여야 한다. 당사자신문을 신청하는 경우에도 마찬가지이다.
② 증인신문을 신청하는 때에는 증인의 이름·주소·연락처·직업, 증인과 당사자의 관계, 증인이 사건에 관여하거나 내용을 알게 된 경위, 증인신문에 필요한 시간 및 증인의 출석을 확보하기 위한 협력방안을 밝혀야 한다. <개정 2007.11.28.>

제76조(감정서 등 부본 제출)
법원이 감정을 명하거나 법 제294조 또는 법 제341조의 규정에 따라 촉탁을 하는 때에는 감정서 또는 회답서 등의 부본을 제출하게 할 수 있다.

제76조의2(민감정보 등의 처리)
① 법원은 재판업무 수행을 위하여 필요한 범위 내에서「개인정보 보호법」제23조의 민감정보, 제24조의 고유식별정보, 제24조의2의 주민등록번호 및 그 밖의 개인정보를 처리할 수 있다. <개정 2014.8.6.>
② 법원이 법 제294조 또는 법 제352조에 따라 촉탁을 하는 때에는 필요한 범위 내에서 제1항의 민감정보, 고유식별정보, 주민등록번호 및 그 밖의 개인정보가 포함된 자료의 송부를 요구할 수 있다. <개정 2014.8.6.>
③ 법원사무관등은 소송관계인의 특정을 위한 개인정보를 재판사무시스템을 이용한 전자적인 방법으로 관리한다. <신설 2018.1.31.>
④ 당사자는 법원사무관등에게 서면으로 제3항의 개인정보에 대한 정정을 신청할 수 있다. 그 신청서에는 정정 사유를 소명하는 자료를 붙여야 한다. <신설 2018.1.31.>
⑤ 법원은 재판서가 보존되어 있는 동안 제3항의 개인정보를 보관하여야 한다. <신설 2018.1.31.>
[본조신설 2012.5.2.]

제77조(증거조사비용의 예납)
① 법원이 증거조사의 결정을 한 때에는 바로 제19조제1항제3호 또는 같은 조 제2항의 규정에 따라 그 비용을 부담할 당사자에게 필요한 비용을 미리 내게 하여야 한다.
② 증거조사를 신청한 사람은 제1항의 명령이 있기 전에도 필요한 비용을 미리 낼 수 있다.
③ 법원은 당사자가 제1항의 명령에 따른 비용을 내지 아니하는 경우에는 증거조사결정을 취소할 수 있다.

제2절 증인신문

제78조(직무상 비밀에 관한 증언)
① 법 제304조와 제305조에 규정한 사람 외의 공무원 또는 공무원이었던 사람이 직무상 비밀에 관한 사항에 대하여 증언하게 된 때에는 증언할 사항이 직무상 비밀에 해당하는 사유를 구체적으로 밝혀 법원에 미리 신고하여야 한다.
② 제1항의 신고가 있는 경우 법원은 필요하다고 인정하는 때에는 그 소속관청 또는 감독관청에 대하여 신문할 사항이 직무상 비밀에 해당하는지 여부에 관하여 조회할 수 있다.

제79조(증인진술서의 제출 등)
① 법원은 효율적인 증인신문을 위하여 필요하다고 인정하는 때에는 증인을 신청한 당사자에게 증인진술서를 제출하게 할 수 있다.
② 증인진술서에는 증언할 내용을 그 시간 순서에 따라 적고, 증인이 서명날인하여야 한다.
③ 증인진술서 제출명령을 받은 당사자는 법원이 정한 기한까지 원본과 함께 상대방의 수에 2(다만, 합의부에서는 상대방의 수에 3)를 더한 만큼의 사본을 제출하여야 한다.
④ 법원사무관등은 증인진술서 사본 1통을 증인신문기일 전에 상대방에게 송달하여야 한다.

제80조(증인신문사항의 제출 등)
① 증인신문을 신청한 당사자는 법원이 정한 기한까지 상대방의 수에 3(다만, 합의부에서는 상대방의 수에 4)을 더한 통수의 증인신문사항을 적은 서면을 제출하여야 한다. 다만, 제79조의 규정에 따라 증인진술서를 제출하는 경우로서 법원이 증인신문사항을 제출할 필요가 없다고 인정하는 때에는 그러하지 아니하다.
② 법원사무관등은 제1항의 서면 1통을 증인신문기일 전에 상대방에게 송달하여야 한다.
③ 재판장은 제출된 증인신문사항이 개별적이고 구체적이지 아니하거나 제95조 제2항 각호의 신문이 포함되어 있는 때에는 증인신문사항의 수정을 명할 수 있다. 다만, 같은 항 제2호 내지 제4호의 신문에 관하여 정당한 사유가 있는 경우에는 그러하지 아니하다.

제81조(증인 출석요구서의 기재사항 등)
① 증인의 출석요구서에는 법 제309조에 규정된 사항 외에 다음 각호의 사항을 적어야 한다.
1. 출석하지 아니하는 경우에는 그 사유를 밝혀 신고하여야 한다는 취지
2. 제1호의 신고를 하지 아니하는 경우에는 정당한 사유 없이 출석하지 아니한 것으로 인정되어 법률상 제재를 받을 수 있다는 취지

② 증인에 대한 출석요구서는 출석할 날보다 2일 전에 송달되어야 한다. 다만, 부득이한 사정이 있는 경우에는 그러하지 아니하다.

제82조(증인의 출석 확보)
증인이 채택된 때에는 증인신청을 한 당사자는 증인이 기일에 출석할 수 있도록 노력하여야 한다.

제83조(불출석의 신고)
증인이 출석요구를 받고 기일에 출석할 수 없을 경우에는 바로 그 사유를 밝혀 신고하여야 한다.

제84조(서면에 의한 증언)
① 법 제310조제1항의 규정에 따라 출석·증언에 갈음하여 증언할 사항을 적은 서면을 제출하게 하는 경우 법원은 증인을 신청한 당사자의 상대방에 대하여 그 서면에서 회답을 바라는 사항을 적은 서면을 제출하게 할 수 있다.
② 법원이 법 제310조제1항의 규정에 따라 출석·증언에 갈음하여 증언할 사항을 적은 서면을 제출하게 하는 때에는 다음 각호의 사항을 증인에게 고지하여야 한다.
1. 증인에 대한 신문사항 또는 신문사항의 요지
2. 법원이 출석요구를 하는 때에는 법정에 출석·증언하여야 한다는 취지
3. 제출할 기한을 정한 때에는 그 취지

③ 증인은 증언할 사항을 적은 서면에 서명날인하여야 한다.

제85조(증인에 대한 과태료 등)
① 법 제311조제1항의 규정에 따른 과태료와 소송비용 부담의 재판은 수소법원이 관할한다.
② 제1항과 법 제311조제1항의 규정에 따른 재판절차에 관하여는 비송사건절차법 제248조와 제250조(다만, 제248조제3항 후문과 검사에 관한 부분을 제외한다)의 규정을 준용한다.

제86조(증인에 대한 감치)
① 법 제311조제2항 내지 제8항의 규정에 따른 감치재판은 수소법원이 관할한 다.
② 감치재판절차는 법원의 감치재판개시결정에 따라 개시된다. 이 경우 감치사유가 발생한 날부터 20일이 지난 때에는 감치재판개시결정을 할 수 없다.
③ 감치재판절차를 개시한 후 감치결정 전에 그 증인이 증언을 하거나 그 밖에 감치에 처하는 것이 상당하지 아니하다고 인정되는 때에는 법원은 불처벌결정을 하여야 한다.

④ 제2항의 감치재판개시결정과 제3항의 불처벌결정에 대하여는 불복할 수 없다.
⑤ 법 제311조제7항의 규정에 따라 증인을 석방한 때에는 재판장은 바로 감치시설의 장에게 그 취지를 서면으로 통보하여야 한다.
⑥ 제1항 내지 제5항 및 법 제311조제2항 내지 제8항의 규정에 따른 감치절차에 관하여는 법정등의질서유지를위한재판에관한규칙 제6조 내지 제8조, 제10조, 제11조, 제13조, 제15조 내지 제19조, 제21조 내지 제23조 및 제25조제1항·제2항(다만, 제13조중 의견서에 관한 부분은 삭제하고, 제19조제2항 중 "3일"은 "1주"로, 제23조 제8항 중 "감치의 집행을 한 날"은 "법 제311조제5항의 규정에 따른 통보를 받은 날"로 고쳐 적용한다)의 규정을 준용한다.

제87조(증인의 구인)
정당한 사유 없이 출석하지 아니한 증인의 구인에 관하여는 형사소송규칙중 구인에 관한 규정을 준용한다.

제88조(증인의 동일성 확인)
재판장은 증인으로부터 주민등록증 등 신분증을 제시받거나 그 밖의 적당한 방법으로 증인임이 틀림없음을 확인하여야 한다.
[전문개정 2006.3.23.]

제89조(신문의 순서)
① 법 제327조제1항의 규정에 따른 증인의 신문은 다음 각호의 순서를 따른다. 다만, 재판장은 주신문에 앞서 증인으로 하여금 그 사건과의 관계와 쟁점에 관하여 알고 있는 사실을 개략적으로 진술하게 할 수 있다.
  1. 증인신문신청을 한 당사자의 신문(주신문)
  2. 상대방의 신문(반대신문)
  3. 증인신문신청을 한 당사자의 재신문(재주신문)
② 제1항의 순서에 따른 신문이 끝난 후에는 당사자는 재판장의 허가를 받은 때에만 다시 신문할 수 있다.
③ 재판장은 정리된 쟁점별로 제1항의 순서에 따라 신문하게 할 수 있다. <신설 2007.11.28.>

제90조(주신문을 할 당사자가 출석하지 아니한 경우의 신문)
증인신문을 신청한 당사자가 신문기일에 출석하지 아니한 경우에는 재판장이 그 당사자에 갈음하여 신문을 할 수 있다.

제91조(주신문)
① 주신문은 증명할 사항과 이에 관련된 사항에 관하여 한다.
② 주신문에서는 유도신문을 하여서는 아니된다. 다만, 다음 각호 가운데 어느 하나에 해당하는 경우에는 그러하지 아니하다.
  1. 증인과 당사자의 관계, 증인의 경력, 교우관계 등 실질적인 신문에 앞서 미리 밝혀둘 필요가 있는 준비적인 사항에 관한 신문의 경우
  2. 증인이 주신문을 하는 사람에 대하여 적의 또는 반감을 보이는 경우
  3. 증인이 종전의 진술과 상반되는 진술을 하는 때에 그 종전 진술에 관한

신문의 경우
4. 그 밖에 유도신문이 필요한 특별한 사정이 있는 경우
③ 재판장은 제2항 단서의 각호에 해당하지 아니하는 경우의 유도신문은 제지하여야 하고, 유도신문의 방법이 상당하지 아니하다고 인정하는 때에는 제한할 수 있다.

제92조(반대신문)
① 반대신문은 주신문에 나타난 사항과 이에 관련된 사항에 관하여 한다.
② 반대신문에서 필요한 때에는 유도신문을 할 수 있다.
③ 재판장은 유도신문의 방법이 상당하지 아니하다고 인정하는 때에는 제한할 수 있다.
④ 반대신문의 기회에 주신문에 나타나지 아니한 새로운 사항에 관하여 신문하고자 하는 때에는 재판장의 허가를 받아야 한다.
⑤ 제4항의 신문은 그 사항에 관하여는 주신문으로 본다.

제93조(재주신문)
① 재주신문은 반대신문에 나타난 사항과 이와 관련된 사항에 관하여 한다.
② 재주신문은 주신문의 예를 따른다.
③ 재주신문에 관하여는 제92조제4항·제5항의 규정을 준용한다.

제94조(증언의 증명력을 다투기 위하여 필요한 사항의 신문)
① 당사자는 증언의 증명력을 다투기 위하여 필요한 사항에 관한 신문을 할 수 있다.
② 제1항에 규정된 신문은 증인의 경험·기억 또는 표현의 정확성 등 증언의 신빙성에 관련된 사항 및 증인의 이해관계·편견 또는 예단 등 증인의 신용성에 관련된 사항에 관하여 한다.

제95조(증인신문의 방법)
① 신문은 개별적이고 구체적으로 하여야 한다.
② 재판장은 직권 또는 당사자의 신청에 따라 다음 각호 가운데 어느 하나에 해당하는 신문을 제한할 수 있다. 다만, 제2호 내지 제4호에 규정된 신문에 관하여 정당한 사유가 있는 때에는 그러하지 아니하다.
1. 증인을 모욕하거나 증인의 명예를 해치는 내용의 신문
2. 제91조 내지 제94조의 규정에 어긋나는 신문
3. 의견의 진술을 구하는 신문
4. 증인이 직접 경험하지 아니한 사항에 관하여 진술을 구하는 신문

제95조의2(비디오 등 중계장치에 의한 증인신문)
① 법 제327조의2에 따른 증인신문은 증인을 법정 아닌 곳으로서 비디오 등 중계장치에 의한 중계시설이 설치된 곳에 출석하게 하고, 영상과 음향의 송수신에 의하여 법정 안의 법관, 당사자, 그 밖의 소송관계인과 법정 밖의 증인이 상대방을 인식할 수 있는 방법으로 한다.
② 제1항의 비디오 등 중계장치에 의한 중계시설은 법원 안에 설치하되, 필요한

경우 법원 밖의 적당한 곳에도 설치할 수 있다.

③ 제96조제1항에 따라 증인을 신문하는 경우 문서 등의 제시는 비디오 등 중계장치에 의한 중계시설 또는 「민사소송 등에서의 전자문서 이용 등에 관한 규칙」 제2조제1호에 정한 전자소송시스템을 이용하거나 모사전송, 전자우편, 그 밖에 이에 준하는 방법으로 하여야 한다.

④ 법 제327조의2에 따라 증인을 신문한 때에는 그 취지와 증인이 출석하여 진술한 곳을 조서에 적어야 한다.

[본조신설 2016.9.6.]

제96조(문서 등을 이용한 신문)

① 당사자는 재판장의 허가를 받아 문서·도면·사진·모형·장치, 그 밖의 물건(다음부터 이 조문 안에서 이 모두를 "문서등"이라 한다)을 이용하여 신문할 수 있다.

② 제1항의 경우에 문서등이 증거조사를 하지 아니한 것인 때에는 신문에 앞서 상대방에게 열람할 기회를 주어야 한다. 다만, 상대방의 이의가 없는 때에는 그러하지 아니하다.

③ 재판장은 조서에 붙이거나 그 밖에 다른 필요가 있다고 인정하는 때에는 당사자에게 문서등의 사본(사본으로 제출할 수 없는 경우에는 그 사진이나 그 밖의 적당한 물건)을 제출할 것을 명할 수 있다.

제97조(이의신청)

① 증인신문에 관한 재판장의 명령 또는 조치에 대한 이의신청은 그 명령 또는 조치가 있은 후 바로 하여야 하며, 그 이유를 구체적으로 밝혀야 한다.

② 법원은 제1항의 규정에 따른 이의신청에 대하여 바로 결정으로 재판하여야 한다.

제98조(재정인의 퇴정)

법정 안에 있는 특정인 앞에서는 충분히 진술하기 어려운 현저한 사유가 있는 때에는 재판장은 당사자의 의견을 들어 그 증인이 진술하는 동안 그 사람을 법정에서 나가도록 명할 수 있다.

제99조(서면에 따른 질문 또는 회답의 낭독)

듣지 못하는 증인에게 서면으로 물은 때 또는 말을 못하는 증인에게 서면으로 답하게 한 때에는 재판장은 법원사무관등으로 하여금 질문 또는 회답을 적은 서면을 낭독하게 할 수 있다.

제100조(수명법관·수탁판사의 권한)

수명법관 또는 수탁판사가 증인신문을 하는 경우에는 이 절에 규정된 법원과 재판장의 직무를 행한다.

제3절 감정

제100조의2(감정인 의무의 고지)
법원은 감정인에게 선서를 하게 하기에 앞서 법 제335조의2에 따른 의무를 알려야 한다.
[본조신설 2016.9.6.]

제101조(감정사항의 결정 등)
① 감정을 신청하는 때에는 감정을 구하는 사항을 적은 서면을 함께 제출하여야 한다. 다만, 부득이한 사유가 있는 때에는 재판장이 정하는 기한까지 제출하면 된다.
② 제1항의 서면은 상대방에게 송달하여야 한다. 다만, 그 서면의 내용을 고려하여 법원이 송달할 필요가 없다고 인정하는 때에는 그러하지 아니하다.
③ 상대방은 제1항의 서면에 관하여 의견이 있는 때에는 의견을 적은 서면을 법원에 제출할 수 있다. 이 경우 재판장은 미리 그 제출기한을 정할 수 있다. <개정 2016.9.6.>
④ 법원은 제1항의 서면을 토대로 하되, 제3항의 규정에 따라 의견이 제출된 때에는 그 의견을 고려하여 감정사항을 정하여야 한다. 이 경우 법원이 감정사항을 정하기 위하여 필요한 때에는 감정인의 의견을 들을 수 있다.
⑤ 삭제 <2016.9.6.>

제101조의2(감정에 필요한 자료제공 등)
① 법원은 감정에 필요한 자료를 감정인에게 보낼 수 있다.
② 당사자는 감정에 필요한 자료를 법원에 내거나 법원의 허가를 받아 직접 감정인에게 건네줄 수 있다.
③ 감정인은 부득이한 사정이 없으면 제1항, 제2항에 따른 자료가 아닌 자료를 감정의 전제가 되는 사실 인정에 사용할 수 없다.
④ 법원은 감정인에게 감정에 사용한 자료를 제출하게 하거나 그 목록을 보고하게 할 수 있다.
[본조신설 2016.9.6.]

제101조의3(감정의견에 관한 의견진술)
① 법원은 법 제339조제1항, 제2항에 따른 감정인의 의견진술이 있는 경우에 당사자에게 기한을 정하여 그에 관한 의견을 적은 서면을 제출하게 할 수 있다.
② 법원은 법 제339조제1항, 제2항에 따른 감정인의 서면 의견진술이 있는 경우에 그에 관하여 말로 설명할 필요가 있다고 인정하는 때에는 감정인에게 법정에 출석하게 할 수 있다.
③ 제2항의 경우 법원은 당사자에게 기한을 정하여 감정인에게 질문할 사항을 적은 서면을 감정인이 출석할 신문기일 전에 제출하게 할 수 있다.
④ 법원사무관등은 제3항에 따른 서면의 부본을 감정인이 출석할 신문기일 전에 상대방에게 송달하여야 한다.
[본조신설 2016.9.6.]

제102조(기피신청의 방식)
① 감정인에 대한 기피는 그 이유를 밝혀 신청하여야 한다.
② 기피하는 이유와 소명방법은 신청한 날부터 3일 안에 서면으로 제출하여야 한다.

제103조(감정서의 설명)
① 법 제341조제2항의 규정에 따라 감정서를 설명하게 하는 때에는 당사자를 참여하게 하여야 한다.
② 제1항의 설명의 요지는 조서에 적어야 한다.

제103조의2(비디오 등 중계장치 등에 의한 감정인신문 등)
① 법 제339조의3에 따른 감정인신문은 감정인을 법정 아닌 곳으로서 비디오 등 중계장치에 의한 중계시설이나 인터넷 화상장치가 설치된 곳에 출석하게 하고, 영상과 음향의 송수신에 의하여 법정 안의 법관, 당사자, 그 밖의 소송관계인과 법정 밖의 감정인이 상대방을 인식할 수 있는 방법으로 한다. 이 경우 제95조의2제2항부터 제4항까지를 준용한다.
② 법 제340조 단서에 따른 감정증인신문과 법 제341조제3항에 따른 감정서 설명에 관하여는 제1항을 준용한다.
[본조신설 2016.9.6.]

제104조(증인신문규정의 준용)
감정에는 그 성질에 어긋나지 아니하는 범위 안에서 제2절의 규정을 준용한다.

제4절 서증

제105조(문서를 제출하는 방식에 의한 서증신청)
① 문서를 제출하여 서증의 신청을 하는 때에는 문서의 제목·작성자 및 작성일을 밝혀야 한다. 다만, 문서의 기재상 명백한 경우에는 그러하지 아니하다.
② 서증을 제출하는 때에는 상대방의 수에 1을 더한 수의 사본을 함께 제출하여야 한다. 다만, 상당한 이유가 있는 때에는 법원은 기간을 정하여 사본을 제출하게 할 수 있다.
③ 제2항의 사본은 명확한 것이어야 하며 재판장은 사본이 불명확한 때에는 사본을 다시 제출하도록 명할 수 있다.
④ 문서의 일부를 증거로 하는 때에도 문서의 전부를 제출하여야 한다. 다만, 그 사본은 재판장의 허가를 받아 증거로 원용할 부분의 초본만을 제출할 수 있다.
⑤ 법원은 서증에 대한 증거조사가 끝난 후에도 서증 원본을 다시 제출할 것을 명할 수 있다.

제106조(증거설명서의 제출 등)
① 재판장은 서증의 내용을 이해하기 어렵거나 서증의 수가 방대한 경우 또는 서증의 입증취지가 불명확한 경우에는 당사자에게 서증과 증명할 사실의 관계를 구체적으로 밝힌 설명서를 제출할 것을 명할 수 있다.
② 서증이 국어 아닌 문자 또는 부호로 되어 있는 때에는 그 문서의 번역문을

붙여야 한다. 다만, 문서의 일부를 증거로 하는 때에는 재판장의 허가를 받아 그 부분의 번역문만을 붙일 수 있다.

제107조(서증 사본의 작성 등)
① 당사자가 제105조제2항의 규정에 따라 서증 사본을 작성하는 때에는 서증 내용의 전부를 복사하여야 한다. 이 경우 재판장이 필요하다고 인정하는 때에는 서증 사본에 원본과 틀림이 없다는 취지를 적고 기명날인 또는 서명하여야 한다.
② 서증 사본에는 다음 각호의 구분에 따른 부호와 서증의 제출순서에 따른 번호를 붙여야 한다.
1. 원고가 제출하는 것은 "갑"
2. 피고가 제출하는 것은 "을"
3. 독립당사자참가인이 제출하는 것은 "병"
③ 재판장은 같은 부호를 사용할 당사자가 여러 사람인 때에는 제2항의 부호 다음에 "가" "나" "다" 등의 가지부호를 붙여서 사용하게 할 수 있다.

제108조(서증 사본의 제출기간)
법 제147조제1항의 규정에 따라 재판장이 서증신청(문서를 제출하는 방식으로 하는 경우에 한한다)을 할 기간을 정한 때에는 당사자는 그 기간이 끝나기 전에 서증의 사본을 제출하여야 한다.

제109조(서증에 대한 증거결정)
당사자가 서증을 신청한 경우 다음 각호 가운데 어느 하나에 해당하는 사유가 있는 때에는 법원은 그 서증을 채택하지 아니하거나 채택결정을 취소할 수 있다.
1. 서증과 증명할 사실 사이에 관련성이 인정되지 아니하는 때
2. 이미 제출된 증거와 같거나 비슷한 취지의 문서로서 별도의 증거가치가 있음을 당사자가 밝히지 못한 때
3. 국어 아닌 문자 또는 부호로 되어 있는 문서로서 그 번역문을 붙이지 아니하거나 재판장의 번역문 제출명령에 따르지 아니한 때
4. 제106조제1항의 규정에 따른 재판장의 증거설명서 제출명령에 따르지 아니한 때
5. 문서의 작성자 또는 그 작성일이 분명하지 아니한 경우로서 이를 밝히도록 한 재판장의 명령에 따르지 아니한 때

제110조(문서제출신청의 방식 등)
① 법 제345조의 규정에 따른 문서제출신청은 서면으로 하여야 한다.
② 상대방은 제1항의 신청에 관하여 의견이 있는 때에는 의견을 적은 서면을 법원에 제출할 수 있다.
③ 법 제346조의 규정에 따른 문서목록의 제출신청에 관하여는 제1항과 제2항의 규정을 준용한다.

제111조(제시·제출된 문서의 보관)
① 법원은 필요하다고 인정하는 때에는 법 제347조제4항 전문의 규정에 따라 제

시받은 문서를 일시적으로 맡아 둘 수 있다.
② 제1항의 경우 또는 법 제353조의 규정에 따라 문서를 맡아 두는 경우 문서를 제시하거나 제출한 사람이 요구하는 때에는 법원사무관등은 문서의 보관증을 교부하여야 한다.

제112조(문서가 있는 장소에서의 서증신청 등)
① 제3자가 가지고 있는 문서를 법 제343조 또는 법 제352조가 규정하는 방법에 따라 서증으로 신청할 수 없거나 신청하기 어려운 사정이 있는 때에는 법원은 그 문서가 있는 장소에서 서증의 신청을 받아 조사할 수 있다.
② 제1항의 경우 신청인은 서증으로 신청한 문서의 사본을 법원에 제출하여야 한다.

제113조(기록 가운데 일부문서에 대한 송부촉탁)
① 법원·검찰청, 그 밖의 공공기관(다음부터 이 조문 안에서 이 모두를 "법원등"이라 한다)이 보관하고 있는 기록의 불특정한 일부에 대하여도 법 제352조의 규정에 따른 문서송부의 촉탁을 신청할 수 있다.
② 법원이 제1항의 신청을 채택한 때에는 기록을 보관하고 있는 법원등에 대하여 그 기록 가운데 신청인 또는 소송대리인이 지정하는 부분의 인증등본을 보내 줄 것을 촉탁하여야 한다.
③ 제2항의 규정에 따른 촉탁을 받은 법원등은 법 제352조의2제2항에 규정된 사유가 있는 경우가 아니면 문서송부촉탁 신청인 또는 소송대리인에게 그 기록을 열람하게 하여 필요한 부분을 지정할 수 있도록 하여야 한다. <개정 2012.5.2.>

제114조
삭제 <2007.11.28.>

제115조(송부촉탁 신청인의 사본제출의무 등)
제113조, 법 제347조제1항 또는 법 제352조의 규정에 따라 법원에 문서가 제출된 때에는 신청인은 그 중 서증으로 제출하고자 하는 문서를 개별적으로 지정하고 그 사본을 법원에 제출하여야 한다. 다만, 제출된 문서가 증거조사를 마친 후 돌려 줄 필요가 없는 것인 때에는 따로 사본을 제출하지 아니하여도 된다.

제116조(문서의 진정성립을 부인하는 이유의 명시)
문서의 진정성립을 부인하는 때에는 그 이유를 구체적으로 밝혀야 한다.

제5절 검증

제117조(검증목적물의 제출)
검증목적물의 제출절차에 관하여는 제107조제2항·제3항의 규정을 준용한다. 이 경우에는 그 부호 앞에 "검"이라고 표시하여야 한다.

제118조(검증목적물의 보관 등)
제출된 검증목적물에 관하여는 제105조제5항과 제111조제2항의 규정을 준용한다.

제6절 당사자신문

제119조(증인신문 규정의 준용)
당사자 본인이나 당사자를 대리·대표하는 법정대리인·대표자 또는 관리인의 신문에는 제81조, 제83조 및 제88조 내지 제100조의 규정을 준용한다. 이 경우 제81조제1항제2호 중 "법률상 제재를 받을 수 있다는 취지"는 "법률상 불이익을 받을 수 있다는 취지"로 고쳐 적용한다. <개정 2015.6.29.>

제119조의2(당사자진술서 또는 당사자신문사항의 제출 등)
① 법원은 효율적인 당사자신문을 위하여 필요하다고 인정하는 때에는 당사자신문을 신청한 당사자에게 당사자진술서 또는 당사자신문사항을 제출하게 할 수 있다.
② 제1항에 따른 당사자진술서의 제출 등에 관하여는 제79조제2항부터 제4항까지를, 당사자신문사항의 제출 등에 관하여는 제80조제1항 본문, 제2항 및 제3항을 각 준용한다.
[본조신설 2015.6.29.]

제7절 그 밖의 증거

제120조(자기디스크등에 기억된 문자정보 등에 대한 증거조사)
① 컴퓨터용 자기디스크·광디스크, 그 밖에 이와 비슷한 정보저장매체(다음부터 이 조문 안에서 이 모두를 "자기디스크등"이라 한다)에 기억된 문자정보를 증거자료로 하는 경우에는 읽을 수 있도록 출력한 문서(다음부터 이 조문 안에서 "출력문서"라고 한다)를 제출할 수 있다.
② 자기디스크등에 기억된 문자정보를 증거로 하는 경우에 증거조사를 신청한 당사자는 법원이 명하거나 상대방이 요구한 때에는 자기디스크등에 입력한 사람과 입력한 일시, 출력한 사람과 출력한 일시를 밝혀야 한다.
③ 자기디스크등에 기억된 정보가 도면·사진 등에 관한 것인 때에는 제1항과 제2항의 규정을 준용한다.

제121조(음성·영상자료 등에 대한 증거조사)
① 녹음·녹화테이프, 컴퓨터용 자기디스크·광디스크, 그 밖에 이와 비슷한 방법으로 음성이나 영상을 녹음 또는 녹화(다음부터 이 조문 안에서 "녹음등"이라 한다)하여 재생할 수 있는 매체(다음부터 이 조문 안에서 "녹음테이프등"이라 한다)에 대한 증거조사를 신청하는 때에는 음성이나 영상이 녹음등이 된 사람, 녹음등을 한 사람 및 녹음등을 한 일시·장소를 밝혀야 한다.
② 녹음테이프등에 대한 증거조사는 녹음테이프등을 재생하여 검증하는 방법으로 한다.
③ 녹음테이프등에 대한 증거조사를 신청한 당사자는 법원이 명하거나 상대방이 요구한 때에는 녹음테이프등의 녹취서, 그 밖에 그 내용을 설명하는 서면을 제출하여야 한다.

제122조(감정 등 규정의 준용)
도면·사진, 그 밖에 정보를 담기 위하여 만들어진 물건으로서 문서가 아닌 증거의 조사에 관하여는 특별한 규정이 없으면 제3절 내지 제5절의 규정을 준용한다.

제8절 증거보전

제123조(증거보전절차에서의 증거조사)
증거보전절차에서의 증거조사에 관하여는 이 장의 규정을 적용한다.

제124조(증거보전의 신청방식 등)
① 증거보전의 신청은 서면으로 하여야 한다.
② 제1항의 신청서에는 증거보전의 사유에 관한 소명자료를 붙여야 한다.

제125조(증거보전 기록의 송부)
① 증거보전에 관한 기록은 증거조사를 마친 후 2주 안에 본안소송의 기록이 있는 법원에 보내야 한다.
② 증거보전에 따른 증거조사를 마친 후에 본안소송이 제기된 때에는 본안소송이 계속된 법원의 송부요청을 받은 날부터 1주 안에 증거보전에 관한 기록을 보내야 한다.

제3편 상소
제1장 항소

제126조(항소취하를 할 법원)
소송기록이 원심법원에 있는 때에는 항소의 취하는 원심법원에 하여야 한다.

제126조의2(준비서면 등)
① 항소인은 항소의 취지를 분명하게 하기 위하여 항소장 또는 항소심에서 처음 제출하는 준비서면에 다음 각호의 사항을 적어야 한다. <개정 2016.8.1.>
1. 제1심 판결 중 사실을 잘못 인정한 부분 또는 법리를 잘못 적용한 부분
2. 항소심에서 새롭게 주장할 사항
3. 항소심에서 새롭게 신청할 증거와 그 입증취지
4. 제2호와 제3호에 따른 주장과 증거를 제1심에서 제출하지 못한 이유

② 재판장등은 피항소인에게 상당한 기간을 정하여 제1항제1호에 따른 항소인의 주장에 대한 반박내용을 기재한 준비서면을 제출하게 할 수 있다. <신설 2016.8.1.>
[본조신설 2007.11.28.]
[제목개정 2016.8.1.]

제127조(항소기록 송부기간)
① 항소장이 판결 정본의 송달 전에 제출된 경우 항소기록 송부기간은 판결정본

이 송달된 날부터 2주로 한다.
② 원심재판장등이 판결정본의 송달 전에 제출된 항소장에 대하여 보정명령을 내린 경우의 항소기록 송부기간은 판결정본의 송달 전에 그 흠이 보정된 때에는 판결정본이 송달된 날부터 2주, 판결정본의 송달 이후에 그 흠이 보정된 때에는 보정된 날부터 1주로 한다. <개정 2015.6.29.>

제127조의2(제1심 변론결과의 진술)
제1심 변론결과의 진술은 당사자가 사실상 또는 법률상 주장, 정리된 쟁점 및 증거조사 결과의 요지 등을 진술하거나, 법원이 당사자에게 해당사항을 확인하는 방식으로 할 수 있다.
[본조신설 2007.11.28.]

제128조(제1심 소송절차의 준용)
항소심의 소송절차에 관하여는 그 성질에 어긋나지 아니하는 범위 안에서 제2편의 규정을 준용한다.

제2장 상고

제129조(상고이유의 기재방식)
① 판결에 영향을 미친 헌법·법률·명령 또는 규칙(다음부터 이 장 안에서 "법령"이라 한다)의 위반이 있다는 것을 이유로 하는 상고의 경우에 상고이유는 법령과 이에 위반하는 사유를 밝혀야 한다.
② 제1항의 규정에 따라 법령을 밝히는 때에는 그 법령의 조항 또는 내용(성문법 외의 법령에 관하여는 그 취지)을 적어야 한다.
③ 제1항의 규정에 따라 법령에 위반하는 사유를 밝히는 경우에 그 법령이 소송절차에 관한 것인 때에는 그에 위반하는 사실을 적어야 한다.

제130조(절대적 상고이유의 기재방식)
법 제424조제1항의 어느 사유를 상고이유로 삼는 때에는 상고이유에 그 조항과 이에 해당하는 사실을 밝혀야 한다.

제131조(판례의 적시)
원심판결이 대법원판례와 상반되는 것을 상고이유로 하는 경우에는 그 판례를 구체적으로 밝혀야 한다.

제132조(소송기록 접수의 통지방법)
법 제426조의 규정에 따른 소송기록 접수의 통지는 그 사유를 적은 서면을 당사자에게 송달하는 방법으로 한다.

제133조(상고이유서의 통수)
상고이유서를 제출하는 때에는 상대방의 수에 6을 더한 수의 부본을 붙여야 한다.

제133조의2(상고이유서 등의 분량)
상고이유서와 답변서는 그 분량을 30쪽 이내로 하여 제출하여야 한다.
[본조신설 2016.8.1.]

제134조(참고인의 진술)
① 법 제430조제2항의 규정에 따라 참고인의 진술을 듣는 때에는 당사자를 참여하게 하여야 한다.
② 제1항의 진술의 요지는 조서에 적어야 한다.

제134조의2(참고인 의견서 제출)
① 국가기관과 지방자치단체는 공익과 관련된 사항에 관하여 대법원에 재판에 관한 의견서를 제출할 수 있고, 대법원은 이들에게 의견서를 제출하게 할 수 있다.
② 대법원은 소송관계를 분명하게 하기 위하여 공공단체 등 그 밖의 참고인에게 의견서를 제출하게 할 수 있다.
[본조신설 2015.1.28.]

제135조(항소심절차규정의 준용)
상고와 상고심의 소송절차에는 그 성질에 어긋나지 아니하는 범위 안에서 제1장의 규정을 준용한다.

제136조(부대상고에 대한 준용)
부대상고에는 제129조 내지 제135조의 규정을 준용한다.

제3장 항고

제137조(항소·상고의 절차규정 준용)
① 항고와 그에 관한 절차에는 그 성질에 어긋나지 아니하는 범위 안에서 제1장의 규정을 준용한다.
② 재항고 또는 특별항고와 그에 관한 절차에는 그 성질에 어긋나지 아니하는 범위 안에서 제2장의 규정을 준용한다.

제4편 재심

제138조(재심의 소송절차)
재심의 소송절차에는 그 성질에 어긋나지 아니하는 범위 안에서 각 심급의 소송절차에 관한 규정을 준용한다.

제39조(재심소장의 첨부서류)
재심소장에는 재심의 대상이 되는 판결의 사본을 붙여야 한다.

제140조(재심소송기록의 처리)
① 재심절차에서 당사자가 제출한 서증의 번호는 재심 전 소송의 서증의 번호에 연속하여 매긴다.
② 재심사건에 대하여 상소가 제기된 때에는 법원사무관등은 상소기록에 재심 전 소송기록을 붙여 상소법원에 보내야 한다.

제141조(준재심절차에 대한 준용)
법 제461조의 규정에 따른 재심절차에는 제138조 내지 제140조의 규정을 준용한다.

제5편 공시최고절차

제142조(공시최고의 공고)
① 공시최고의 공고는 다음 각호 가운데 어느 하나의 방법으로 한다. 이 경우 필요하다고 인정하는 때에는 적당한 방법으로 공고사항의 요지를 공시할 수 있다.
1. 법원게시판 게시
2. 관보·공보 또는 신문 게재
3. 전자통신매체를 이용한 공고
② 법원사무관등은 공고한 날짜와 방법을 기록에 표시하여야 한다.

제143조(제권판결의 공고)
제권판결의 요지를 공고하는 때에는 제142조의 규정을 준용한다.

제6편 판결의 확정 및 집행정지

제144조(집행정지신청 등의 방식)
법 제500조제1항 또는 법 제501조의 규정에 따른 집행정지 등의 신청은 서면으로 하여야 한다.

부칙

<제2771호, 2018.1.31.>

이 규칙은 공포한 날부터 시행한다.

민사소송 법률용어

민사소송법은 私人間(사인간)의 생활관계의 법적 규제를 목적으로 하는 節次法(절차법)이다. 국가재판권의 조직작용을 규정하는 점에서만 보면 公法(공법)이라고 볼 수 있으나, 그 기능적인 측면을 고려하면 민 · 상법과 같이 사법과 관계된다. 다만 實體法(실체법)인 민 · 상법 가운데에도 사인간의 관계를 규율하지 않고 오직 소송상의 재판이나 집행방법, 추정규정 등의 節次法的(절차법적) 규정을 두고 있다. 또한 민사소송법의 규정 가운데에도 소송비용의 부담, 가집행에 따른 손해배상 등과 같은 실체적 규정도 포함되어 있다.

색인

법원 · 당사자

민사소송(民事訴訟)

영 ; civil procedure
독 ; Zivilprozes
불 ; proc'eedure civile

私法上(사법상)의 權利(권리) 또는 法律關係(법률관계)의 存否(존부)를 확정하는 재판상 절차이다. 즉 民·商法(민·상법) 등 私法(사법)이 규율하는 대등한 私人間(사인간)의 經濟上(경제상) 또는 가족법상(신분상)의 생활관계에 관한 충돌·분쟁을 국가의 裁判權(재판권)에 의해 法律的(법률적)·强制的(강제적)으로 해결·조정하기 위한 일련의 절차를 말한다. 사회생활에서 발생하는 사인간의 利害(이해)의 충돌·분쟁이 사법에 의해 규율되는 생활관계를 둘러싼 사건인 경우, 그 분쟁사건의 한쪽당사자가 사법에 의해 인정되는 법적 지위를 확보하려고 한다면, 스스로 原告(원고)로서 그 분쟁사건을 법원에 제기하여 법원의 재판을 청구하여야 한다. 이러한 청구를 위해서 원고는 자기의 주장이 정당하다는 것을 입증하는 자료를 제출하여야 하고, 상대방인 被告(피고)도 자기에게 유리한 攻擊(공격)과 防禦(방어)를 함으로써 스스로의 地位(지위)를 지켜가게 된다. 이와 같은 原告(원고)와 被告(피고)의 대립된 利害關係上(이해관계상)의 투쟁으로 民事訴訟(민사소송)은 진행되며, 法院(법원)은 양쪽에서 제출한 자료를 기초로 법률을 적용하여 그 判斷(판단)으로서의 裁判(재판)을 한다. 訴訟(소송)의 결과 判決(판결)이 확정되면 집행력이 생기고 국가의 公權力(공권력)에 의해 사권의 목적이 실현된다. 즉 판결의 확정에 의해 국가기관으로서의 法院(법원)이 국가권력을 발동하여 분쟁사건을 해결함으로써 사법이 인정하는 法的 地位(법적 지위)의 실현을 도모함과 동시에 사법생활 질서의 유지를 도모하게 되는 것이다.

비송사건(非訟事件)

독 : freiwillige Gerichtsbarkeit

법원이 사인간의 생활관계에 관한 사항을 통상의 소송절차에 의하지 아니하고 간이한 절차로 처리하는 것을 말한다. 예를 들어, (1)가족관계등록부 · 등기 등 공부의 관리, 공탁취급 등, (2)법인의 인허와 그 사업이나 청산절차의 감독, (3)후견인·재산관리인·유언집행자 등의 선임감독, (4)이혼시 재산분여, 자의 친권자 지정, 유산의 분할방법 등에 관한 것 등이 이에 해당한다. 민사소송과 비교할 때 비송사건의 재판은 그 성질상 일종의 행정작용이라고 할 수 있으며, 그 절차에 있어서도 소송사건에 비하여 대체로 간이·신속하고, 대심구조를 취하지 아니한다. 그리고 직권주의적 색채가 짙어 절차는 신청 또는 직권으로 개시되고, 직권탐지주의를 취하며(비송사건절차법 11조), 심문은 비공개이고(비송사건절차법 13조), 검사의 참여 및 의견진술이 인정된다(비송사건절차법 15조). 재판은 결정으로 하고(비송사건절차법 17조), 판단된 권리나 법률관계에 관해서는 기판력이 발생하지 않는다(비송사건절차법 19조).

소(訴)

영 ; action, suit　　독 ; klage
불 ; action

어떤 자가 법원에 대하여 어떤 타인과의 관계에서 자기의 청구가 법률적으로 정당한지의 여부에 관하여 審判(심판)을 구하는 행위를 말한다. 즉 原告(원고 ; 재판을 청구하는 자)가 被告(피고 ; 상대가 되는 자)와의 사이에서 일정한 법률상의 주장이 올바른 지의 여부에 관하여 법원에 審理(심리)·判決(판결)을 구하는 신청이며, 이 소에 의하여 법원이 제1심절차가 개시된다. 訴의 提起方式(제기방식)은 일정한 형식을 갖춘 訴狀(소장)이라는 서면을 법원에 제출하면 된다. 일단 소를 제기 하면 같은 소를 다시 제기할 수 없게 되고, 소에 의하여 審判(심판)을 구하고 있는 권리에 관한 時效(시효)도 중단되는 결과가 발생한다.

소송물(訴訟物)

독 : Streigegenstand, Prozessgegenstand
불 : bjet du litige

민사소송에 있어서는 심판의 대상이 되는 기본단위(구체적 사항), 즉 소송의 객체를 말한다. 민사소송은 원고의 소에 기하여 구체적 사건에 관하여 심리를 행하고 판결로써 응답을 하는 절차이므로, 소·심리 및 판결을 통하여 소송에는 항상 특정한 대상이 있기 마련이며, 이러한 소송의 객체가 바로 소송물이다. 민사소송법은 소송물을 표현하는 용어로서 '청구'라는 말을 가장 많이 사용하고 있으나, 이것은 실체법상의 청구와는 다른 개념이므로 강학상으로는 이를 '소송상의 청구'라고 한다. 소송물은 소송의 객체이므로 소송에서 다투어지고 있는 권리관계의 목적물, 즉 계쟁물과 구별하여야 한다. 한편 소송물은 심판의 대상으로서 소송절차의 모든 국면에서 중요한 기능을 행하는 바, 우선 소송절차의 개시와 관련하여 권리절차의 선택, 관할의 결정 및 심판의 대상과 범위를 특정하는데 기준이 되고, 소송절차의 진행과정에서는 청구의 병합, 청구의 변경, 중복소송 등을 판단하는 기준이 된다. 소송절차의 종결과 관련하여 판결주문의 작성, 기판력의 객관적 범위, 소취하 후의 재소금지 등을 정함에 있어서 기준이 된다. 소송물의 단복(單複)·이동을 결정하는 기준에 대해서는 여러가지 견해가 주장되고 있다. (1)소송법상의 청구를 실체법상의 청구권과 동일시하는 견해인 구실체법설, (2)소송상의 청구는 실체법상의 청구권과는 별개의 것이고, 순수한 소송법상의 내용으로 구성하여야 한다는 소송법설, (3)소송상의 청구를 수정된 형태의 실체법상의 청구권과 재결합시켜 구성하는 신실체법설 등이 그것이다. 판례와 통설은 실체법상의 권리 또는 법률관계의 주장을 소송물로 보는 구실체법설을 취하고 있으나, 최근에는 소송법적 요소인 신청과 사실관계에 의하여 또는 신청만으로 소송물이 구성된다고 보는 소송법설이 강력하게 주장되고 있다. 소송법설은 이를 신소송물이론이라고 하여, 구소송물이론인 구실체법설과 대립된다.

> 두 개의 소의 소송물이 동일한 법률사실에 기하고 있더라도 청구원인이 다르다면 그 소송물은 서로 별개라고 할 것이므로 판결이 확정된 전소가 해고기간 동안의 임금을 종전임금에 따라 청구한 것인데 대하여, 후소는 복직의무 불이행 또는 복직거절로 인한 임금상승 누락분을 손해금으로 청구하는 것이라면 양자는 청구취지와 청구원인을 전혀 달리하고 있어 소송물 또한 별개이다(**대법원** 1989. 3. 28. 선고 88다1936).

소송물의 가액(訴訟物의 價額)

독 : Wert des Streigegenstandes

원고가 소로써 보호를 구하는 권리 또는 법률관계에 관하여 가지는 경제적 이익을 금전으로 평가한 액을 말한다. 민사소송법 제29조에 말하는'소로써 주장하는 이익'이 이에 해당하며, 사물관할을 정하는 기준이 될 뿐만 아니라, 소장 기타의 신청서에 첩용하는 인지액 및 변호사 보수를 정산하는 기준이 된다. 소가를 산정하는 방법은 원고가 소로써 주장하는 이익에 의하는데, 이는 원고가 승소하면 받을 직접적인 이익을 말하며, 사건의 복잡성이나 심판의 난이와는 관계가 없다. 이익의 평가는 객관적 가치에 의하여야 하며, 원고의 주관적 감정은 고려되지 않는다. 소송물이 금전채권인 경우에는 액면금이 소가가 되므로 그 산정이 간단하지만, 그 밖의 소송물인 경우 소가의 산정이 곤란하거나 불가능한 경우에는 대법원규칙에 의해 정해진다(민소법 26조 2항, 민사소송등인지법 2조 4항). 소가의 산정의 표준시기는 제소한 때이며, 도중에 소송물 자체는 변동이 없어 그 가액이 증감되더라도 관할에 영향이 없다(민소법 33조). 한 개의 소로써 수개의 청구를 하는 경우에는 그 가액을 합산한다(민소법 27조 1항). 그러나 합산을 하는 것은 수개의 청구가 경제적으로 별개독립의 이익을 가진 경우에 한하고, 수개의 청구의 경제적 이익이 별개 독립적이 아닌 경우에는, 가액이 많은 것을 평가하면 족하다(중복청구의 흡수). 예컨대 청구의 선택적 병합이나 예비적 병합의 경우에는 그 중 다액인 가액이 소가로 된다.

소가(訴價)

독 : streitwert

원고가 소로서 주장하는 권리 또는 법률관계에 관하여 가지는 이익을 객관적으로 평가하여 금액으로 표시한 것으로서, 소송물가액이라고도 한다(민사소송법 26조 1항). 민사소송에 있어 소가는 사물관할을 정하는 표준이 되며, 소장에 첩용할 인지액을 정하는 기준이 된다. 소가는 제소시를 기준으로 하여 정해지므로 제소 후 목적물의 훼손이나 가격의 변동이 있어도 관할에는 영향이 없다. 소가는 소의 유형이나 심판의 난이 등과는 무관하게 산정되며,'소가산정에 관한 예규'가 중요한 기준이 된다.

소송물의 양도(訴訟物의 讓渡)

널리 소송물의 양도라 함은 소송계속중에 소송물인 권리관계에 관한 당사자적격이 특정적으로 제3자에게 이전된 경우를 말한다. 따라서 소송물의 양도를 특정승계라고도 한다. 소극적으로는 소송승계의 원인중 당연승계의 원인 이외의 것을 말한다. 제소전이라면 당연히 양수인이 당사자로서 소송하여야 하며, 또 소송완료 후라면 그 판결의 기판력에 의한 판단에 양수인도 구속되나, 소송중의 이전의 경우에는 보통의 원칙에 의하면 종래의 당사자간에서는 판결을 하면 무의미하게 되고, 양수인과 상대방간에 새로이 소송을 고쳐서 하지 않으면 분쟁이 해결되지 않는다. 그러나 소송물의 양도를 어떻게 해결할 것인가에 대해서는 여러 가지 입법례로 나뉘어져 있다. 우리 민사소송법은 소송목적이 실체적인 권리관계의 변동을 소송에 반영시켜, 승계인의 당사자로서 소송에 가입시키고 전주의 소송상의 지위를 승계시키는 소송승계주의를 채택하여 민사소송법 제81조제82조에서 참가승계와 인수승계를 인정하고 있다. 소송물의 양도의 태양으로서는 임의처분 뿐만 아니라 집행처분 그리고 법률상의 당연이전을 포함한다. 승계취득이든 원시취득이든 전부양도의 경우만 아니라 양적 · 질적 일부양도의 경우도 포함된다.

재판적(裁判籍)

독 ; Gerichtsstand

소송사건과 法院(법원)의 管轄區域(관할구역)과의 관계를 결정하는 것으로 訴訟關係(소송관계)에서 당사자를 어느 법원의 裁判權(재판권)의 행사를 받게 하느냐를 정하는 근거가 되는 관계를 말하는 것이다. 우리나라의 각지에는 각각 일정한 지방을 구획한 관할구역을 가진 법원이 설치되어 있고, 訴訟事件(소송사건)이 이 구역과 어떠한 관계를 갖는 경우에는 그 구역의 법원에서 그 사건을 취급하게 된다. 이와 같이 사건을 어느 지역을 담당하는 법원이 다루게 되는가는 그 사건과 법원의 관할구역과의 관계에서 결정되는데, 이 관계를 결정하는 것을 裁判籍(재판적)이라 한다. 소를 어떤 법원에 제기하기 위해서는 그 법원의 관할구역 가운데에 그 소송사건의 재판적이 있어야 하는 것이다. 재판적은 원칙적으로 피고의 주소나 거소에 의하여 결정되지만(이를 普通裁判籍<보통재판적>이라 한다. 民訴 §3~§6), 소송사건의 내용에 따라서 결정되는 경우도 있다(이를 特別裁判籍<특별재판적>이라 한다. §7~§23).

관할권(管轄權)

법원의 종류나 수는 많은데 이들 법원 사이에 본래는 국가에만 귀속하는 裁判權(재판권)을 어떻게 나누어 행사할 것인가를 정하는 것을 管轄(관할)이라고 한다. 이 관할의 정함에 따라 결정된 재판을 하는 권한을 管轄權(관할권)이라 한다. 이 관할권의 유무여부는 그 법원이 재판을 할 수 있는지의 여부를 의미하므로 법원으로서는 사건에 대하여 본격적인 審理(심리)를 시작하기 전에 관할권의 유무를 조사하고, 조사 결과 관할권이 있으면 심리를 진행하여도 좋으나, 관할권이 없는 경우에는 만약 그것이 다른 법원의 관할에 들어가는 것이면 그 사건을 移送(이송)하지 않으면 안된다.

소의 객관적 병합
(訴의 客觀的 倂合)

영 ; objective consolidation of suits

원고의 피고에 대한 관계에서 소의 최초부터 하나의 소로써 2개 이상의 청구를 하는 것(請求<청구>의 倂合<병합>). 하나의 소를 제기함에 있어서, 어차피 재판을 받는다면 그 기회에 借金(차금)의 支給(지급)이나 빌려준 물건의 반환이라는 몇 개의 청구에 관하여도 심판 받으려고 하는 의도로 하나의 소에 수개의 사건을 포함시키는 경우에 생긴다. 그렇지만 마음대로 할 수 있는 것은 아니고, 그렇게 하는 것이 法律上(법률상) 금지되어 있지 않고 同種類(동종류)의 訴訟節次(소송절차)에 따라 審理(심리)되는 것에 한한다(民訴§253).

소의 주관적 병합
(訴의 主觀的 倂合)

독 ; subjektive Klagenhäufung

2人 이상의 원고로부터 또는 2人 이상의 피고를 상대로 하여 소를 제기하는 것을 말한다. 이에 의해 하나의 소송이면서 원고 또는 피고의 한쪽 또는 양쪽 모두 당사자가 2人 이상인 형태의 소송이 발생하는데, 이러한 형태의 소송을 共同訴訟(공동소송)이라 한다. 어떠한 경우에 이러한 倂合(병합)이 가능한가는 법률에 정하여져 있는데(民訴 §65), 예컨대 당사자가 共有者(공유자)이든가 또는 連帶保證人(연대보증인)과 主債務者(주채무자)라는 관계에 있다든가 하는 경우가 이에 해당하며, 同一事故(동일사고)에 의한 수인의 被害者(피해자)가 損害賠償請求(손해배상청구)를 하는 때 등도 이 같은 형태의 소송이 허용된다.

사물관할(死物管轄)

영 ; material jurisdiction
독 ; Sachliche Zuständigkeit
불 ; compétence rationaemateriae

同一地方法院(동일지방법원) 및 地方法院支院(지방법원지원)의 單獨判事(단독판사)와 合議部間(합의부간)의 사건분배의 표준을 事物管轄(사물관할)이라 한다. 즉 法院組織法(법원조직법)에 따르면 제1심의 경우 사건의 신속·저렴한 해결을 위하여 單獨制(단독제)를 원칙으로 하고, 訴訟物價額(소송물가액)이 크거나 公益的(공익적)인 사건은 신중하게 처리한다는 취지에서 예외적으로 合議事件(합의사건)으로 하고 있는 것과 같은 것이다. 다만 合議部(합의부)와 單獨判事

間(단독판사간)의 事務分掌(사무분장)은 管轄(관할)의 합의(民訴§294), 應訴管轄(응소관할)(§30), 및 移送(이송)의 裁判(재판)(§34)등에 의하여 변경될 수 있으며, 大法院(대법원)의 부나 巡回判事(순회판사)는 事物管轄(사물관할)의 범위에서 제외된다.

직분관할(직무관할)

(職分管轄<職務管轄>)

독 ; funktionelle Zuständigkeit

어느 법원에 어떠한 裁判權(재판권)의 작용을 담당시킬 것인가를 정하는 것을 職分管轄(직분관할) 또는 職務管轄(직무관할)이라 한다. 즉 訴訟事務(소송사무)의 종류를 표준으로 하여 정하는 법원의 관할을 말한다. 재판권에는 여러 가지 작용이 존재하므로 判決節次(판결절차), 强制執行節次(강제집행절차), 假處分節次(가처분절차)등 성질이 다른 것에 관하여 미리 법원의 사무를 구분하여 놓고 각각 적당한 법원에 배분할 것을 정하는 것이다. 여기에는 판결을 내리는 법원과 强制執行(강제집행)을 하는 법원의 구별 및 上級法院(상급법원)과 下級法院(하급법원)의 구별(審級管轄<심급관할>이라 한다) 등이 있다.

합의관할(合意管轄)

영 ; Agreement in Juridiction
독 ; Prorogation
불 ; competence conventionnelle

당사자의 합의에 의해 정해지는 관할을 合意管轄(합의관할)이라 한다(民訴§29).

이것은 법률에서 정하고 있는 管轄法院(관할법원)과는 다른 법원에 소를 제기하려고 하는 당사자간의 합의에 따라 발생하는 것이므로 후에 문제가 되지 않도록 합의한 것을 서면으로 하여 두지 않으면 안 된다(民訴§29②). 다만 專屬管轄(전속관할)의 경우에는 합의는 인정되지 않으며, 提訴(제소) 후에는 마음대로 법원을 변경할 수 없다.

변론관할(辯論管轄)

독 ; Prorogation durch rügelose Einlassung

어떤 소에 관하여 그 법원이 심리할 管轄權(관할권)을 갖고 있지 않음에도 불구하고 피고가 제1심 법원에서 관할위반이라고 항변하지 아니하고 본안에 대하여 변론하거나 변론준비기일에서 진술하면 그 법원은 관할권을 가지는데 이를 변론관할이라고 한다(民訴§30). 민사소송법 개정 전에는 應訴管轄(응소관할)이라고 표현하였다.

이것은 소에 관한 관할이 어떤 특정한 법원에 있는 것처럼 처음부터 결정되어 있어서 변경할 수 없는 경우 이외에는 관할권이 없는 법원에 소를 제기하여도 피고에게 이의가 없고 그 법원에서 재판을 받으려고 하는 태도를 갖고 있는 이상은, 그대로 그 법원의 관할로 하는 것이 당사자에게 있어 편리하고 訴訟經濟(소송경제)도 도모한다는 배려에서 인정되는 것이다.

전속관할(專屬管轄)

영 ; exclusive juridiction
독 ; Ausschliessliche Zuständigkeit
불 ; compétence exclusive

강한 公益的(공익적) 요구에 따라 特定法院(특정법원)만이 재판을 할 수 있도록 인정된 관할로서, 법원이나 당사자의 의사 등으로 변경할 수 없는 관할이다. 專屬管轄(전속관할)에 해당하는 것으로서는 職分管轄(직분관할) 또는 법률이 특히 전속관할이라고 명시한 土地管轄(토지관할)이 있다(民訴§453①, §463, §7, §12준용). 전속관할의 정함이 있는 경우에는 合意管轄(합의관할)이나 辯論管轄(변론관할)은 인정되지 않으며, 법원으로서도 전속관할이 정해져 있는 법원 이외의 법원으로 사건을 이송할 수 없다(§35단서). 전속관할의 위반은 법원의 職權調査事項(직권조사사항)이며 위반이 명백할 때는 관할법원에 이송한다(§34①, ④). 이 위반을 간과하고서 행하여진 판결에 대하여는 상소하여 다툴 수 있고, 絶對的 上告理由(절대적 상고이유)도 된다(§424① III).

법정관할(法定管轄)

法律規定(법률규정)에 따라서 당연히 결정된 관할을 法定管轄(법정관할)이라 말하며, 대부분의 관할은 법정관할인데, 예외적으로 指定管轄(지정관할)과 合意管轄(합의관할)이 있다.

임의관할(任意管轄)

독 ; gewillkürte Zuständigkeit

當事者間(당사자간)의 합의(民訴§29) 또는 被告(피고)의 辯論(변론)(§30)에 의하여 변경되는 성질의 관할을 말하는 것으로서, 專屬管轄(전속관할)에 상대되는 말이다. 任意管轄(임의관할)의 위배는 상소심에서 이를 다투거나 판결의 취소를 구할 수 없다.

지정관할(指定管轄)

독 : angeordnete Zuständigkeit

구체적 소송사건에 관하여 상급법원이 관할법원을 지정함으로써 생기는 관할(민소법 28조)을 말한다. 지정관할은 관할법원이 법률상 또는 사실상 재판권을 행사할 수 없거나(예 : 관할법원의 법관 전원이 제척원인에 의해 직무를 수행할 수 없는 경우), 법원의 관할구역이 분명하지 않은 경우에 생긴다.

지정관할에 대한 신청은 관계법원이나 당사자가 관계법원에 공통하는 상급법원에 행하며, 관할지정신청을 받은 법원은 관할지정결정을 하거나 기각결정을 해야 한다. 관할지정의 결정은 법원과 당사자를 구속하므로 지정된 법원이 지정한 법원과 다른 의견을 가져 지정결정이 부당하다고 보더라도 자신의 관할권을 부인할 수 없다. 그러나 원고가 법원을 기망하여 지정결정을 받은 경우에는 구속력이 없다.

관할의 병합(管轄의 倂合)

전속관할의 규정이 없는 한, 병합소송중의 한 청구에 관하여 토지관할권을 가지는 법원이 다른 청구에 관해 토지관할권을 가지는 것을 말한다(민소법 25조).

관할의 지정(管轄의 指定)

구체적 사건에 대하여 그 관할 상 관계있는 법원의 상급법원이 심판할 법원을 지정하는 것을 말하며, 이것에 의하여 발생한 관할을 지정관할이라 하는 바, 이는 재정관할의 일종이다. 관할법원이 법률상 또는 사실상 재판권을 행사할 수 없는 때나, 법원의 관할구역이 분명하지 아니한 때 신청에 의하여 결정으로 관할법원을 정하는 것을 말한다(민소법 28조). 이를 지정관할 또는 재정관할이라 하는 바, 관할의 지정결정에 재해서는 불복할 수 없다(민소법 28조2항).

관할의 합의(管轄의 合意)

독 : Vereinbarung über die Zuständigkeit
Prorogation

라 : prorogatio

당사자의 합의에 의하여 생긴 관할을 말하는데, 합의관할이라고도 한다(민소법 29조). 원래 관할에 관한 규정은 법원간에 재판사무의 공평한 분배를 참작하는 외에, 주로 당사자의 편의를 고려하여 정해진 것이다. 따라서 관할에 관한 규정은 전속관할에 관한 것을 빼어 놓고는 원칙적으로 임의규정이라 할 수 있기 때문에, 당사자의 합의에 의하여 법정관할 법원과 다른 법원을 관할법원으로 정할 수 있게 하더라도 그것이 빈번히 행하여져 법원간의 부담의 균형을 해칠 염려는 없고, 오히려 당사자의 편의에 이바지 할 수 있다고 본다. 합의관할의 성립요건은 제1심법원의 임의관할에 한하여 할 것, 일정한 법률관계에 기인한 소에 관한 합의일 것, 서면으로 하여야 할 것, 일정한 법원을 관할법원으로 정할 것 등이다. 합의로써 관할을 정하는 형태로서는 법정관할법원 이외에 다시 관할법원을 추가하는 것과 일정한 법원만을 관할법원으로 정하고, 다른 법원의 관할권을 배제하는 것(전속적 합의관할)이 있다. 적법한 합의가 성립하면 그 효력으로써 직접 그 내용대로의 관할의 변경을 발생한다. 합의는 당사자 간에만 효력이 있으며, 원칙적으로 제3자에게는 효력이 미치지 않는다.

소송의 이송(訴訟의 移送)

영 ; transfer of acase
독 ; Verweisung
불 ; renvoi

어느 법원에 소가 제기된 후에 그 법원에 管轄權(관할권)이 없거나 법원이 정한 一定事由(일정사유)가 있는 경우 訴提起(소제기)로 인하여 발생한 소송의 係屬(계속)을 다른 법원으로 옮기는 것을 소송의 이송이라 한다. 訴訟(소송)의 移送(이송)은 다음의 (5)의 경우를 제외하고는 법원의 결정에 의하여 행하여지는데, 일단 이송을 하면 이송 받은 법원은 이에 기속된다. 따라서 사건을 다시 다른 법원에 이송하지 못한다.

(1) 管轄違反(관할위반)에 따른 이송 : 관할위반의 경우 소를 却下(각하)하여 再訴(재소)를 제기하게 하면 時效中斷(시효중단)이 맞지 아니하거나 법률상의 기간을 준수할 수 없거나 동일한 소의 제기가 반복되어 努力(노력)·費用(비용)이 낭비된다. 한편 관할은 법원간의 재판권의 범위를 정하고 있는 것이고 그 결정은 어느 정도 전문화되어 있으므로 관할위반의 불이익을 원고에게 일방적으로 강요하는 것은 적당하지 않으므로 법원이 직권으로 관할권을 가진 법원에 이송하는 것이다(民訴§34①).

(2) 裁量(재량)에 따른 移送(이송)(單獨部<단독부>에서 合議部<합의부>로의 이송) : 地方法院 單獨判事(지방법원 단독판사)는 소송이 관할에 속하는 경우라도 상당한 이유가 있는 때에는 職權(직권) 또는 당사자의 신청에 따라 소송의 전부 또는 일부를 同一地方法院 合議部(동일지방법원 합의부)로 이송할 수 있다(§34②).

(3) 損害(손해)나 遲延(지연)을 피하기 위한 이송 : 원고가 제소한 법원에 관할권은 있으나 다른 법원에서 심판하는 것이 피고가 받은 손해나 소송의 지연이 발생하는 것을 피할 수 있는 경우에는 당사자의 신청이나 또는 법원의 직권으로 이송할 수 있다. 다만, 專屬管轄(전속관할)이 정해 있을 경우에는 이송할 수 없다(§35).

(4) 反訴提起(반소제기)에 따른 이송 : 지방법원 단독판사가 심리하는 도중에 반소가 제기되어 地方法院合議部(지방법원합의부)의 관할로 되었을 때 본소와 반소는 합의부로 이송하여야 한다(§269②).

(5) 上級審(하급심)의 還送(환송)에 갈음하는 이송 : 前審(전심)의 판결이 관할위반인 경우에는 原審法院(원심법원)에 환송하는 대신에 직접 管轄法院(관할법원)에 이송한다(§418, §436①).

전심관여(前審關與)

사건의 직접 또는 간접적인 하급심의 재판이나, 이와 동일시하여야 할 하급법원의 재판에 관여하는 것을 말한다. 전심관여는 법관의 제척사유(민소법 41조)가 되는 바, 이를 제척사유로 한 것은 예단배제로 재판의 공정성을 유지하고 심급제도의 취지가 몰각되는 것을 막기 위해서이다. 여기의 관여라 함은 판결의 합의나 판결작성에 관여한 경우를 의미한다. 따라서 단지 변론에 관여하여 소송지휘의 재판·증거조사나 증거결정을 한 데 그치거나, 판결의 선고에만 관여한 것은 전심관여에 포함되지 않는다. 또 다른 법원으로부터 촉탁을 받아 전심에 관여하는 것도 제척사유(민소법 41조)가 아니다. 또한 환송이나 이송되기 전의 원심판결, 재심소송에 있어서 재심의 대상이 된 확정판결, 청구이의의 소에 있어서 재심의 대상이 된 확정판결, 청구이의의 소에 있어서 그 대상이 된 확정판결, 청구이의의 소에 있어서 그 대상이 된 확정판결, 본안소송에 대한 관계에서 가압류·가처분에 관한 재판, 집행문부여이의의 소나 집행정지 신청사건에 대하여 채무명의를 성립시킨 본안판결 따위는 전심재판 해당되지 않는다. 이는 심급관계를 문란하게 할 염려가 없기 때문이다.

법관의 제척원인이 되는 전심관여(전심관여)라 함은 최종변론과 판결의 합의에 관여하거나 종국판결과 더불어 상급심의 판단을 받는 중간적인 재판에 관여함을 말하는 것이고 최종변론 전의 변론이나 증거조사 또는 기일지정과 같은 소송지휘상의 재판 등에 관여한 경우는 포함되지 않는다(**대법원** 1997. 6. 13. 선고 96다56115).

법관의 제척(法官의 除斥)

독 : Ausschließung

법관이 그 사건과 관계가 있는 경우에 그 법관을 직무집행으로부터 제외시키는 것을 말한다. 법관의 제척원인은 (1) 법관 또는 그 배우자나 배우자이었던 사람이 사건의 당사자가 되거나, 사건의 당사자와 공동권리자·공동의무자 또는 상환의무자의 관계에 있는 때, (2) 법관이 당사자와 친족의 관계에 있거나 그러한 관계에 있었을 때, (3) 법관이 사건에 관하여 증언이나 감정을 하였을 때, (4) 법관이 사건 당사자의 대리인이었거나 대리인이 된 때, (5) 법관이 불복사건의 이전심급의 재판에 관여하였을 때(다만, 다른 법원의 촉탁에 따라 그 직무를 수행한 경우는 제외)(민소법 41조) 등이다. 제척원인이 있는 법관은 모든 재판사무의 집행으로부터 제외가 된다. 재판은 제척·기피신청을 당한 법관의 소속법원 합의부가 결정으로 하는데(민소법 46조 1항), 제척·기피당한 법관 자신은 이 결정에 관여하지 못하고 의견만 진술할 수 있다(민소법 46조 2항). 또 제척·기피가 이유없다고 한 재판에 대하여는 즉시항고할 수 있으나(민소법 47조 2항), 제척 또는 기피신청이 이유있다고 하는 결정에 대하여는 불복신청을 하지 못한다(민소법 47조 1항). 재판에 의해 제척원인이 있는 것이 확정되면 그때까지 행하여진 소송절차는 전부 무효가 되며, 이를 간과한 종국판결은 상고이유(민소법 424조 1항 2호)와 재심사유가 된다(민소법 451조 1항 2호). 제척·기피의 신청이 합의부의 법관에 대한 경우에는 그 법원의 소속법원에, 수명법관·수탁판사·단독판사에 대한 경우에는 그 법관에게 그 원인을 명시해서 신청해야 하며(민소법 44조 1항), 이때 그 원인은 소명으로 밝히는데 신청일로부터 3일내에 서면으로 하여야 한다(민소법 44조 2항). 제척이나 기피신청이 있는 때에는 그 재판이 확정될 때까지 소송절차를 정지하여야 한다(민소법 48조).

법관의 기피(法官의 忌避)

기피란 법률상 정해진 제척원인 이외의 재판의 공정을 기대하기 어려운 사정이 있는 경우에, 당사자의 신청을 기다려 재판에 의하여 비로소 법관이 직무집행에서 배제되는 것을 말한다. 이는 제척제도를 보충하여 재판의 공정을 보다 철저하게 보장하기 위한 것이다. 당사자는 법관에게 공정한 재판을 기대하기 어려운 사정이 있는 때에는 기피신청을 할 수 있다. 법관을 기피할 이유가 있다는 것을 알면서도 본안에 관하여 변론하거나 변론준비기일에서 진술을 한 경우에는 기피신청을 하지 못한다(§43).「법관에게 재판의 공정을 기대하기 어려운 사정」이란 통상인의 판단으로서 법관과 사건과의 관계에서 편파적이고 불공평한 재판을 하지 않을까 하는 염려를 일으킬 수 있는 객관적 사정을 가리킨다.

> 민사소송법 제39조 제1항 소정의 "재판의 공정을 기대하기 어려운 사정이 있는 때"라 함은 당사자가 불공정한 재판이 될지도 모른다고 추측할 만한 주관적인 사정이 있는 때를 말하는 것이 아니고, 통상인의 판단으로서 법관과 사건과의 관계로 보아 불공정한 재판을 할 것이라는 의혹을 갖는 것이 합리적이라고 인정될 만한 객관적인 사정이 있는 때를 말하는 것이므로, 설사 소송당사자 일방이 재판장의 변경에 따라 소송대리인을 교체하였다 하더라도 그와 같은 사유가 재판의 공정을 기대하기 어려운 객관적인 사정이 있는 때에 해당할 수 없다(대법원 1992. 12. 30. 자 92마783).

법관의 회피(法官의 回避)

독 : Selbstablehnung

법관이 스스로 제척 또는 기피원인이 있음을 인정하고 자발적으로 그 사건에의 관여를 피하는 것을 말한다. 회피에 대해서는 법원의 허가가 있어야 하나(민소법 49조), 허가는 재판이 아니므로 허가 후에 그 법관이 당해 사건의 소송행위를 하는 일이 있더라도 그 행위에 관하여 무효나 취소의 문제는 생기지 않는다.

당사자(當事者)

법원에 대하여 자기명의로 판결이나 집행을 요구하는 자와 그에 대립하는 상대방을 當事者(당사자)라고 한다. 즉 訴訟(소송)의 主體(주체)로서 자기에 대한 판결을 구하는 자 또는 판결이 요구되는 자를 가리킨다. 결국 원고와 피고를 의미한다. 判決節次(판결절차)에서는 자기의 명의로 소를 제기하여 판결을 받는 자와 그 상대방이며, 執行節次(집행절차)에서는 자기 이름으로 강제집행을 구하거나 집행을 당하는 자이다. 民事訴訟(민사소송)은 개인간에 발생한 분쟁을 해결하는 데 목적이 있으므로 서로 대립하는 지위의 당사자가 없으면 성립할 수 없다. 二當事者(이당사자)의 對立(대립)(二當事者對立主義<이당사자대립주의>)이 보통 소송의 경우이나 三面訴訟關係(삼면소송관계)가 특별히 인정되는 경우가 있다(獨立當事者參加<독립당사자참가>의 경우, 民訴 §72).

당사자소송(當事者訴訟)

독 : Parteiprozess

소송법상상 근대의 소송은 원고와 피고가 당사자주의·당사자대등주의 내지는 당사자평등의 원칙에 입각한 공격 · 방어 방법을 통하여 서로의 권익주장을 한다는 의미에서 이를 당사자소송이라고 한다. 이와 같은 의미에서 당사자소송은 행정소송뿐만이 아니라 민사소송이나 형사소송에서도 찾아볼 수 있으며, 당사자소송을 기본으로 하고 있음을 알 수 있다. 민사소송에서는 특히 변호사소송에 대하여 당사자본인소송을 뜻한다. 형사소송에 있어서 당사자소송은 소제기후의 소송절차(공판절차)에 한해서 적용되며 당사자소송의 구조를 갖지 아니한 형사절차, 예를 들면 수사절차, 재판의 집행절차에서는 인정되지 않는다. 변호사강제주의를 채택하고 있는 독일법에서는 당사자소송이 불가능하나, 우리 민사소송에서는 이것이 가능하며, 헌법소송에서는 예외가 된다.

당사자대등주의(當事者對等主義)

독 : Prinzip der Parteigleichheit, Waffengleichheit)

소송법상 대립당사자는 그 지위가 평등하고 대등한 공격 · 방어의 수단 기회를 가진다는 주의를 말한다. 무기평등의 원칙이라고도 한다. 민사소송법상 강제집행절차에 있어서는 채권자와 채무자의 지위의 상위상 당사자 대등주의가 성립하지 않으나, 판결절차에서는 원고·피고의 대등주의가 성립된다.

당사자능력(當事者能力)

독 ; Parteifähigkeit

民事訴訟(민사소송)에서 일방적으로 당사자가 될 수 있는 訴訟法上(소송법상)의 능력, 즉 소송법상의 모든 효과의 歸屬主體(귀속주체)가 될 수 있는 능력을 當事者能力(당사자능력)이라 한다. 民法上 權利能力(민법상 권리능력)을 가진 자는 모두 당사자능력이 있다(民訴§51). 이는 분쟁의 해결을 위해서는 사법상의 권리능력자를 동시에 소송의 주체로 하여 재판을 받게 하는 것이 가장 효과적이기 때문인데, 소송법은 재차 법인이 아닌 社團(사단) 또는 財團(재단)이라도 代表者(대표자) 또는 管理人(관리인)이 정해져 있는 경우에 관하여는 당사자능력을 인정하고 있다(§52). 이것은 법인이 아니라도 단체로서 여러 종류의 社會生活(사회생활)을 영위하고 去來社會(거래사회)에서 타인과의 사이에 이해의 대립을 발생시키는 경우에는 이들을 당사자로서 취급하는 편이 분쟁해결을 위하여 편리하다는 점에서 인정되기에 이른 것이다. 이 당사자능력을 결한 소는 不適法(부적법)으로 법원에 의해 却下(각하)된다.

<개념 비교>

구분	의미
당사자능력	당사자가 될 수 있는 일반적인 능력
당사자적격	특정 소송물에 관해 당사자로 소송을 수행하고, 판결을 받을 자격
소송능력	스스로 또는 임의대리인을 통해 유효한 소송행위를 하거나 받을 수 있는 능력
변론능력	법원에 출석해 유효하게 소송행위를 할 수 있는 능력

소송무능력자(訴訟無能力者)

독 : Prozessunfähige

소송당사자(또는 보조참가인)로서 스스로 또는 임의대리인을 통하여 유효하게 소송행위를 하거나, 또는 이를 받기 위하여는 소송능력이 필요한 바, 이러한 능력이 없는 자를 소송무능력자라고 한다. 소송능력이 없는 자는 법정대리인에 의하여 대리되지 않으면 안 된다(민소법 55조). 일반적으로 소송수행은 거래행위보다 복잡하고 또 이를 제대로 못하는 경우에는 중대한 불이익이 따르므로 소송법은 소송능력을 갖추지 못한 자는 스스로 또 임의대리인을 통하여도 소송수행을 할 수 없도록 하여 소송에 있어서 자기의 이익을 충분히 주장·옹호할 능력이 없는 자인 소송무능력자를 보호하기 위하여 소송무능력자를 두게 된 것이다. 미성년자 또는 피성년후견인은 원칙적으로 법정대리인에 의해서만 소송행위를 할 수 있다. 다만, 미성년자가 독립하여 법률행위를 할 수 있는 경우, 피성년후견인이 「민법」 제10조 제2항에 따라 취소할 수 없는 법률행위를 할 수 있는 경우에는 예외적으로 소송능력을 가진다(민소법 제55조 1항). 미성년자가 독립하여 법률행위를 할 수 있는 경우란 미성년자가 법정대리인의 허락을 얻어 영업에 관한 법률행위를 하는 경우(민법 8·10조), 회사의 무한책임사원이 될 것을 허락받은 경우(상법 7조)에는 그 허락받은 범위 내에서 소송능력이 인정되는 경우를 들 수 있다. 또한 미성년자가 혼인한 때에는 성년자로 보므로(민법 826조의2), 이때에는 완전하게 소송능력을 가진다. 피한정후견인의 경우 한정후견인의 동의가 필요한 행위에 관하여는 대리권 있는 한정후견인에 의해서만 소송행위를 할 수 있다(민소법 제55조 2항). 민법상으로는 미성년자가 법정대리인의 동의를 얻어 법률행위를 할 수 있지만, 소송법상으로는 이 경우에도 소송능력이 인정되지 아니한다. 소송무능력자에 대하여 급속하게 소를 제기하려는 자는 법원에 그 특별대리인의 선임을 신청할 수 있다(민소법 62조).

당사자적격(當事者適格)

독 ; Sachlegitimation, Prozesslegitimation

일정한 권리 및 법률관계에 있어서 訴訟當事者(소송당사자)로서 유효하게 소송을 수행하고 판결을 받기 위하여 필요한 자격을 當事者適格(당사자적격)이라 한다. 구체적 소송에 있어서 어떤 자를 당사자로 하여야 분쟁해결이 유효하고 적절할 것이냐 하는 관점에서 인정된 제도이므로 이를 訴訟遂行權(소송수행권) 또는 訴訟實施權(소송실시권)이라고도 하고, 그 자만이 적법하게 당사자로서의 자격을 갖는다는 의미에서 正當(정당)한 當事者(당사자)라고도 한다. 당사자적격은 소송진행의 전제요건이 되므로 구체적 사건에 있어서 누가 누구를 상대로 소를 제기할 것인가는 청구의 내용에 의하여 결정한다. 이처럼 당사자적격은 구체적 사건과의 관계에서 문제가 되는 것이므로 當事者能力(당사자능력)이나 訴訟能力(소송능력)과는 다르다. 따라서 적격을 갖는 자는 소송의 목적인 권리관계에 관하여 법률상의 이해가 대립하는 자이며, 대부분의 경우는 그 권리의 歸屬者(귀속자;權利者<권리자>가 되는 자와 義務者<의무자>가 되는 자)이지만, 반드시 귀속자 자신이 아니면 안되는 것도 아니다(他人間 法律關係<타인간 법률관계>의 확인도 인정되므로).

자격당사자(資格當事者)

일정한 자격을 가짐으로써 타인의 권리·이익에 관하여 자기의 명의로 民事訴訟(민사소송)의 當事者(당사자)가 되는 자를 말한다(民訴§96, §218③). 예컨대 破産裁判(파산재판)에 관한 소송을 하는 破産管財人(파산관재인), 해난구조청구에 있어서의 船長(선장)(商§859②) 등이 있다.

변론능력(辯論能力)

법원에 출정하여 법원에 대한 관계에서 유효하게 소송행위를 하기 위해 요구되는 능력을 말한다. 법원에 대한 소송행위를 하기 위해 필요하기 때문에 당사자간의 소송행위에 있어서는 필요 없으며, 이 점에서 모든 소송행위에 필요로 하는 소송능력과 차이가 있다. 법원은 소송관계를 분명하게 하기 위하여 필요한 진술을 할 수 없는 당사자 또는 대리인의 진술을 금지할 수 있다(§144①). 이러한 처분을 받은 자는 변론능력이 없다.

선정당사자(選定當事者)

共同(공동)의 利害(이해)를 갖는 까닭에 다수의 자가 공동으로 소송을 하려고 하는 경우에 그들 가운데 선정되어 모두를 위하여 대신 訴訟當事者(소송당사자)가 되는 자를 選定當事者(선정당사자)라 한다(民訴§53①). 選定當事者制度(선정당사자제도)는 수인이 全員 當事者(전원 당사자)로서 소송을 진행하는 절차의 복잡과 번거로움을 피하려는 데 그 목적이 있다. 하지만 법으로 강제되는 것이 아니고 당사자의 편의를 위하여 임의로 이루어지므로 실효는 반감되는 경향도 있다. 選定(선정)은 선정을 하는 자가 갖고 있는 각자의 권리나 이해에 관하여 소송을 진행할 권한을 선정당사자에게 수여하는 소송상의 행위이다. 선정을 하기 위해서는 원고 또는 피고가 될 자가 수인(2人 이상) 존재하고 있을 것, 이들이 공동의 이익을 갖고 있을 것 그리고 이 공동의 이익을 갖고 있는 자 가운데에서 선정할 것 등의 조건을 충족하여야 한다. 선정의 시기는 訴提起(소제기)의 전후를 묻지 않으며, 선정된 당사자는 그 자격을 서면으로 증명하여야 한다.

공동의 이해관계가 있는 다수자는 선정당사자를 선정할 수 있는 것인바, 이 경우 공동의 이해관계란 다수자 상호간에 공동소송인이 될 관계에 있고, 또 주요한 공격방어방법을 공통으로 하는 것을 의미한다고 할 것이므로 다수자의 권리·의무가 동종이며 그 발생원인이 동종인 관계에 있는 것만으로는 공동의 이해관계가 있는 경우라고 할 수 없을 것이어서 선정당사자의 선정을 허용할 것은 아니다(대법원 1997. 7. 25. 선고 97다362).

보정(補正)

訴訟上(소송상) 제출하는 서류나 訴訟行爲(소송행위)에 불충분한 점이나 하자가 있을 경우에 이를 보충하거나 고치는 것을 補正(보정)이라 한다. 예컨대 訴訟能力(소송능력)이 흠결된 자가 행한 소송행위에 추인의 여지가 있는 때에는 법원은 기간을 정하여 그 보정을 명하여야 한다. 그리고 代理人(대리인)이 소를 提起(제기)한 때에도 그 代理權(대리권)을 증명하는 서면을 제출하여야 한다. 이 경우 보정을 하지 않으면 그 행위는 무효가 되고 보정에 의하여 추인이 있게 되면 행위시로 소급하여 유효가 된다(民訴§59, §60). 한편 訴狀(소장)은 일정한 형식을 가져야 하며 소정의 印紙(인지)를 첩부하는 것이 필요한데, 이에 不備(불비)가 있는 때에는 裁判長(재판장)이 원고에게 상당한 기간을 정하여 그 기간내에 흠결을 보정할 것을 명하고, 이 기간 내에 원고가 흠결의 보정을 하지 아니한 때에는 재판장은 명령으로 소장을 기각한다. 다만 흠결의 보정명령에 대해서는 卽時抗告(즉시항고)를 할 수 있다.

본인소송(本人訴訟)

독 ; Parteiprozess

民事訴訟(민사소송)에서 當事者(당사자)가 辯護士(변호사)를 訴訟代理人(소송대리인)으로 선임하지 않고 스스로 訴訟行爲(소송행위)을 하는 것을 말한다. 現行法(현행법)은 辯護士强制主義(변호사강제주의)을 채택하지 않으므로 보통 本人訴訟主義(본인소송주의)에 의하고 있으나 당사자가 辯論能力(변론능력)이 없을 때에는 법원이 변호사의 선임을 명할 수 있다(民訴§144).

공동소송(共同訴訟)

독 ; Streitgenossenschaft

共同訴訟(공동소송)은 소송에 있어서 대립되는 당사자의 일방 또는 쌍방이 복수인 복합적 소송형태를 가리킨다. 같은 편에 서 있는 2人 이상의 사람들을 共同訴訟人(공동소송인)이라 부르고, 그들이 원고이면 共同原告(공동원고), 피고이면 共同被告(공동피고)라고 부른다. 공동소송인은 각자가 각각 자기의 이름으로 판결을 받는 자이며, 스스로 판결의 名義人(명의인)이 되지 않는 法定代理人(법정대리인)이나 社團(사단)의 代表者(대표자) 및 財團(재단)의 管理人(관리인)은 수인인 경우에도 공동소송인으로는 되지 않고, 반대로 현실적으로는 2人만 관여하고 있는 경우라도, 가령 동일인이 共有者(공유자)의 1人이고 동시에 다른 공유자의 破産管財人(파산관재인)으로서 제3의 공유자로부터 분할청구의 피고로 된 때와 같이 2 이상의 자격을 가지고 있는 때에는 共同訴訟(공동소송)의 성립을 인정할 수 있다.

공동소송인(共同訴訟人)

공동소송에서는 하나의 소송절차에 수인의 원고 또는 피고가 관여하는데, 이 경우와 같이 여러 원고 또는 피고를 말한다. 공동소송인의 지위는 공동소송인독립의 원칙에 의거한다. 통상의 공동소송이 개별적·상대적으로 해결해야 할 여러 개의 사건이 편의상 하나의 소송절차에 병합된 형태이기 때문에 공동소송인중 1인의 소송행위 또는 이에 따른 상대방의 소송행위가 다른 공동소송인에게 영향을 주지 않는다는 것을 가장 큰 특징으로 한다.

필수적 공동소송 (必須的 共同訴訟)

독 ; notwendige Streitgenossenschaft

訴訟(소송)의 목적인 權利(권리) 또는 法律關係(법률관계)가 共同訴訟人 全員(공동소송인 전원)에 대하여 法律上(법률상) 合一的(합일적)으로 확정되어야 할 공동소송을 必須的 共同訴訟(필수적 공동소송)이라 한다(民訴§67①). 獨逸普通法時代 中期(독일보통법시대 중기) 이후 合有團體(합유단체)를 둘러싼 소송에서 발달한 공동 소송형태로서 合一確定 共同訴訟(합일확정 공동소송)이라고도 한다. 법률상 판결의 내용이 공동소송인간에 서로 다를 수 없고 언제나 합일확정의 관계에 있기 때문에 證據共通(증거공통)의 原則(원칙)이 적용된다. 필요적 공동소송은 當事者適格(당사자적격)을 갖는 자 전원이 또 전원에 대하여 소를 제기하여야 하는 固有必須的 共同訴訟(고유필수적 공동소송)과 당사자적격자 전원이 전원에 대하여 소를 제기하지 않아도 상관없는 類似必須的 共同訴訟(유사필수적 공동소송)으로 나뉜다.

고유필수적 공동소송에서 당사자는 수인이나 청구는 하나라는 것과 당사자적격자 가운데 한 사람만 빠져도 適法(적법)한 소가 될 수 없다는 점에서 유사필수적 공동소송과 구별된다. 그러나 양자가 모두 법률상 합일적으로 확정할 필요성이 있는 소송관계라는 점은 이미 언급한 바와 같다.

소송참가(訴訟參加)

독 : Beteiligung Drittet am Rechtsstreite

소송의 계속 중에 소송외의 제3자가 타인사이의 소송의 결과에 따라 자기의 법률상 이익에 영향을 미치게 될 경우에 자기의 이익을 위하여 그 소송절차에 가입하는 것을 말한다. 이러한 소송참가는 소송의 결과에 따라 영향을 받는 제3자를 보호하기 위한 제도인 것이다.

협의의 소송참가란 제3자가 당사자로서의 권한을 가지는 독립당사자참가(민소법 79·80조) 및 공동소송참가(민소법 83조), 제3자에게 당사자에 준하는 권한만 인정되는 보조참가(민소법 71조 내지 77조)를 말하며, 광의의 소송참가란 소송승계까지 포함한다.

소송탈퇴(訴訟脫退)

독 : Prozwssurteil

종전의 소송당사자의 일방이 제3자의 소송참가(민소법 79조) 또는 승계인의 소송인수(민소법 82조)가 있는 경우에 그 소송으로부터 탈퇴하는 것(민소법 80조, 82조 3항)을 말한다. 또한 소송의 당연승계인인 때 피승계인이 소송에서 당연히 탈퇴하는 당연탈퇴의 경우도 있다(민소법 53조 2항). 당연탈퇴는 별다른 요건이 필요없으나, 그 외의 경우 탈퇴하는 당사자는 상대방의 승낙을 얻어야 한다. 그러나 참가인이나 승계인의 동의를 얻을 필요는 없다. 소송탈퇴의 효과로서는 탈퇴자가 소송에서 이탈함으로써 종전의 당사자로서의 지위를 상실하고, 탈퇴한 당사자의 지위를 새로운 당사자가 승계한다는 점을 들 수 있으나, 가장 중요한 효과는 새로운 당사자와 상대방이 그 후 소송수행의 결과 받은 판결의 효력이 탈퇴한 자에게도 미친다는 것이다(민소법 80조 단서). 이 때, 탈퇴자에 대한 판결의 효력의 성질에 대해서 참가적 효력설·기판력설·집행력포함설 등 견해가 대립되고 있으나, 집행력포함설이 통설이다.

보조참가(補助參加)

영 ; Intervention for Assistance
독 ; Nebenintervention, Streitgehilfe

타인간의 訴訟係屬中(소송계속중) 訴訟結果(소송결과)에 대하여 法律上 利害關係(법률상 이해관계)를 갖는 제3자가 한쪽 당사자의 승소를 위하여 소송에 참가하는 것을 補助參加(보조참가)라고 한다(民訴§71). 보조참가를 하는 자는 소송의 당사자가 아니면서 타인간의 소송결과에 이해관계를 갖기 때문에 어느 한쪽을 보조하여 소송에 참가하고 자신의 이익을 보호할 수 있도록 하는 제도이다. 보조참가를 하려는 자는 서면이나 구술로 訴訟係屬 法院(소송계속 법원)에 참가신청을 하여야 한다. 참가신청은 참가의 취지와 이유를 명시하여야 하고, 당사자는 참가에 대한 이의를 제기할 수 있으나 이의 없이 변론을 하거나 준비절차에서 진술한 때에는 이의할 권리를 잃는다. 異議(이의)가 있으면 법원은 참가의 허부를 결정한다(§73①). 참가 결과 패소한 경우 참가한 자는 당사자가 아니므로 직접 판결의 효력을 받지는 않으나 후에 참가된 자와의 사이에 분쟁이 생겼을 때 전의 소송에서 조금 더 잘 했더라면 승소했을 것이라고 하여 책임을 轉嫁(전가)시킬 수 없는 拘束(구속)(參加的 效力 <참가적 효력>)을 받는다(§77).

민소법 제77조의 참가적 효력의 성질

기판력설	기판력의 확장이라고 보는 견해이다.
참가적효력설(통설)	기판력과는 다른 특수효력으로 보는 견해이다. 즉, 참가적 효력으로서 피참가인이 패소하고 나서 뒤에 피참가인이 참가인 상대의 소송을 하는 경우 신의칙상 피참가인에 대한 관계에서 참가인은 판결의 내용이 부당하다고 주장할 수 없는 구속력을 받는다고 보는 것이다.
신기판력설	참가인과 피참가인 사이에는 참가적 효력이 생기지만, 판결기초의 공동형성이라는 견지에서 참가인과 피참가인의 상대방 사이에도 기판력 내지 쟁점효를 인정해야 한다는 견해이다.

판례	참가적효력설의 태도이다(86다카2289참조).

보조참가인이 피참가인을 보조하여 공동으로 소송을 수행하였으나 피참가인이 그 소송에서 패소한 경우에는 형평의 원칙상 보조참가인이 피참가인에게 그 패소판결이 부당하다고 주장할 수 없도록 구속력을 미치게 하는 이른바 참가적 효력이 있음에 불과하므로 피참가인과 그 소송상대방간의 판결의 기판력이 참가인과 피참가인의 상대방과의 사이에까지는 미치지 아니한다(대법원 1988. 12. 13. 선고 86다카2289).

공동소송적 보조참가
(共同訴訟的 補助參加)

독 : streitgenössische od selbständige Nebenintervention

계속중인 소송에 대한 판결의 효력이 소송의 상대방과 제3자에게 미치는 경우에 그 제3자가 자기의 권리를 지키기 위하여 계속중인 소송에 보조참가하는 경우를 말한다. 우리 민소법에서는 공동소송적 보조참가를 인정하고 있다. 특히 제3자가 당해 소송의 소송물에 관해서 당사자 적격이 있을 때는 공동소송참가(민소법 83조)를 함으로써 피참가인의 소송견제를 벗어날 수 있으나 제3자에게 당사자적격이 없는 경우에는 당사자로써는 공동소송참가를 할 수 없이 보조참가만 가능하므로 공동소송적 보조참가제도가 필요하다(민소법 78조).

독립당사자참가(獨立當事者參加)

영 ; Independent Party Intervention

他人間(타인간)의 訴訟係屬中(소송계속중) 그 목적과 관계 있는 자기의 청구에 관하여 當該訴訟(당해소송)의 원고·피고를 상대로 재판을 요구할 목적으로 당사자로서 당해소송에 참가하는 경우를 의미한다(民訴§79). 이러한 참가의 이유로는 타인간 소송의 목적 전부 또는 일부가 자기의 권리임을 주장하는 경우와 타인간 소송의 결과 자기의 권리가 침해되는 경우가 있다. 參加(참가)가 있으면 원고의 청구와 참가인 청구의 당부를 함께 해결할 목적으로 심리는 共通資料(공통자료)를 통해 함께 행해진다. 따라서 참가권의 심리에 있어서는 必要的 共同訴訟(필요적 공동소송)의 규정이 준용된다(§79②, §67).

당사자의 변경(當事者의 變更)

독 : Parteiänderung

동일 소송절차에서 제3자가 소송에 가입하는 기회에 종전 당사자가 그 소송에서 탈퇴하는 경우를 널리 당사자의 변경이라고 한다. 신당사자가 탈퇴자의 지위를 승계하지 않는 경우와 신당사자가 탈퇴자의 기존의 소송상태를 승계하는 경우가 있다. 전자를 임의적 당사자의 변경이라고 하고, 후자를 소송승계라고 한다. 당사자의 변경도 넓은 의미의 소의 변경에 해당된다. 그러나 우리 민사소송법 제235조는 '청구의 취지 또는 원인'의 변경을 청구의 변경으로 하고 있으므로, 당사자의 변경을 소의 변경으로 논해서는 안 되며, 임의적 당사자의 차원으로 보아야 한다. 대법원 판례는 표시의 정정 이외에 임의적 당사자의 변경은 원칙적으로 허용하고 있지 않다. 이에 반해 통설은 임의적 당사자의 변경을 지위의 승계가 없는 당사자의 변경으로 보고 당연히 허용된다고 본다. 이는 당사자의 편의와 소송경제를 근거로 하는 것이다.

소송인수(訴訟引受)

독 ; übernahme des Prozesses

訴訟係屬(소송계속) 중에 제3자가 그 소송의 한쪽당사자와 교대하여 그대로 상대방과의 사이에서 소송을 계속하는 것을 訴訟引受(소송인수)라고 한다. 예컨대 소송의 목적이 되어 있는 債務(채무)를 承繼(승계)한 경우, 상대방의 신청에 따라 그 債務承繼者(채무승계자)를 소송의 당사자로 끌어들여 이 자가 소송을 계속하도록 하는 것을 들 수 있다. 이른바 소송을 인수시켜 계속하는 것이므로 「引受承繼(인수승계)」(民訴§82)라고 불린다. 채무승계의 경우뿐만 아니라 권리승계의 경우에도 承繼人(승계인)은 스스로 그 소송에 참가할 수 있으므로 채무승계의 경우와 마찬가지로 상대방의 인수신청은 가능한 것으로 되어 있다.

공동소송참가(共同訴訟參加)

소송의 목적이 한쪽당사자와 제3자에 대하여 合一的(합일적)으로만 확정될 때, 즉 판결의 旣判力(기판력)이 당사자뿐만 아니라 제3자에 대하여 미치는 경우, 그 제3자가 그러한 한쪽당사자의 共同訴訟人(공동소송인)으로서 그 소송에 참가하는 형태를 共同訴訟參加(공동소송참가)라고 한다(民訴§83). 타인간에 소송이 승계하고 있고, 혹 그 소송에서 판결이 내려지면 그 효력이 제3자에게까지 미치는 경우에는, 그 자신이 별도로 같은 소를 제기하여 재판을 행하려고 하여도 먼저 타인간의 소송이 종료하면 시간에 맞지 않으므로 별도로 동일한 소를 제기하는 대신 현재 係屬中(계속중)인 소송을 이용하여 공동소송인이 되어 소송을 진행하는 길이 열려 있는 것이며, 이는 訴訟經濟(소송경제)에도 일치하고 參加人(참가인)을 보호함에도 유용한 제도로 되어 있다. 이 참가가 인정되는 것은 타인간의 소송이 아직 계속중이고 소송의 목적이 당사자간 및 상대방간에 일률적으로 확정되는 것인 경우이어야 한다.

공동소송인 독립의 원칙 (共同訴訟人 獨立의 原則)

일반적 共同訴訟(공동소송)에서는 공동소송인중 1인의 訴訟行爲(소송행위) 또는 이에 대한 상대방의 소송행위 및 1인에 관해 발행한 사항(예컨대 訴訟中斷<소송중단>의 事由<사유>)은 다른 공동소송인에게는 영향을 주지 않는다(民訴§66). 따라서 소송의 진행·판결이 각각일 수 있다. 이것을 共同訴訟人 獨立의 原則(공동소송인 독립의 원칙)이라 한다. 必要的 共同訴訟(필요적 공동소송)에서는 合一的 確定(합일적 확정)의 필요성으로 인하여 이 원칙을 인정하지 않고 있다(§67참조).

소송고지(訴訟告知)

영 ; notice of action
독 ; Streitverkündigung

訴訟告知(소송고지)란 訴訟係屬中(소송계속중) 當事者(당사자)가 소송에 참가할 이해관계 있는 제3자에 대하여 일정한 방식(民訴§85)에 따라 소송계속의 사실을 통지하는 것이다(§84). 이 通知制度(통지제도)의 목적은 소송에 참가할 수 있는 자에게 그 소송의 판결에 있어 참가적 효력을 미치게 하는 데 있는데 따라서 소송고지를 한 당사자는 패소하더라도 그 책임을 고지 받은 제3자에게 분담시킴으로써 장차 일어날 수 있는 분쟁을 일괄 해결할 수 있는 이점이 있다. 告知(고지)의 여부는 원칙적으로 당사자의 자유이며, 소송고지를 받은 제3자는 보조참가의 이익이 있는 자에 한정될 것이다.

소송대리(訴訟代理)

소송을 대리할 권한에 따라 당사자에 대신하여 소송행위를 수행하는 것을 訴訟代理(소송대리)라 한다. 즉 소송대리를 하기 위해서는 代理權(대리권)을 갖고 있어야 하는데, 이 권한은 법령상 소송대리인이 갖는 법정의 권한으로 인정되는 것과 訴訟委任(소송위임)에 의해 인정되는 것이 있는 바, 訴訟法(소송법)은 주로 소송위임에 의해 인정되는 경우를 정하고 있다(民訴§92).

이 위임에 따라 소송대리권을 받은 자를 보통 訴訟代理人(소송대리인)이라 부르는데 대리인이 되는 자는 원칙적으로 辯護士(변호사)가 아니면 안된다(§87本文). 즉 당사자 자신은 어느 법원에서나 스스로 소송을 행할 수 있으나, 타인에게 소송을 진행하도록 하는 경우에는 그 소송대리인은 변호사에 한정된다. 일단 소송대리인을 선정한 후에는 대리인이 대리권의 범위 내에서 행한 소송행위는 본인이 행한 것과 동일한 효력을 발생한다.

다만 소송대리인에게 소송을 위임했다고 하여 본인이 소송을 진행할 수 없는 것은 아니고, 본인은 언제라도 스스로 소송을 진행해 나갈 수 있다.

소송의 승계(訴訟의 承繼)

독 ; Sukzession od. Rechtsnachfolge in den Prozess

訴訟係屬中 訴訟物(소송계속중 소송물)로 주장된 권리 · 의무가 제3자에게 이전되었을 경우 그 지위를 승계받은 제3자를 소송에 가입시켜 以前(이전)의 절차를 속행하는 것을 말한다. 종전 당사자의 소송절차를 그대로 승계함으로써 訴訟經濟(소송경제)를 도모하고 절차 중에 발생한 당사자간의 이익들을 그대로 보호할 목적으로 소송경제를 위한 참가제도를 법률에 규정하고 있다(民訴§81). 소송의 승계의 방식을 獨立當事者參加(독립당사자참가)에 따른다.

당연승계(當然承繼)

소송계속 중 당사자의 지위가 제3자에게 포괄적으로 승계되는 것으로서 그 원인으로서는 (1)당사자의 사망·소멸(민소법 211조 1항 후단, 212조 1항 후단), (2)수탁자의 임무 종료(민소법 214조 후단), (3)당사자의 자격상실(민소법 215조 1항 후단), (4)선정당사자의 선정(민소법 49조), (5)파산(민소법 217조)·파산절차 해지(민소법 218조) 등이 있다. 포괄승계의 원인이 발생하면 소송절차가 중단되고, 승계하여야 할 자가 신청을 하거나 상대방으로부터 신청이 있으면, 법원은 그 적격을 조사하여 적격이 인정될 때에는 승계인에 의한 소송의 승계를 허용하거나 승계하지 않는 경우에는 직권으로 그 속행을 명할 수 있고(민소법 222조), 승계이유가 없을 때에는 신청기각의 결정을 한다(민소법 219조, 221조). 포괄승계의 원인이 발생하였더라도 소송대리인이 있는 경우에는 소송절차가 중단되지 않는다(민소법 216조, 단 파산·파산절차해지시에서는 예외).

직권진행주의(職權進行主義)

독 : Amtsbetrieb, Offizialmaxime

당사자진행주의에 상대되는 개념으로 소송절차의 진행에 있어서 법원측에 주도권을 인정하는 주의를 말한다. 형사소송에 있어서는 전면적으로 이 주의가 취하여지고 있으나, 민사소송에서는 원칙적으로 당사자진행주의가 취하여지고 예외적으로 기일의 지정(민소법 165조), 직권송달(민소법 174조), 중단중인 소송의 속행(민소법 244조) 등 소송의 지연을 피하기 위하여서만 인정되고 있다.

직권조사사항(職權調査事項)

법원이 직권으로 조사하여 적당한 조치를 취하여야 하는 사항을 말한다. 일반적 소송요건의 존부(다만 항변사항은 제외), 소변경이나 반소요건의 존부, 강행규정의 준수의 유무, 사건에 적용되어야 할 실체법규의 탐색, 제척원인의 유무(민소법 41조), 변론공개의 유무 등이 이에 속한다. 직권조사사항에 관하여 법원은 당사자가 제출한 자료에 의하여 조사함으로써 족하므로 직권탐지주의만큼 넓은 의무를 지지 않는다. 직권조사사항에 관한 당사자의 신청이나 주장은 다른 공격방어방법과는 달리 제출시기에 제한을 받지 않는다(민소법 149, 285조 1항단서, 434조).

소송에 관한 합의(訴訟에 관한 合意)

현재 계속 중이거나 장래 계속될 특정의 민사소송 또는 강제집행에 대해 직접·간접으로 영향을 미칠 법률효과의 발생을 목적으로 하는 사인간의 합의를 말한다. 관할의 합의(민소법 29조), 담보제공방법에 관한 합의(민소법 126조 단서), 변론 및 준비절차의 최초기일의 변경합의(민소법 165조 2항), 불항소의 합의, 준비절차에 있어서의 당사자간의 협의(민사소송규칙 55조 2항) 등 법률상 명문규정이 있는 경우에는 그것이 소송법상 효력을 발생함은 의문의 여지가 없으나, 법률상 명문규정이 없는 경우에도 소송상합의를 일반적으로 허용할 것인가가 임의소송금지의 원칙과 관련하여 문제된다. 그러나 오늘날 처분권주의와 변론주의가 적용되는 범위 내에서는 당사자는 어떤 행위를 하느냐 여부에 관한 자유를 가지고 있으므로 이러한 범위 내에서의 당사자간의 합의도 허용된다고 함이 일반적이다.

소송계약(訴訟契約)
독 : Prozessvertrg

소송상의 효과가 발생을 주된 목적으로 하는 당사자간의 합의를 말한다. 소송계약은 민사소송법상 명문 규정이 있는 경우(예 : 관할의 합의(민소법 26조), 불항소의 합의(민소법 390조)) 뿐만 아니라, 명문규정이 없더라도 당사자의 처분권주의·변론주의 범위 내에서와, 당사자의 의사결정의 자유를 부당하게 제한하지 않는 범위 내에서는 허용된다(예 : 소취하의 계약, 증거법상의 계약 등)고 보는 것이 통설이다. 그러나 변론의 비공개에 대해서나 법원의 자유심증주의를 제한하는 내용의 계약은 무효이다. 소송계약의 성질에 대해서는 직접적으로 사법상의 효과만을 인정하려는 사법행위설과, 소송법상의 효력이 직접 발생한다는 소송행위설이 대립하고 있는데, 판례와 다수설은 사법행위설 중에서도 계약당사자간의 일정한 소송행위에 대한 사법상의 작위·부작위의무가 발생하고, 당사자의 일방이 이 의무를 이행하지 않으면 상대방에게 항변권이 발생한다는 견해를 취하고 있다. 소송계약의 요건에 대해서도 사법행위설을 따르면 민법의 규정이 적용되며, 소송법설에 따르면 소송법의 규정이 적용되나, 의사표시의 하자에 대해서는 민법의 규정이 적용된다고 한다.

소의 제기

소의 제기(訴의 提起)
독 : Klageerhebung

소의 제기는 원칙적으로 원고가 소장을 관할법원에 제출함으로써 행하여진다(민소법 248·249조). 소장에는 소송주체(당사자 법정대리인), 청구의 취지 및 원인이 표시되어야 하며(소장의 필요적 기재사항), 소송물가액에 따른 법정의 인지를 첩용해야 한다. 피고에게 송달하기 위하여 피고인수의 부본을 첨부하고, 송달의 비용을 예납하여야 한다(민소법 116조). 소의 변경(민소법 262조 1항), 중간확인의 소(민소법 264조 1항), 반소(민소법 269·270조), 독립당사자참가(민소법 79·72조), 공동소송적 당사자참가(민소법 83·72조) 등에는 소장에 준하는 서면을 제출함으로써 소가 제기된 것이 되고, 소액사건에 관한 소는 구술제소 또는 임의출석에 의한 제소를 할 수 있다(소액사건심판법 4·5조). 소제기에 의하여 소송법상 소송계속의 효과가 발생하고 실체법상으로는 민법 기타 실체법상의 효과가 발생한다. (1)재판상의 청구는 시효의 중단이 되고(민법 168조), (2)어음법상의 상환청구권의 소멸시효의 기산점(어음법 70조 3항)이고, (3)패소한 선의점유자를 악의로 의제하는 기준시(민법 197조 2항)며, (4)소의 제기로 제척기간 준수의 효과(상법 184조 1항, 236조 2항, 376조 1항, 민법 204조 3항, 205조 1·2항, 206조 2항) 생기고, (5)이혼소송의 제기는 간통고소의 요건이 된다(형소법 229조 1항).

소제기의 의제(訴提起의 擬制)

소의 제기가 있을 것으로 간주되는 것을 말한다. 즉 소의 제기는 소장이라는 서면을 법원에 제출하여 하는 것이 원칙이지만(민소법 248조), 소장을 제출하지 아니하여도 소가 제기된 것으로 보는 경우가 두 가지 있다. 하나는 독촉절차에 의한 지급명령에 대하여 채무자가 이의한 경우로서, 이 경우에는 독촉절차가 판결절차로 이행되며, 지급명령을 신청한 때에 소를 제기한 것으로 본다. 다른 하나는 제소전 화해가 불성립이 된 후 당사자가 제소신청을 한 경우로서, 이 경우에도 제소전 화해절차는 판결절차로서 이행되며, 제소전 화해를 신청한 때에 소가 제기된 것으로 본다(민소법 388조).

소장(訴狀)
독 : Klageschrift

원고가 소를 제기할 때 第1審法院(제1심법원)에 제출하는 서면을 말한다. 民事訴訟(민사소송)의 제기는 소장을 법원에 제출함으로써 한다(民訴§248). 소장에는 반드시 當事者(당사자), 法定代理人(법정대리인), 請求(청구)의 취지 및 원인을 기재하여야 한다(§249①).

소송계속(訴訟係屬)

특정한 청구에 대하여 법원에 판결절차가 현실적으로 존재하는 상태, 다시 말하면 법원이 판결하는데 필요한 행위를 할 수 있는 상태를 말한다.

(1) 소송계속은 판결절차(협의의 소송절차)에 의하여 처리되는 상태를 말하기 때문에, 판결절차가 아닌 강제집행절차, 가압류·가처분절차·증거보전절차, 중재절차에 걸려 있을 때에는 소송계속이라 할 수 없다.

(2) 판결절차가 현존하면 소송계속은 있다고 할 것이며, 그 소가 소송요건을 갖추고 있지 못하더라도 상관없다. 다만 피고나 그 대리인에게 소장의 부본이 송달된 것으로 족하다.

(3) 소송계속은 특정한 소송상의 청구(소송물)에 대하여 성립하는 것이므로 청구의 당부를 판단하는데 전제가 되는 공격방어방법을 이루는 주장이나 항변으로 주장한 권리관계에 대하여서는 소송계속이 발생하지 않는다.

소권(訴權)
독 ; Klagrecht　　　불 ; action

법원에 소를 제기하여 심판을 청구할 수 있는 당사자의 권능을 訴權(소권)이라 한다. 즉 民事紛爭(민사분쟁)의 경우 누구나 그 해결을 위하여 소를 提起(제기)할 權能(권능)을 갖는데 이 권능을 訴權(소권)이라 부른다. 법원에 소를 제기할 수 있는 것도, 법원이 피고를 소환하고 심리를 진행하여 판결을 내리는 것도 모두 이 소권에서 출발하고 있다. 예전에 소권은 私權(사권)의 일부라고 생각되었다(私法的 訴權論<사법적 소권론>). 사권을 갖고 있는 자, 예컨대, 金錢債權(금전채권)을 갖는 자는 채무자에 대하여 금전의 지급을 청구할 수 있고, 채무자가 응하지 않으면 법원에 제소할 수도 있다. 소는 사권을 행사하는 하나의 방법임에 틀림없다. 그러나 권리나 의무가 존재하지 않음을 확인하기 위한 消極的 確認訴訟(소극적 확인소송)이 인정되는 현행법상에서 사법적 소권론으로써는 소극적 확인소송을 충분히 설명할 수 없다. 사법적 소권론에 대하여 국가에 재판을 요구하는 공권으로서의 소권을 인정하는 것이 公法的 訴權論(공법적 소권론)이다. 공법적 소권론은 다시 승소·패소에 관계없이 재판을 받기만 하면 된다고 하는 抽象的 訴權論(추상적 소권론)과 구체적으로 승소를 전제로 재판을 요구하는 具體的 訴權論(구체적 소권론; 勝訴判決請求權論<승소판결청구권론>)으로 나뉜다. 그러나 소송의 결과(소송의 승패)는 판결이 내려진 후에야 비로소 알 수 있는 것이므로, 소권은 소송의 승패를 묻지 않고 소의 내용에 관한 법원의 판결을 요구하는 公權(공권)이라고 해석하는 것이 적당하다.

소송요건(訴訟要件)

독 ; Prozessvoraussetzung

원고의 소의 내용에 관하여 법원이 판결(本案判決<본안판결>)하기 위한 요건을 訴訟要件(소송요건) 또는 本案判決要件(본안판결요건)이라 한다. 소송요건에 속하는 주된 사항으로는 (1) 법원에 관하여는 법원이 管轄權(관할권)을 가질 것, (2) 當事者(당사자)에 관하여는 당사자가 現存(현존)하고 當事者能力(당사자능력) 및 當事者 適格(당사자 적격)을 가질 것, (3) 원고가 소의 내용에 관하여 판결을 받을 법률상의 이익 내지 필요(權利保護<권리보호>의 利益<이익>)가 있을 것 등이다. 소송요건이 결여된 소는 본안판결을 받을 수 없고 소의 却下決定(각하결정)을 받게 된다.

권리보호의 이익 (權利保護의 利益)

독 ; Rechtsschutzinteresse

원고가 청구에 관하여 판결을 구하는 데 필요한 법률상의 이익을 權利保護(권리보호)의 利益(이익)이라고 한다. 예를 들면, 갑이 을에게 100만원을 반환하지 않으므로 을이 법원에 소를 제기하여 판결을 받고 그 판결이 확정된 경우에는 을은 갑에 대하여 동일한 이유로 다시 소를 제기할 필요가 없을 것이다. 즉 100만원의 청구에 대하여는 법원의 確定判決(확정판결)에 따라 갑과 을의 분쟁이 해결되었기 때문이다. 이처럼 권리보호의 이익이 없는 경우에는 법원 또한 그 내용에 관해 심리·재판할 이유가 없으므로 소를 却下(각하)하게 된다. 이와 같이 법원에 제소하여 本案判決(본안판결)을 받기 위해서는 소송의 목적인 권리에 대하여 권리보호의 이익 또는 필요가 있어야 한다.

권리보호의 자격 (權利保護의 資格)

독 ; Rechtsschutzfäahigkeit

원고의 청구가 確定判決(확정판결)의 요건상 적합한 유형에 해당하는 내용인지의 여부를 權利保護(권리보호)의 資格(자격)이라 한다. 법원은 법률상의 爭訟(쟁송)을 재판하므로 자연적 현상의 변화 등에 관하여 다투거나 신앙적 사상에 관하여 다투는 것 등은 소송에 적합하지 않다. 법률상의 다툼이라 해도 抽象的(추상적)인 법령의 효력이나 解釋意見(해석의견) 등은 소송에 적합하지 않다. 결국 원고의 청구는 재판상으로 주장하기에 적합한 特定權利關係(특정권리관계)의 주장이어야 한다. 따라서 법원에 제소하여 本案判決(본안판결)을 받기 위해서는 다툼이 있는 권리가 판결을 받기에 적합한 權利保護(권리보호)의 資格(자격)을 가진 것이어야 한다. 소에 의한 권리보호의 자격이 없는 경우, 법원은 원고의 소를 却下(각하)함으로써 권리에 관한 판단은 없다.

이행의 소(履行의 訴)

독 ;Leistungsklage, od. Verurteilungskl-age.

원고로부터 피고에 대하여 「…할 것(이행)을 요구한다」는 내용의 소이다(民訴§251). 예를 들면 「피고는 원고에 대하여 金 10만원을 지급하라」(金錢支給請求<금전지급청구>),「피고는 원고에 대하여 ○○동 ○○

번지 가옥을 引渡(인도)하라」(家屋引渡請求<가옥인도청구>),「피고는 원고에 대하여 木造家屋(목조가옥) 1棟(1동)을 건축하여 줄 것」(住宅建築都給契約履行請求<주택건축도급계약이행청구>),「피고는 원고의 茶房營業(다방영업)을 방해하지 말 것」(不作爲請求<부작위청구>) 등과 같이 특정한 구체적 내용의 이행을 청구하는 것이 이행의 소이다. 원고의 履行請求(이행청구)를 법원이 인정한 경우, 법원은 「피고는 원고에 대하여 金 50만원을 支給(지급)하라」와 같이 원고에 대한 피고의 이행을 명령하는 형태의 판결을 내리는 경우가 통례이며, 이것을 履行判決(이행판결)이라 부른다.

확인의 소(確認의 訴)

독 ; Feststellungsklage

당사자간 법률적 불안정을 방지하기 위해서 實體法上(실체법상)의 權利(권리) 또는 法律關係(법률관계)의 存否(존부)를 확인할 목적으로 하는 소송을 말한다(民訴§250). 예를 들면「○○번지 소재의 토지 100평은 원고의 소유라는 사실의 확인을 구한다」와 같은 소이다. 이 예에서 만일 피고가 원고의 토지에 불법 침입하여 건물을 건축하고 있으면「피고는 원고에 대하여 ××건물을 수거하여 ××를 引渡(인도)하라」와 같이 이행의 소를 제기하여야 효과적이다. 그러나 그와 같은 침해행위가 아직 발생하지 않은 경우에는 확인의 소로써 족하다. 다만, 아직 침해는 없으나 이제 곧 침해할 우려가 있는 경우에는 상대방의 不作爲(부작위)를 청구하는 내용의 履行(이행)의 소를 제기할 필요가 있다.

형성의 소(形成의 訴)

독 ; Gestaltunsklage, Rechtsänderung-sklage

법률관계의 변동을 목적으로 하는 소송으로서, 形成判決(형성판결)에 따라서 形成要件(형성요건)의 存在(존재)를 확정함과 동시에 새로운 법률관계를 발생케 하거나 기존 법률관계를 변경시키거나 소멸시키는 創設的 效果(창설적 효과)가 있는 소송을 말한다. 원고인 갑이 피고인 을과 이혼하고 싶으나 을이 이혼에 동의하지 않는 경우, 갑측에 이혼할 정당한 원인이 있으면(民§840) 「갑은 을을 상대로 하여 원고와 피고는 이혼한다」는 내용의 판결을 구할 목적으로 소를 제기하는데, 이러한 소를 形成(형성)의 소라고 한다.

청구의 취지(請求의 趣旨)

영 ; purport of the claim

訴狀(소장)에는 청구의 취지와 청구의 원인을 반드시 기재하여야 하는바(民訴§249①), 소장 가운데에 「…判決(판결)을 구한다」라고 기재되는 부분이 청구의 취지에 해당한다. 소장중의 청구의 취지를 통해 심판의 대상이 무엇인지를 판명할 수 있고, 법원의 판결은 이 청구를 인정한다거나 또는 인정하지 않는다는 형태로써 내려진다.

청구의 원인(請求의 原因)

영 ; cause of the claim

원고가 청구의 특정을 목적으로 訴狀(소장)에 열거한 사실관계를 請求의 原因(청구의 원인)이라 한다. 소장에는 청구의 취지와 청구의 원인을 기재하여야 한다(民訴§249①). 청구의 취지는 원고가 어떠한 내용의 판결을 구하고 있는가, 어떠한 권리·의무관계에 관하여 심판을 구하고 있는가를 명시한 것이다. 이에 대하여 청구의 원인은 이러이러한 原因事實(원인사실)이 있으므로 청구의 취지에 기재한 판결을 구한다는 것처럼 청구의 원인이 되는 事實關係(사실관계)를 기재한 것으로서, 소의 原因(원인)이라고도 부른다.

청구의 기초(請求의 基礎)

소로써 주장하는 이익(請求<청구>의 利益<이익>)에 공통하는 기초를 말한다. 예를 들어, 갑은 을이 운전하는 자동차에 치어 다리를 다쳐 불구자가 되었다. 이에 갑은 을을 상대로 하여 치료비 150만원을 지급하라는 소를 제기하고, 소송 중에 다시 위자료 300만원을 추가하여 청구하였다. 이때 치료비와 위자료는 모두 동일사고로 인한 것이고, 그 기초가 공통되므로 소송의 係屬中(계속중) 이러한 변경을 인정하여 동일한 訴訟節次(소송절차)에서 심리·재판 할 수 있다는 규정을 두고 있다(民訴§262).

예비적 청구(豫備的 請求)

주된 주장에 관한 판결의 청구가 그 목적을 달성할 수 없는 때를 위해, 이와 병행하지 않는 주장에 관하여 제2차적으로 행하는 판결의 청구를 豫備的 請求(예비적 청구)라 한다. 갑으로부터 을에 대하여 賣買代金(매매대금)의 支給(지급)을 구하면서, 만약에 매매가 무효라는 이유로 매매대금의 지급청구가 인정되지 않을 때에 대비하기 위한 물품의 반환청구는 예비적 청구이다. 법원은 제1의 매매대금 청구를 인용할 때에는 예비적 청구에 대하여 심판할 필요가 없지만, 제1의 청구를 棄却(기각)할 때에는 예비적 청구에 대하여 심판하지 않으면 안 된다. 소를 제기할 때에 예비적 청구가 있으면 소의 豫備的 倂合(예비적 병합)이 되고, 소송의 중간에 예비적 청구가 있으면 소의 變更(변경)이 된다.

예비적 병합(豫備的 倂合)

독 ; eventuelle Klagenhäufung

논리적으로 서로 저촉되지 않는 2개의 청구 가운데 하나가 이유있다는 것을 解除要件(해제요건)으로 하여 다른 청구의 심판을 구하는 경우를 의미하여, 請求(청구)의 倂合(병합)의 한 유형이다.

경합적 병합(競合的 倂合)

일개의 訴訟節次(소송절차)에 競合(경합)하는 수개의 권리를 병합하여 주장하는 民事訴訟上(민사소송상)의 개념을 의미한다. 경합의 일종이나 여기에서의 권리의 경합은 수개의 청구권 또는 給付目的物(급부목적물)이 동일하든가 또는 경제상의 목적이 동일할 때(예컨대 대여금과 그것을 담보하는 어음), 또는 수개의 形成權(형성권)의 效力(효력)이 동일할 경우(예컨대 계약에 있어서 수개의 取消原因<취소원인>이 있는 경우)에 발생한다.

소송구조(訴訟救助)

경제적 약자에게「재판을 받을 권리」의 실질적 보장을 위하여 민사소송법이 마련한 비용을 안들이고 소송을 할 수 있는 제도이다(§128~133).

(1) 요건 : 소송구조를 받으려면「소송비용을 지출할 자력이 부족한 자가 패소할 것이 명백한 경우가 아닐 때」라야 한다(§128).
(2) 소송구조의 객관적 범위 : 소송과 강제집행에 대한 소송구조의 범위는 다음과 같다. 다만 법원은 상당한 이유가 있는 때에는 그 일부에 대한 소송구조를 할 수 있다. ㉮ 재판비용의 납입유예, ㉯ 변호사 및 집행관의 보수와 체당금의 지급유예, ㉰ 소송비용의 담보면제, ㉱ 대법원규칙이 정하는 그 밖의 비용의 유예나 면제
(3) 구조의 절차 : 소송구조는 구조받고자 하는 자의 신청에 따라 또는 직권으로 할 수 있으며, 신청인은 구조의 사유를 소명하여야 한다(§128 ①②).
(4) 구조효력의 주관적 범위 : 소송구조는

이를 받은 사람에게만 효력이 미친다. 법원은 소송승계인에게 미루어 둔 비용의 납입을 명할 수 있다(§130).

변론의 제한(辯論의 制限)

영 ; limitation of oral proceedings

審理(심리)의 편의상 법원에 의해 변론이 제한되는 경우이다. 원고 갑과 피고 을이 口頭辯論(구두변론)에서 수개의 주장을 하고 있는 경우, 법원으로서는 그것을 방치하여 두면 심리가 방만하게 되고 정리 불가능하게 될 염려도 있다. 예를 들면 갑은 을의 음주운전으로 차에 치어 부상당하여 100만원의 손해를 입었다고 주장하고, 을은 자신은 취하지 않았었고 갑의 신호 무시로 인해 사고가 일어났다고 하고 또 갑의 손해는 10만원 정도라고 주장한다고 하면, 법원으로서는 사고의 원인이 갑에 있는지 을에 있는지, 갑의 부주의인지 을의 부주의인지, 갑의 부상정도는 어느 정도인지 등을 확인해야 하고, 따라서 갑·을에게 손해액의 변론은 뒤로 미루게 하고 사고의 원인에 관해서만 변론을 시키는 조치를 취한다. 이처럼 심리의 편의에서 변론을 제한하는 것을 辯論의 制限(변론의 제한)이라 한다(民訴§141).

변론의 분리(辯論의 分離)

영 ; separation of oral proceedings
독 ; Prozesstrennung

하나의 절차로 병합된 수개의 청구를 별개의 절차에서 심리할 목적으로 分離(분리)하는 것을 말한다. 예를 들어, 원고 갑은 피고 을에 대해 100만원의 대금청구와 200만원의 賣買代金請求(매매대금청구)를 병합하여 소를 제기하였다. 법원이 이 소송을 심리하는 경우 대금청구의 건은 간단하지만 賣買代金請求(매매대금청구)의 건은 상품의 瑕疵(하자) 문제가 얽혀 있어서 매우 복잡하고 審理(심리)에 상당한 시일이 소요된다. 이 경우 법원은 두 개의 변론을 별개로 분리해서 심리하여 대금청구에 관하여는 일찍 판결을 내릴 수 있다. 이처럼 한개의 소송에 병합된 수개의 청구를 별개의 절차에서 심리할 목적으로 분리하는 것을 辯論(변론)의 分離(분리)라고 한다(民訴§141).

변론의 병합(辯論의 併合)

영 ; combination of oral proceedings
독 ; Prozessverbindung

동일한 법원에 係屬中(계속중)인 수개의 소를 一個(일개)의 節次(절차)에서 審理(심리)할 목적으로 결합하는 것이다. 예컨대 갑은 을을 상대로 하여 2월 1일에 대금 100만원의 지급을 구하는 소를 제기하였다. 이보다 앞서 갑은 을에게 200만원의 상품을 팔고 그 대금의 지급기일이 3월 1일로 되어 있었는데 3월 1일이 지나도 을은 매매대금을 지급하지 않으므로 3월 10일 갑은 재차 을에 대하여 매매대금 200만원의 지급을 구하는 소를 제기하였다. 이와 같이 합계 두 개의 소가 제기되어 있으나 별개로 심리하기보다 함께 심리하는 것이 적합하다고 생각되는 경우, 법원은 변론의 併合(병합)을 명하고 2개의 청구를 1개의 절차에서 심리할 수 있다(民訴§141).

중복제소의 금지 (重複提訴의 禁止)

訴訟係屬(소송계속) 중의 同一事件(동일사건)에 관하여 중복하여 소를 제기하는 것을 금지하는 원칙으로서 二重提訴(이중제소)의 금지라고도 한다. 한 개의 사건에 관하여 이중 삼중으로 법원을 번거롭게 하는 것은 한 사람이 법원을 독점하는 것과 같은 것이므로 다른 사람들의 사건 심리가 그만큼 지연되게 된다. 법원은 공공기관이므로 私人(사인)의 裁判制度 利用(재판제도 이용)에는 한도가 있다. 현재 법원에서 심리를 받는 것은 권리보호의 이익이 없기 때문에, 民事訴訟法(민사소송법) 제259조는 重複提訴(중복제소)를 금지하고 있다.

소의 변경(訴의 變更)

독 ; Klageänderung

소송 도중에 원고가 청구의 기초에 변경이 없는 범위 내에서 請求趣旨(청구취지)나 原因(원인)을 변경하는 것. 예를 들면 갑이 을에게 가옥건축을 의뢰하고 都給報酬(도급보수)로 500만원을 지급하였다. 그러나 을이 건축에 착수하지 않으므로 갑이 을을 상대로 하여 「계약대로 가옥을 건축하라」는 판결을 구하여 소를 제기하였다. 그 소송진행중 도급계약으로 정한 건축완성기한에 이르러서 을이 계약을 도저히 이행할 수 없다는 것을 알게 되어 갑은 을과의 계약을 해제하고 을의 債務不履行(채무불이행)을 이유로 600만원의 損害賠償請求(손해배상청구)를 하려 한다. 이 경우 도급계약이행의 청구와 손해배상의 청구와는 서로 관련이 있으므로 損害賠償請求訴訟(손해배상청구소송)을 따로 제기하는 것보다 도급계약의 履行行請求節次(이행청구절차)를 손해배상의 請求節次(청구절차)로 변경하여 종전의 절차를 유지하는 것이 편리할 것이다. 民事訴訟法(민사소송법) 제262조는 위의 예에서 갑이 도급계약의 履行請求訴訟(이행청구소송)을 하고 있는 도중에 종래의 청구를 변경하여 손해배상청구로 바꾸는 것을 인정하는 바 이것이 소의 변경이다. 그러나 소의 변경은 그 절차를 현저하게 지연시키지 않는 경우에만 허용된다(民訴§262①但).

교환적 소의 변경

(交換的 訴의 變更)

소의 변경의 한 유형으로 舊請求(구청구)와 교환하여 新請求(신청구)의 審理(심리)를 청구하는 경우를 뜻한다. 구청구의 소멸을 초래하는 점에서 소의 취하와 같으므로 피고가 本案(본안)에 관하여 변론을 행하였거나 準備節次(준비절차)를 이미 제출한 뒤에는 피고의 동의를 필요로 한다(民訴§266①).

> 소의 교환적 변경은 신청구의 추가적 병합과 구청구의 취하의 결합형태로 볼 것이므로 본안에 대한 종국판결이 있은 후 구청구를 신청구로 교환적 변경을 한 다음 다시 본래의 구청구로 교환적 변경을 한 경우에는 종국판결이 있은 후 소를 취하하였다가 동일한 소를 다시 제기한 경우에 해당하여 부적법하다(대법원 1987. 11. 10. 선고 87다카1405).

중간확인의 소(中間確認의 訴)

독 ; Zwischenfeststellung-sklage, Inzidentfeststellungs-klage

소송의 係屬中(계속중)에 본래 청구의 전제가 되는 權利關係(권리관계)에 관하여 당사자가 제기하는 確認(확인)의 訴를 말한다. 예컨대 갑이 소유하는 라디오를 을이 고장내어 갑이 을을 상대로 30만원의 損害賠償請求訴訟(손해배상청구소송)을 제기하였다. 그런데 이 소송에서 을은 라디오가 갑의 소유임을 부인하고 라디오는 을의 소유물이라고 주장하였다. 이 경우 갑은 본래 소의 목적인 손해배상청구권의 존재를 판결 받기 위해 우선 라디오가 갑의 소유인 점을 확실히 해야 한다. 따라서 라디오가 갑의 소유라는 것을 밝히는 일이 선결문제이다. 民事訴訟法(민사소송법) 제264조는 소송의 係屬中(계속중) 이러한 先決問題(선결문제)에 관하여 분쟁이 발행한 경우 위 예에서 갑은 손해배상의 청구를 확장하여 라디오의 소유권에 관한 확인의 소를 제기하고 양자를 함께 審理(심리)·裁判(재판)받는 것을 인정하고 있다. 소송의 계속중 제기되는 확인의 소이므로 中間確認(중간확인)의 소라 한다.

소송상의 구조(訴訟上의 救助)

독 : Armenrecht

자기의 정당한 권리를 주장하기 위해 소를 제기하거나, 상대방으로부터 부당하게 제기된 소송을 방어하기 위하여 필요한 소송비용으로 감당해 나갈 자력이 없는 자를 구제하기 위한 제도를 말한다. 소송상의 구조의 요건으로서는 소송비용을 지출할 자력이 부족하고 패소할 것이 명백하지 않아야 한다. 소송상의 구조는 각 심급마다 신청에 의하여 구조사유의 소명을 거쳐 결정으로 부여하고, 각심급에서 부여한 구조의 효력은 당해 심급에 한하여 효력이 있다(민소법 128조). 소송상의 구조신청은 소송계속 중에서 그 법원에, 소송계속 전에는 신청인이 장래에 제기할 본안소송의 관할법원에 제기하여야 한다. 소송상의 구조신청을 각하한 결정에 대하여 신청인은 즉시항고할 수 있다(민소법 133조). 소송상의 구조부여결정이 있었다 하더라도 피구조자가 처음부터 자력이 부족한 자가 아니었다는 것이 판명되거나, 구조부여결정 후 피구조자가 자력을 가지게 되었을 경우에는 법원(소송기록이 있는 법원)은 언제든지 구조결정을 취소하고 유예한 소송비용의 지급을 명할 수 있다(민소법 131조). 소송구조는 (1)당사자가 소송을 수행함에 있어서 법원에 납입하여야 할 비용(예 : 인지대금), (2)당사자가 법원에 예납하여야 할 송달·공고의 비용, 증인 · 감정인 · 통역인 등에 지급해야 할 여비 · 일당 · 숙박료 및 법관 · 법원사무관 등 법원직원의 현장검증을 위한 출장에 소요되는 경비, (3)대법원규칙이 정한 범위 내에서의 변호사의 보수 및 집행관의 보수와 증인 기타의 조사에 소요된 국가의 체당금의 지급유예, (4)소송비용의 담보의 면제에 그 효력이 미친다.

소송상의 담보(訴訟上의 擔保)

독 : Sicherheitsleistung
불, caution judiciaire

민사소송이나 강제집행에 관해 당사자의 일방이 임시로 자기에게 유리한 소송행위를 하는 것이 허용되는 때에 그에 의해 장래 상대방에 대하여 부담할 일이 있을 비용의 상환의무나 손해배상의무에 대해 미리 제공하는 물적·인적담보를 말한다. 한편 법원은 당사자 또는 법정대리인으로 하여금 보증금을 공탁하게 하거나 그 주장이 진실함을 선서하게 하여 소명에 갈음할 수 있는 바(민소법 299조2항), 이 같은 소명대용의 보증금은 당사자의 진술의 진실성을 확보하는 수단에 불과하며, 상대방을 위해 제공하는 소송상의 담보와 구별된다. 소송상의 담보의 대표적인 종류로 소송비용의 담보가 있다. 즉 원고가 대한민국에 주소·사무소와 영업소를 두지 아니한 때 또는 소장·준비서면, 그 밖의 소송기록에 의하여 청구가 이유 없음이 명백한 때 등 소송비용에 대한 담보제공이 필요하다고 판단되는 경우에 피고의 신청이 있으면 법원은 원고에게 소송비용에 대한 담보를 제공하도록 명하여야 한다. 담보가 부족한 경우에도 또한 같다(민소법 117조 1항). 법원은 직권으로 원고에게 소송비용에 대한 담보를 제공하도록 명할 수 있다(동조 2항). 이것은 패소하여 소송비용을 부담하게 되는 경우에 그 소송비용상환의무의 이행을 확보하기 위한 것이다. 이 때에 피고는 원고가 담보를 제공할 때까지 응소를 거부할 수 있으며(민소법 119조), 기간 내에 지공하지 않을 때에는 소를 각하할 수 있다(민소법 124조). 담보제공의 방법으로서 특약이 있을 때에는 그에 의하고 특약이 없을 때에는 그전 또는 법원이 인정하는 유가증권을 공탁하거나 대법원규칙이 정하는 바에 따라 지급보증위탁계약을 체결한 문서를 제출하는 방법에 의한다. 또한 담보의 취소(민소법 125조), 변경(민소법 126조)도 인정된다.

변 론

변론주의(辯論主義)

독 ; Verhandlungsmaxime

本案判決(본안판결)을 목적으로 하는 訴訟資料(소송자료)(事實<사실>과 證據<증거>)의 제출은 당사자에게 일임하여 법원이 관여하지 않는다는 원칙을 뜻하는 개념으로 職權主義(직권주의)에 대응하는 개념이다. 民事訴訟(민사소송)은 원래 당사자의 사익에 관한 紛爭解決(분쟁해결)이 목적이므로 소송자료의 제출을 당사자에게 맡기는 것이 보다 공평하고 능률적인 절차진행을 기대할 수 있을 것이다. 뿐만 아니라 법원이 이에 관하여 앞장서서 조사한다는 것은 당사자의 訴訟遂行(소송수행)에 대한 관심을 감소시키고 만일 진실을 발견하지 못하면 오히려 불공평한 결과를 일으키게 되므로 辯論主義(변론주의)를 채택한 것이다. 그러므로 당사자는 스스로 자료를 제출하여 사실을 증명하지 않으면 불이익을 받게 되며, 다른 한편 법원은 당사자의 변론에 나타난 사실만을 가지고 재판의 기초로 하여야 하므로, 당사자의 自白(자백)과 상반되는 事實(사실)을 인정할 수 없는 拘束(구속)을 받게 된다. 이는 明文(명문)의 有無(유무)를 막론하고 民事訴訟制度下(민사소송제도하)에서 당연히 인정되는 원칙이다. 예를 들면, 貸金返還請求訴訟(대금반환청구소송)에서 원고가 消費貸借契約(소비대차계약)을 체결한 사실을 주장하여도, 그것을 증명할 수 없는 한 법원이 채택해서는 안되며, 반대로 피고가 실제로 변제했더라도 변제사실을 主張(주장)·立證(입증)하지 않으면 법원은 當該辨濟(당해변제)가 없는 것으로 판단하여야 한다.

속심주의(續審主義)

항소법원이 제1심의 심리를 기초로 하여 새로운 자료를 추가시켜 사건에 관하여 판단함으로써 원심판결의 당부를 심리하는 주의를 말한다. 이에 따르면 당사자는 항소심에서 새로운 공격방어방법의 제출이 가능하게 되는데, 이러한 신자료의 추가를 변론의 갱신권이라고 한다. 이 경우 항소심변론은 제1심 변론의 속행심리가 되고, 항소심을 경유한 경우의 기판력의 표준시는 항소심의 변론종결시가 된다. 독일·일본과 우리 민사소송법(민소법 407조 2항)은 이 주의를 취하고 있다. 속심제는 청구를 새로이 계속심리한다는 점에서 진실에 보다 가까워질 수 있는 장점은 있으나, 심리를 새로이 계속함으로써 소송의 지연을 가져오고, 항소가 소송지연의 수단으로 악용될 우려가 있으며, 항소법원은 보통 당사자의 주거와 지리적으로 원거리에 있기 때문에 당사자와 변호사간에 연락을 취하기가 어렵고, 사실 및 증거조사에 1심보다 심리가 원활히 진행되지 아니한다. 그리고 소송비용이 많이 들며, 항소심에 있어서의 증인은 1심을 체험하였으므로 사건의 핵심이 어디에 있는가를 알고 있기 때문에, 자기와 이해관계를 공통으로 하고 있는 자에게 유리하도록 증언하거나 1심에서 불명료하였던 것을 명백히 말하는 것과 같은 작위가 개입될 위험성이 있다. 뿐만 아니라 심리의 중점이 2심으로 옮아가 1심에서 신중한 심리를 할 의미가 없어진다는 단점이 있다.

구두주의(口頭主義)
독 : Mündlichkeitsprinzip
불 : principe de l'oralit

서면주의에 상대되는 개념으로서 구술에 의하여 제공된 소송자료에 기하여 재판을 행하는 주의를 말한다. 구두주의는 법관에게 신선한 인상을 주고 법관이 진술태도를 통하여 진술의 진의를 파악할 수 있으므로 법관이 정확한 심증형성을 할 수 있다는 장점이 있다. 그뿐 아니라, 공개주의나 직접주의 등의 다른 요청에 구두주의는 쉽게 기여할 수 있다. 그러나 구두주의를 취한다고 해서 서면의 중요성이 부정되는 것은 아니다. 우리 민소법에서는 그 결함을 보충하기 위하여 서면주의를 가미한다.

변론(辯論)
독 ; Verhandlung

정하여진 기일에 당사자 쌍방이 口述(구술)을 통하여 陳述(진술), 攻擊防禦方法(공격방어방법)의 제출을 하는 것을 뜻하며, 口頭辯論(구두변론)이라고도 한다. 당사자 쌍방이 구술에 따른 진술을 통하여 직접 법원에 訴訟資料(소송자료;事實<사실>과 證據<증거>)를 제출하는 것이 심리의 방식으로서 합리적일 뿐만 아니라, 民事訴訟(민사소송)의 근본원리인 公開主義(공개주의), 對審主義(대심주의), 口頭主義(구두주의), 直接主義(직접주의)와 쉽게 결합하기 때문이다. 따라서 판결을 함에는 특별한 규정이 있는 경우(民訴§124, §219, §413, §429, §430) 외에는 반드시 당사자의 변론에 의하지 않으면 안되고 (民訴§134①), (이것을 必要的 辯論(필요적 변론)이라 한다), 구두로 변론한 사항만 판결의 기초가 되며, 또 그 전부(準備節次<준비절차>의 결과의 진술<§287②>, 종전 또는 제1심 변론의 결과의 진술<§204②, §407②>도 포함한다)가 기초로 되어야 한다. 이에 대하여 決定(결정)·命令(명령)에 따라 재판하기 위해서는 (§28, §62⑤, §82②등) 변론을 해야 하는지, 어떤지를 법원 또는 법관의 재량에 의해 정할 수 있으나(§134①但, 이를 任意的 辯論<임의적 변론>이라 한다), 변론을 열지 않은 때는 서면과 당사자의 심문(§134②)에 의해 심리할 수 있고 변론을 연 이상은 必要的 辯論(필요적 변론)의 규정에 따라 행한다. 攻擊防禦方法(공격방어방법)은 辯論終結時(변론종결시)까지 언제라고 제출할 수 있으므로 辯論期日(변론기일)이 몇 회에 걸쳐도 또 어느 단계에서 제출하여도 변론은 동일한 효과를 갖는다(이를 辯論<변론>의 一體性<일체성>이라 한다). 더구나 당사자 일방이 辯論期日(변론기일)에 결석하거나, 출석했지만 본안변론을 하지 아니한 경우도 당사자가 제출한 訴狀(소장), 準備書面(준비서면) 등에 기재한 사항은 진술한 것으로 간주하여 변론으로 擬制(의제)하고 있다(§148①)

변론의 일체성(辯論의 一體性)
독 : Einheit der mündlichen Verhandlung

소송은 포괄적으로 준비된 1회의 변론기일에서 완결되는 것이 바람직하므로, 현실적으로 변론이 수회에 걸쳐 행해졌다 하더라도 이들이 일체를 이루어 후의 기일에는 전회까지의 변론을 속행하면 되고, 또 어느 기일에 변론이 행해지더라도 동일한 효과를 가진다고 하는 것을 말한다. 이에 따라 각 기일에 있어서 종전의 변론을 경신하거나, 그 결과를 진술할 필요가 없게 되며, 변론에 제출된 소송자료는 어느 기일에 제출되었더라도 변론종결시에 동시에 제출된 것으로 간주된다. 변론의 일체성은 항소심까지 포함한다.

변론의 지휘(辯論의 指揮)

소송절차에 있어서 변론의 개시를 명하고, 변론 도중에는 변론을 질서 있고 신속원할하게 행할 수 있도록 정리하며, 소송이 재판을 하기에 성숙하면 종결하는 등 변론에 관한 전과정을 주재하는 것을 말한다. 이는 소송절차를 신속원활히 진행시키고 심리를 완전하게 하여 분쟁을 신속원활히 진행시키고 심리를 완전하게 하여 분쟁을 신속적정하게 해결하기 위해 법원에 인정된 소송지휘권의 일부이다. 민사소송법 제135조에 의하면, 변론은 재판장이 지휘하고 재판장은 발언을 허가하거나 그 명에 응하지 않는 자에 대해 발언을 금지할 수 있다. 변론의 지휘는 합의부 법원에서는 재판장이 행하고 단독법원에서는 단독판사가 행한다.

변론조서(辯論調書)

영 ; protocol for hearing

辯論進行過程(변론진행과정)을 公證(공증)할 목적으로 法院事務官(법원사무관) 등이 기일마다 작성하는 서류를 辯論調書(변론조서)라고 한다(民訴§152). 조서에는 변론의 형식에 관하여 제153조 각호에 규정된 形式的 記載事項(형식적 기재사항)을 구비하지 않으면 안 된다. 實質的 記載事項(실질적 기재사항)(§154)은 변론의 내용에 관한 사항으로 그 내용 전부를 기재할 필요는 없고 변론의 진행, 경과, 요지를 기재하면 충분하다. 변론의 방식에 관한 사항, 예를 들면 期日(기일)의 開始(개시), 변론의 공개비공개, 증인의 선서와 진술, 재판의 선고 등은 조서가 멸실되지 않은 한 조서의 기재를 통해서만 증명할 수 있을 뿐이며, 다른 증거로 증명하는 것은 허용되지 않는다(§158). 그러나 변론의 내용이나 증거조서의 내용에 관하여는 조서만이 증거가 되는 것이 아니며 다른 증거로써 증명할 수 있으며, 訴訟當事者(소송당사자)는 그 記載內容(기재내용)에 관하여 다툴 수 있다. 한편 법관도 조서에 기재되지 않은 다른 증거를 판결의 기초로 이용할 수 있다.

선결문제(先決問題)

독 ; Vorfage, Präjudizialfage
불 ; question pŕejudlcielle

판결을 하기 위한 전제로서 우선 결정을 요하는 문제를 뜻한다. 특히 行政裁判(행정재판)과 司法裁判(사법재판)을 분리하는 제도하에서 사법법원이 民事(민사) 또는 刑事(형사)의 裁判(재판)을 하는 경우 그 본래의 해결을 위한 전제로서 우선 결정해야 할 行政法規(행정법규)의 適用(적용)에 관한 문제를 의미하였다. 이러한 의미에서 先決問題(선결문제)의 취급방법이라 함은 일시 본안의 심리를 중단하고 선결문제에 관하여 권한 있는 行政廳(행정청) 또는 行政法院(행정법원)의 판단을 기다리는 주의 [프랑스] 와 원칙적으로 本案法院(본안법원)이 이를 심리·결정하는 주의 [독일] 로 나눌 수 있다. 우리 나라 헌법은 行政裁判(행정재판)·司法裁判(사법재판)의 분리를 인정하지 않으므로 이 같은 의미에서의 특수한 선결문제의 개념은 존재하지 않는다고 보아야 한다. 그러나 본안 판결의 전제로서 行政行爲(행정행위)의 適法性(적법성)이 문제가 되는 경우는 행정행위가 일단 유효하게 행하여지고 있으면 그 적법성의 심사는 當該行爲(당해행위)의 取消(취소)·變更(변경)을 청구하는 소의 절차를 따라야만 한다.

석명권(釋明權)

독 ; Fragerecht, Aufklärungsrecht

訴訟關係(소송관계)를 명료하게 하기 위한 조치로서 재판장이 당사자에게 事實上(사실상)·法律上(법률상) 사항에 관하여 질문하고 입증을 촉구할 수 있는 後見的 權能(후견적 권능)을 의미한다(民訴§136). 判決(판결)은 당사자가 제출한 사실과 증거를 기초로 하여 행해지는 것이므로 實體的 眞實發見(실체적 진실발견)과 판결의 適正(적정)은 당사자 쌍방이 공정하고 대등한 힘을 가지고 있고 또한 충분한 소송자료를 정확히 제출하는 것을 전제로 하여 비로소 기대할 수 있는 것인데, 실제로 소송에서는 반드시 그렇게 되지는 않을 것이므로 당사자의 청구나 공격·방어방법의 모두에 관하여 不明確(불명확)이나 모순이 있는 경우에 이를 명확히 하기 위하여 법원이 당사자에게 변명시키고 또는 소송절차에 관하여 무지나 오해로 인한 必要證據(필요증거)의 不提出(불제출) 등에 대해 당사자에게 주의를 시킬 권한을 갖는다. 특히 本人訴訟(본인소송)과 같은 경우에는 이 釋明權(석명권)의 기능은 民事訴訟(민사소송)의 大憲章(대헌장)이라고 부를 만큼 법원의 중요한 권한이자, 의무가 된다. 그 결과 법원이 석명의 의무를 완수하지 않은 경우에는 審理不充分(심리불충분)으로 上告(상고)의 이유가 된다.

법원이 석명을 태만히 하거나 그릇 행사한 경우 상고이유가 되는지 여부

적극설	석명권의 범위와 석명의무의 범위가 일치하는 것을 전제로 석명권불행사가 판결결과에 영향을 미칠 수 있는 한 모두 심리미진이고 상고이유가 된다는 견해.
소극설	석명권은 법원의 권능이고 그 행사 여부는 법원의 자유재량에 속하므로 석명권의 불행사는 상소의 대상이 되지 않는다는 견해.
절충설 (다수설)	석명권의 중대한 해태로 심리가 현저히 조잡하게 되었다고 인정되는 경우에는 상고이유가 된다고 보는 견해.

수명법관(受命法官)

영 ; commissioned judge
독 ; beauftrager Richter
불 ; juge-commissaire

法源合議部(법원합의부)를 구성하는 인원으로서 법정된 일정사항에 관해 처리를 위임받은 法官(법관)을 말한다. 예컨대 受訴法院(수소법원) 외에서 證據調査(증거조사)를 할 경우(民訴§297①)라든가 당사자에게 재판상의 화해를 시키려고 시도하는 경우(§145)에 그 合議制法院(합의제법원)의 구성원인 법관을 재판장이 지정하여(§139) 직무를 행하게 한다. 그 受命法官(수명법관)은 위임된 사항을 처리하기 위해서는 법원이나 재판장과 같은 권한이 부여된다(§332). 그러나 수명법관이 訊問(신문)할 때에 취한 조치에 대한 이의에 관하여는 合議部(합의부)가 재판한다. 또한 수명법관이 행한 재판에 대한 不服申請(불복신청)은 직접 上級審(상급심)으로의 抗告(항고)는 인정되지 않으며, 합의부에 대한 이의의 신청이 선행되어야만 한다(§441).

수탁판사(受託判事)

독 ; ersuchter Richter
불 ; juge requis, juge enquêteur

소송의 係屬中(계속중)에 있는 법원의 촉탁을 받아서 일정한 사항을 처리하는 판사를 뜻한다. 예를 들면, 訴訟係屬(소송계속) 중인 법원보다도 먼 곳에 위치하는 장소에서 證據調査(증거조사)를 하는 경우(民訴§297①) 및 당사자에게 재판상의 화해를 권고하는 경우(§145)에 다른 地方法院判事(지방법원판사)에게 증거조사를 의뢰할 수 있는데, 이 때 그 의뢰의 처리를 담당하는 판사를 말하는 것이다. 依賴(의뢰)는 소송계속 중 법원의 재판장이하며(§139②), 그 위촉을 받은 수탁판사는 狀況判斷(상황판단) 후 재차 他地方法院判事(타지방법원판사)에게 촉탁할 수 있다(§297②). 수탁판사는 受訴法院(수소법원)을 구성하는 자는 아니지만 촉탁에 따라 일정사항을 처리하는 것은 수명법관원의 경우와 같으므로 그 취급 또한 受命法官(수명법관)과 일치한다.

공격방어방법(攻擊防禦方法)

독 ; Augriffs und Verteidigungsmittel

民事訴訟(민사소송)의 경우에 당사자가 그 본안의 청구를 지지하고 이유가 있음을 주장하는 法律上(법률상)·事實上(사실상)의 모든 진술과 증거의 신청을 의미한다(民訴§76, §99, §100, §149, §201). 攻擊方法(공격방법)과 防禦方法(방어방법)의 구별은 제출자의 입장에 따라 구별된 것으로 내용상 분류는 존재하지 않는다. 소의 변경, 반소, 중간확인의 소 및 상소 등은 그 자체가 본래의 신청이므로, 신청의 기초를 성립시키는 공격방법에는 해당하지 않는다. 현행법은 공격방어방법의 제출시기에 관하여 隨時提出主義(수시제출주의)를 택하고 있으며 약간의 제한을 두고 있다(§149, §258). 한편 방어방법은 단순한 부인이 아니라 訴訟相對方(소송상대방)의 주장을 배척할 목적으로 별개의 사실을 주장하는 것인바, 이를 특히 抗辯(항변)이라 한다.

진술(陳述)

영 ; tetimony
독 ; Behauptung

당사자가 자신의 청구를 이유 있게 할 목적으로 또는 상대방의 신청을 배척할 목적으로 사실상 또는 법률상의 사실의 存否(존부)에 관한 인식을 법원에 보고하는 訴訟行爲(소송행위)를 陳述(진술)이라 한다. 이를 主張(주장)이라고도 하며, 이에는 法律上(법률상)의 진술과 事實上(사실상)의 진술이 있다. 법률상의 진술은 두 가지로 나뉘는 바, 법규의 존부 또는 그 해석과 적용에 관한 意見陳述(의견진술)을 포함하는 광의의 법률상 진술과 구체적인 권리의 발생·변경·소멸에 관한 自己判斷(자기판단)을 법원에 보고하는 주장으로서 權利主張(권리주장)이라고도 하는 협의의 법률상 진술이 있다. 한편 구체적인 사실의 존부에 관한 인식을 법원에 보고하는 진술을 사실상 진술이라고 한다.

적시제출주의(適時提出主義)

적시제출주의란 당사자가 공격방어방법을 소송의 정도에 따라 적절한 시기에 제출해야 하는 입장을 말한다. 민사소송법 제146조에서는 '공격 또는 방어의 방법은 소송의 정도에 따라 적절한 시기에 제출하여야 한다.'고 하여 적시제출주의를 채택하고 있다(民訴§146). 과거 민사소송법에서는 '공격 또는 방어의 방법은 특별한 규정이 없으면 변론의 종결까지 제출할 수 있다.'고 하여 수시제출주의를 채택하고 있었으나(구법 民訴§136), 2002년 민사소송법 전부개정시 적시제출주의를 채택하였다. 수시제출주의는 시기의 제약을 받지 않고 가치 있는 소송자료와 증거자료를 선택하여 충분히 제출할 수 있으므로 적정한 재판을 기할 수 있다는 장점이 있지만, 악의의 당사자에 의하여 소송지연의 도구로 남용되는 폐해도 적지 않았다. 이에 최근의 입법추세에 맞추어 적시제출주의를 채택한 것이다.

이의(異議)

법원 또는 상대방이 訴訟節次(소송절차)의 규정을 위반한 소송행위에 관하여 그 不當(부당) 또는 違法(위법)을 주장하는 것을 말하며, 이 이의를 제기할 당사자의 권리를 責問權(책문권)이라 한다. 당사자의 違法訴訟行爲(위법소송행위) 대부분은 법관이 알 것이며, 알지 못하면 당사자가 이를 지적하여 법원은 그것을 배척할 뿐이다(특히 규정에 의해 異議權<이의권>을 인정하고 있는 경우에도 이의를 제기하지 않은 때는 이의권을 잃는다(民訴§73, §74, §266②). 그러나 裁判機關(재판기관)의 행위에 대한 이의의 신청은 중요한 경우에는 법원이 재판한다. 예를 들면 재판장의 辯論指揮(변론지휘)(§135), 釋明權(석명권)·求問權(구문권)의 행사(§136), 釋明準備命令(석명준비명령)(§137) 등의 변론의 진행에 대한 이의에 관하여는 법원이 결정으로 재판한다(§138). 또 受命法官(수명법관)·受託判事(수탁판사)의 재판에 대한 이의는 항고가 허용되는 재판에 한하여 소송이 계속하고 있는 법원에 異議申請(이의신청)을 하고 이에 대해서는 결정으로 재판한다(§441). 그밖에 訴訟關係人(소송관계인)은 조서의 기재에 대하여 이의를 제기할 수 있는데(§157②), 그 사유를 조서에 기재하고 이의가 정당한 경우에는 조서상의 기재를 정정하면 충분하고, 이의에 관한 별개의 재판은 필요 없다.

책문권(責問權)

독 ; Rügerecht

당사자가 법원 또는 상대방의 소송행위가 訴訟節次(소송절차)에 관한 效力規定(효력규정)에 위배되었다는 異議(이의)를 하여 그 무효를 주장하는 訴訟法上(소송법상)의 권리를 責問權(책문권)이라 한다. 소송절차의 진행은 법원이 지휘·감독하는 것이므로 절차규정에 위배하는 소송행위는 당연히 배척되겠지만 법원도 그 위배를 간과하는 경우도 있을 것이므로 그것을 알게 된 당사자가 그 사실을 법원에 지적함으로써 그 소송행위를 배척하거나 고칠 것을 주장할 수 있다고 하는 것이 책문권인 것이다. 그러나 책문권의 행사가 있으면 언제라도 그 하자 혹은 소송행위가 무효로 되고, 그것을 기초로 하여 진행된 절차를 무효로 한다고 하면 소송절차를 불안정하게 하고 또 訴訟經濟(소송경제)에도 반한다. 그래서 訴訟節次規定(소송절차규정)에 위배되는 소송행위라도 그것이 당사자의 이익보호를 목적으로 하는 利益規定(이익규정)에 위배되면 그에 따라 不利益(불이익)을 당하는 당사자가 이에 이의를 주장하지 않는 때는 무효로 할 필요가 없을 것이다. 그러므로 私益規定(사익규정)의 위반에 관한 한, 책문권을 포기할 수 있게 되고, 또 당사자가 그 위배를 알면서 혹은 당연히 알 수 있었는데 지체 없이 이의를 주장하지 않는 때는 책문권을 상실하는 것으로 한다(民訴§151). 따라서 책문권의 抛棄(포기)·喪失(상실)에 의해 그 위배에 근거한 瑕疵(하자)는 치유되는 것이 된다. 이에 반하여 법원의 구성, 법관의 除斥(제척), 反訴(반소)나 共同訴訟(공동소송) 등의 요건, 上訴(상소)의 요건, 변론의 공개, 訴訟要件(소송요건) 등의 節次規定(절차규정)은 公益强行規定(공익강행규정)이어서 법원이 직권에 의해 그 준수를 확보해야 할 경우이므로 책문권의 포기 · 상실에 의해 그 절차규정의 위배는 치유되지 않는다. 사익규정의 주된 예는 소의 提起方式(제기방식), 召喚(소환), 送達(송달), 參加申請(참가신청)의 방식에 관한 규정, 證據調査(증거조사)의 방식에 관한 규정 및 訴訟節次(소송절차)의 중단 또는 중지 중의 행위에 관한 규정 등이다.

기일(期日)

영 ; date　　　　독 ; Termin

期日(기일)이란 법원, 당사자, 기타의 訴訟關係人(소송관계인)이 모여서 訴訟行爲(소송행위)를 진행하는 시간을 의미한다. 기일은 미리 법원에서 연월일과 개시시간을 표시하여 지정되는데, 그 일시의 도래에 따라 당연히 개시되는 것은 아니고, 사건과 당사자의 호명으로 開始(개시)되며(民訴§169), 기일의 종료선언에 따라 종료하는 것이고 그 동안의 시간이 기일이다. 기일은 신청 또는 직권에 따라 지정되는데(§165①) 그 경우 당사자 기타 소송관계인을 소환해야 한다. 기일은 법원의 재량에 의해 결정으로 개시 전에 지정을 취소하고, 新期日(신기일)을 정할 수 있다(기일의 변경). 그리고 辯論(변론)의 최초기일이나 準備節次(준비절차)의 최초기일의 경우 상당한 사유가 없어도 당사자의 합의로써 기일의 변경은 가능하다(§165②).

기일의 지정(期日의 指定)

민사소송법상 기일은 재판상이 정하며, 수명법관이나 수탁판사의 신문 또는 심문기일은 그 법관이나 판사가 정하는데, 기일의 지정은 직권 또는 당사자의 신청에 의하여야 한다(민사소송법 165조). 또 경매기일과 경락기일(민사집행법 104조) 그리고 경락대금 지급기일(민사집행법 142조)은 법원이 정한다. 당사자의 기일지정신청을 각하하는 때에는 결정에 의하여야 한다. 기일은 필요한 경우에 한하여 일요일 기타 일반의 휴일이라도 정할 수 있다(민사소송법 165조). 기일의 통지는 소환장의 송달에 의하여야 하나, 당해 사건으로 출석한 자에 대해서는 기일을 고지하면 된다(민사소송법 166조). 그런데 소송관계인이 기일에 출석할 것을 기재한 서면을 제출한 때에는 소환장의 송달과 동일한 효력이 있다(민사소송법 168조).

기일의 변경(期日의 變更)

독 : Verlegung eines Termins

기일 개시 전에 그 지정을 취소하고 새 기일을 지정하는 것을 말한다. 민사소송법상 재판장 · 수명법관 또는 수탁판사는 기일을 변경할 수 있다. 변론의 최초기일이나 준비절차의 최초기일의 변경은 현저한 사유가 없는 때에도 당사자의 합의가 있으면 이를 허가한다. 그러나 소송촉진을 위하여 준비절차를 거친 변론기일은 부득이한 사유가 없는 한, 그리고 위의 것 이외의 기일은 현저한 사유(즉 그 기일에 출석이 불가능하거나 변론이나 증거제출 준비의 여유가 없는 경우)가 없는 한 당사자의 합의가 없어도 변경이 허용되지 않는다. 종전의 「소송촉진등에관한특례법」상 기일연장 제한규정(구동법 4조)은 1990. 1. 13 법률 제3361호 개정법으로 폐지되었다.

법정기간(法的期間)

독 : gesetzliche frist

소송법상 기간에는 법정기간과 재정기간이 있는데, 법정기간은 기간의 길이가 법률에 의해 정해져 있는 것이고, 재정기간은 재판에 의해 정해지는 것이다. 법정기간은 또 불변기간과 통상기간으로 분류된다. 통상기간이 법원의 재량으로 기간을 신장·단축될 수 있는데 비해, 불변기간은 법원이 임의로 신축할 수 없다. 단 불변기간에 대해 법원은 주소 또는 거소가 원격지에 있는 자를 위해 부가기간을 정할 수 있고(민소법 175조 2항), 당사자가 그 책임을 질 수 없는 사유로 인해 불변기간을 준수할 수 없었던 경우에는, 그 사유가 없어진 후 2주일 내에 해태된 소송행위를 추완할 수 있다. 다만 그 사유가 없어질 당시 외국에 있는 당사자에 대해서는 이 기간을 30일로 한다(민소법 173조). 불변기간의 예로는 상소기간·재심기간·행정소송 등에 있어서 제소기간·중재판정취소의 소의 출소기간 등이 있다.

부가기간(附加期間)

독 : Zusatzfrist

민사소송법상 불변기간에 관하여 공평의 요청상 법원이 주소 또는 거소가 원격지에 있는 자를 위하여 특히 부가하는 기간(민소법 172조 2항)을 말한다. 부가기간은 법원의 직권에 의한 결정으로 정한다. 그러나 당사자에게는 신청권이 없으므로 불복신청은 인정되지 않는다.

소환장(召喚狀)

영 ; a writ of summons

법원이 기일을 지정한 경우, 당사자 기타 關係人(관계인)에게 그 기일에 출석하도록 요구하기 위해 법원사무관등이 期日(기일)이 열리는 日時(일시), 場所(장소) 등을 기재하여 작성·송달하는 서류를 말한다. 기일을 지정하여도 그것은 법원 기타 소송관계인이 모이는 일시를 지정할 뿐 출석요구를 포함하고 있지 않으므로 소환장을 송달하여 소환하는 것이다. 그 목적은 기일에 관하여 알려주는 데 있는 것이므로 그 사건에 대해 출석한 자(<기일>에 출석한 경우는 물론 그 <사건>의 記錄閱覽<기록열람>), 書類提出<서류제출>, <비용>의 豫納<예납>을 위하여 출석한 경우도 포함된다)에 대하여는 기일의 告知(고지)를 하는 것만으로 충분하다(民訴§167但). 그러므로 기일의 끝에 다음 기일을 지정하여 고지하는 것만으로도 족하다. 즉 이와 같은 경우에도 소환장의 작성·송달은 필요 없는 것이다. 또 소송관계인이 기일에 출석할 것을 기재한 서면을 제출한 때에는 召喚狀(소환장)의 送達(송달)과 동일한 효력이 있다(§168).

송달(送達)

영 ; service
독 ; zustellung
불 ; signification

送達(송달)은 法定形式(법정형식)에 따라 송달받을 자에게 訴訟上(소송상)의 서류를 교부하거나 그 내용을 알 수 있는 기회를 주기 위해 시행하는 司法機關(사법기관)의 命令的·公證的 行爲(명령적·공증적 행위)이다. 송달은 그 자체가 獨立的 意義(독립적 의의)를 갖는 訴訟行爲(소송행위)는 아니고, 訴訟關係人(소송관계인)에 대하여 소송상의 서류를 교부하거나 교부받을 수 있는 기회를 주어 그 서류에 기재된 소송행위를 완성하거나 이미 완성된 소송행위를 전달하는 仲介的(중개적) · 手段的(수단적)인 訴訟行爲(소송행위)이다. 송달은 명령적·공증적 행위인 만큼 確實性(확실성) 및 安定性(안정성)이 요구되므로 법은 송달을 필요로 하는 경우를 개별적으로 규정하여(民訴§72②, §266⑤, §273① 등) 단순한 通知(통지)(§144③, §242, 민사집행법§11조 등)와 분류하고 있으며, 특정인에 대해서 행하여지는 명령적 기능을 가지므로 不特定多數(불특정다수)를 대상으로 하는 公告(공고)(민사집행법§106조)와는 구분된다.

교부송달(交付送達)

송달의 보통방식으로 송달 영수인에게 송달서류를 교부함으로써 행하는 송달을 말한다. 즉 송달은 특별한 규정(예를 들어 출회송달·보충송달·유치송달)이 없으면 송달을 받을 자에게 서류의 등본을 교부하여야 하며, 송달할 서류의 제출에 갈음하여 조서를 작성한 때에는 그 조서의 등본이나 초본을 교부하여야 한다(민소법 178조). 또 형소법상 서류의 송달에 관하여 법률에 관한 다른 규정이 없는 경우에는 민소법을 준용한다(형소법 65조).

송달관(送達官)

독 : Zustellungsbeamte

송달의 집행기관을 말한다. 원칙적으로 집행관 및 우편집배원(민소법 176조)이며, 예외로 법원사무관(민소법 177조) 등이 있다. 송달을 실시한 기관은 송달보고서를 작성하여 법원에 제출하여야 한다(민소법 193조). 송달보고서는 단순히 송달이 있었음을 증명하는 서류이므로, 그 작성을 게을리 하여도 송달의 효력에는 영향이 없다(반대견해가 있다). 또 송달보고서는 송달이 적법하게 행하여졌는가에 관한 유일한 증거방법은 아니므로, 다른 자료에 의하여도 이를 증명할 수 있다.

재정기간(裁定期間)

독 : richterliche Frist

민사소송법상의 기간 가운데에서 법률에 의하여 정하여진 법정기간에 상대되는 개념으로, 그 기간을 재판기간이 각 경우에 상응하여 구체적 사정에 따라 재판으로 정한 기간을 말한다. 소송능력 따위의 보정기간(민소법 59조), 담보제공기간(민소법 120조), 권리행사최고기간(민소법 125조3항), 준비서면제출기간(민소법 273조2항) 등이 이에 속한다. 법원은 이를 신장하거나 또는 단축할 수 있는 것이 원칙이다(민소법 172조1·3항). 기간의 획일성을 지양하고 법원의 재량에 의해 적당한 기간으로 조절하기 위한 것이다. 기간의 신축에 대한 조치는 법원의 직권사항이기 때문에 당사자의 합의에 구속되지 아니하며, 당사자는 그 조처에 불복신청을 할 수 있다.

직권송달주의(職權送達主義)

당사자송달주의에 상대되는 개념으로, 직권으로 송달을 행하는 입법주의를 말한다. 따라서 송달에 있어서 당사자의 신청을 필요로 하지 않으며 또 그 실시를 당사자에게 맡기지 않는다. 현행 민사소송법은 원칙적으로 이 주의를 채택하고 있으며(민소법 189조), 송달실시기관은 원칙적으로 우편집배원과 집행관이다(민소법 176조).

공시송달(公示送達)

독 ; öffentliche Zustellung

公示送達(공시송달)은 송달을 받을 자의 주소 또는 거소를 알 수 없기 때문에 通常的 方法(통상적 방법)으로는 송달을 할 수 없는 경우에 절차의 계속과 당사자의 權利保護(권리보호)를 위하여 법원사무관등이 送達書類(송달서류)를 보관하고 그 사유를 法院揭示場(법원게시장)에 게시함으로써(民訴§195①) 송달에 갈음하여 補充的(보충적)·最後的(최후적) 방법이다.

당사자의 住所(주소), 居所(거소), 기타 送達場所(송달장소)를 알 수 없는 경우와 외국에서 송달을 해야 할 경우에 촉탁에 의한 송달이 불가능하거나 촉탁에 의해도 그 목적을 이루기 어렵다고 예상되는 경우에 재판장은 직권 또는 당사자의 事由疎明(사유소명)(§194②)에 따른 신청에 의하여 공시송달을 명할 수 있다(§194①). 공시송달은 법원사무관등이 送達機關(송달기관)으로서 송달한 서류를 보관하고 동시에 그 사유를 법원게시장에 게시하여 受送達者(수송달자)가 출석하면 언제라도 그 서류를 교부받을 수 있도록 해야 한다. 공시송달의 效力發生時期(효력발생시기)는 최초로 실시한 공시송달의 경우에는 그 사유를 게시한 날로부터 2주간을 경과하면 효력이 생기고 동일당사자에 대한 그 이후의 송달은 게시한 다음날 그 효력이 생긴다(§196①). 국외거주자에 대한 공시송달의 경우에는 그 효력발생을 위한 공시기간을 2월로 하고 있다(§196②). 이러한 기간은 단축할 수 없다(§196③).

유치송달(遺置送達)

독 : Zurücklassungszustellung, Zustellung durch Niederlegung

송달받을 자 또는 또는 송달을 받을 자를 교부할 장소에서 만나지 못한 경우에 그 사무원·고용인 또는 동거자 등을 만났으나, 그들이 정당한 사유없이 송달받기를 거부하는 경우에 송달할 장소에 서류를 두는 방법에 의한 송달(민소법 186조3항)을 말한다. 유치송달은 송달장소에서만 가능하다.

준비서면(準備書面)

독 ; vorbereitende Schriftsätze

당사자가 변론에서 진술하려고 하는 사항을 기재하여 법원에 제출하는 서면을 말한다. 그 가운데 피고나 被上訴人(피상소인)의 本案申請(본안신청)을 기재한 최초의 準備書面(준비서면)을 答辯書(답변서)라 한다(民訴§148,§428②, §430). 民事訴訟法(민사소송법§148) 제272조 내지 제274조는 준비서면의 제도를 규정하고 있으며, 당사자는 변론기일 전에 변론에서 진술하려는 것을 준비서면에 기재하여 법원에 제출하고, 법원은 1통을 보존하고 그 副本(부본)을 상대방에게 송달하는 것으로 하고 있다.

답변서(答辯書)

민사소송법상 피고 또는 피상소인이 원고 또는 상소인의 소장이나 상소장 또는 상고이유서에 대응하여 신청의 배척을 구하는 취지의 반대신청 또는 그 이유를 기재한 준비서면의 성격을 갖는 서면을 말한다. 답변서에 기재된 사실은 원칙적으로는 변론에서 진술하여야만 판결의 기초자료가 되는 것이지만 변론기일에 결석하면 답변서의 기재사실은 진술한 것으로 간주되며(민소법 148조), 또 상고심에서는 답변서에 기하여 변론 없이 상고심이 종국판결을 할 수 있다(민소법 430조). 답변서의 제출기간은 사실심에서는 법정되어 있지 않지만 재판장은 이를 정할 수 있다(민소 273조 2항). 그러나 상고심에서는 상고이유서의 송달을 받은 날로부터 10일 이내에 답변서를 제출할 수 있다(민소 428조 2항). 한편 답변서에는 인지를 첨용하여야 한다(민사소송등인지법 12조).

준비절차(準備節次)

독 ; vorbereitendes verfahren
불 ; procédure prepartoire

合議事件(합의사건)의 辯論準備(변론준비)를 위하여 合議部(합의부)의 일원인 受命法官(수명법관)의 주도하에 변론에서 진술할 당사자들의 신청, 攻擊防禦方法(공격방어방법), 證據申請(증거신청) 등을 미리 진술하게 하여 쟁점을 정리하고 변론의 집중을 꾀하려는 豫備節次(예비절차)를 말한다. 合議部事件(합의부사건)을 한정하여 적용이 있으며, 변론의 일부가 아니고 변론의 준비에 지나지 않으므로 公開主義(공개주의) 및 口述主義(구술주의)는 적용되지 않는다. 합의사건의 심리를 촉진하고 합의부의 시간·노력을 절감하여 訴訟資料(소송자료)를 수집·정리하기 위하여 마련된 제도이다.

재판상의 자백(裁判上의 自白)

독 ; gerichtliches Geständnis

소송의 변론 또는 受命法官(수명법관)이나 受託判事(수탁판사)의 訊問期日(신문기일)에 당사자의 일방이 자신에게 불리한 상대방의 주장사실을 진실이라고 진술하는 것을 뜻한다. 법원에서 당사자가 자백한 사실은, 그것이 법률요건을 구성하는 사실인 한, 여타의 증거에 따른 판단을 필요로 하지 않고 판결의 기초가 된다(民訴§288). 이러한 자백을 당사자가 취소할 수 있는가에 관하여는 자백한 당사자가 자기의 진술내용이 진실에 반하고 또한 착오에 의한 것임을 증명한 경우에는 취소할 수 있다(§288但).

의제자백(擬制自白)

독 ; fingiertes Geständnis

당사자가 변론이나 準備節次(준비절차)에서 자기에게 불리한 상대방의 주장사실을 분명히 다투지 않는 경우와 辯論期日(변론기일) 또는 準備節次期日(준비절차기일)에 출석하지 않음으로써 상대방이 주장하는 사실을 자백한 것으로 보게 되는 것을 의미한다(民訴§150①·③, §286). 상대방이 주장하는 사실에 관하여 다투면 상대방에게 사실을 증명할 필요가 생기며 그것을 인정하면 재판상의 자백이 된다. 그러나 단순히 모른다고 하는 것은 그 사실을 다툰 것으로 추정한다(§150②). 재판상의 자백과는 달리 특별한 경우 외에는(§138, §285) 事實審(사실심)의 辯論終結時(변론종결시)까지 다툴 수 있으며, 변론 또는 준비절차에 결석한 소송당사자가 公示節次(공시절차)를 통하여 소환을 받았을 경우에는 의제자백이 성립하지 않는다(§150③但).

현저한 사실(顯著한 事實)

訴訟上(소송상) 별개로 조사할 필요 없이 이미 법관이 명확히 알 수 있고 조금도 의심할 여지가 없을 정도로 인식하고 있는 사실을 뜻하며, 특히 증거에 의해 그 存否(존부)를 인정할 필요가 없는 사실을 의미한다(民訴§288). 그러나 단지 법관이 개인적으로 확신을 갖는다는 것만으로는 불충분하며 보다 엄밀하고 객관적일 것이 요청된다. 그 때문에 民事訴訟(민사소송)에서는 일반공지의 사실과 직무상 현저한 사실에 한정하여 明確性(명확성)을 이유로 하는 證據不要(증거불요)의 事實(사실)이 성립한다.

공지의 사실(公知의 事實)

獨 ; Allgemeinkundige, offenkundige od. notorisch Tatsachen

보통의 지식과 경험을 가진 不特定多數人(불특정다수인)이 그 存否(존부)의 명확성에 대해서 전혀 의심을 갖지 않을 정도로 알려져 있는 사실을 뜻한다. 재판관도 알고 있어야 하는 것은 당연하다. 그 인식의 시기·방법 등은 묻지 않으며 일반의 사회인으로서 알고 있으면 족하다. 自然現象(자연현상), 生理現像(생리현상), 政治社會的 事實(정치사회적 사실), 交通(교통) 및 經濟上事實(경제상 사실) 등은 公知(공지)의 사실로 보는 것이란 判例(판례)의 입장이다.

다툼없는 사실(다툼없는 事實)

변론 중에 당사자간의 분쟁이 없는 사실을 뜻한다. 당사자가 변론에서 상대방이 주장한 사실을 분명히 다투지 않고, 변론의 全趣旨(전취지)를 통해서도 다툰 것으로 인정되지 않는 경우 그 사실을 자백한 것으로 간주한다(民訴§150①). 이를 擬制自白(의제자백)이라 한다. 明示的(명시적)인 자백이 없어도 당사자의 거동과 그밖의 사항에 따라 어떤 사실에 관하여 당사자에게 다툼이 없는 것이 확실히 인정되는 경우에는 다툼이 없는 사실이라는 점에서 자백과 같은 것이 되므로 이것이 판결의 기초가 되는 것이다. 다투는지의 여부는 상대방이 주장할 때의 상태에서가 아니라 辯論終結時(변론종결시)의 상태에서 판단한다. 다만 변론의 全趣旨(전취지)에 의해 그 사실을 다투고 있다고 인정되는 경우에는 의제자백이 되지 않음은 물론이다. 더욱이 상대방의 주장사실에 관하여 단순히 모른다는 내용의 진술은 當該事實(당해사실)을 다투는 것으로 추정된다(§150②).

반증(反證)

反證(반증)이란 상대방의 입증사실을 부정할 목적으로 그 反對當事者(반대당사자)가 제출하는 일체의 證據(증거)를 의미하는 것이다. 本證(본증)이 목적을 달성하기 위해서는 要證事實(요증사실)에 관하여 법관에게 확신을 갖게 하지 않으면 안되는데, 反證(반증)은 반대의 사실에 관하여 법관에게 확신을 갖게 할 필요는 없고, 본증에 의한 법관의 심증형성을 방해 또는 동요시켜 그 사실에 관하여 眞僞不明(진위불명)의 상태로 이끌어 가는 정도에서 그 목적을 달성할 수 있다. 이로 인해 상대방의 본증에 의한 要證事實(요증사실)의 증명은 실패하고 立證責任(입증책임)의 원칙에 따라 그 상대방이 불리한 판단을 받는 결과가 되기 때문이다. 本證(본증) · 反證(반증)의 구별은 그 제출자의 立證責任 有無(입증책임 유무)에 따른 것이며, 원고·피고인 자격에 의하는 것은 아니다. 반증은 본증과 동시에 또는 본증의 절차 후에 행하여진다.

부인(否認)

영 ; denial

訴訟當事者(소송당사자)가 자신의 변론에서 상대방이 주장하는 사실에 대하여 그러한 사실은 없다고 답변하는 것을 의미한다. 이에는 상대방의 주장사실이 존재하지 않는다고 단순히 부인하는 것(單純否認<단순부인>)과 부인의 이유를 함께 진술하는 것(理由附否認<이유부부인>)이 있다. 辯論主義(변론주의)하에서는 당사자가 자백한 사실은 증거에 따라 판단할 것을 요하지 않으므로(民訴§288) 법원은 부인된 사실에 한하여 증거에 따라 인정하게 되며, 또한 모른다는 취지의 진술은 否認(부인)한 것으로 추정한다(§150②).

부지(不知)

영 ; ignorance

소송의 당사자가 상대방이 주장한 각각의 사실에 관해 그러한 사실이 있는지 여부를 모른다고 답변하는 것이다. 당사자가 상대방의 주장사실에 대해 답변으로써 다투지 않는 때는 그 主張事實(주장사실)의 진실여부를 조사함이 없이 판결의 기초로 되는 불이익을 받는다. 그런데 상대방이 주장하는 사실에 대하여 不知(부지)로써 답변하는 것은 허용되지 않는 것이 원칙이다. 즉, 부지의 진술은 당사자가 상대방의 주장사실을 다툴 의사인지 어떤지 不明(불명)하다고 보아야 하기 때문이다. 그러나 자기의 행위가 아닌 사실 및 자기가 경험한 것이 아닌 사실에 관하여 그 眞否(진부)의 답변을 요구하는 것은 당사자에게 가혹하므로 이 경우에는 부지의 진술이 허용된다. 법은 모른다고 답변한 사실은 이를 다툰 것으로 추정하고 있다(民訴§150②). 推定的 否認(추정적 부인)이라고도 하는바, 부인과 동일한 취급을 받는다.

가정항변(假定抗辯)

자기의 抗辯(항변)이 배척되는 경우를 예상하여 동일한 목적을 달성하기 위해 예비적으로 이와 兩立(양립)하지 않는 항변을 하는 것이다. 反擊(반격)을 위한 항변은 假定的(가정적;豫備的<예비적>)으로 할 수 있는바, 두 가지 사실의 진술이 서로 모순되어 일관되지 않는 경우에는 趣旨不明瞭(취지불명료)로서 棄却(기각)되는 경우가 있는데, 한 가지 사실의 존재가 부정됨으로써 공격 · 방어의 목적이 달성되지 않는 경우에 대비하여 미리 예비적으로 혹시 그 사실이 긍정되면 법률상 무의미하게 되는 바의 사실을 가정적으로 진술하여 두는 것은 허용되는 것이며, 항변에 관하여도 마찬가지이다. 예를 들면, 貸金返還請求訴訟(대금반환청구소송)에서 피고가「돈을 빌린 사실은 없다. 만약 빌렸다고 해도 이미 변제하였다」라는 내용의 항변을 하는 경우를 뜻한다.

상계의 항변(相計의 抗辯)

독 ; Aufrechnungseinrede

소송에서 원고의 訴訟物(소송물)인 債權(채권)을 피고가 소유하는 反對債權(반대채권)에 의해 피고가 相計(상계)를 한다고 하는 주장을 뜻한다. 원고의 채권이 존재할 때 이를 자기의 반대채권으로 상계한다고 하는 것이 보통이다(이를 豫備的 相計<예비적 상계>의 抗辯<항변>)이라 한다). 예컨대 賣買代金請求訴訟(매매대금청구소송)에서 피고는 먼저 그 매매계약 그 자체를 다투거나 또는 辨濟事實(변제사실)을 주장하고, 그래도 원고의 청구권이 존재하면 자기가 갖고 있는 반대채권으로 상계한다고 하는 것이다. 따라서 법원도 피고의 다른 주장의 조사를 끝내고 서야 이를 채택한다. 상계의 항변의 법적 성질에 관하여는 多數說(다수설)과 判例(판례)는 私法行爲(사법행위)와 訴訟行爲(소송행위)가 병존한다고 보는 倂存說(병존설)을 취하고 있으며, 상계의 항변에 관해서는 다른 항변과는 달리 상계로 대항한 액수에 한해서는 旣判力(기판력)이 발생한다.(民訴§216②).

본증(本證)

독 ; Hauftbeweis

立證責任(입증책임)이 있는 당사자가 當該事實(당해사실)을 증명하기 위해 제출하는 證據方法(증거방법)을 뜻한다. 법원은 입증책임을 지는 당사자가 제출한 本證(본증)이 불충분한 한, 상대방의 반증을 조사할 필요는 없다. 즉, 본증은 要證事實(요증사실)에 관하여 법관에게 확신을 갖게 할 필요가 있는데, 反證(반증)은 단지 본증에 관하여 법관이 가진 확신을 방해 또는 동요시키는 정도로써 충분하다. 원고가 請求原因(청구원인)이 되는 사실을 제출하거나 또는 피고가 항변사실을 입증하기 위하여 제출하는 증거방법은 대개 본증에 해당한다.

검진(檢眞)

독 : Beweis der Urkundenechtheit

민사소송에서 사문서의 성립에 관한 진정을 입증하기 위한 증거조사를 말한다. 사문서의 진정을 입증하기 위하여 필적 또는 인영의 대조에 의하여 문서의 진부를 증명하는 방법(민소법 359조)과, 일반증거방법에 의하는 경우가 있는데, 전자의 방법을 검진이라 한다. 대조용의 필적이나 인영있는 문서는 입증자로 하여금 제출시키거나, 상대자나 제3자에 대하여 제출을 명하거나 또는 송부를 촉탁한다. 제3자가 정당한 사유없이 이 제출명령에 응하지 아니한 때에는 법원은 결정으로 200만원 이하의 과태료에 처하고, 이에 대하여 즉시 항고할 수 있다(민소법 360조2항·3항). 대조에 적당한 필적이 없는 때에는 대조하기 위하여 상대방에게 그 문자의 수기를 명할 수 있고, 상대방이 정당한 사유없이 이 명령에 응하지 않은 때에는 법원은 문서의 진부에 관한 신청자의 주장을 진정한 주장으로 인정할 수 있다. 필치를 변경하여 수기한 때에도 같다(민소법 361조). 대조용으로 쓴 서류의 원본·등본 또는 초본을 증서에 첨부하여야 한다(민소법 362조). 법원은 문서의 진정한 성립을 증명하려는 위와 같은 절차에 의하여 수집한 물건들을 대조하여 자유심증으로 그 진부를 판단하고, 그 대조의 결과를 알아내기 위하여 특별한 지식이 필요하면 감정을 명할 수 있다.

증거(證據)

영 ; evidence　　독 ; Beweis

불 ; preuve

재판을 하기 위하여는 법원이 법률의 적용 이전에 당사자에 의해 주장된 사실을 조사하고, 그 사실의 眞否(진부)를 판단하지 않으면 안된다. 이 사실의 진부를 판단하기 위한 자료를 證據(증거)라고 한다. 換

言(환언)하면, 법관이 사실 인정을 하기 위한 자료로서 五官(오관)의 작용에 의해 획득하는 訴訟上(소송상)의 수단, 방법 그리고 그 획득한 자료 등을 가리키며, 다음과 같이 여러 의미로 사용되고 있다. 즉 (1) 證據方法(증거방법) : 당사자가 법원에 사실의 진위를 판단하도록 그 조사를 요구하고, 또 법원이 사실인정의 자료를 얻기 위해 조사해야 하는 유형물, 즉 證人(증인), 鑑定人(감정인), 當事者(당사자), 文書(문서) 및 檢證物(검증물) 등 (2) 證據資料(증거자료) : 법원이 증거방법을 조사함으로써 감지한 내용. 즉 證言(증언), 鑑定意見(감정의견), 證據方法(증거방법)으로서의 당사자 본인의 陳述(진술), 文書(문서)의 記載內容(기재내용) 및 檢證(검증)의 結果(결과) (3) 證據原因(증거원인) : 법원이 사실인정을 함에 있어서 현실적으로 그 심증의 기초가 된 증거자료나 정황, 즉 證據調査(증거조사)의 결과, 法官(법관)이 신용할 수 있는 證言(증언) 및 辯論(변론)의 全趣旨(전취지) 등 (4) 證據能力(증거능력) : 증거로 될 수 있는 재료, 즉 증거방법이 증거의 적격을 가진 것. 모든 증거방법은 원칙적으로 증거능력을 갖지만, 民事訴訟法(민사소송법)은 예외로서 증거능력을 제한하거나 또는 否認(부인)하고 있다. 즉 증거조사에 의해 법원이 심증을 얻을 수 없는 경우에 한하여 當事者訊問(당사자신문)을 인정한다(民訴§367)는 것은 증거능력을 제한하는 예이며, 특정사항에 관하여 특정인에서 證人義務(증인의무)를 지우지 않는 것(§306①)은 증거능력을 부인하는 예이다. (5) 證據力(증거력) : 증거조사의 결과 법원이 입증의 객체에 관하여 심증을 얻게 되는 효과를 그 증거의 입장에서 보아 證據力(증거력)이라 한다.

직접증거 · 간접증거 (直接證據 · 間接證據)

독 : unmittelbarer Beweis
불 ; preuve directe
독 : mittelbarer Beweis
불 : preuve indirecte

(1) 법률효과의 발생에 직접 필요한 사실인 주요사실의 존부를 직접 증명하는 증거를 직접증거라고 한다. 예컨대 변제에 대한 수령서, 계약에 대한 계약서라든지 입회인 등이 그것이다.

(2) 이에 비해서 간접사실 또는 증거의 증거능력 혹은 증명력에 관계되는 사실의 존부에 관한 증거로서, 간접적으로 주요사실의 증명에 도움이 되는 증거를 간접증거라고 한다. 예컨대 '알리바이(현장부재증명)'를 위한 증인, 증인의 증언의 신빙성에 영향을 주는 증인의 성격·이해관계 등의 사실을 증명하기 위한 것이므로 주요사실에 대하여 자백이 있거나 직접증거에 대하여 충분한 확증이 형성된 경우에는, 간접사실 등에 대하여 자백이 있거나 직접증거에 대하여 충분한 확증이 형성된 경우에는, 간접사실 등에 대하여 다툼이 있어도 그것에 관한 증거를 조사하지 않아도 무관하다. 그런데 직접증거와 간접증거는 입증요지와의 관계에서 정하여지는 것이므로 동일한 증거라도 직접증거도 되고 간접증거도 될 수 있다.

증거보전절차(證據保全節次)

독 : Beweissicherungsverfahren

판결절차에서 정식의 증거조사의 시기까지 기다려서는 어떤 증거의 이용이 불가능하거나 곤란하게 될 염려가 있는 경우(예컨대 증인이 중태이거나, 검증물의 현상변경의 염려가 있는 경우 등), 미리 그 증거를 조사하여서 그 결과를 보전해 두기 위한 판결절차를 말한다(민소법 375 내지 384조). 증거보전절차는 원칙적으로 당사자의 신청에 의하여 개시되지만(민소법 375조), 소송계속 중에는 직권에 의해서도 행해질 수 있다(민소법 379조). 증거보전의 관할법원은 소제기 전이나 급박한 사정이 있는 경우에는 증거방법의 소재지를 관할하는 지방법원이고, 소제기 후에는 그 증거를 사용할 심급의 법원이다(민소법 376조).

소명(疎明)

독 ; Glaubhaftmachung

당사자가 그 주장하는 사실에 관하여 법관에게 일응 진실한 것 같다는 추측이 생기도록 하는 것, 또는 이를 위하여 당사자가 證據(증거)를 제출하는 것을 말한다. 疎明(소명)은 법관에게 가벼운 심증을 얻게 하는 간단한 것이므로 訴訟節次上(소송절차상)의 지엽적인 사항(예컨대 民訴§73①, 민사집행법 46조②) 및 급속한 심리가 요망되는 경우(예컨대 민사집행법§279조②)에 허용되고 있다. 소명은 이와 같이 소송을 신속하게 행할 필요가 있는 경우, 또는 비교적 경미한 소송절차상의 사항에 대해서 인정되는 것이므로 그 방법은 즉시 조사할 수 있는 證據(증거), 예컨대 口頭辯論(구두변론)이 開始(개시)되는 경우, 그 기일에 재정하고 있는 증인이나 그 기일에 즉시 조사할 수 있는 書證(서증)에 한한다(§299①). 따라서 召喚(소환)을 필요로 하는 證人(증인)이나 提出命令(제출명령)을 필요로 하는 書證(서증), 現場檢證(현장검증) 등은 소명의 방법을 사용하지 않는다. 그리고 소명의 대용으로서 법원의 재량에 의하여 당사자의 보증금을 供託(공탁)시키거나 또는 그의 主張事實(주장사실)이 진실하다는 것을 宣誓(선서)시키는 등의 방법을 취하기도 한다(§299②). 이러한 경우에 보증금을 供託(공탁)한 당사자 또는 법정대리인이 허위의 진술을 한 것으로 밝혀진 때에는 보증금을 몰수할 수 있고(§300) 또 宣誓(선서)한 당사자 또는 법정대리인이 허위의 진술을 한 때에는 200만원 이하의 과태료에 처할 수 있다(§301).

소명방법(疏明方法)

소명에 사용되는 증거방법을 말한다. 소명은 법관이 어느 사실의 존재가 일응 확실할 것이라는 추측을 얻은 상태 또는 그러한 상태에 이르도록 증거를 제출하는 당사자의 노력을 말하며, 대체로 신속한 처리를 필요로 하는 경우이거나 절차적 문제·파생적 문제인 경우에 허용되며, 증거조사를 간단 신속히 행하는 것을 목적으로 한다. 따라서 소명방법은 즉시 조사할 수 있는 증거방법에 의하여야 한다(민소법 299조 1항). 예컨대 재정증인이나 현재 소지하고 있는 문서에 의하여야 한다. 또 보증금의 공탁이나 당사자의 선서로써 소명이 갈음하는 방법이 인정되고 있다(민소법 299조 1항). 이 경우에 후일 허위의 진술을 한 것이 판명된 때에는 보증금의 몰수(민소법 300조) 또는 과태료의 제재(민소법 301조)를 받는다. 소명자료라고도 한다.

간접증거(間接證據)

경험상 다툼이 있는 사실의 存否(존부)를 追認(추인)케 하는 사실, 즉 間接事實(간접사실) 또는 어느 證據方法(증거방법)의 證據力(증거력)의 존부 또는 증거방법의 평가에 기초가 되는 사실(補助事實<보조사실>)의 존부에 관한 증거를 말한다. 예를 들면, 貸金返還請求訴訟(대금반환청구소송)에서 미리 피고가 원고에게 돈을 빌리고 싶다고 의뢰하였던 사실, 그 때 피고가 돈이 곤궁했던 사실은 直接證據(직접증거)와 함께 원고·피고간의 消費貸借契約(소비대차계약)이 성립한 사실을 추측케 하는 間接事實(간접사실)

이며, 이들 사실을 증명하기 위한 증거가 間接證據(간접증거)이다. 소송에서 주요사실의 인정은 직접증거만으로 이루어지는 경우는 적고, 그것과 間接事實(간접사실)·補助事實(보조사실)과의 결합에 의해 이루어지며, 주요사실의 존부는 直接證據(직접증거)와 間接證據(간접증거)에 따른 經驗則(경험칙)에 의해 인정되는 경우가 일반적이다.

주장책임(主張責任)

독 ; Anführungs od. Behauptungslast

불이익의 歸屬(귀속) 또는 일정한 사실을 주장하지 않는 것으로 인한 패소의 위험을 뜻한다. 民事訴訟(민사소송)에서는 當事者辯論主義(당사자변론주의)를 채택하고 있는 바, 법원은 당사자가 변론에서 주장한 사실만을 판결의 기초로서 채택할 수 있다. 따라서 예컨대 貸金返還請求訴訟(대금반환청구소송)에서 피고가 그 대금을 변제하였는데도 그 변제사실을 변론에서 주장하지 않으면 법원이 이를 알고 있더라도 판결의 기초로 채택할 수는 없다. 이처럼 일정한 사실을 당사자가 주장하지 않음으로써 판결의 근거로 되지 않고, 그 결과로서의 불이익의 귀속 또는 패소의 위험을 主張責任(주장책임)이라 부른다.

결석(缺席)

독 ; versäumnis

당사자가 辯論期日(변론기일)에 출석하지 않는 경우 또는 출석하였어도 변론을 하지 않는 경우를 말한다. 기일의 종류 및 당사자의 雙方缺席(쌍방결석) · 一方缺席(일방결석)에 따라 그 취급이 달라진다. (1) 당사자 양쪽이 결석한 때에는 證據調査期日(증거조사기일)(民訴§295), 判決宣告期日(판결선고기일)(§207②)과 같이 당사자가 재정하지 않아도 할 수 있는 경우를 제외하고, 재판장은 다시 기일을 정하여 당사자 양쪽을 소환하여야 한다. 당사자 쌍방이 변론의 기일내 출석하지 아니하거나, 출석하더라도 변론하지 아니한 때에는 재판장은 다시 기일을 정하여 당사자 쌍방을 소환하여야 한다(§268①). 다시 정한 출석 기일 또는 그후의 기일에도 당사자 양쪽이 출석하지 않거나 변론을 하지 않으면 1일내에 기일지정의 신청을 하지 아니하면 訴의 取下(소의 취하)가 있는 것으로 본다(§268②). 위의 기일 지정 신청에 의하여 정한 기일 또는 그 후의 기일에 당사자 쌍방이 출석하지 아니하거나 출석하더라도 기일 지정의 신청을 하지 아니하면 소의 취하가 있는 것으로 본다(§268③). (2) 當事者一方(당사자일방)이 결석 또는 출석하여도 변론을 하지 않은 경우에는 제출한 訴狀(소장), 答辯書(답변서) 기타 준비서면에 기재한 사항을 진술한 것으로 보고 출석한 상대방에 대하여 변론을 명할 수 있다(§148①). 변론의 속행기일에 당사자일방이 결석한 때에는 출석한 당사자에게 변론을 시키지만, 결석한 당사자가 前回(전회)의 期日後(기일후)에 제출한 준비서면이 있어도 이는 진술한 것으로 간주하지 않는 것이 유력한 견해이다. 이와 같은 규정은 準備節次(준비절차), 抗訴審(항소심), 上告審(상고심)의 경우에도 준용된다.

결석재판주의(缺席裁判主義)

대석재판주의 내지 쌍방심문주의에 대립하는 개념으로서, 이에 따르면 당사자 일방이 결석한 경우에 출석자의 주장사실에 관하여 결석자의 자백이 의제되고, 출석자의 신청에 의하여 결석판결이 행해져 소송이 종료되며 당사자 쌍방이 결석한 때에는 절차가 휴지되고 일정기간 휴지의 방치에 의해 소취하가 의제되어 소송이 종료된다. 현행법은 이러한 결석재판주의를 취하지 않고 결석자가 제출한 준비서면의 내용을 변론한 것과 동일하게 다루어서 출석자의 변론과 종합해서 심리 판결하도록 하고 있다(민소법 148조). 당사자 쌍방이 적법한 소환을 받고도 결석하거나, 참석한 경우에도 법원으로부터 진술금지결정을 받거나(민소법 144조) 퇴정명령을 받아서 변론하지 않은 경우 재판장은 새로운 기일을 정하여 당사자 쌍방이 불출석하거나 출석하더라도 변론하지 않는 경우에는 한달 이내에 기일지정신청을 하지 않으면 소를 취하한 것으로 보고 있다(민소법 268조).

문서제출의무(文書提出義務)

독 ; Urkundenvor- legungspflicht

문서를 소지하고 있는 자가 법률이 규정한 일정한 경우에 그 문서를 제출하라는 명령이 있으면 그 명령에 따라 문서를 제출해야 하는 義務(의무)를 말한다. 이 의무를 부담하는 경우로서는(民訴§344) (1) 당사자가 訴訟(소송)에서 인용한 문서를 소지한 때, (2) 신청자가 文書所持者(문서소지자)에 대하여 그 인도나 열람을 구할 수 있는 때(民§475, 商§277①, §448②, §466① 등), (3) 文書(문서)가 신청자의 이익을 위하여 작성되었거나 신청자와 문서소지자간의 法律關係(법률관계)에 관하여 작성된 것인 때(商業帳簿<상업장부>, 契約書<계약서> 등) 등이다. 文書提出命令(문서제출명령)에 응하지 않는 경우에 법원은 문서의 제출을 구한 자의 주장을 진실한 것으로 인정할 수 있으며(民訴§349), 또한 제3자가 문서제출명령에 응하지 않은 때에는 법원은 決定(결정)으로 500만원 이하의 과태료에 처하며, 이에 대하여는 卽時抗告(즉시항고)가 가능하다.

원본(原本)

영 ; original　　　독 ; Urschrift

서류를 작성하는 자가 그 내용을 확정적으로 표시한 것으로서 최초에 작성한 서류를 말한다. 原本(원본)은 正本(정본), 謄本(등본), 抄本(초본) 등의 기본이 된다. 원본에는 그 서류를 작성한 자가 서명·날인을 하여야 하며, 또한 公文書(공문서)의 경우와 같이 법률상 일정한 장소에 보존하여야 하는 경우가 많다. 한편 원본으로서 數通(수통)이 일시에 작성되는 경우가 있는데 모두가 원본으로서의 효력을 갖는다.

정본(正本)

독 : Ausfertigung

법령상 권한 있는 자, 즉 공증권한을 갖는 공무원이 원본에 기하여 작성한 등본의 일종으로 특히 정본이라고 표시한 문서를 말한다. 정본은 법률상 원본과 동일한 효력이 인정된다. 따라서 민사소송법상 문서의 제출 또는 송부는 원본정본 또는 인증등본에 의하여야 함이 원칙이다(민소법 355조1항). 원본은 작성자가 일정한 내용을 표시하기 위해 확정적인 것으로서 최초에 작성한 문서를 말하는데, 원본중에는 법률의 규정에 의해 일정한 장소에 보관하여야 하는 것도 있다. 정본은 원본을 부여할 수 없는 경우에 그 원본을 보관하는 자, 예컨대 법원사무관공증인 등이 외부에 대하여 원본을 소지함과 동일한 효력이 있는 것으로서 당사자 기타의 이해관계인에게 부여한다. 예를 들면 판결의 원본은 법원에 보관하고, 당사자는 판결정본의 부여를 받음으로써 강제집행이 가능하게 된다(민사집행법 28조).

검증(檢證)

독 ; Augenscheinbeweis
불 ; constation

사람을 訊問(신문)하여 그 진술을 증거로 삼지 않고, 사람의 신체 또는 현장 등을 검사하여 그 결과를 증거로 하는 것처럼, 법관이 다툼 있는 사항의 判斷根據(판단근거)로 할 목적에서 그 사실에 관계되는 물체를 자신의 감각으로 스스로 실험하는 證據調査(증거조사)를 檢證(검증)이라고 한다. 검증의 대상을 검증물이라 하고, 五官(오관)에 의하여 知覺(지각)될 수 있는 것이면 생물·무생물·유체물·무체물 등을 묻지 아니하고 모두 대상이 된다. 검증의 신청은 檢證物(검증물)과 이에 의하여 증명되는 사실을 표시하고(民訴§289, §364), 그것이 상대방이나 제3자의 소지 또는 지배하에 있을 때에는 그 자에게 제출을 명령하거나 그의 送付(송부)를 촉탁하도록 법원에 신청하여야 한다(§366①, §343, §347~§350, §352). 정당한 이유 없이 상대방 또는 제3자가 이 명령에 응하지 않는 경우에는 검증을 신청한 자의 주장을 진실한 것으로 인정할 수 있고(§366, §349,§350), 제3자는 법원의 결정에 따라 200만원 이하의 과태료에 처하며, 이에 대하여 卽時抗告(즉시항고)가 가능하다(§366②).

감정서(鑑定書)

감정인이 법원에 보고하기 위하여 감정의 경위와 결과를 적은 종이를 말한다. 서면에 의한 보고가 요구됨은 증인과 다른 특징이다(민소법 312조, 형소법 171조). 감정은 인증의 일종이다. 법원의 명령에 의하여 감정인이 작성한 감정서는 서증으로 취급해서는 안 된다. 그러나 소송외에서 당사자의 의뢰에 의하여 작성된 감정서가 법원에 제출되었을 때에는 서증으로 본다. 감정인에 대한 당사자의 기피권(민소법 309조), 신문권의 보장(민소법 305조, 298조)을 침해하기 때문이다.

감정인기피(鑑定人忌避)

감정인에게 성실한 감정을 기대할 수 없을 때 감정인의 감정을 거절하는 것을 말한다. 예를 들어, 당사자의 한 쪽이 감정인과 친척관계에 있어서 성실한 감정을 기대할 수 없는 사정이 있을 때에, 당사자가 그 사유를 밝혀 그 감정인이 감정을 하지 못하게 하는 경우를 말한다. 이 기피는 감정인이 진술을 한 후에 그 원인이 발생하였거나 또는 당사자가 그 후에 이 사실을 알게되었을 경우를 제외하고는 진술전에 하여야만 하고(민소법 309조), 기피의 신청은 수소법원·수명법관 또는 수탁판사에게 하여야 한다. 기피의 이유가 있다고 한 결정에 대하여는 불복을 신청하지 못하고 이유 없다고 한 결정에 대하여는 즉시항고를 할수 있다(민소법 310조). 이는 제1심 법원이 한 것이든지 항고법원이 한 것인지를 불문하고 기피의 원인이 있다고 한 결정에 대해서는 상소할 수 없다.

감정증인(鑑定證人)

독 : sachverständiger Zeuge

부상자를 진찰한 의사가 부상의 용태정도를 보고하는 경우처럼 특별한 지식 · 경험에 의하여 알게 된 과거의 사실을 진술하는 자(민소법 313조, 형소법 179조)를 말한다.

당사자신문(當事者訊問)

독 ; Beweis durch Parteivernehmung
불 ; interrogatoire sur faits et articles

당사자 본인이나 그에 대신하여 소송을 수행하는 法定代理人(법정대리인)을 證據方法(증거방법)의 하나로 하여 그가 경험한 사실에 대하여 訊問(신문)하는 證據調査(증거조사)를 말한다(民訴§367~§373). 當事者訊問(당사자신문)은 당사자를 증인과 동일하게 증거조사의 대상으로 하여 그의 진술을 증거로 하는 것이므로, 법원이 소송관계를 명백히 하기 위하여 당사자, 본인 또는 법정대리인에게 출석을 명하고 사실의 내용에 대하여 행하는 질문(§140)과는 다르다. 구법에서는 당사자신문은 다툼 있는 사실에 대하여 전혀 증거가 없거나, 또는 이미 행한 증거조사에 의하여 법원이 그 진부를 판단할 수 없는 경우에 한하여 보충적으로 행할 수 있었다(구민소법§367). 즉, 당사자 본인을 증거방법으로 하면서 보충성의 원리를 채택했던 것이다. 이것은 당사자가 當該訴訟(당해소송)의 주체라는 점에서 그 證據力(증거력)을 기대할 수 없는 것이 보통이고, 또 자기의 이익에 관계되는 진술을 강요하는 것은 가혹하기 때문이었다. 그러나 이러한 보충성으로 인하여 당사자본인신문을 다른 증거를 조사한 뒤로 미루게 됨에 따라 사건 내용을 잘 아는 당사자본인을 통해 사건의 개요를 신속하게 파악하기가 어려워지고 재판의 신속, 적정을 해치는 문제점이 지적되었다. 이에 신법은 보충성을 폐지하여 '법원은 직권으로 또는 당사자의 신청에 따라 당사자 본인을 신문할 수 있다. 이 경우 당사자에게 선서를 하게 하여야 한다.'고 규정하였다(민소법§367). 當事者訊問(당사자신문)의 절차에는 證人訊問(증인신문)의 규정이 준용되며, 본인과 그 법정대리인을 같이 신문하는 것을 방해하지 않는다(§372).

반대신문(反對訊問)

영 ; cross examination

證人訊問(증인신문)의 방법은 交互訊問制度(교호신문제도)를 채택하고 있다. 즉 증인을 신청한 당사자가 먼저 이를 訊問(신문)하고 다음에 다른 당사자가 신문한다. 신청한 당사자가 먼저하는 신문을 主訊問(주신문)이라 하고, 주신문이 끝난 뒤에 상대방 당사자가 하는 신문을 反對訊問(반대신문)이라 한다. 이 반대신문은 交互訊問(교호신문) 가운데 가장 중요한 역할을 한다. 반대신문을 받는 證人(증인)은 신문을 신청한 당사자에서는 유리한 증언을 하고, 反對訊問(반대신문)을 하는 당사자에게는 불리한 증언을 하는 것이 일반적이므로 이러한 불리한 증언을 번복하여 증언의 신용성을 減殺(감쇄)하는 것이 반대신문의 목적이기 때문이다. 따라서 반대신문에 의하여 검토되지 않은 증언은 그다지 가치가 없는 것이다. 그러므로 반대신문을 하는 방법 여하에 따라서 訴訟(소송)의 勝敗(승패)에 큰 영향을 미치는 경우가 많으므로, 상대방은 이를 소홀히 해서는 안 된다.

증거보전(證據保全)

독 ; Sicherung des Beweises

재판에서 정상적인 증거조사를 할 때까지 기다려서는 현재의 證據方法(증거방법)을 이용하기 곤란한 경우에, 本案(본안)의 절차와는 별도로 미리 證據調査(증거조사)를 하는 절차를 뜻한다(民訴§375). 현재의 訴訟制度(소송제도)에서는 원고 또는 피고가 자기에게 유리한 사실을 주장하더라도 상대방이 그 사실에 대하여 다투게 되면 증거를 통하여 증명해야 한다. 여기에 소송을 제기하기 전에 증거를 확보해 놓지 않으면 소송에서 증거로 이용할 수 없는 염려가 있는 경우 미리 그 증거를 확보해 둘 필요가 있다. 이러한 필요가 있는 경우에는 법원에 소를 제기하기 전이거나 또는 이미 소를 제기한 후에도 법원에 證據保全(증거보전)을 신청할 수 있다. 申請(신청)은 소를 제기하기 전에는 訊問(신문)을 받을 자나 문서를 소지한 자의 居所(거소) 또는 檢證物(검증물)의 소재지를 관할하는 地方法院(지방법원)에 하고, 소송이 계속 중인 때에는 그 증거를 사용할 審級(심급)의 法院(법원)에 신청한다(§376①). 終局判決(종국판결)후에는 上級法院(상급법원)이 管轄法院(관할법원)이 된다. 그러나 급박을 요하는 경우에는 제소후라도 保全(보전)할 증거물의 소재지를 관할하는 지방법원에 신청할 수 있다(§376②). 證據保全申請(증거보전신청)에는 상대방의 표시, 입증할 사실, 증거, 證據保全事由(증거보전사유)등을 명확히 하고, 증거보전사유를 疎明(소명)하여야 한다(§377). 證據保全節次(증거보전절차)도 소송절차의 하나이므로 상대방이 참여하여야 한다. 따라서 證據調査期日(증거조사기일)에는 신청인과 상대방을 소환하여야 하고, 다만 급속을 요하는 경우에는 예외로 한다(§381).

시담(示談)

재판외에서 당사자간에 성립한 和解契約(화해계약)을 示談(시담)이라 부르며, 그 자체로는 재판상의 和解調書(화해조서)의 경우처럼 確定判決(확정판결)과 동등한 효력을 발생하는 것은 아니다.

소송의 종결

주문(主文)

독 : Urteilstenor

판결의 결론부분으로서 청구의 취지에 대응하는 것을 말한다. 즉 제1심의 판결에 있어서 주문은 원고의 청구를 인용 또는 기각하거나 혹은 소를 부적법하다고 하여 각하는 것이고, 상급심의 판결에 있어서는 상소를 인정 또는 기각하거나 혹은 상소를 부적법한 것으로 각하는 것이 된다. 그밖에 소송비용의 재판(민소법 104 · 105조)이나 가집행선고(민소법 129조) 등을 직권에 의하여 주문에 기재할 수 있다.

결심(結審)

소가 부적법하여 각하를 면할 수 없는 경우나, 원고의 청구가 이유 있거나 또는 없는 것이 명확해진 경우처럼, 사건을 재판하기에 적합한 때에 변론을 종결하는 것을 말한다.

판결(判決)

영 ; judgrment, degree, sentence
독 ; Urteil
불 ; jugement

법원이 口頭辯論(구두변론)을 기초로 하여 民事訴訟法(민사소송법) 제208조에 규정된 일정한 방식에 따라 判決原本(판결원본)을 작성하고 宣告(선고)라는 엄정한 방법으로 당사자에게 告知(고지)하는 재판을 뜻한다. 判決(판결)은 원칙적으로 구두변론에 의해야 하므로 판결을 하는 법원은 그 구두변론에 관여한 법관에 의하여 구성되어야 하지만(民訴§204①), 구두변론을 거치지 않고 판결을 하는 예외적인 경우(§124, §219, §413, §430)에는 이 원칙이 적용되지 않는다. 판결의 내용은 單獨判事(단독판사)의 의견 또는 合議部 法官(합의부 법관) 과반수의 의견에 따라서 정해지며, 이를 기초로 판결원본을 작성하여(§208) 당사자에게 선고함으로써 판결이 성립하고 효력을 발생한다. 판결의 선고는 宣告期日(선고기일)에 公開法廷(공개법정)에서 재판장이 판결원본에 의하여 그 主文(주문)을 낭독하고 이유의 요지를 설명하여 행한다(§206). 판결원본은 판결선고 후 지체없이 법원사무관등에게 교부되며, 법원사무관등은 판결원본에 따라 판결정본을 작성하여 判決受領日(판결수령일)부터 2주일 내에 당사자에게 송달한다.

종국판결(終局判決)

독 ; Endurteil

訴(소) 또는 上訴(상소)에 의하여 訴訟(소송)이 계속된 사건의 전부 또는 일부를 현재 계속중에 있는 審級(심급)에서 완결시키는 判決(판결)을 말한다. 判決(판결)은 구두변론을 거쳐야 하므로, 口頭辯論(구두변론)을 거쳐 법원의 결론이 나올 수 있는 상태가 되었을 때 법원은 판결을 하여야 한다(民訴§198). 終局判決(종국판결)에는 사건을 완결하는 범위에 따라 全部判決(전부판결), 一部

判決(일부판결), 追加判決(추가판결)이 있으며, 소·상소에 의한 주장의 이유 유무를 판단하는 판결로서 本案請求(본안청구)를 이유 있다고 인정하거나 또는 이유 없다고 棄却(기각)하는 本案判決(본안판결)과 訴訟要件(소송요건)의 흠결 또는 上訴要件(상소요건)의 흠결을 이유로 소 또는 상소를 不適法(부적법)하다고 하여 棄却(기각)하는 訴訟判決(소송판결)이 있다.

전부판결(全部判決)

독 ; Vollendurteil

訴訟(소송)이 계속되고 있는 사건의 전부를 동시에 완결 짓는 終局判決(종국판결)을 말한다. 예컨대 하나의 請求(청구) 전체에 대하여 판결하는 경우는 물론이고 피고가 反訴(반소)를 제기함으로써 本訴請求(본소청구)와 反訴請求(반소청구)가 併合審理(병합심리)되는 경우(民訴§269) 등은 그 전부의 청구를 재판할 수 있는 상태가 되었을 때 한 개의 판결로서 전부의 청구에 대하여 재판하는 경우이다. 다만 이 경우에 외관상으로는 한 개의 판결이 있더라도 실질적으로는 수개의 판결이라는 異說(이설)이 있다. 全部判決(전부판결)에 대하여 上訴(상소)가 제기된 때에는 모든 청구에 대하여 上訴審(상소심)으로 移審(이심)의 효력이 발생하고, 또한 판결의 확정이 차단되는 효력을 발생한다.

일부판결(一部判決)

독 ; Teilendurteil

訴訟事件(소송사건)의 일부를 분리하여 다른 부분과 독립적으로 재판할 수 있는 상태가 된 때, 그 부분만을 재판하는 終局判決(종국판결)이다(民訴§200). 예컨대 本訴(본소)와 反訴(반소) 가운데 어느 하나를 판결하거나 또는 법원이 수개의 소송에 대하여 辯論(변론)의 併合(병합)을 명하고 그 가운데 하나에 대하여 재판하는 경우이다. 그러나 一部判決(일부판결)을 할 것인가의 여부는 법원의 재량으로 결정한다. 일부판결을 하는 경우는 그것도 역시 종국판결이므로 독립하여 上訴(상소)의 대상이 되고, 또 그것만으로 확정한다. 일부판결은 사건의 성질상 허용되지 않는 경우가 있다. 예컨대 必要的共同訴訟(필요적 공동소송)의 경우, 請求(청구)의 豫備的 併合(예비적 병합), 獨立當事者參加訴訟(독립당사자참가소송)(§79) 등이 이에 해당한다.

중간판결(中間判決)

독 ; Zwischenurteil

終局判決(종국판결)을 하기 이전에 實體上(실체상) 또는 訴訟上(소송상)에 관한 각각의 쟁점을 정리·해결함에 따라서 종국판결의 준비를 하는 재판이며, 訴訟物(소송물) 자체에 대하여 終局的 判斷(종국적 판단)을 하는 것이 아니라 審理(심리)의 단계를 정리하는 점에 본질적 기능이 있다. 中間判決(중간판결)에는 上訴(상소)를 허용하지 않고(民訴§390), 종국판결에 대하여 上訴(상소)가 있는 경우에 上訴審(상소심)에서 이 점에 관한 판단을 받을 뿐이다(§392). 중간판결을 할 것인가의 여부는 법원의 재량에 속한다. 攻擊防禦方法(공격방어방법), 中間爭議(중간쟁의) 및 請求(청구)의 原因(원인)과 數額(수액)에 관한 다툼(§201) 등이 중간판결을 할 수 있는 사항에 속한다.

원인판결(原因判決)

독 ; Grundurteil

請求(청구)의 원인과 數額(수액)에 각각 다툼이 있는 경우에 우선 원인이 정당하다는 것을 판단하는 中間判決(중간판결)이다 (民訴 §201). 예를 들면 賣買代金請求訴訟(매매대금청구소송)에서 피고가 그 가격은 물론 賣買契約(매매계약) 그 자체를 다투는 경우에, 가격에 관한 판단은 뒤로 미루고, 먼저 그 契約締結(계약체결)의 有無(유무), 유효인지의 여부, 辨濟(변제), 相計(상계) 등의 여부를 심리하여 그 賣買代金債權(매매대금채권)의 존재를 인정한 경우에 하는 중간판결이다. 그 후에 數額(수액)에 관한 審理(심리)에 착수하게 된다. 不法行爲(불법행위)에 의한 損害賠償請求訴訟(손해배상청구소송) 또는 不當利得(부당이득)의 返還請求訴訟(반환청구소송)의 경우에 原因判決(원인판결)이 유용하게 이용되고 있다.

본안판결(本案判決)

독 ; Sachurteil

원고의 請求(청구)가 실질적인 이유가 있는지의 여부 또는 上訴(상소)에 의한 不服(불복)의 주장이 실질적인 이유가 있는지의 여부를 판단하는 終局判決(종국판결)이다. 소송이 계속중 訴訟要件(소송요건)을 구비하고, 제기된 상소가 上訴(상소)의 適法要件(적법요건)을 구비하면 법원은 반드시 本案判決(본안판결)을 하여야 한다. 이에는 原告勝訴(원고승소)의 請求認容判決(청구인용판결), 原告敗訴(원고패소)의 請求棄却判決(청구기각판결) 또는 上訴人勝訴(상소인승소)의 上訴認容判決(상소인용판결)과 上訴人敗訴(상소인패소)의 上訴棄却判決(상소기각판결)이 있다. 請求認容判決(청구인용판결)은 履行判決(이행판결), 確認判決(확인판결), 形成判決(형성판결) 등 그 청구의 유형에 따라 분류할 수 있다.

판결의 경정(判決의 更正)

判決(판결)의 宣告(선고) 후에 그 판결중에 명백한 표현상의 誤謬(오류)·不備(불비)가 있는 경우에 그 판결 전체의 내용이 변하지 않는 범위 안에서 판결을 선고한 법원이 판결을 정정하는 것을 의미한다(民訴§211). 更正(경정)은 당사자의 신청 또는 법원의 직권에 의하여, 그리고 上訴審(상소심)에 계속중이거나 확정후에도 할 수 있는데, 이는 결정으로써 해야 한다. 이 결정을 更正決定(경정결정)이라 하며, 경정결정이 행하여지면 그 판결은 처음부터 경정된 상태에서 선고된 것으로 본다.

재판의 탈루(裁判의 脫漏)

법원이 의식적으로 청구의 일부에 대하여 판결하면 一部判決(일부판결)(民訴§200①)이 되지만, 법원이 청구 전부에 대하여 판결할 의도로써 판결을 내렸는데도 현실적으로 판결이 안 된 請求部分(청구부분)이 잔존한 경우에 이를 裁判(재판)의 脫漏(탈루)라고 한다(§212). 抗訴審(항소심)에서 抗訴棄却(항소기각)의 主文(주문)이 탈락되었을 때에는 判決理由(판결이유)에서 항소를 棄却(기각)한다는 취지의 판단이 되어 있더라도 항소심의 판결은 없는 것과 마찬가지이므로 판결의 탈루에 해당되지 않는다. 재판의 탈루가 있는 경우에 그 遺脫(유탈)된 부분은 아직 그 審級(심급)에 계속한 것으로 보기 때문에 (§212①), 법원은 언제든지 당사자의 신청에 의하여 또는 직권으로 追加判決(추가판결)을 하여야 한다. 추가판결은 일부판결을 한 경우와 마찬가지로 本判決(본판결)과 독립하여 상소의 대상이 되고 확정될 수도 있다.

형식적 확정력(形式的 確定力)

독 ; formelle Rechtskraft

終局判決(종국판결)에 대하여 일반의 不服申請方法(불복신청방법)인 上訴(상소)가 불가능하게 되어 그 종국판결이 上級法院(상급법원)에 의하여 취소될 가능성이 없게 된 상태를 뜻한다. 종국판결에 대해서 당사자가 상소하게 되면 상급법원은 이에 의하여 심리하고, 이것을 취소할 수 있다. 그러나 이것은 당사자의 不服申請(불복신청)이 있는 경우에 한하는 것이므로 당사자에게 일반적으로 인정되어 있는 불복신청의 방법이 없어진다면 그 판결은 이미 이러한 소송절차에 의해서는 취소할 수 없게 된다. 이러한 取消不可能性(취소불가능성)을 形式的 確定力(형식적 확정력)이라 한다. 그리하여 판결이 이와 같은 형식적 확정력을 갖고 있는 경우에 판결은 확정된다고 말하고, 이 판결을 특히 確定判決(확정판결)이라 한다. 판결의 내용에 의한 효력으로서의 旣判力(기판력) · 執行力(집행력) · 形成力(형성력)은 이러한 형식적 확정력을 전제로 하여 생기는 것이다. 형식적 확정력이 생기는 시기는 (1) 상소를 허용하지 않는 판결인 上告審判決(상고심판결) 또는 당사자가 상소하지 않기로 합의한 때의 下級審判決(하급심판결)(民訴§390①但)은 宣告(선고)와 동시에 확정된다. (2) 상소할 수 있는 판결은 상소가 불가능하게 된 때에 형식적 확정력이 발생한다.

기속력(羈束力)

독 : Bindende Kraft

소송법상 법원에 대한 판결의 효력으로서 선고 기타의 방법에 의하여서 재판을 일단 공표한 이상 법원은 그 재판을 임의로 철회 또는 변경할 수 없게 되는 구속력을 말하는 것으로서, 법적 안정성과 소송제도의 신용을 보장하기 위해 인정되고 있다. 재판의 기속력이 강한 반면, 명령·결정의 일반적으로 완화되어 있으나, 절차를 동결시키는 의미를 가지는 경우에는 판결과 마찬가지의 기속력을 인정하여야 할 것이다. 그리고 선고된 판결서라도 표현상의 오류가 있는 경우에는 일정한 요건 하에서 판결의 경정이 인정된다(민사소송법 211조).

정지의 효력(停止의 效力)

독 : suspensiveeffiekt
불 : effect suspensif

상소의 제기에 의하여 재판의 확정이 차단되고 상소기간이 경과되어도 원재판이 확정되지 않는 것(민사집행법 35조 1항)을 말한다. 확정력이 생기지 않기 때문에 집행력 등 재판의 확정을 전제로 하는 판결의 효력은 생기지 않는다. 다만 가집행선고가 있을 때에는 집행력이 발생한다. 확정차단의 효력은 판결에 대한 항소·상고와, 결정·명령에 대한 통상항고에 관하여는 예외적으로 확정차단의 효력이 인정되지 아니하므로 이 경우에는 고지 즉시 집행력이 발생하고, 따라서 집행력을 저지하기 위해서는 별도의 집행정지의 조치가 필요하다(민소법 477조).

명령(命令)

영 ; order
독 ; Verfügung, Anordung
불 ; ordonnance

裁判長(재판장)·受命法官(수명법관) · 受託判事(수탁판사)가 하는 재판을 命令(명령)이라 한다. 이 점에서 決定(결정)과 구별되지만, 裁判事項(재판사항)은 법원이 결정으로써 재판하여야 하는 경우 이외에는 대개 결정의 경우와 동일하고, 또 成立時期(성립시기)에 관한 것도 마찬가지이다. 더구나 不服申請(불복신청)의 방법에 대해서도 合議體(합의체)에 재판장이 裁判期日(재판기일)에 訴訟指揮(소송지휘)에 의하여 행한 명령 및 수명법관 또는 수탁판사의 명령에 대해서 소송이 계속되어 있는 법원에 異議(이의)를 신청하는 이외에는 결정에 대한 불복신청의 방법과 동일하다.

지급명령(支給命令)

독 : Zahlungsbefehl

독촉절차에 있어서 채권자의 청구의 취지에 일치하는 목적물의 지급을 명하는 내용의 재판을 말한다. 금전 기타의 대체물이나 유가증권의 일정수량의 지급을 목적으로 하는 청구에 대하여, 법원은 채권자의 일방적인 신청이 있으면 채무자를 심문하지 않고 채무자에게 그 지급을 명하는 재판인 지급명령을 할 수 있다(민소법 462조). 지급명령에 대해서는 청구의 가액에 불구하고 지방법원단독판사의 직분관할에 전속하며, 토지관할은 채무자의 보통재판적소재지나 사무소 또는 영업소 소재지법원의 전속관할이다. 지급명령에는 당사자법정대리인, 청구의 취지나 원인을 기재하고, 채무자가 지급명령이 송달된 날로부터 2주일 내에 이의신청을 할 수 있음을 부기하여야 한다(민소법 468조). 지급명령에 대하여는 이의를 신청할 수 있으며(민소법 469조2항), 채무자의 이의신청이 있으면 지급명령은 이의의 범위안에서 그 효력을 잃는다(민소법 470조). 이의신청이 부적법한 경우에는 법원은 이를 결정으로 각하하여야 하고 적법한 이의신청이 있으면 독촉절차는 보통의 소송절차로 이행하며, 지급명령을 신청한 때에는 소를 제기한 것으로 본다(민소법 472조).

가집행(假執行)

가집행선고 있는 판결에 기한 강제집행을 말한다. 가집행선고 있는 판결은 선고에 의하여 즉시 집행력이 발생한다. 가집행의 방법으로는 가압류가처분과 같은 집행보전에 그치는 것이 아니라, 종국적 권리의 만족에까지 이를 수 있는 점에서 확정판결에 기한 본집행과 다름이 없다. 다만 확정판결에 의한 본집행과 달리 가집행은 확정적인 것이 아니며, 상급심에서 가집행선고 또는 그 본안판결이 취소되지 않을 것을 해제조건으로 집행의 효력이 발생한다. 확정적 집행이 아니므로 상급심에서는 가집행의 결과를 참작함이 없이 청구의 당부를 판단하여야 한다.

가집행선고(假執行宣告)

독 ; vorläufige Vollstreckbarkeit
불 ; exécution provisoire

假執行(가집행)은 미확정의 終局判決(종국판결)에 관하여 집행력이 주어지는 형식적 재판이다. 受訴法院(수소법원)이 假執行宣告(가집행선고)를 할 수 있게 하는 목적은 강제집행의 지연을 위한 敗訴者(패소자)의 고의적 상소를 막고, 제1심에서 피고의 집중적 변론을 유도하며 판결이 上訴審(상소심)에서 취소 또는 변경되는 경우에는 피고가 집행을 받지 아니한 상태로 회복시킬 無過失責任(무과실책임)을 원고가 지는 것을 전제로 인정된 제도이다. 그러므로 상대방이 상소하여도 집행은 계속되는 것이다. 다만 경우에 따라서는 집행의 정지 또는 취소가 명해지는 때도 있다(民訴§501). 주의할 것은 假押留(가압류)·假處分(가처분) 등도 가집행이라 하고 있으나, 이 집행의 효력은 確定判決(확정판결)의 執行(집행)과 동일한 것이므로(민사집행법§24조) 그 판결이 상소심에서 취소되더라도 이미 완료한 집행절차는 무효로 되지 않는 점에서 假執行宣告(가집행선고)와 구별해야 하는 것이다. 가집행의 요건은 먼저 재산상 청구할 수 있는 판결이 있을 것, 판결이 집행에 적합할 것 및 그것에 대하여 가집행선고의 필요가 있을 것 등이다(§213). 따라서 이러한 요건을 충족한 때에는 원고가 판결전에 신청한 경우 또는 법원의 직권에 의하여 선고하는 것이다.

가집행면제의 선고 (假執行免除의 宣告)

가집행선고가 인정되는 경우, 패소예기자의 신청에 의해 또는 직권으로 판결주문에 피고가 채권 전액을 담보로 제공하고 가집행선고의 집행력의 면제를 받을 수 있다는 취지를 선고하는 것으로(민소법 213조2항), 이를 가집행면제선고 또는 가집행해방선고라 한다. 구민사소송법은 채권 전부의 담보를 요구하지 않던 것을, 현행법은 채권전액의 담보를 요구하지 않던 것을, 현행법은 채권 전액의 담보를 채권 전액의 담보를 요구함으로써 채무자의 부담을 가중시켜 권리실현의 부당한 방해를 예방하고자 한다. 가집행면제 선고는 가집행선고를 무의미하게 할 수 있으므로 가집행선고에 있어서 법원의 재량권이 완전히 배제되는 경우에는 가집행면제선고를 할 수 없다. 가집행면제선고에 있어서는 반드시 담보제공을 조건으로 하여야 하는 바, 이 때의 담보는 판결의 확정시까지 가집행의 지연으로 인해 원고가 입은 손해의 담보이지, 원고의 기본채권까지 담보하는 것이 아니라는 견해가 있고, 판례도 이와 같다. 가집행면제의 선고가 있는 때에는 담보를 제공한 취지의 증명서를 제출하여 강제집행의 정지를 청구할 수 있다(민소법 49조3항).

제소전화해(提訴前和解)

민사분쟁에 관하여 소의 제기 전에 화해를 원하는 당사자의 신청에 의하여 지방법원 단독판사 앞에서 행하여지는 화해를 말한다(민소법 385조1항). 소송계속을 전제로 하고 있지 않다는 점에서 소송상의 화해와 다르다. 제소전 화해는 소가에 관계없이 단독판사의 사물관할에 속하며, 순회판사의 관장사항이다(법원조직법 7조4항, 34조1항 2호, 민소법 385조1항). 적법한 신청이 있으면 법원은 기일을 정하여 당사자 쌍방을 소환하여 화해를 권고하며, 화해가 성립되면 그 내용은 조서에 기재되고 이 조서는 확정판결과 동일한 효력을 가진다. 화해가 성립되지 않으면 당사자는 화해불성립조서 등본이 송달된 날로부터 2주일의 불변기간 내에 제소신청을 할 수 있고, 적법한 제소신청이 있는 경우에는 화해신청시에 소가 제기된 것으로 간주되어(민소법 388조) 그 때부터 시효중단의 효력이 인정되나, 제소신청을 하지 않아 사건이 종료된 경우에는 그 후 1월 내에 제소하지 않으면 시효중단의 효력이 상실된다(민소법 187조). 화해의 비용은 특별한 합의가 있는 경우 외에는 당사자 각자의 부담으로 하고, 화해불성립의 경우에는 소송비용은 신청인이 부담하며, 다만 제소신청이 있는 경우에는 소송비용의 일부로 한다(민소법 389조).

소송상화해(訴訟上和解)

독; Prozessvergleich

訴訟提起(소송제기) 후에 *受訴法院*(수소법원), *受命法官*(수명법관) 또는 *受託判事*(수탁판사) 앞에서 당사자가 서로 합의한 결과로 소송의 전부 또는 일부에 관해서 다툼을 종료하는 소송상 합의를 뜻한다. 법원은 소송의 정도 여하를 불문하고 和解(화해)를 권고할 수 있고(民訴§145①), 당사자도 소송계속 중에는 언제라도 화해할 수 있으며, 이에 기초하여 작성된 和解調書(화해조서)는 *確定判決*(확정판결)과 동일한 효력이 있다(§220). 소송상 화해의 법적 성질에 대해서 그것을 단순히 *私法行爲*(사법행위)로 보는 *私法行爲說*(사법행위설), 訴訟行爲(소송행위)로 보는 訴訟行爲說(소송행위설) 또는 *私法行爲*(사법행위)와 訴訟行爲(소송행위) 양자의 성질을 갖는 것으로 이해하는 折衷說(절충설) 및 양자가 경합한다고 이해하는 競合說(경합설),

그리고 그 것에도 단계적으로 계층이 부가되어 있다고 하는 階層構造說(계층구조설) 등의 학설이 대립하고 있는데 근래 우리나라의 통설은 訴訟行爲說(소송행위설)을 취하고 있다.

청구의 포기(請求의 抛棄)

독 ; Kalgverzicht

원고가 訴訟物(소송물)인 權利關係의 存否(권리관계의 존부)에 관한 자기주장을 부인하고 청구가 이유 없음을 自認(자인)하는 법원에 대한 소송상 진술을 말한다. 訴의 取下(소의 취하)가 審理(심리)·判決(판결)의 요구 그 자체를 철회하는 진술인데 대하여, 청구의 포기는 자신의 權利主張(권리주장)이 실체법상 근거가 없다는 것을 자인하는 것이다. 이것을 조서에 기재하면 請求棄却(청구기각)의 판결을 받아 그것이 확정된 것과 동일한 결과가 된다. 따라서 이 청구에 대해서는 기판력이 생긴다. 다만 청구포기의 조서에 再審事由(재심사유)(民訴§451①)가 있는 경우는 제 451조 내지 제461조의 규정에 준한 재심에 의해 구제가 가능하다.

청구의 인낙(請求의 認諾)

독 ; Klaganerkenntnis

피고가 權利關係(권리관계)의 存否(존부)에 대한 原告主張(원고주장)의 전부 또는 일부를 이유 있다고 승인하는 법원에 대한 진술행위를 말한다. 請求(청구)의 認諾(인낙)은 이것을 조서에 기재함으로써 請求認容判決(청구인용판결)이 확정된 것과 같은 효력이 생긴다. 따라서 청구의 인낙은 원고의 청구인 權利主張(권리주장)을 先決的 法律關係(선결적 법률관계) 및 개개의 법적 효과 또는 개개의 사실에 대한 것이 아니라 직접 무조건적으로 인정하는 경우이어야 하며, 또한 確定判決(확정판결)과 동일한 효력이 있는 것이므로 旣判力(기판력)은 물론 원고의 청구가 履行請求(이행청구)인 경우에는 이에 대하여도 執行力(집행력)이 생기고 債務名義(채무명의)가 된다.

재판상 화해(裁判上 和解)

독 ; gerichtlicher Vergleich

訴訟上 和解(소송상 화해)와 提訴前 和解(제소전 화해)를 포함하는 것이다. 소송상 화해는 당사자 양쪽이 受訴法院(수소법원) 앞에서 서로 주장을 양보하여 소송을 종료시키는 행위이다. 화해의 결과, 당사자의 진술을 조서에 기재하면 소송이 종료되며 이 和解調書(화해조서)는 確定判決(확정판결)과 동일한 효력이 생긴다. 화해의 내용이 무효 또는 취소의 원인이 있을 때의 구제방법에 관하여는 종래 학설·판례가 구구하였지만 民事訴訟法(민사소송법)은 準再審制度(준재심제도)를 규정하여(民訴§461) 立法的(입법적)으로 해결하고 있다.

소의 취하(訴의 取下)

독 ; Zurücknahme der Klage

訴의 取下(소의 취하)는 소를 제기한 자가 청구한 심판의 일부 또는 전부를 철회하는 訴訟上(소송상)의 意思表示(의사표시)이다(民訴§266). 소의 취하는 판결에 의하지 아니한 訴訟終了原因(소송종료원인)의 하나로서 소를 제기한 경우는 물론 소의 변경, 中間確認(중간확인)의 소, 反訴(반소) 등과 같이 소의 제기와 동일시되는 경우에도 할 수 있다. 소의 취하가 있으면 소는 처음부터 제기하지 않은 경우와 일치하는 상태 즉 판결이 없는 상태로서 종료된다.

반소(反訴)

독 ; Widerklage

反訴(반소)란 訴訟係屬中(소송계속중) 피고가 원고에 대하여 本訴(본소)의 소송절차에 병합하여 제기하는 새로운 소를 뜻한다(民訴 §269). 반소는 본소의 피고가 계속중인 訴訟節次(소송절차)를 이용하여 적극적으로 제기하는 소이므로 피고에 의한 청구의 追加的 倂合(추가적 병합)이고 이에 의하여 同一訴訟節次(동일소송절차) 안에서 복수의 소송물이 다루어진다. 反訴制度(반소제도)는 相互牽連事件(상호견련사건)을 동일절차에서 함께 심판하는 것이 別訴(별소)를 제기하는 것보다 訴訟經濟(소송경제)에 적합하고, 본소와 반소의 재판을 통일할 수 있으며, 원고로 부터 訴求(소구)당하고 있는 피고에게도 동일절차를 이용하여 새로운 소의 제기를 허용함 당사자 양쪽을 공정하게 취급할 수 있다는 취지에서 허용되는 것이다.

소송절차의 중단 (訴訟節次의 中斷)

독 ; Unterbrechung des Verfahrens

당사자나 訴訟遂行者(소송수행자)에게 訴訟遂行不能事由(소송수행불능사유)가 발생한 경우에 새로운 遂行者(수행자)가 출현하여 소송에 참여할 수 있을 때까지 법률상 당연히 절차의 진행이 정지되는 것을 뜻한다. 中斷事由(중단사유)(民訴§233~§240)가 발생하여 소송절차가 중단되면 그 동안 법원은 재판 및 증거조사를 할 수 없고, 당사자가 소송절차상의 소송행위를 하여도 무효이다. 다만 상대방이 責問權(책문권)을 포기·상실하면 유효하다. 한편, 당사자측에서 소송을 재개한다는 繼受(계수)의 신청이 있고 그것을 상대방에게 통지한 때 당사자로서 이를 게을리 하여 법원이 소송의 속행을 명한 때(§244)에 중단은 해소되고 소송절차가 재개된다.

소송절차의 중지 (訴訟節次의 中止)

독 ; Aussetzung des Verfahrens

訴訟節次(소송절차)의 中止(중지)는 法院(법원)이 天災(천재) 기타 事故(사고)로 職務執行(직무집행)이 불능한 경우(民訴§245), 당사자에게 不定期間(부정기간)의 장애가 있는 경우(§246) 및 기타 審理進行(심리진행)이 부적당한 경우(憲裁§42①) 등에 법원의 결정으로 그 사유가 소멸될 때가지 소송절차가 정지되는 것을 말한다.

소송절차의 법령위반 (訴訟節次의 法令違反)

라 : error in pricedendo

형사소송법상, 소송절차에 있어서의 소송법령의 위반을 말한다. 판결전 소송절차의 법령위반이 소송절차의 법령위반이라는 점에는 이론이 없으나, 판결을 선고함에 있어서 준수하여야 할 법령의 위반을 어느 정도 포함할 것이냐에 대해서는 견해가 대립된다. 판결에 영향을 미친 소송절차의 법령위반은 상소이유가 되고(형소법 361조의5, 383조), 원심소송절차가 법령에 위반한 때에는 비상상소이유가 된다(형소법 441조).

소송절차의 속행명령 (訴訟節次의 續行命令)

소송절차의 중단의 해소원인의 하나로, 당사자 중 어느 누구도 수계신청을 하지 아니하여 사건이 중단되어 방치되었을 때에, 법원이 직권으로 속행을 명하는 결정(민소법 244조)을 말한다. 속행명령이 당사자에 송달되면 중단은 해소된다. 속행명령은 중단 당시에 소송이 계속된 법원이 발한다. 법원이 속행명령을 발하지 않고 직접 변론기일

을 지정하여 양당사자를 소환한 경우에는 속행명령을 발한 것으로 보아야 한다는 견해가 있으나, 중단 중의 소송행위가 무효인 것에 비추어 받아들이기 어렵다. 속행명령은 중간적 재판이므로 독립하여 불복할 수 없다.

소송절차의 수계
(訴訟節次의 受繼)
독 : Aufnahme des Verfahrens
불 : reprise d'instance

소송절차의 중단을 종료시키는 당사자의 행위를 말한다. 즉 소송절차의 중단은 당사자측의 수계신청에 의하여 해소되며, 해소되면 소송절차의 진행이 재개된다. 다만 파산절차의 해지의 경우에는 파산자는 당연히 소송절차를 수계하는 예외가 있다(민소법 240조). 수계신청은 중단사유가 있는 당사자측의 신수행자(민소 233조 내지 237조) 및 상대방이 할 수 있다(민소법 241조). 신청하여야 할 법원은 중단 당시 소송이 계속된 법원이나, 종국판결이 송달된 뒤에 중단된 경우 수계신청을 원법원에 하느냐 상소법원에 하느냐에 대해서는 견해가 나누어진다. 수계신청은 신수행자가 수계의 의사를 명시하여 서면 또는 구술로 할 수 있다(민소법 161조).

소송절차의 정지
(訴訟節次의 停止)
독 : stioostand des Verfahrens

소송계속 후 그 종료전에 소송절차가 법률상 진행될 수 없는 상태가 되는 것으로서 중단과 중지를 총칭한 것을 말한다. 소송절차의 중단은 소송계속 중 당사자 일방에게 소송진행을 불능 또는 곤란하게 하는 사유가 발생한 경우에 절차가 법률상 당연히 정지되는 것이고, 소송절차의 중지는 일정한 경우에 법률상 당연히 또는 법원의 소송지휘상의 처분에 의하여 소송절차가 정지하는 경우이다. 소송절차의 중단사유로서는 당사자의 당사자능력 또는 소송능력상실, 법정대리인의 사망 내지 대리권의 상실, 당사자가 당사자적격을 상실한 결과 당연히 소송에서 탈퇴하는 경우를 들 수 있으며, 중지의 원인으로서는 천재 기타의 사고로 법원의 직무집행이 일반적으로 불능한 경우, 당사자에게 부정기간의 장애로 소송절차의 속행이 불가능한 경우 및 기타 다른 절차와의 관계상 소송의 속행이 부적당하다고 인정되는 경우(예 : 파산절차가 계속 중 화의개시결정이 있는 때) 등이 있다. 소송절차가 정지되면 소송상의 기간은 진행을 개시하지 않고, 이미 진행중인 기간은 그 진행을 정지한다. 소송절차의 중단중지 중에 당사자와 법원은 소송행위를 중단중지 중에 당사자와 법원은 소송행위를 할 수 없고, 그 동안 행하여진 당사자와 법원의 소송행위는 무효이다.

상 소

변호사강제주의(辯護士强制主義)
독 : Anwaltszwang

본인의 소송행위를 금하고 소송수행을 변호사에게 대리시키도록 강요하는 입법주의를 말한다. 독일은 지방법원 이상에 이 변호사 강제주의를 채용하고 있다. 변호사 강제주의의 실시에 의해 법률에 대한 전문적 지식이 없는 자를 보호할 수 있고, 소송수행의 원활화를 기할 수 있으나, 그 전제조건으로서 충분한 수의 변호사가 확보되어야 하며, 변호사 비용의 패소자 부담 및 법률부조제도의 활성화로 변호사비용 부담을 덜어 주어야 할 것이다. 우리나라는 증권관련

집단소송 이외에는 변호사강제주의를 채택하지 아니하고 본인스스로 소송할 수 있다. 다만, 대리인을 세우는 이상 법률사무의 전문가로서 공인된 변호사에 한정된다.

항소(抗訴)

영 ; appeal

抗訴(항소)는 抗訴審法院(항소심법원)에 대하여 제1심의 終局判決(종국판결)의 취소나 변경을 구하고자 심리의 속개를 요청하는 不服申請(불복신청)이다(民訴§390①). 항소가 제기되면 제2심의 소송절차가 개시되고 제1심 판결에 대한 불복의 當否(당부)를 다시 심사하게 된다. 심사의 범위는 事實問題(사실문제)까지 할 수 있다는 점에서 法律問題(법률문제)만을 심리하는 上告審(상고심)과는 다르다(§423). 항소를 할 수 있는 자는 제1심판결에 의해서 불이익을 받은 당사자에 한하기 때문에 원고의 청구가 기각되었을 경우에 피고는 불이익을 받은 바 없으므로 항소할 수 없다. 그러나 원고의 청구가 일부는 기각되고 일부는 인용된 때에 피고는 그 一部認容(일부인용)된 부분에 한하여 항소할 수 있다. 民事訴訟法(민사소송법)은 抗訴審(항소심)에서 사건을 심리함에 있어서 제1심에서의 자료를 기초로 認容(인용)할 수 있고 또 새로운 자료의 추가를 인용하는 續審主義(속심주의)를 취하고 있다(§409). 항소의 제기기간은 判決正本(판결정본)의 送達(송달)을 받은 뒤로부터 2주일 내이다(§396). 그렇지만 항소는 판결의 송달을 받기 이전에도 가능하다.

불항소합의(不抗訴合意)

당사자 양쪽이 상고할 권리를 유보하고, 抗訴(항소)하지 않기로 합의하는 것을 말한다(民訴 §390단서). 이 합의는 당사자 쌍방에게 구체적인 抗訴權(항소권)이 발생하기 전이라도 즉 불이익의 판단이 내려지기 전이라도 할 수 있다. 첫째, 양쪽이 항소하지 않겠다는 약속이 이루어져야 하므로 어느 일방에서만 항소하지 않겠다고 약속하는 것은 효력이 없다. 둘째, 사건이 일정한 法律關係(법률관계)에 관한 분쟁인 경우에 한한다. 이는 管轄(관할)의 合意(합의)와 같이 그 법률관계가 당사자가 처분할 수 있는 사항일 것을 요한다. 이에 반하여 家事訴訟(가사소송)과 같이 公益性(공익성)이 강한 절차에서는 제3자나 檢事(검사) 등의 기회를 박탈하므로 이와 같은 합의는 인정되지 않는다. 不抗訴合意(불항소합의)는 서면에 의한다(§390②, §27②). 적법한 합의가 있으면 그 사건에 관하여서는 양쪽이 모두 항소권을 잃게 되어, 이를 무시한 항소는 부적법한 것으로서 却下(각하)된다.

부대항소(附帶抗訴)

附帶抗訴(부대항소)는 상대방의 항소에 기인한 소송절차에 附帶(부대)하여 原判決(원판결)에 대한 불복을 신청하여 抗訴審(항소심)의 심판범위를 자기에게 유리하게 확장하는 被抗訴人(피항소인)의 신청이다(民訴§402). 附帶抗訴制度(부대항소제도)가 인정되는 이유는 독립하여 항소를 제기한 자는 그 항소에 의하여 사건의 전부에 대한 移審(이심)의 효력이 생기므로 抗訴審辯論終結時(항소심변론종결시)까지 언제나 抗訴範囲(항소범위)를 확정할 수 있는데 반하여, 被抗訴人(피항소인)이 抗訴權 抛棄(항소권 포기) 또는 抗訴期間 徒過(항소기간 도과) 등의 사유로 항소권이 소멸되었다고 하여 전연 불복을 못한다고 하면 피항소인에게 너무 가혹하므로 公平上(공평상) 被抗訴人(피항소인)에게도 변론종결시까지 불복신청을 할 길을 열어준 것이다. 다만, 부대항소는 주된 항소에 종속적인 것이므로 주된 항소가 取下(취하)

되거나 却下(각하)되면 그 효력을 상실한다(§403).

부대항고(附帶抗告)

獨 ; Auschlussbeschwerde

抗告節次(항고절차)에 있어서 상대방이 제기한 항고절차에 편승하여 抗告人(항고인)과 명확히 利害相反(이해상반)되는 지위에 있는 자가 자기에게 불이익한 부분의 변경을 요구하는 신청을 말한다. 附帶抗告(부대항고)는 附帶抗訴(부대항소)에 준하고, 附帶再抗告(부대재항고)는 附帶上告(부대상고)에 준한다(民訴 §443). 그러나 보통 항고의 경우에는 이를 부정하는 견해도 유력하다.

상고(上告)

독 ; Revision

上告(상고)는 上告權者(상고권자)가 고등법원이 제2심 또는 제1심으로서 宣告(선고)한 終局判決(종국판결)과 地方法院 本院合議部(지방법원 본원합의부)가 제2심으로 선고한 종국판결(民訴§422①), 또는 飛躍上告(비약상고) (§422②, §390①但))의 경우에는 제1심의 종국판결에 대한 법률위반을 이유로 하여 그 취소변경을 上告法院(상고법원)에 구하는 上訴(상소)이다. 상고는 原判決(원판결)의 當否(당부)를 법률적인 면에서만 심사하는 事後審(사후심)이라고 볼 수 있다. 원판결이 적법하게 인정한 사실은 상고법원을 기속하며(§432), 상고법원은 이를 기준으로 하여 法令(법령)의 解釋(해석)·適用(적용)의 당부를 심판한다. 上告審(상고심)의 訴訟節次(소송절차)는 원칙적으로 抗訴審(항소심)의 소송절차에 준한다(§425). 상고심은 法律審(법률심)이므로 상고인은 새로운 주장이나 새로운 증거를 제출할 수 없으며 上告理由書(상고이유서)를 따로 제출한다. 상고법원은 상고를 不適法(부적법)하게 却下(각하)하는 경우(§413①, §425), 上告理由書(상고이유서)를 제출하지 아니하여 棄却(기각)되는 경우(§429) 외에 상고를 이유 없다고 하여 기각하는 경우에도 변론 없이 서면심리로써 판결을 할 수 있다(§430). 상고심에서는 職權調査事項(직권조사사항)과 職權探知事項(직권탐지사항)을 판단하기 위한 證據調査(증거조사)의 경우에 事實審理(사실심리)가 예외적으로 인정되고 있다.

재심(再審)

독 ; wiedcraufnachme

再審(재심)은 확정된 終局判決(종국판결)에 대하여 旣判力(기판력)에 따른 효력을 유지할 수 없는 중대한 瑕疵(하자)가 있을 때 그 판결을 취소하고 소송을 판결 전의 상태로 회복시켜 다시 辯論節次(변론절차)에 돌아가서 재판할 것을 구하는 특별한 不服申請方法(불복신청방법)이다. 이 再審制度(재심제도)는 確定判決(확정판결)의 하자가 중대한 경우에 구체적 정의를 도모하려는 제도이다. 그러나 법적 안정성의 요구도 무시할 수 없는 문제이므로, 민사소송법이 특정한 경우에만 허용된다(民訴§451). 법정된 재심사유가 있다고 판단될 때에는 당사자는 판결확정 후 그 사유를 안 날로부터 30일 이내에 재심의 소를 제기하여야 한다(§456①). 한편, 확정판결과 동일한 효력이 있는 화해·청구의 포기 및 인낙의 경우에도 재심청구를 할 수 있는바, 이를 準再審(준재심)이라 한다(§431, §206).

재심사유(再審事由)

재심을 구하기 위하여 필요한 이유를 말한다. (1)법률에 따라 판결법원을 구성하지 아니한 때, (2)법률상 그 재판에 관여할 수 없는 법관이 관여한 때, (3)법정대리권, 소송대리권 또는 대리인이 소송행위를 하는

데에 필요한 권한의 수여에 흠이 있는 때(다만 민사소송법 제60조 또는 제97조의 규정에 따라 추인한 때에는 그러하지 아니하다). (4)재판에 관여한 법관이 그 사건에 관하여 직무에 관한 죄를 범한 때, (5)형사상 처벌을 받을 다른 사람의 행위로 말미암아 자백을 하였거나 판결에 영향을 미칠 공격 또는 방어방법의 제출에 방해를 받은 때, (6)판결의 증거로 된 문서, 그 밖의 물건이 위조되거나 변조된 것인 때, (7)증인·감정인·통역인의 거짓진술 또는 당사자 신문에 따른 당사자나 법정대리인의 거짓 진술이 판결의 증거가 된 때, (8)판결의 기초가 된 민사나 형사의 판결, 그 밖의 재판 또는 행정처분이 다른 재판이나 행정처분에 따라 바뀐 때, (9)판결에 영향을 미칠 중요한 사항에 관하여 판단을 누락한 때, (10)재심을 제기할 판결이 전에 선고한 확정판결에 어긋나는 때, (11)당사자가 상대방의 주소 또는 거소를 알고 있었음에도 있는 곳을 잘 모른다고 하거나 주소나 거소를 거짓으로 하여 소를 제기한 때에는 확정된 종국판결에 대하여 재심의 소를 제기할 수 있다. 다만 당사자나 상소에 의하여 그 사유를 주장하였거나 이를 알고 주장하지 아니한 때에는 그러하지 아니한다(민소법 451조).

재심항고(再審抗告)

독 : Nicheigkeitsbeschwerde

준재심의 일종으로, 즉시항고할 수 있는 재판에 재심사유(민소법 451조)가 있을 때에 하는 항고를 말한다. 재심항고는 재심의 소에 관한 규정을 준용(민소법 461조)하는 점에서 다른 항고와 구별되나, 이 역시 항고이므로 판결이나 화해·포기·인낙조서에 대한 재심의 경우처럼 소에 의하지 않고 신청으로 개시되며, 그 절차는 결정절차이다.

제권판결에 대한 불복의 소 (際權判決에 대한 不服의 訴)

제권판결의 절차 또는 내용에 중대한 하자가 있을 때 제권판결의 취소를 구하기 위하여 제기하는 불복의 소를 말한다. 제권판결에 대하여는 상소는 인정되지 않지만 부당한 하자를 가진 제권판결을 존치시키는 것은 허용될 수 없으므로 제권판결을 확정시킴과 동시에 불복있는 자는 소를 제기하여 제권판결의 실효를 청구할 수 있는 것으로 하였다(민소법 490조2항). 이 소는 제권판결의 효력의 소멸을 구하는 형성의 소이다. 불복의 소를 구할 수 있는 사유는 (1)법률상 공시최고절차를 허가하지 아니할 경우일 때, (2)공시최고의 공고를 하지 아니하였거나, 법령이 정한 방법으로 공고를 하지 아니한 때, (3)공시최고기간을 지키지 아니한 때, (4)판결을 한 판사가 법률에 따라 직무집행에서 제척된 때, (5)전속관할에 관한 규정에 어긋난 때, (6)권리 또는 청구의 신고가 있음에도 법률에 어긋나는 판결을 한 때, (7)거짓 또는 부정한 방법으로 제권판결을 받은 때, (8)제451조 제1항 제4호 내지 제8호의 재심사유가 있는 때이다(민소법 490조 2항).

공시최고(公示催告)

독 : Aufgebot

공시최고는 권리 또는 청구의 신고를 하지 아니하면 실권될 것을 법률로 정한 경우에 한하여 이를 할 수 있다(민소법 475조). 여기서 법률로 정한 경우는, 예컨대 상법 제360조의 주권의 제권판결 · 재발행에 대하여 "주권은 공시최고의 절차에 의하여 이를 무효로 할 수 있으며, 주권을 상실한 자는 제권판결을 얻지 아니하면 회사에 대하여 주권의 재발행을 청구하지 못한다"고 규정하고 있고, 또 이외에 실종선고를 위한 공시최고,

등기 · 등록의 말소를 위한 공시최고는 법률에 다른 규정이 있는 경우를 제외하고는 실권될 권리자의 보통재판적있는 지방법원이 관할하되, 등기 또는 등록의 말소를 위한 공시최고는 그 등기 또는 등록을 한 공무소 소재지의 지방법원에 신청할 수 있고, 민사소송법 제492조(증권의 무효선고를 위한 공시최고)의 경우에는 증권이나 증서에 표시된 이행지의 지방법원이 관할하되, 증권이나 증서에 이행지의 표시가 없는 때에는 발행인의 보통재판적 있는 지방법원이, 그 법원이 없는 때에는 발행인의 발행 당시에 보통재판적 있던 곳의 지방법원이 각 관할하고, 위 두 경우의 관할은 전속관할로 한다(민소법 476조). 공시최고의 신청에는 그 신청의 원인과 제권판결을 구하는 취지를 명시하여야 하는데, 이 신청은 서면으로 하여야 하며, 법원은 수개의 공시최고의 병합을 명할 수 있다(민소법 477조). 공시최고의 허부에 대한 재판은 결정으로 하고, 허가하지 아니한 결정에 대하여는 즉시항고를 할 수 있으며, 이 경우에는 신청인을 심문할 수 있다(민소법 478조). 공시최고의 신청을 허가한 때에는 법원은 공시최고를 하여야 하는데, 공시최고에는 신청인의 표시 · 공시최고 기간일까지 권리 또는 청구의 신고를 하여야 한다는 최고 · 신고를 아니하면 실권될 사항·공시최고를 기일을 기재하여야 한다. 공시최고의 공고는 대법원규칙으로 정한다(민소법 480조).

공시최고절차(公示催告節次)

독 : Aufgebotsverfahren

법률이 정하는 경우에 법원이 당사자의 선처에 의하여 공고의 방법으로 불특정 또는 불분명한 이해관계인에게 권리 또는 청구의 신고를 시키게 하기 위하여, 만약 일정기일까지 권리 또는 청구의 신고를 하지 않으면 실권의 효력이 발생할 것이라는 취지의 경고를 붙여서 공고한재판상의 최고를 말하며(민소법 475조), 이러한 최고를 하고 최고시에 경고한 실권을 제권절차에 의해 선고하는 절차가 공시최고절차이다. 공시최고는 법률이 정한 경우에만 허용되는데, 예를 들자면 실종선고를 위한 공시최고, 증권 또는 증서의 무효선언을 위한 공시최고가 있다. 공시최고는 법률에 다른 규정이 있는 경우를 제외하고는 실권될 권리자의 보통재판적이 있는 지방법원이 관할하며(민소법 476조1항), 공시최고절차의 관할은 전속관할이다(민소법 476조3항). 공시최고는 신청에 의해서만 행해지며, 그 심리는 임의적 변론에 의한다.(민소법 478조1항). 공시최고는 공고에 의해 실시되는데, 법원은 게시판에 게시하고 신문지에 2회 이상 게재하여야 한다. 공시최고의 기간은 공고종료일로부터 3월 뒤로 정하여야 한다(민소법 481조). 공시최고절차는 공시최고신청의 취하, 각하 및 제권판결절차의 종료에 의하여 종료된다.

▣ 대한법률편찬연구회 ▣

•저서 : 소법전
계약서작성 처음부터 끝까지(공저)
이것도 모르면 대부업체 이용하지마세요
민법지식법전
불법행위와 손해배상
산업재해 이렇게 해결하라
근로자인 당신 이것만이라도 꼭 알아 둡시다.
계약서 작성방법, 여기 다 있습니다.
생활법률백과

지식정보법전 07
법률·판례·상담사례를 같이보는
민사소송 지식정보법전
정가 16,000원

2019年 8月 10日 인쇄
2019年 8月 15日 발행
편 저 : 대한법률편찬연구회
발행인 : 김 현 호
발행처 : 법문 북스
공급처 : 법률미디어

저자와 협의 하에 인지 생략

서울 구로구 경인로 54길4 (우편번호 : 08278)
TEL : 2636-2911-2, FAX : 2636-3012
등록 : 1979년 8월 27일 제5-22호
Home : www.lawb.co.kr

▌ISBN 978-89-7535-763-3 (13360)
▌이 도서의 국립중앙도서관 출판예정도서목록(CIP)은 서지정보유통지원시스템 홈페이지(http://seoji.nl.go.kr)와 국가자료종합목록 구축시스템(http://kolis-net.nl.go.kr)에서 이용하실 수 있습니다. (CIP제어번호 : CIP2019030883)
▌파본은 교환해 드립니다.

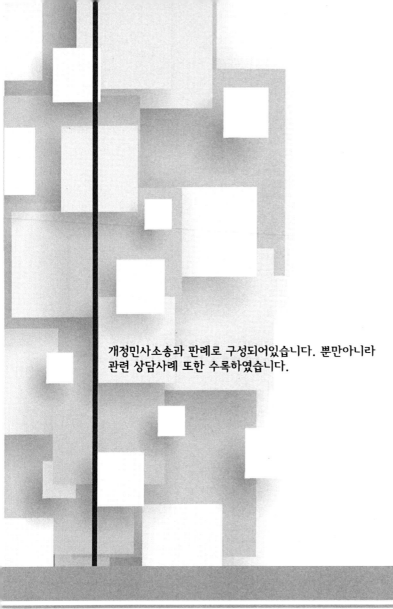

개정민사소송과 판례로 구성되어있습니다. 뿐만아니라
관련 상담사례 또한 수록하였습니다.

13360
9 788975 357633
ISBN 978-89-7535-763-3

16,000원